공무원 9급 / 한능검 심화 대비

박문각
공무원

특별판

KB124188

선우빈
선우한국사

선우빈 편저

핵심사료
450

시험에 꼭 나오는 사료 모음집

연계도서 - 간추린 선우한국사

박문각

동영상강의 www.pmg.co.kr

 # 에피소드 1 "환불해 가세요"

공무원 강사를 처음 시작할 때쯤, 사료특강이라는 강의를 개설한 적이 있었습니다. 저는 그때 임용을 준비하는 역사학도들이 강의를 많이 수강해서 당황했습니다.

"지금 이 사료특강은 사학과에서 진행하는 사료 강독이 아니고, 공무원 객관식 시험에서 나오는 빈출 사료를 가볍게 정리해 주는 수업입니다. 예비 역사 선생님들이 원하시는 수업이 아니니 다들 환불해 가세요."

이것이 공무원 강의 20년 동안 제가 '사료특강'이라는 별도의 강의를 개설하지 않은 이유 중 하나입니다.

 # 에피소드 2 선우한국사 카페에 자주 올라오는 질문들

"쌤, 제가 사료 나오는 문제를 잘 풀지 못하겠습니다. 쌤은 사료특강이나 사료교재가 없나요?"
"제가 선생님의 이론 강의를 듣고 다른 학원에서 사료특강을 들으려는데요, 쌤의 의견은 어떠신지요?"
그럴 때마다 제 답변은 한결같습니다.
"아니 한국사 전공을 하실 것 입니까? 객관식 20문제에서 나오는 사료는 정해져 있고 혹 출제자가 만점 방지를 위해 모르는 사료를 출제한다 하더라도 이는 모든 수험생이 다 모르는 것이니 미리 걱정할 필요가 없습니다. 그렇게 모든 사료를 다 보겠다면 우리는 『조선왕조실록』, 『경국대전』 등 모든 것을 다 봐야 됩니다."

역사는 사람의 변화를 보는 학문이고, 역사가는 사료를 통해 역사적 사실을 파악합니다. 공무원 객관식 역사도 마찬가지입니다.
이것이 역사 이론 수업 속에 사료 내용이 들어가는 이유이지요.

#『선우한국사 핵심사료 450』의 특징

객관식 시험에서 출제되는 사료 관련 문제는 사료를 분석하는 것이 아니라, 사료를 통해 해당 시대나 관련 사건, 특정 인물의 역사적 사실을 물어보는 문제입니다.

『선우한국사 핵심사료 450』은 공무원 시험에서 꼭 나올 핵심 사료만을 모아 시대사로 구성한 사료집입니다. 사료마다 주요 key-word에 밑줄을 제시하여 핵심 내용에 좀더 쉽게 접근할 수 있게 하였고, 각 사료마다 '플러스정리'를 추가하여 사료에 대한 역사적 배경을 간략하게 제시하였습니다. '플러스정리'만 잘 봐도 풀어쓴 역사서를 보는 효과를 줄 것입니다.

연계 도서 『간추린 선우한국사』

『선우한국사 핵심사료 450』의 연계 도서인『간추린 선우한국사』는 수험서의 단권화에 최적화된 책입니다. 2003년에 출간되어 어느새 20년의 역사, 14판을 찍게 된 데는 이 책을 통해 빠르게 합격한 수험생들의 입소문이 있었기 때문입니다.

『간추린 선우한국사』로 이론을 완벽하게 요약하고, 『선우한국사 핵심사료 450』으로 이론과 관련된 사료를 확인하는 과정을 통해 수험생 여러분의 소중한 합격의 꿈이 빠르게 이루어지기를 바랍니다.

현충원 달마산 아래에서

선우 빈

차례 ✧✦

01 역사 인식 및
선사 시대와 국가의 형성

제1장 역사 인식   8

제2장 선사 시대와 국가의 형성   10

02 고대 사회의 발전

제1장 고대의 정치   20

제2장 고대의 경제   42

제3장 고대의 사회   46

제4장 고대의 문화   51

03 중세 사회의 발전

제1장 고려의 정치   62

제2장 고려의 경제   83

제3장 고려의 사회   89

제4장 고려의 문화   98

04 근세 사회의 발전(조선 전기)

제1장 조선 전기의 정치   112

제2장 조선 전기의 경제   127

제3장 조선 전기의 사회   135

제4장 조선 전기의 문화   140

05 근대 사회의 태동(조선 후기)

제1장 조선 후기의 정치   152

제2장 조선 후기의 경제   160

제3장 조선 후기의 사회   168

제4장 조선 후기의 문화   178

06 근대 사회의 발전(개화기)

제1장 근대 사회 발전기의 정치　194

제2장 근대 사회 발전기의 경제　228

제3장 근대 사회 발전기의 사회　232

제4장 근대 사회 발전기의 문화　234

07 민족 독립운동기(일제 강점기)

제1장 민족의 수난과 항일 독립운동　244

제2장 민족 독립운동기의 경제　267

제3장 민족 독립운동기의 사회　272

제4장 민족 독립운동기의 문화　278

08 현대 사회의 발전

제1장 현대의 정치　288

제2장 현대의 경제　325

제3장 현대의 사회　326

제4장 현대의 문화　327

선우빈 선우한국사

합격까지 **박문각**

PART 1

01

역사 인식 및
선사 시대와 국가의 형성

제1장 역사 인식

제2장 선사 시대와 국가의 형성

역사 인식 및 선사 시대와 국가의 형성

001 사실로서의 역사

> • 역사가는 자기 자신을 죽이고 과거가 본래 어떠했는가를 밝히는 것을 그의 지상 과제로 삼아야 하고, 이때 오직 역사적 사실로 하여금 이야기해야 한다. 시간적으로 현재에 이르기까지 일어났던 모든 과거 사건을 의미하며, 역사란 바닷가의 모래알과 같이 수많은 과거들의 집합체가 된다.
>
> 랑케(Ranke)
>
> • 우리는 역사학에 과거를 재판하고 장래에 유익하도록 인류를 선도한다는 따위의 기능을 기대하여 왔다. 이 글은 그런 허황된 기능을 시도하는 것이 아니다. 단지 그것이 원래 어떻게 있었는가를 보이려 할 뿐이다. …… 아무리 제약이 많고 아름답지 못한 사실이라도 그것을 정확히 제시하는 일이 최상의 원리임을 의심할 바 없는 것이다.
>
> 랑케(Ranke)

사료 플러스+

객관적 의미의 역사로서 이 경우 역사란 시간적으로 과거에서 현재까지 발생한 모든 사건을 의미한다. 사실로서의 역사(또는 실증주의 사관)의 대표적인 역사가 랑케(L. Ranke)는 '역사가의 임무는 자기 자신을 죽이고 오직 역사적 사실만을 이야기하는 것이다.'라고 하였다.

002 기록으로서의 역사

> 역사가와 역사상의 사실은 서로를 필요로 한다. 사실을 갖지 못한 역사가는 뿌리가 없는 존재로 열매를 맺지 못한다. 역사가가 없는 사실은 생명이 없는 무의미한 존재이다. 결국 역사란 역사가와 사실 사이의 부단한 상호 작용의 과정이며, 현재와 과거의 끊임없는 대화이다.
>
> 카(E. H. Carr), 『역사란 무엇인가』

사료 플러스+

주관적 의미의 역사로서 역사란 과거의 사실을 토대로 역사가가 이를 연구하여 재구성한 것으로, 이 과정에서 필연적으로 역사가의 가치관과 같은 주관적 요소가 개입하게 된다. 이 경우 역사란 말은 기록된 자료 또는 역사서를 의미한다.

003 동양의 역사 인식(교훈주의)

정헌대부 공조 판서 집현전 대제학 지경연 춘추관사 겸 성균 대사성 신 정인지 등은 삼가 말씀드립니다. 들건대 새 도끼 자루를 다듬을 때에는 헌 도끼 자루를 표준으로 삼으며 뒷 수레는 앞 수레의 넘어지는 것을 보고 자기의 교훈으로 삼는다고 합니다. 대개 지난 시기의 흥망은 장래의 교훈이 되기 때문에 이 역사서를 편찬하여 올리는 바입니다.　　　「진고려사전」

사료 플러스

「진고려사전」은 『고려사』 편찬을 마치면서 편찬 책임자였던 정인지가 문종(1451, 문종 1년)에게 올린 글이다. 정인지는 이 글에서 『고려사』의 편찬 목적을 지나간 역사의 흥망이 장차 국가 운영에 참고가 되기 때문이라고 밝히고 있다.

동양에서 역사 기록의 목적은 교훈주의였다. 즉 역사는 본받아야 할 선한 일과 경계해야 할 악한 일을 비추는 일이라고 생각하였다. 그러기에 대부분의 역사책의 제목에 '거울 감(鑑)'자를 쓴다. 우리나라에서는 서거정의 『동국통감』, 중국에서는 사마광의 『자치통감』, 주희의 『통감강목』, 원추의 『통감기사본말』 등이 그 대표적인 예이다.

004 민족주의 사학

역사란 무엇이뇨. 인류 사회의 아(我)와 비아(非我)의 투쟁이 시간에서 발전하여 공간까지 확대되는 심적 활동 상태의 기록이니, 세계사라 하면 세계 인류의 그리되어 온 상태의 기록이며, 조선사라 하면 조선 민족이 그리되어 온 상태의 기록이니라. 그리하여 아에 대한 비아의 접촉이 많을수록 비아에 대한 아의 투쟁이 더욱 맹렬하여 인류 사회의 활동이 휴식할 사이가 없으며, 역사의 전도가 완결될 날이 없다. 그러므로 역사는 아와 비아의 투쟁의 기록이니라.　　　신채호, 『조선상고사』

사료 플러스

우리 민족사를 왜곡하고 부정적인 면만을 부각시켜 타율성·사대성·정체성을 강조하는 일제 식민 사관에 대항하여, 신채호 등 민족주의 사학자들은 한민족의 기원을 밝히고 우리 문화의 우수성과 주체적 발전을 강조하였다.

005 사회 경제 사학

우리 조선의 역사적 발전의 전 과정은 지리적인 조건, 인종적인 골상, 문화 형태의 외형적 특징 등 다소의 차이를 인정한다 하더라도, 외관상 특수성이 다른 문화 민족의 역사적인 발전 법칙과 구별되어야 할 독자적인 것은 아니며, 세계사적인 일원적 역법칙에 의해 다른 제 민족과 거의 같은 발전 과정을 거쳐 왔던 것이다.　　　백남운, 『조선사회경제사』

사료 플러스

일제의 식민 사관 중 정체성 이론에 반박하여 백남운 등 사회 경제 사학자들은 한국사의 역사 발전을 세계사적인 역사 발전 법칙과 동일한 범주에서 파악하였다.

006 한국사의 보편성과 특수성[교과서 지문]

한국 불교는 현세 구복적이고 호국적인 성향이 남달리 강하며, 한국 유교는 삼강오륜의 덕목 중에서도 충·효·의가 강조되었다. 이는 우리 조상이 가족 질서에 대한 헌신과 국가 수호, 그리고 사회 정의 실현에 특별한 애정을 지녔음을 보여 주는 것이며, 조선 시대 유학자들이 비타협적이고 배타적 경향이 큰 이유도 여기에 있다. 이는 중국의 유학이 인(仁)을 중심 개념으로 설정하고 사회적 관용을 존중하는 것과 대비되는 것이다.

사료 플러스⁺

민족사가 지니고 있는 양면성, 즉 보편성과 특수성에 관한 내용이다. 동아시아의 보편적 문화는 유교, 불교, 율령, 한자이다. 특히 중국에서 발생한 유교가 우리나라에 들어와서는 충(忠), 효(孝), 의(義)의 이념이 강조되었는데, 이는 유교라는 동아시아의 보편적 문화가 우리나라에 들어와 특수화된 경우이다. 인도에서 발생한 불교는 동아시아의 여러 나라에 전파되면서 그 나라의 민간 신앙과 결합되어 나라마다 조금씩 다른 특징을 보였다. 특히 우리나라 불교는 호국적 성격과 현세구복적 성격이 두드러지는데, 이 역시 불교라는 동아시아의 보편적 문화가 우리나라에 들어와 특수화된 경우이다.

CHAPTER 02 선사 시대와 국가의 형성

007 위만 조선의 성립(B.C. 194)

후에 자손들이 점점 교만해지자 연이 장수 진개를 보내 서방을 공격하여, 땅 2천여 리를 취하였다. 만번한에 이르러 경계를 삼자 조선이 약해지게 되었다. 진나라가 천하를 병합하자 몽염에게 장성을 쌓게 하여 요동에 이르렀다. …… (조선왕) 부가 죽고 그 아들 준이 왕위에 올랐다. 20여 년이 지나 진승과 항우가 일어나 천하가 어지럽자, 연·제·조나라 백성들이 고통스러워 점차로 준에게 망명을 하니 준이 이들을 서쪽에 살게 하였다. 이어 한이 노관을 연왕으로 삼자, 조선이 연과의 경계를 패수로 삼았다. 관이 모반하여 흉노로 들어가고, 연나라 사람 위만이 망명하여 호복(胡服)을 하고 동쪽으로 패수를 건너 이에 이르러 준에게 항복하면서 준에게 서쪽 경계에 살기를 구하고, 중국 망명자들을 모아서 조선을 지키는 병풍이 되고자 하였다. 준이 이를 믿고 은혜를 베풀어 박사로 삼아 서쪽 변경을 지키라고 하였다.

『위략』

사료 플러스⁺

기원전 3세기경 중국의 진·한 교체기에 위만은 무리 1,000여 명을 이끌고 고조선으로 들어온 후 고조선 준왕의 허락을 받아 박사(博士, 지방 장관)의 직함을 받고 고조선의 서쪽 변경을 수비하는 일을 맡게 되었다. 위만이 고조선에 입국할 때 상투를 틀고 조선인의 옷[중국 사서 『위략』에서는 오랑캐옷(胡服)으로 서술]을 입고 있었던 점으로 보아 연나라에서 살던 조선인으로 짐작된다.

008 준왕의 남하

조선 후(侯) 준(준왕)이 분수를 모르고 왕을 칭하다가 연나라에서 망명한 위만의 공격을 받아 나라를 빼앗기자, 그 측근 신하와 궁인들을 거느리고 달아나 한(韓) 땅에 들어가 스스로 한왕이라 불렀다.　　　　　　　　　　　　　　　　　　　　　『삼국지』 위서 동이전

사료 플러스+

준왕의 도움으로 고조선에 정착하게 된 위만이 수도인 왕검성에 들어가 준왕을 몰아내고 스스로 왕이 되면서 위만 조선(B.C. 194)이 성립되었다. 이때 위만에게 나라를 빼앗긴 준왕은 남쪽의 진국(辰國)으로 내려가 한왕(韓王)이 되었다.

009 위만 조선의 발전

위만이 군사의 위엄과 재물을 얻게 되자 그 옆의 작은 고을을 침략하여 항복시키니 <u>진번과 임둔</u>도 모두 와서 복속하여 땅이 수천 리가 되었다. 위만이 왕위를 아들에게 전하고 다시 손자 우거에게 이르자 한(漢)나라에서 도망해 온 사람들을 유인한 것이 자못 많았다. 또 일찍이 들어와 천자를 뵙지 않으면서 진번의 곁에 있는 여러 나라들이 글을 올려 <u>천자(한나라 황제)</u>를 보고자 해도 가로막아 통하지 못하게 하였다.　　　　　　　　　『삼국유사』

사료 플러스+

위만 조선은 우세한 무력을 바탕으로 활발한 정복 사업을 전개하여 진번(황해도 지역)·임둔(함경남도 지역) 등 주변의 여러 소국들을 복속시켰다. 또한, 지리적인 이점을 이용하여 예(濊)나 남방의 진(辰)이 중국 한(漢)나라와 직접 무역하는 것을 막고 중계 무역의 이득을 차지하면서 한나라와 갈등이 생겼다.

010 고조선의 멸망(B.C. 108)

- 일찍이 우거[1]가 아직 격파되기 전에, 조선상(朝鮮相) 역계경이 우거에게 간언하였으나 받아들여지지 않자 진국으로 갔다. 그때 백성들 중 그를 따라가 산 사람들이 2천여 호나 되었다.　　　　　　　　　　　　　　　　　　　　　　　『삼국지』 위서 동이전
- 니계상 삼이 사람을 시켜 <u>조선왕 우거를 죽이고 항복해 왔다.</u> 그러나 왕검성은 함락되지 않았고, 옛 우거의 대신 성기(成己)가 반란을 일으켜 다시 관리들을 공격했다. 좌장군이 우거의 아들 장항(長降)과 재상 노인의 아들 최(最)를 시켜 그 백성들을 설득하여 성기를 죽이게 했다. 이렇게 해서 마침내 조선이 평정되어 <u>사군(四郡)</u>을 두었다.　　　『사기』 조선 열전

사료 플러스+

고조선이 멸망하자 한은 고조선의 일부 지역에 4개의 군현(낙랑·진번·임둔·현도군)을 설치하고 태수(太守)를 두어 통치하였다. 한 군현이 설치된 후 억압과 수탈을 당하던 토착민은 이를 피하여 한반도 남쪽(삼한, 좀더 좁히면 진한 지역)으로 이주하거나 단결하여 한 군현에 대항하였다. 이에 한은 엄한 율령을 시행하여 법 조항이 60여 조로 증가하였다.

1) **고조선의 마지막 왕이자 위만의 손자**

『위서』에 이런 말이 있다. 지금으로부터 2,000년 전에 단군왕검이 계셔 아사달에 도읍을 정하고 새로 나라를 세워 조선이라 불렀는데, 요와 같은 때였다고 하였다.

『고기』에 이런 말이 있다. 옛날에 환인의 서자 환웅이 계셔[1] 천하에 자주 뜻을 두고, 인간 세상을 탐내어 구했다. 아버지는 아들의 뜻을 알고 삼위 태백산을 내려다보니 인간 세계를 널리 이롭게 할 만했다.[2] 이에 천부인 세 개[3]를 주어 내려가서 다스리게 했다. 환웅은 그 무리 3,000명을 거느리고 태백산 꼭대기(태백산, 지금의 묘향산)의 신단수 밑에 내려와서 신시라고 불렀다. 이 분을 환웅 천왕이라 한다. 그는 풍백·우사·운사를 거느리고 곡식·수명·질병·형벌·선악 등을 주관하고, 인간의 360가지나 되는 일을 주관[4]하여 인간 세계를 다스려 교화시켰다.

이때 곰 한 마리와 호랑이 한 마리가 있었는데 같은 굴에 살면서 항상 신령스러운 환웅에게 사람이 되게 해 달라고 빌었다. 이때 신(환웅)이 영험한 쑥 한줌과 마늘 스무 쪽을 주면서 이르기를, '너희들이 이것을 먹고 100일 동안 햇빛을 보지 않으면 곧 사람의 형체를 얻을 수 있으리라.'라고 하였다. 곰과 호랑이는 그것을 받아먹고 금기한 지 21일 만에 곰은 여자의 몸이 되었으나, 호랑이는 금기하지 못해서 사람의 몸이 되지 못하였다.[5] 여자가 된 곰[熊女]은 혼인할 사람이 없었는데 매번 단수(檀樹) 아래에서 아이를 갖게 해 달라고 빌었다. 이에 환웅이 잠시 사람으로 변하여 그녀와 혼인하였고 잉태하여 아들을 낳으니 이름을 단군왕검[6]이라 하였다. 단군왕검은 중국의 요임금이 즉위한 지 50년인 경인(庚寅)년[요임금이 즉위한 원년은 무진(戊辰)년이므로 50년은 정사(丁巳)년이지 경인년이 아니다. 경인년이라고 한 것은 사실이 아닌 것 같다.]에 평양성[平壤城, 지금의 서경(西京)]에 도읍하고 비로소 조선(朝鮮)이라 불렀다.[7]

『삼국유사』

사료 플러스+

고조선의 건국 사실을 알려 주는 단군 건국 이야기는 우리 민족의 시조 신화로 널리 알려져 있으며, 그 기록은 청동기 문화를 배경으로 한 고조선의 성립이라는 역사적 사실과 홍익인간의 이념을 반영하고 있다. 이는 고려, 조선, 근대를 거치면서 나라가 어려울 때마다 우리 민족의 전통과 문화의 정신적 지주가 되었다.

1) 선민사상
2) 지배층의 대두, 인본주의 통치 이념
3) 통치자(단군)의 상징물인 천부인 세 개[청동 거울, 청동 칼, 청동 방울(북)]
4) 농경 사회, 형벌 사회, 애니미즘, 계급 분화
5) 모계 사회의 유풍, 족외혼, 토테미즘, 부족 간의 연맹 및 배제
6) 샤머니즘(단군 = 제사장), 제정일치, 군장 국가의 성립
7) 『삼국유사』에서는 여고동시(與高同時)라 하여 고조선의 건국이 중국 요나라와 동시대임을 내세워 우리 역사의 전통이 중국에 뒤지지 않음을 강조하였다.

012 8조 금법

(고조선에서는) 백성들에게는 금하는 법 8조를 만들었다. 그것은 대개 <u>사람을 죽인 자는 즉시 죽이고,[1] 남에게 상처를 입힌 자는 곡식으로 갚는다.[2] 도둑질을 한 자는 노비로 삼는다. 용서받고자 하는 자는 한 사람마다 50만 전을 내야 한다.[3]</u> 비록 용서를 받아 보통 백성이 되어도 풍속에 역시 그들은 부끄러움을 씻지 못하여 결혼을 하고자 해도 짝을 구할 수 없다. 이러해서 백성들은 도둑질을 하지 않아 대문을 닫고 사는 일이 없었다. <u>여자들은 모두 정조를 지키고 신용이 있어 음란하고 편벽된 짓을 하지 않았다.[4]</u> 농민들은 대나무 그릇에 음식을 먹고, 도시에서는 관리나 장사꾼들을 본받아서 술잔 같은 그릇에 음식을 먹는다.   『한서』

> #### 사료 플러스+
>
> 고조선의 사회상을 알려 주는 8조 금법은 후한의 반고가 저술한 『한서』 지리지에 3조항만 전해지고 있다.
>
> 1) 개인의 생명 존중, 보복법
> 2) 농경 사회, 사유 재산 발생, 노동력 중시
> 3) 노비(형벌 노비)가 존재하는 계급 사회, 화폐 사용(일부 지배층의 중국 돈 사용)
> 4) 남성 중심의 가부장적 사회

013 부여

부여는 현도의 북쪽 천여 리에 있는데 남쪽은 선비와 접해있고 북쪽에는 약수가 있다. …… <u>이 나라 왕의 도장에 예왕지인(濊王之印 : 예왕의 인장)이라고 새겨져 있다.[1]</u> 그 나라에는 오래된 성이 있는데, 이름을 예성(濊城)이라고 한다. …… 본래 예맥의 지역인데, 부여가 그 가운데 왕으로 있었다. …… 국토의 면적은 사방 2천 리이고, 호수는 8만이다. 부여에는 구릉과 넓은 못이 많아서 동이 지역 가운데서 가장 넓고 평탄한 곳이다. 토질은 오곡을 가꾸기에는 알맞지만 (다섯 가지) 과일은 생산되지 않았다. <u>은력(殷曆) 정월에 하늘에 제사를 지내며 나라에서 대회를 열어 연일 마시고 먹고 노래하고 춤추는데, 영고(迎鼓)라고 한다. 이때 형옥(刑獄)을 중단하여 죄수를 풀어 주었다.[2]</u> 옷은 흰색을 숭상하며, 흰 베로 만든 큰 소매 달린 도포와 바지를 입고 가죽신을 신는다. <u>사람들의 체격이 매우 크고 성품이 강직 용맹하며 근엄하고 후덕하여 다른 나라를 노략질하지 않았다.[3]</u> …… <u>형이 죽으면 형수를 아내로 삼는 것은 흉노의 풍속과 같았다.[4]</u> …… <u>혹 전쟁이 있게 되면 소를 잡아 하늘에 제사를 지내고 그 발굽으로 길흉을 점치는데 발굽이 갈라지면 흉(凶)하고 합해지면 길(吉)하다고 생각하였다.[5]</u>
『삼국지』 위서 동이전

> #### 사료 플러스+
>
> 『삼국지』 위서 동이전의 기록에 의하면 만주 송화강 유역의 평야 지대를 중심으로 성장한 부여는 기원전 4세기경에 군장 국가를 형성하였고, 1세기 초에 왕호를 사용하였다고 한다.
>
> 1) 우리나라 최초의 왕의 옥새(일종의 국새)에 대한 기록이다.
> 2) 12월(은정월, 사냥철이 시작되는 달)에 영고(迎鼓, 맞이굿)라는 제천 행사가 있었는데, 이것은 수렵 사회의 전통을 보여 주는 것이다.
> 3) 역사서에는 기록자의 주관이 반영된다. 『삼국지』 위서 동이전은 중국 측의 기록으로, 고구려가 초기부터 활발한 정복 활동을 전개하여 한 군현을 공격하고 요동 지방으로 진출하는 등 중국 세력과 계속 충돌하였기 때문에 부여에 대해서는 우호적으로, 고구려에 대해서는 부정적으로 서술되어 있다(cf 기록으로서의 역사 인식).
> 4) 형사취수제
> 5) 우제점법

014 부여의 법률(4조목)

1. 살인자는 사형에 처하고, 그 가족은 노비로 삼는다.[1]
2. 절도자는 12배의 배상을 물린다.[2]
3. 간음자는 사형에 처한다.[3]
4. 부인이 질투하면 사형에 처하되,[4] 그 시체는 산 위에 버리며, 그 시체를 가져가려면 소·말을 바쳐야 한다.

『삼국지』 위서 동이전

사료 플러스+

부여의 법으로는 4조목이 전해지고 있는데, 이 법률은 귀족들의 사유 재산과 노비 소유, 그리고 가부장제와 일부다처제를 보호하는 규정으로 보인다.

1) 사형죄, 보복주의, 연좌법
2) 1책 12법
3) 간음죄
4) 남성 중심의 사회, 일부다처제(형사취수제)

📖참고 고조선 8조 금법과 부여 법률의 공통점
1. 남성 중심의 사회
2. 형벌 사회
3. 노비가 존재한 계급 사회
4. 보복주의

015 고구려 건국 신화

시조 동명왕은 성이 고씨이며 이름은 주몽이다. …… 부여의 금와왕이 태백산 남쪽에서 한 여자를 만나게 되어 물은즉, 하백의 딸 유화라 하는지라. …… 금와왕이 이상히 여겨 그녀를 방에 가두었는데 햇빛이 따라와 비추었다. 그녀는 몸을 피하였으나 햇빛이 따라와 기어이 그녀를 비추었다. 이로 인하여 그녀는 잉태하게 되었고 마침내 알 하나를 낳았다. …… 한 사내아이가 껍데기를 깨고 나왔다. 기골과 모양이 뛰어나고 기이했다. 일곱 살에 의연함이 더하였고, 스스로 활을 만들어 쏘는 데 백발백중이었다. 부여의 속어에 활을 잘 쏘는 것을 주몽이라 하니 이로써 이름을 삼았다.[1] 주몽의 어머니는 비밀을 알고 아들에게 "장차 이 나라 사람들이 너를 죽이고자 하니 너의 재간으로 어디 간들 못 살겠느냐. ……"라고 타일렀다. 주몽은 그를 따르는 세 사람과 함께 도망하여 강가에 이르렀다. 그러나 다리가 없어 강을 건널 수 없었고, 추격병이 뒤따라오고 있었다. 주몽이 강물에 고하여 "나는 천제의 아들이고 하백의 외손이다.[2] 오늘 도망하여 여기까지 왔으나 추격병이 쫓아오고 있다. 어떻게 하면 좋겠는가."라고 외치자 물고기와 자라가 떠올라 다리를 만들어 주니 주몽이 강을 건널 수 있었다. …… 졸본촌으로 갔다. 그곳 땅이 기름지고 아름다우며 산천이 험하였다. 마침내 이곳에 도읍하기로 하였다. 나라 이름을 고구려라 하고 '고'를 그의 성씨로 삼았다.

『삼국사기』

『삼국사기』의 기록에 의하면 고구려는 부여로부터 남하한 주몽에 의하여 건국되었다(B.C. 37). 주몽은 부여 지배 계급 내의 분열·대립 과정에서 박해를 피해 남하하여 독자적으로 고구려를 건국하였다.

1) 부여족의 일파
2) 천손의 후예

🔖 참고 고구려 건국 신화 기록

고구려 건국 신화에 대한 기록 중 가장 오래된 것은 광개토 대왕릉비(414)이며, 그 다음은 모두루 묘지명(5C 이후), 『삼국사기』, 『동명왕편』, 『삼국유사』로 이어지는데, 기록에 따라 내용에 차이가 있다. 『삼국유사』 북부여조에서는 북부여의 천제를 해모수라 하고 그 아들을 해부루(解夫婁)라고 한 뒤, 해부루가 상제(上帝)의 명을 따라 동부여로 옮겨가고 동명이 북부여를 이어받은 것으로 되어 있다.

016 고구려

고구려에는 큰 산과 깊은 골짜기가 많고 평원과 연못이 없어서 계곡을 따라 살며 골짜기 물을 식수로 마셨다. 좋은 밭이 없어서 힘들여 일구어도 배를 채우기는 부족하였다. 부여의 별종(別種)이라 하는데, 말이나 풍속 따위는 부여와 많이 같지만 기질이나 옷차림이 다르다. 사람들의 성품은 흉악하고 급해서 노략질하기를 좋아하였다.[1] …… 나라에는 왕이 있고, 5부족이 있으니 연노부, 절노부, 순노부, 관노부, 계루부가 그것이다. 본래는 연노부에서 왕이 나왔으나, 지금은 계루부에서 차지하고 있다. …… 나라 안의 대가들은 밭을 일구지 않았으며 앉아서 먹는 자가 만여 명이나 되었다.[2] …… 하호는 식량과 고기와 소금을 멀리서 져다 이들에게 공급하고 있다. …… 큰 창고는 없고 집집마다 조그만 창고가 있으니 부경(桴京)이라고 한다.[3] …… 거처하는 좌우에 큰 집을 건립하고 귀신에게 제사를 지낸다. …… 소노부[消奴部=연노부(涓奴部)]는 본래의 국주(國主)였으므로 지금은 비록 왕이 되지 못하지만 그 적통(嫡統)을 이은 대인(大人)은 고추가의 칭호를 얻었으며, 종묘(宗廟)를 세우고 영성(靈星)과 사직(社稷)에게 따로 제사를 지낸다.[4] …… 나라 동쪽에 큰 굴이 있는데, 국동대혈이라고 한다. 매년 10월에 온 나라 사람들이 그 굴에서 수신(隧神)을 맞이하여 제사를 지냈는데 이를 동맹이라고 하였다.[5]

『삼국지』 위서 동이전

1) 고구려가 초기부터 활발한 정복 활동을 전개하여 한 군현을 공격하고 요동 지방으로 진출하는 등 중국 세력과 계속 충돌하였기 때문에 『삼국지』 위서 동이전에서는 고구려 사람들에 대해 부정적으로 서술하였다 (㏄ 기록으로서의 역사 인식).
2) 좌식자(座食者), 즉 지배 계층을 의미한다.
3) 고구려의 약탈 경제 모습을 알 수 있다.
4) 『삼국지』 위서 동이전에 의하면 소노부는 왕족인 계루부와는 별개로 3C 이전에 독자적으로 종묘(왕실 혈족의 조상신을 모셔 제사하는 곳)와 사직(농사신)에 제사를 지냈으며, 적통대인(嫡統大人)으로서 왕족의 호칭인 고추가를 사용하는 등 강력한 권한을 지니고 있었다.
5) 제천 행사 동맹(10월)

017 옥저

대군왕은 없으며[1] 읍락에는 각각 대를 잇는 우두머리가 있었는데 스스로 삼로라 일컬었다. 이 나라의 토질은 비옥하며, 산을 등지고 바다를 향해 있어 오곡이 잘 자라며 농사짓기에 적합하다. 사람들의 성질은 질박하고, 정직하며 굳세고 용감하다. 소나 말은 적고, 창을 잘 다루며 보전(步戰)을 잘한다. 음식, 주거, 의복, 예절은 고구려와 흡사하다. 큰 나라 사이에서 시달리고 괴롭힘을 당하다가 마침내 고구려에게 복속되었다. 고구려는 그 나라 사람 가운데 대인을 뽑아 사자로 삼아 토착 지배층과 함께 통치하게 하였다. …… 여자가 10살이 되면 혼인을 허락한다. 남편이 될 사람이 여자를 자기 집으로 데려와 길러서 아내로 삼는다. 성인이 되면 다시 친정으로 돌려보낸다. 이때 여자의 집에서는 돈을 요구하는데, 돈이 지불되면 다시 사위집으로 돌려보낸다.[2]

『삼국지』 위서 동이전

사료 플러스➕

1) 옥저의 각 읍락에는 읍군이나 삼로라는 군장이 있어서 자기 부족을 다스렸으나, 이들은 통합된 더 큰 정치 세력(왕)을 형성하지 못하고 군장 국가 단계에 머물렀다.
2) 민며느리제 : 남성 중심의 결혼, 매매혼

018 동예

동예는 대군장이 없고[1] 한 대 이후로 후, 읍군, 삼로 등의 관직이 있어서 하호[2]를 통치하였다. …… 동성(同姓)끼리는 혼인하지 않는다.[3] 금기가 많아 병을 앓거나 사망하면 곧 옛 집을 버리고 다시 새 집을 지어 거주한다. …… 10월이 되면 하늘에 제사 지내며 밤낮으로 음주가무를 하니 이를 무천(舞天)이라 부른다.[4] 또 호랑이에 제사지내며 신(神)으로 여긴다. 읍락을 서로 침범하는 일이 있으면 그 벌로 노예, 소, 말을 물리니 이를 책화(責禍)라 한다.[5]

『삼국지』 위서 동이전

사료 플러스➕

1) 동예는 후·읍군·삼로라는 군장들이 자기 부족을 다스리는 군장 국가였다.
2) 부여, 고구려, 동예, 삼한에 공통으로 나오는 하호(下戶)는 일반 백성을 의미한다.
3) 족외혼 : 신석기 결혼 풍습
4) 무천 : 동예의 제천 행사
5) 동예에서는 씨족마다 강이나 산을 경계로 생활 구역을 정하여 함부로 침범하지 못하게 하였다. 만약 다른 부족의 영역을 침범하면 책화라 하여 노비나 소·말로 변상하게 하였다.

019 삼한

사료1 백성은 토지에 정착하여 살고 벼농사를 지으며, 누에치기를 할 줄 알았고 식물성 포(布)를 만들었다. 나라에 각각 장수가 있어 강대한 사람은 신지, 그 다음은 읍차라 하였다. 해마다 5월이면 씨뿌리기를 마치고 제사를 지내며, 10월에 농사일을 마치고 나서도 하늘에 제사를 지냈다. 국읍에 한 사람씩 세워서 천신의 제사를 주관하였는데, 이를 천군이라 한다. 나라에는 각각 별읍이 있으니 소도라 한다. 그 지역으로 도망온 사람은 누구든 돌려보내지 않으니 도적질을 좋아했다. 『삼국지』 위서 동이전

사료2 [삼한에서는] 아이가 태어나면 곧 돌로 그 머리를 눌러서 납작하게 만들려고 하므로, 지금 진한 사람의 머리는 모두 납작하다. 왜와 가까운 지역이므로 남녀가 문신을 하기도 한다. 『삼국지』 위서 동이전

> **사료 플러스⁺**
>
> 사료 1 : 삼한 사회는 제사와 정치권이 분리된 사회로, 제사장인 천군은 신성 지역인 소도(솟대)에서 농경과 종교에 대한 의례를 담당하였다. 소도는 군장의 세력이 미치지 못하는 곳으로, 죄인이 도망하여 이곳에 숨으면 잡아가지 못하였고, 신ㆍ구문화의 충돌과 사회적 갈등을 완화시키는 역할도 하였다.
> 사료 2 : 삼한의 편두와 문신에 대한 내용이다.

020 초기 국가의 장례 풍습

사료1 **부여**

여름에 사람이 죽으면 모두 얼음을 넣어 장사 지내며, 사람을 죽여서 순장을 하는데 많을 때는 백 명가량이나 되었다.[1] 장사를 후하게 지내는데, 곽은 사용하나 관은 사용하지 않았다.

『삼국지』 위서 동이전

사료2 **고구려**

고구려에서는 혼인 때부터 수의를 마련하고, 장례 때에는 금, 은, 돈, 폐백 같은 것을 후하게 썼다.[2] 고구려 지배층은 돌무지무덤을 조성, 그 앞에 소나무와 잣나무를 심기도 하였다.

『삼국지』 위서 동이전

사료3 **옥저**

그들은 장사를 지낼 적에 큰 나무 곽을 만드는데, 길이가 10여 장(丈)이나 되며, 한쪽 머리를 열어 놓아 문을 만들었다. 사람이 죽으면 시체는 모두 가매장을 하되, 겨우 형체가 덮일 만큼 묻었다가 가죽과 살이 다 썩은 다음에 뼈만 추려 곽 속에 안치하였다. 온 집안 식구를 모두 하나의 곽 속에 넣어 두었는데, 죽은 사람의 숫자대로 살아 있을 때와 같은 모습으로 나무에 모양을 새겼다.[3] 또한 옹기솥에 쌀을 담아서 목곽 무덤의 한편에 매달아 두었다.[4] 『삼국지』 위서 동이전

> **사료 플러스⁺**
>
> 1) 부여의 순장 풍습
> 2) 고구려의 후장(厚葬): 부장품을 관 속에 넣고 장례를 매우 후하게 지내는 풍습
> 3) 옥저의 가족 공동묘(일명 골장제, 두벌묻기, 세골장)
> 4) 영혼 불멸 사상

선우빈 선우한국사

합격까지 박문각

PART

02

고대 사회의 발전

제1장 고대의 정치
제2장 고대의 경제
제3장 고대의 사회
제4장 고대의 문화

CHAPTER 01   고대의 정치

021 가야 연맹

사료1 정견모주(正見母主) 설화

시조는 이진아시왕이고, 그로부터 도설지왕까지 대략 16대 520년이다. 최치원이 지은 『석이정전』에, "가야산신인 정견모주가 천신인 이비가지에게 감응되어 뇌질주일과 뇌질청예 두 사람을 낳았다. 뇌질주일은 곧 대가야국의 시조인 이진아시왕의 별칭[1]이고, 뇌질청예는 금관국의 시조인 수로왕의 별칭[2]이다."라고 하였다.   『신증동국여지승람』

사료2 금관가야 설화(구지봉의 황금알 여섯 개)

이 나라에는 왕이 없어서 아홉 명의 족장이 백성을 다스리고 있었다. 어느 날, 김해에 있는 구지봉에서 소리가 들려 왔다. 족장들은 백성들을 구지봉에 모아놓고 신이 하라는 대로 흙을 파헤치고 춤을 추며 노래를 불렀다.

"거북아 거북아 머리를 내놓아라. / 만약 내놓지 않으면 구워 먹으리.

(龜何龜何 首其現也 若不現也 燔灼而喫也)"

그러자 하늘에서 금으로 만들어진 상자가 내려왔고, 그 상자에는 붉은 보자기로 싼 여섯 개의 황금알이 들어 있었다.   『삼국유사』 권2 기이2 가락국기

사료3 김수로왕과 허황옥

저는 아유타국의 공주인데, 성은 허이고 이름은 황옥이며 나이는 16세입니다. 본국에 있을 때 금년 5월에 부왕과 모후께서 저에게 말씀하시기를, "우리가 어젯밤 꿈에 함께 하늘의 상제를 뵈었는데, 상제께서는, 가락국의 왕 수로를 하늘이 내려보내서 왕위에 오르게 하였으니 신령스럽고 성스러운 사람이다. 또 나라를 새로 다스리는 데 있어 아직 배필을 정하지 못했으니 경들은 공주를 보내서 그 배필을 삼게 하라 하시고, 말을 마치자 하늘로 올라가셨다. 꿈을 깬 뒤에도 상제의 말이 아직도 귓가에 그대로 남아 있으니, 너는 이 자리에서 곧 부모를 작별하고 그곳으로 떠나라." 하였습니다.   『삼국유사』

사료4 금관가야의 멸망

법흥왕 19년 금관국주 김구해가 아내와 세 아들(노종·무덕·무력)과 함께 가야의 보물을 가지고 와서 항복하였다. 왕은 예를 다하여 대접하고 상대등의 지위를 내려주고 그 나라를 식읍[3]으로 주었다. 아들 무력은 벼슬이 각간에 이르렀다.   『삼국사기』

사료5 대가야의 멸망

진흥왕 23년 9월 가야가 배반하니 왕은 이사부를 시켜 토벌하게 하고 사다함을 부장으로 삼았다. 사다함이 기병 5천을 거느리고 앞질러 전단문에 들어가 백기를 꽂았다. 온 성중이 겁내어 어찌할 바를 모르다가 이사부가 군사를 끌고 들이닥치자 한꺼번에 항복했다.   『삼국사기』

사료 플러스⁺

사료 1: 조선 전기에 편찬된 인문 지리서인 『신증동국여지승람』 중 경상도 고령현의 연혁을 정리하면서 대가야의 건국 신화를 전하고 있다. 대가야의 건국 신화는 흔히 이진아시왕(伊珍阿豉王) 신화라고도 하는데, 금관가야의 수로왕 신화와 더불어 가야의 건국 신화를 대표한다. 다른 나라의 건국 신화와 달리 가야의 경우 복수의 건국 신화[정견모주(正見母主) 설화와 난생 설화(卵生說話)]가 남아 있는 것은 가야가 여러 소국으로 이루어진 연맹체였기 때문이다. 정견모주 설화에 따르면, 가야산의 산신인 여신 정견모주가 하늘의 신인 이비가지에 감응하여 두 아들을 낳았는데, 한 명은 뇌질주일(이진아시왕)이고, 다른 한 명은 뇌질청예(수로왕)라고 한다.

사료 2: 금관가야의 건국 신화이다. '가락국기'는 『삼국유사』에 실려 있지만 일연(1206~1289)이 지은 것은 아니다. '가락국기'의 주(注)에 의하면, 고려 문종(재위 1046~1083) 대 금관(金官)의 지주사(知州事)로 있던 어느 문인(文人)이 지은 것을 줄여 싣는다고 기록되어 있다. 따라서 금관가야의 건국 신화는 11세기에 작성되었음을 알 수 있는데, 여느 건국 신화와 마찬가지로 그 내용을 기록 그대로 믿기는 어렵다. 그렇지만 9간(干) 등이 구지봉(龜旨峯)에 모여 노래를 부르자 황금 알 6개가 하늘에서 내려왔고, 알이 동자로 변하자 그 중 1명을 추대하여 수로왕이 되었다고 하는 줄거리에는 일정한 역사성이 반영되어 있다.

사료 3: 『삼국유사』 권2 기이2 '가락국기'에 나오는 아유타국 공주 허황옥의 도래 과정과 김수로왕과의 결혼 이야기이다.

사료 4, 5: 금관가야와 대가야가 각각 법흥왕과 진흥왕에 의해 멸망한 모습을 보여 주는 『삼국사기』의 기록이다.

1) 대가야, 2) 금관가야, 3) 조세·공납·역 징발 가능

022 태조왕의 정복 사업

동옥저를 정벌하여 그 땅을 취하고 성읍을 만들어 국경[地境]을 개척하였는데, 동으로는 창해(동해)에 이르고, 남으로는 살수(청천강)에 이르렀다. …… 임금이 아우 수성을 보내 현도·요동의 두 군을 공격하여 그 성곽을 불사르고 2천여 명을 죽이거나 사로잡았다. …… 왕이 군사를 일으켜 요동 서안평을 습격하고, 대방령을 죽이며, 낙랑 태수의 처자를 잡아 왔다.

『삼국사기』, 고구려본기, 태조 대왕

사료 플러스⁺

계루부 고씨에 의한 왕위 세습제로 지배 체제를 강화시킨 고구려 6대 태조왕은 정복 사업도 활발히 하였는데, (동)옥저를 복속하고 현도군·요동군을 공격하여 영토를 확장하였다.
🆗 동천왕, 미천왕의 업적과 헷갈리지 말 것!

023 소수림왕의 불교 도입

- 왕 재위 2년에 전진 국왕 부견이 사신과 승려 <u>순도</u>를 보내며 불상과 경문을 전해 왔다. (이에 우리) 왕께서 사신을 보내 사례하며 토산물을 보냈다. 『삼국사기』
- 왕 재위 4년에 고구려의 승려 아도(阿道)가 찾아왔다. 『삼국사기』
- 왕 재위 5년에 비로소 초문사를 창건하고 <u>순도</u>를 머물게 하였다. 또 이불란사를 창건하고 아도를 머물게 하였다. 이것이 해동 불법(佛法)의 시작이었다. 『삼국사기』

사료 플러스⁺

백제 근초고왕의 침입으로 고구려 고국원왕이 평양성에서 전사하면서 최대 위기를 맞게 된 고구려는 소수림왕 때 들어와 위기가 극복되었다. 소수림왕은 전진과 국교를 수립하고, 전진의 승려 순도를 통해 불교를 받아들였으며(372), 국립 중앙 교육 기관인 태학을 설립(372)하고, 율령을 반포(373)하여 국가 체제를 새롭게 정비하였다.

◈ 참고 삼국의 고대 국가로의 발전 시기

구분	고구려	백제	신라
왕위 세습	태조왕	고이왕	내물왕
율령 반포	소수림왕	고이왕	법흥왕
불교 수용	소수림왕	침류왕	눌지왕(도입) ⇨ 법흥왕(공인)

024 광개토 대왕비

사료1 광개토 대왕비의 주요 내용

옛적 시조 추모왕(鄒牟王)이 나라를 세웠는데 (왕은) 북부여에서 태어났으며, 천제(天帝)의 아들이었고 어머니는 하백(河伯: 水神)의 따님이었다. …… 유명(遺命)을 이어받은 세자 유류왕은 도(道)로서 나라를 잘 다스렸고, 대주류왕은 왕업(王業)을 계승하여 발전시켰다. 17세손에 이르러 국강상광개토경평안호태왕(國岡上廣開土境平安好太王)이 18세에 왕위에 올라 칭호를 영락 대왕(永樂大王)이라 하였다. ……

(영락) 6년 왕은 위엄을 떨치며 노하여 <u>아리수</u>를 건너 선두 부대를 백잔(백제)성으로 진격시켰다. …… 백잔의 군주(아신왕)는 방도를 구하지 못하고 남녀 1천 명과 세포 1천 필을 바치고 왕 앞에 무릎을 꿇고 맹세하였다.

(영락) 9년 기해에 백제가 서약을 어기고 왜와 화통하므로, 왕은 평양으로 순수해 내려갔다. 신라가 사신을 보내 왕에게 말하기를, "왜인이 그 국경에 가득 차 성을 부수었으니, 노객은 백성된 자로서 왕에게 귀의하여 분부를 청한다."라고 하였다. …… <u>10년 경자에 보병과 기병 5만을 보내 신라를 구원하게 하였다.</u> …… 관군이 이르자 왜적이 물러가므로, 뒤를 급히 추격하여 임나가라의 종발성에 이르렀다. 성이 곧 귀순하여 복종하므로, 순라병을 두어 지키게 하였다. 신라의 □농성을 공략하니 왜구는 위축되어 궤멸되었다.

[사료2] 광개토 대왕릉비의 위조

내가 일찍이 호태왕의 비를 구경하기 위해 집안현에 이르러 여관에서 만주 사람 잉쯔핑 [英子平]이란 소년을 만났는데, 그가 필담으로 한 비에 대한 이야기는 다음과 같았다. "비가 오랫동안 풀섶 속에 묻혔다가 최근에 잉시[榮禧: 만주인]가 이를 발견했는데 그 비문 가운데 고구려가 땅을 침노해 빼앗은 글자는 모두 도부로 쪼아내서 알아볼 수 없게된 글자가 많고, 그 뒤에 일본인이 이를 차지하여 영업적으로 이 비문을 박아서 파는데 왕왕 글자가 떨어져 나간 곳을 석회로 발라 알아볼 수 없는 글자가 도리어 생겨나서 진실은 삭제되고 위조한 사실이 첨가된 듯한 느낌도 없지 않다." 　　　　　　　신채호, 『조선상고사』

사료 플러스

사료 1: 광개토 대왕비는 고구려 건국 관련 기록 중 가장 오래된 것으로 주몽을 하늘[天]과 연결시킨 점, 영락이라는 연호를 사용한 점, 백제와 신라를 고구려의 영향권에 넣은 점 등에서 고구려의 최전성기인 5세기에 고구려가 한반도, 나아가 동아시아의 종주국이라는 자부심을 가지고 있었음을 알 수 있다.
　　　또한 영락 9년 사료는 광개토 대왕의 정복 사업에 대한 기록으로, 4세기 말~5세기 초 '신라+고구려 vs 백제+왜'라는 삼국의 대외 관계를 알 수 있다. 백제는 신라를 견제하기 위해 왜군을 끌어들였고, 신라는 왜를 막기 위해 고구려에 도움을 청하였다. 왜군 격퇴를 위한 고구려군의 남하로 낙동강 지역이 타격을 입었고, 이에 가야의 중심 지역이 금관가야(김해)에서 전쟁의 피해를 입지 않은 대가야(고령)로 이동되었다.

사료 2: 단재 신채호 선생은 『조선상고사』에서 광개토 대왕비를 답사한 내용을 적으면서 비문 내용의 위조 의혹에 대해 언급하고 있다.

025 충주(중원) 고구려비

빈출사료

5월 중에 고구려 대왕이 신라의 매금(왕)을 만나 영원토록 우호를 다지기 위해 중원(中原)에 왔으나, 신라 매금이 오지 않아 실현되지 못하였다. 이에 고구려 대왕은 태자 공과 전부 대사자 다우환노(多于桓奴)로 하여금 이곳에 머물러 신라 매금을 만나게 하였다. …… 신라 매금이 신하와 함께 대사자 다우환노를 만나 이곳에 주둔하고 있던 고구려 당주 발위사자 금노(錦奴)로 하여금 신라 국내의 여러 사람을 내지(內地)로 옮기게 하였다.

사료 플러스

충주(중원) 고구려비는 충북 충주시에서 1979년에 발견된 고구려의 척경 정계비이다. 중원(충주)에서 고구려왕과 신라왕이 만나 그곳의 신라인을 내지(內地)로 옮긴 후 중원이 고구려 영토임을 확인한 기념으로 비를 건립하였으며, 신라 백성을 죽령 이남으로 돌려보낸다는 내용을 통해 당시 고구려의 판도를 짐작할 수 있다. 특히 장수왕의 남진 정책과 함께 신라를 동이(東夷), 신라왕을 매금(寐錦)이라 지칭한 점 등에서 고구려가 한반도의 종주국이라는 천하관과 신라에 대한 고구려의 우월성을 엿볼 수 있다.

🆑 2020년 충주(중원) 고구려비에서 '영락(광개토 대왕 연호) 7년'이라는 글자가 판독되면서 지금까지 학자들 사이에 논란이 되었던 충주(중원) 고구려비 건립 시기(광개토 대왕설, 장수왕설, 문자왕설)에 대한 연구가 다시 시작되었다.

026 을지문덕의 '여수장우중문(與隋將于仲文)'

神策究天文	신기한 책략은 하늘의 이치를 꿰뚫었고,
妙算窮地理	오묘한 전략은 땅의 이치를 통달하였구나.
戰勝功旣高	전쟁에 이긴 공이 이미 높으니,
知足願云止	만족함을 알았으면 그만두기를 바라노라.

『삼국사기』

사료 플러스

2차 여·수 전쟁 때 우중문과 우문술의 부대가 을지문덕의 유도 작전에 의해 살수(청천강)에서 전멸당하였다. 이 시는 살수 대첩 직전에 을지문덕이 적장 우중문에게 보낸 시이다. 이 글에서 나오는 '지족(知足)'은 노자의 『도덕경』에 나오는 '知足不辱, 止不殆(만족할 줄 알면 욕되지 않으며, 그만둘 줄 알면 위험하지 않다.)'라는 구절과 일치하는 문장으로, 당시 을지문덕이 『도덕경』을 읽었음을 짐작할 수 있다.

027 연개소문의 집권

동부대인 대대로가 죽자 개소문은 마땅히 그의 지위를 계승하고자 하였지만, 국인(國人)은 (개소문의) 성격이 잔인하고 포악하다고 하여 그를 미워하였기 때문에 그 지위에 오를 수 없었다. 개소문은 머리를 조아리며 여러 사람에게 사죄하고 관직에 나갈 수 있도록 부탁하였으며, 만일 잘못된 점이 있으면 비록 내쫓더라도 후회하지 않겠다고 하였다. 여러 사람이 그를 애처롭게 여겨 마침내 (아버지의) 지위를 계승할 수 있도록 허락하였으나, (개소문은) 흉악하고 잔인하였으며 도리를 지키지 않았다. (개소문은) 왕의 동생의 아들 장(臧)을 왕으로 세우고 스스로 막리지(莫離支)가 되었다.

『삼국사기』

사료 플러스

이 사료는 연개소문(?~665)의 정변과 집권에 대해 알려 주고 있다. 연개소문은 부친의 사후 국인(國人)으로부터 인정을 받지 못하고 배척을 당했다고 하는데, 이때의 국인은 고구려의 주요 귀족 세력을 가리킨다. 연개소문은 영류왕을 추방하고 보장왕(영류왕의 조카)을 옹립한 뒤 스스로 대막리지(大莫離支)가 되어 실권을 장악한 후, 안으로는 대대로와 귀족 중심의 정치 체제를 종식시키고 밖으로는 당에 대한 강경책을 펼쳤다. 연개소문 정권하에 부여성에서 비사성에 이르는 천리장성을 구축하였고, 당 태종의 침입을 안시성 싸움에서 물리칠 수 있었다(645). 그러나 연개소문이 죽자 대막리지가 된 연개소문의 장남 남생과 남생의 동생인 남건·남산 사이에서 벌어진 권력 투쟁으로 지배층이 분열되면서 남생이 당나라에 투항하였고, 결국 고구려는 나·당 연합군에 의해서 멸망하게 되었다(668).

028 근초고왕의 고구려 공격

고구려가 병사를 일으켜 쳐들어왔다. 임금이 이를 듣고 패하(浿河, 예성강) 강가에 복병을 배치하고 그들이 오기를 기다렸다가 불시에 공격하니, 고구려 병사가 패배하였다.

겨울, 임금이 태자[1]와 함께 정예군 3만 명을 거느리고 고구려를 침범하여 평양성(平壤城)을 공격하였다. 고구려왕 사유[2]가 필사적으로 항전하다가 화살에 맞아 죽었다. 임금이 병사를 이끌고 물러났다. 도읍을 한산(漢山)으로 옮겼다. 『삼국사기』

> ### 사료 플러스+
>
> 369년 고구려 고국원왕이 2만 명의 고구려군을 이끌고 치양성(지금의 황해도 배천)으로 내려오자, 이에 맞서 백제의 근초고왕이 태자(훗날 근구수왕)를 데리고 가 고구려군을 기습한 사건이다.
>
> 1) 근초고왕의 왕자 수, 후에 근구수왕
> 2) 고구려의 고국원왕

029 백제의 해외 진출

- 백제국은 본래 고려(고구려)와 함께 요동의 동쪽 1,000여 리에 있었다. 그 후 고려가 요동을 차지하니 백제는 요서를 차지하였다. 백제가 통치한 곳을 진평군(진평현)이라 한다. 『송서』
- 처음 백가(百家)로서 바다를 건넜다 하여 백제라 한다. 진 대(晉代)에 구려(句麗: 고구려)가 이미 요동을 차지하니 백제 역시 요서·진평의 두 군을 차지하였다. 『양서』

> ### 사료 플러스+
>
> 4세기에 백제 근초고왕이 요서로 진출했음을 기록한 중국 문헌은 『송서』와 『양서』이다.

사료1 개로왕이 북위 현제에게 보낸 국서(472, 개로왕 18년)

신이 고구려와 더불어 근원이 부여에서 나왔으므로[1] 선대에는 옛 정의를 돈독히 존중하였는데, 그 조부 고국원왕이 경솔히 이웃의 우호를 없애고 친히 사졸의 무리를 거느리고 신의 국경을 침략하므로, 신의 조부 수[須, 근구수왕(이때는 태자였음.)]가 군사를 정비하여 번개같이 달려서 기회를 타서 치니 화살과 돌멩이가 잠깐 오가는 사이 고국원왕의 목을 베게 된 것입니다.[2] …… 만일 폐하께서 우리를 사랑하고 불쌍히 여겨 속히 군사를 파견하여 우리나라를 구원하여 주시면 마땅히 비천한 딸이나마 후궁으로 보낼 것이며, 아울러 자제를 파견하여 마구간에서 말을 기르게 하고, 한 치의 땅, 한 사람의 백성도 감히 제 것으로 여기지 않겠습니다.

사료2 승려 도림과 개로왕

당시의 백제 왕 근개루(近蓋婁 : 개로왕)는 장기와 바둑을 좋아하였다. (장수왕의 첩자) 승려 도림이 대궐 문에 이르러, "제가 바둑에 상당한 경지를 알고 있으니, 원컨대 곁에서 알려 드리고자 합니다."라고 하였다. …… 도림이 하루는 (왕을) 모시고 앉아서 조용히 말했다. "저는 다른 나라 사람인데 왕께서 많은 은혜를 베풀어 주셨으나, 아직 털끝만한 도움도 드린 적이 없습니다. …… 대왕의 나라는 하늘이 만들어준 요새로 사방의 이웃나라들이 감히 엿볼 마음을 갖지 못하고 다만 받들어 섬기기를 원하고 있습니다. 그러므로 왕께서는 마땅히 부강한 치적으로 남들의 이목을 두렵게 해야 할 것입니다." 왕이 말했다. "좋다! 내가 그리 하겠다." 이에 나라 사람들을 모조리 징발하여 성을 쌓고, 그 안에 궁실·누각들을 화려하게 지었다. 이로 말미암아 창고가 텅 비고 백성들이 곤궁해져서 나라는 달걀을 쌓은 듯이 위태롭게 되었다. 이에 도림이 도망쳐 돌아와 이를 보고하니, 장수왕이 기뻐하며 백제를 치기 위해 장수들에게 군사를 나누어 주었다. 근개루가 이 말을 듣고 아들 문주(文周)에게 말했다. "내가 어리석고 총명하지 못하여, 간사한 사람의 말을 믿고 썼다 이렇게 되었다. 나는 당연히 사직(社稷)을 위하여 죽어야 하지만, 네가 여기에서 함께 죽는 것은 유익할 것이 없으니 난리를 피하여 있다 나라의 왕통을 잇도록 하라."

『삼국사기』

사료 플러스+

사료 1: 백제 개로왕(재위 455~475)이 북위에 고구려를 공격해 달라고 요청하는 내용을 담고 있다. 백제는 근초고왕(재위 346~375)이 고구려의 평양성을 공격하여 고국원왕(재위 331~371)을 살해한 이후 고구려와 공방을 이어갔다. 그런데 소수림왕(재위 371~384)의 체제 정비와 이를 바탕으로 이루어진 광개토 대왕(재위 391~412)과 장수왕(재위 412~491) 대의 활발한 팽창 정책으로 인해 근초고왕 때와는 달리 남진해 오는 고구려의 압박을 감당하기가 어려웠다. 427년(고구려 장수왕 15년, 백제 비유왕 원년) 이루어진 고구려의 평양 천도는 백제에게 큰 위협으로 다가왔고, 개로왕이 북위에게 도움을 요청하였지만 북위는 고구려와의 전통적인 우호 관계를 내세워 끝내 응하지 않았다. 결국 475년 장수왕이 한성을 침략하면서 백제의 한성 시대는 끝나게 되었다.

사료 2: 고사성어 소력탈국(消力奪國), 즉 다른 나라의 국력(力)을 빠지게 한 다음 그 나라를 침공하여 빼앗는다는 말이 떠오르는 사료이다. 장수왕의 계략에 넘어간 개로왕은 장수왕의 공격을 받아 한강 유역을 빼앗긴 뒤 아차산성에서 전사하였고, 이에 그의 아들 문주왕은 웅진(공주)으로 천도하였다.

1) 백제를 고구려 유이민이 건국했음을 알려 주는 증거
2) 4세기 백제 근초고왕의 고구려 평양성 공격

031 백제와 신라의 결혼 동맹(493)

15년(493) 봄 3월에 백제왕(동성왕)이 신라에 사신을 보내어 혼인을 청하자 신라왕(소지왕)은 이찬 비지(比智)의 딸을 시집보냈다.

16년(494) 7월에 고구려가 신라를 공격하여 신라군이 견아성에 포위당하여 있을 때 (동성)왕은 군사 3천 명을 보내 구원하여 주었고, 다시 고구려가 백제의 치양성을 포위해 오자 신라 소지왕이 장군 덕지에게 명하여 군사를 거느리고 가서 구원하여 주었다.   『삼국사기』, 백제본기

사료 플러스⁺

백제 동성왕은 금강 유역의 토착 신진 세력(사·연·백씨 등)을 등용하여 왕권 강화를 도모하면서 신라의 소지왕과 결혼 동맹(493)을 맺고 고구려의 남하 정책에 저항하였다.

📖 참고 나·제 동맹(433~553)

구분	백제	신라
나·제 동맹 체결(433)	비유왕	눌지왕(마립간)
결혼 동맹 체결(493)	동성왕	소지왕(마립간)
나·제 동맹 결렬(553)	성왕	진흥왕

032 성왕과 진흥왕

- 32년(554) 가을 7월에 (성)왕은 신라를 습격하고자 하여 친히 보병과 기병 50명을 거느리고 밤에 구천(狗川)에 이르렀다. 신라의 복병이 일어나자 더불어 싸웠으나 난병(亂兵)에게 해침을 당하여 죽었다. 시(호)를 성(聖)이라 하였다.   『삼국사기』, 백제본기

- (진흥왕) 15년(554) 가을 7월에 명활성을 수리하여 쌓았다. 백제왕 명농(성왕)이 가량과 함께 관산성을 공격해 왔다. 군주 각간 우덕과 이찬 탐지 등이 맞서 싸웠으나 전세가 불리하였다. 신주 군주 김무력이 주의 군사를 이끌고 나아가 교전함에, 비장 삼년산군(三年山郡)의 고간(高干) 도도(都刀)가 급히 쳐서 백제왕을 죽였다. 이에 모든 군사가 승세를 타고 크게 이겨, 좌평 네 명과 군사 2만 9천 6백 명을 목 베었고 한 마리의 말도 돌아간 것이 없었다.   『삼국사기』, 신라본기

사료 플러스⁺

백제 성왕은 신라 진흥왕과 협력하여 고구려가 차지했던 한강 유역을 일시적으로 회복하였으나, 신라 진흥왕의 배신으로 신라에게 다시 빼앗기게 되었다(553). 이에 격분한 성왕은 대가야 및 일본과 합세하여 친히 군사를 이끌고 신라를 공격하였으나 관산성(충북 옥천) 전투에서 전사하였다(554). 이로써 120여 년간에 걸친 나·제 동맹은 결렬되었고, 백제는 가야에 대한 영향력을 잃게 되었다.

033 무왕

우리 왕후께서는 <u>좌평 사택적덕의 따님</u>으로 …… 기해년 정월 29일에 사리를 받들어 맞이하셨다. 원하오니, 우리 <u>대왕</u>[1]의 수명을 산악과 같이 견고하게 하시고 치세는 천지와 함께 영구하게 하소서.

미륵사지 석탑의 사리장엄

사료 플러스 +

무왕 때 왕비가 미륵사지 석탑에 사리장엄을 바치면서 무왕의 만수무강을 비는 내용이다. 2009년 미륵사지 석탑 탑신 해체 과정에서 이 사리장엄이 발견되었는데, 사리장엄에서 미륵사를 창건한 사람이 무왕의 부인이자 당시 백제의 최대 귀족인 사택 집안의 딸이라고 새긴 문구가 발견되면서 미륵사 창건 주체에 대한 재연구가 시작되었다.

1) 무왕

▲ 익산 미륵사지 석탑

▲ 사리장엄

034 백제 멸망(660)

<u>임금</u>[1]은 당나라와 <u>신라</u>[2]의 병사들이 이미 <u>백강과 탄현을 지났다는 소식을 듣고서</u> 장군 계백(階伯)을 보내 결사대 5천 명을 거느리고 황산으로 가서 신라 병사와 싸우게 하였다. 계백은 네 번 싸워서 모두 이겼으나 병사가 적고 힘이 다해 마침내 패배하였다. 계백은 <u>그곳에서 전사하였다.</u>[3] 이에 임금은 병사를 합해서 웅진 어귀를 막고 강을 따라 주둔시켰다. 소정방은 강 왼쪽 언덕으로 나와 산 위에 진을 쳤다. 그들과 싸웠으나 백제의 군대가 크게 패배하였다. …… 소정방이 군사들을 시켜 성곽에 뛰어 올라 당나라 깃발을 세우게 하였고, 이때 임금 및 태자 효가 여러 성과 함께 모두 항복하였다.

『삼국사기』

사료 플러스 +

백제 의자왕 20년(660)에 당은 소정방으로 하여금 13만 대군을 이끌고 서해를 건너 금강 하류인 백강을 침공하게 하였고, 신라는 김유신이 거느린 5만의 군대로 탄현(대전)을 넘었다. 백제 장군 계백은 황산벌(논산)에서 분전하였으나 패하였고, 수도인 사비는 결국 나·당 연합군에게 함락되었다(660).

1) 백제 의자왕
2) 신라 김유신 부대
3) 계백의 황산벌 전투

035 백제의 부흥 운동

복신이 도침을 죽인 다음 그의 무리를 자기 군대에 합치고, …… 임금은 김유신 등의 장수를
거느리고 …… 주류성 등 여러 성을 공격하여 모조리 항복시켰다. 부여 풍은 몸을 빼어 달아
나고 왕자 충승 등은 항복하였는데, 오직 지수신만은 임존성에 자리를 잡고 항복하지 않았다.
…… (나·당 연합군이) 백강으로 가서 육군과 모여서 동시에 주류성으로 가다가 <u>백강 어귀
에서 왜국 군사를 만나</u>[1] 네 번 싸워서 다 이기고 그들의 배 4백 척을 불태우니 연기와 불꽃
이 하늘을 찌르고, 바닷물이 붉어졌다.　　　　　　　　　　　　　　　　　　　『삼국사기』

> **사료 플러스⁺**
>
> 백제 멸망 이후 유민들은 곳곳에서 부흥 운동을 일으켰다. 왕족 복신과 승려 도침은 왜에 가 있던 왕자
> 부여풍을 왕으로 추대하고 주류성을 거점으로 군사를 일으켰고, 백제의 유장 흑치상지를 비롯한 의용군
> 3만여 명은 임존성(충청도 예산)을 중심으로 당에 대항하였다. 이들은 4년간 저항하였으나 복신이 도침
> 을 죽이고, 풍왕이 복신을 죽이는 내부의 분열로 백제 부흥 운동은 기울기 시작하였고 결국 나·당 연합
> 군에 의하여 진압되었다. 이때 왜의 수군이 백제 부흥군을 지원하기 위하여 백강 입구까지 왔으나 패하
> 여 쫓겨 갔다. 이후 흑치상지는 당에 항복한 뒤 당의 장수로 활약하였고, 임존성의 마지막 성주 지수신은
> 고구려로 도망감으로써 백제 부흥 운동은 끝나게 되었다.
>
> 1) 백강 전투(663)

036 지증왕

> **사료 1** 한화 정책(漢化政策)
>
> 여러 신하들이 아뢰기를 "시조께서 나라를 세우신 이래 국호(國號)를 정하지 않아 사라
> (斯羅)라고도 하고 혹은 사로(斯盧) 또는 <u>신라(新羅)</u>라고도 칭하였습니다. 신들의 생각으
> 로는 신(新)은 '덕업이 날로 새로워진다.'는 뜻이고 나(羅)는 '사방을 망라한다.'는 뜻이므
> 로, 이를 국호로 삼는 것이 마땅하다고 여겨집니다. …… 이제 뭇 신하들이 한 마음으로
> 삼가 신라 국왕이라는 칭호를 올립니다."라고 하니, 왕이 이에 따랐다.　　　　『삼국사기』

> **사료 2** 우산국 복속
>
> (지증 마립간) 13년(512) 여름 6월 우산국은 명주(溟州)의 정동쪽 바다에 있는 섬이며, 혹
> 울릉도(鬱陵島)라고 부르기도 한다. 땅은 사방 100리인데, (지세가) 험한 것을 믿고 항복하
> 지 않았다. <u>이찬(伊飡) 이사부(異斯夫)가 하슬라주(何瑟羅州) 군주(軍主)가 되어 이르기를,
> "우산국 사람들은 어리석고 사나워 힘으로 복속시키기는 어렵지만 꾀로써 복속시킬 수
> 있다."라고 하였다.</u> 이에 나무 사자를 많이 만들어 전선(戰船)에 나누어 싣고 그 나라의 해
> 안에 이르러 거짓으로 말하기를, "너희가 만약 항복하지 않으면 이 사나운 짐승을 풀어 밟
> 아 죽이겠다."라고 하니, (그) 나라 사람들이 두려워하며 곧 항복하였다.　　　　『삼국사기』

> **사료 플러스⁺**
>
> 사료 1 : 6세기 신라 지증왕의 한화 정책(漢化政策)에 대한 내용이다. 지증왕은 중국의 제도를 채택하면
> 서 정치 제도를 정비하여 국호를 사로국에서 신라(新羅)로, 왕호를 마립간에서 왕(王)으로 바꾸
> 는 한화 정책을 펼쳤다.
> 사료 2 : 신라가 우산국을 정벌하게 된 배경과 이사부(?~?)의 전략에 대한 내용이다. 지증왕(재위 500~
> 514) 13년(512) 이사부가 우산국을 정벌하기 위해 출항지로 삼은 곳이 지금의 강릉 일대였는데, 이
> 는 우산국 정벌이 신라의 동북 지역 진출과 무관하지 않았음을 말해 준다.

갑진년(524) 정월 15일 <u>탁부 모즉지매금왕(법흥왕)</u>과 사탁부의 사부지(법흥왕의 동생) 갈문
왕, 본파부의 무부지 간지, 잠탁부의 미혼지 간지, 사탁부의 이점지 태야산지, 길선지 아간지,
일독부지 일길간지, 탁(부)의 물력지 일길간지, 신육지 거벌간지, 일부지 태나마 …… 등이
하교하신 일이다.
따로 영을 내리시길, "거벌모라(지금의 울진군)와 남미지는 본디 노인(奴人, 복속된 지역민을
낮추어 부른 말)이었다. 비록 노인이었지만 앞선 시기에 왕께서 크게 <u>법(法)을 내려주셨다</u>
(율령 반포 등을 통해 노인의 처지에서 벗어나게 해주셨다). 그런데 길이 좁고 오르막도 험난
한 이야은성에 불을 내고 성을 에워싸니 대군이 일어나는 지경에 이르렀다. 이와 같이 한
자들은 대가를 지불하고 그 나머지는 여러 노인법을 받들라."고 하셨다. 신라 6부가 소를 잡
아 (하늘에) 제사를 하니 여기에 참가한 이들은 탁부의 내사지 나마, 사탁부의 일등지 나마,
구차 사족지, 탁부의 비수루 사족지, 거벌모라 도사(지방관의 명칭), 졸차 소사제지, 실지(지
금의 삼척시) 도사 오루차 소사제지이다. 거벌모라 니모리 일벌, 미의지 파단, 탄지사리 일금
지와 아대혜촌 사인(지방관의 보좌역) 나이라는 <u>곤장</u> 60대에 처하고, 갈시조촌 사인 나등리
거□척, 남미지촌 사인 익사는 <u>곤장</u> 100대에 처하고, 어즉근리는 곤장 100대에 처한다.

사료 플러스⁺

울진 봉평 신라비는 법흥왕 때 동해안 지역을 진출하고 세운 척경비이다. 비문에는 모즉지매금왕(법흥왕)
을 비롯한 14명의 6부 귀족들이 울진 지역의 화재 사건과 관련하여 주민을 처벌한 내용과 법흥왕의 율령
반포 사실을 기록하였다. 또 왕의 소속부를 비롯한 6부의 존재, 노인법(奴人法), 죄인을 처벌하는 장형(杖
刑)을 확인할 수 있다.

038 진흥왕의 순수비

부드러운 바람이 불지 않으면 세상의 질서가 참다움에서 어긋나고 가르침을 펴지 않으면 사
악함이 서로 성행하게 된다. 이로써 제왕이 연호(年號)를 세우고 자신의 몸을 닦아 백성을
편하게 하지 않음이 없다. …… 이로 인해 사방으로 영토를 개척하여 백성과 토지를 널리 획
득하니, 이웃 나라가 신의를 맹세하고 화해와 우호를 요청하는 사신이 서로 통하여 오도다.
조정은 스스로 헤아려 새로운 백성이나 옛 백성을 어루만져 기르니 …… 나라의 은혜가 미
치지 않는 곳이 없다. 이에 무자년 가을 8월 <u>관할하는 지역을 돌아보고 민심을 파악하여 위
로를 베풀어 주는 것이다.</u>
마운령 진흥왕 순수비

사료 플러스⁺

마운령비는 신라의 영토 팽창기인 6세기 중반 진흥왕 때 함경도 마운령에 세운 비석으로, 고구려의 충주
(중원) 고구려비문에서와 같은 자부심이 엿보인다. 연호 제정이나 순수비의 '순수(巡狩)'라는 표현이 원래
는 황제(천자)만 쓸 수 있는 용어라는 점을 감안하면, 이 당시 국력에 대한 신라인의 자부심을 짐작할 수
있다.

039 원광의 걸사표

608년(진평왕 30) 진평왕은 고구려가 신라를 자주 침범하므로 이를 우려하여 수나라 군사를 청하여 고구려를 치고자 원광에게 걸사표를 지어 보내도록 명하였다. 이에 대하여 원광은 "자기가 살려고 하여 남을 멸망시키는 것은 승려로서 할 행실이 아닙니다. 그러나 빈도(貧道)가 대왕의 땅에 살고, 대왕의 수초(水草)를 먹으면서 어찌 감히 이 명령에 좇지 아니하오리까." 하고, 곧 걸사표를 지어 바쳤다. 611년 진평왕은 수나라에 사신을 파견하고 걸사표를 바치니, 수나라의 양제(煬帝)는 이를 수락하고 군사를 일으켜 이듬해 고구려에 침입하였다.

『삼국사기』

사료 플러스+

신라 진평왕(재위 579~632)은 원광법사를 수나라에 보내 군사를 요청하는 걸사표(乞師表)를 바치게 하였다. 당시 고구려는 수의 침입에 대비하여 영양왕 9년(598)에 요서를 선제공격하였고, 이로써 1차 여·수 전쟁(598)이 시작되었다. 1차 여·수 전쟁에서 패배한 수는 신라 진평왕의 요청으로 다시 고구려를 치게 되면서 2차 여·수 전쟁(612, 살수 대첩)이 일어나게 되었다.

040 선덕 여왕의 외교

사료1 **대당 사신(김춘추) 파견**

선덕 여왕 11년(642) 7월, 백제 의자왕이 서쪽 지방의 40여 성을 공격하여 빼앗았다. 8월에 다시 고구려와 손잡고 당성(당항성)을 빼앗아 당으로 가는 길을 막고자 하였다. 왕이 사신을 당에 보내 급한 사정을 통보하였다. 이달에 백제 장군 윤충이 대야성을 공격하여 점령하였다. …… 겨울에 (선덕 여)왕이 백제를 공격하여 대야성의 패배를 보복하고자 하였다. 이를 위하여 이찬 김춘추를 고구려에 보내 군사의 파견을 요청하였다. …… 고구려왕이 말하였다. "죽령은 본래 우리 땅이다. 너희가 만약 죽령 서북 땅을 돌려준다면 군사를 보내겠다." 춘추가 대답했다. "제가 임금의 명령을 받들어 군사를 빌리고자 하여 왔으나, 대왕께서는 이웃의 환난을 구원하여 이웃과 잘 지낼 뜻은 없고, 다만 남의 나라 사신을 위협하여 땅을 돌려주기를 요구하니, 저에게는 죽음이 있을 뿐, 다른 것은 모르겠습니다."

『삼국사기』

사료 플러스+

사료 1: 한강 유역을 확보한 신라는 이 지역을 되찾으려는 고구려와 백제의 공격을 받았다. 신라는 김춘추(후에 태종 무열왕)를 고구려에 보내 군사적 지원을 요청했으나 거절당하자 당나라에 사신을 보내 당과 긴밀한 관계를 유지하고자 하였다. 이후 643년에 백제가 고구려와 연합하여 신라의 대중국 교통 거점인 당항성(지금의 남양)을 공격하자 신라는 당에 지원을 요청하였다. 이에 648년 당에 사신으로 간 김춘추와 당 태종은 정치적·군사적인 동맹 체제를 더욱 강화하였다.

사료 2 김춘추와 김유신

선덕 대왕 11년(642), 김춘추가 고구려에 군사를 요청하기 위해 떠나려 할 때 김유신에게 이르기를, "저와 공은 한몸이고 나라의 중신[股肱]이 되었으니 지금 제가 만약 저기에 들어가 해를 입는다면 공은 무심할 수 있겠습니까?"라고 하였다. 김유신이 말하기를, "공이 만약 가서 돌아오지 않는다면 저의 말발굽이 반드시 고구려와 백제 두 왕의 뜰을 짓밟을 것입니다. 진실로 이와 같지 않다면 장차 무슨 면목으로 나라 사람들을 보겠습니까?"라고 하였다. 김춘추는 감격하여 기뻐하여 공과 더불어 손가락을 깨물어 피를 마시며 맹세하면서 말하기를, "제가 날짜를 헤아려보니 60일이면 돌아올 것입니다. 만일 이 기간이 지나도 돌아오지 않는다면 다시 볼 기약이 없을 것입니다."라고 말하였다.   『삼국사기』

사료 3 선덕 여왕의 지기삼사(知幾三事)

• 당 태종이 붉은색, 자주색, 흰색의 3색 모란꽃 그림과 그 씨 3되를 보내왔다. 그는 꽃 그림을 보고 "이 꽃은 절대로 향기가 없을 것이다."라고 말했다. 이에 씨를 뜰에 심어 그 꽃이 피어 떨어지기를 기다리니 과연 그 말과 같았다.   『삼국유사』

• 영묘사 옥문지에서 겨울에도 개구리들이 모여 3~4일을 울자, 나라 사람들이 이상하게 여겨 왕에게 물으니 왕은 …… 서교에 가서 여근곡을 물으면 반드시 적 병사가 있으니 숨어 있는 것을 찾아 죽이라고 했다. 이에 두 각간이 이미 명을 받고 각 병사 천명을 거느리고 서교에게 물으니 부산(富山) 아래에 여근곡이 있어, 백제 병사 500명이 여기에 와서 숨어있으니 모두 잡아 죽였다.   『삼국유사』

사료 플러스⁺

사료 2 : 김춘추(604~661)와 김유신(595~673)의 각별한 관계를 잘 보여 주는 사료로, 김춘추가 무열왕이 되어 삼국 통일의 초석을 다질 수 있었던 데는 누구보다 김유신의 도움이 컸음을 말해 준다. 642년(신라 선덕왕 11년, 백제 의자왕 2년) 백제군이 지금의 경남 합천 일대인 대량주를 함락했는데, 이때 김춘추의 딸인 고타소랑(?~642)이 남편 김품석(?~642)을 따라 죽었다. 김춘추는 이를 한스러워하며 고구려로부터 지원군을 얻어 백제에 대한 원한을 갚고자 하였다. 고구려로 건너가기에 앞서 김춘추는 김유신과 피로서 맹세할 정도로 사이가 남달랐다. 이후 고구려로 간 김춘추가 예정한 기일을 넘기자 김유신은 그와 약속한 대로 출병을 단행하려고도 하였다.

사료 3 : 일연은 『삼국유사』에서 '선덕 여왕 지기삼사(善德女王知幾三事)', 즉 '선덕 여왕이 기미를 알아차린 세 가지 일'이라는 제목의 글로 선덕 여왕 때 있었던 일을 극적으로 묘사하였다.
첫 번째는 모란 이야기이다. 당나라 태종이 붉은색·자주색·흰색의 세 가지 색깔로 된 모란 그림과 그 씨앗을 석 되 보내 주었다. 왕이 그림을 보더니, 꽃에 향기가 없을 것이라 했고, 뜰에 씨앗을 심어 꽃이 피고 열매 맺기까지 기다리자 과연 그 말과 같았다.
두 번째는 옥문지(玉門池) 사건이다. 영묘사의 옥문지에서 겨울인데 한 떼의 개구리들이 모여 사나흘 동안 울었다. 나라 사람들이 괴이하게 여겨 왕에게 여쭈었다. 왕은 급히 각간 알천과 필탄 등에게 "잘 훈련받은 병사 2천 명을 뽑아 빨리 서쪽 교외로 가라. 여근곡(女根谷)을 물어, 거기 반드시 적병이 있을 것이니, 잡아 죽여라."라고 명령하였다. 과연 여근곡이 있고, 백제 병사 5백 명이 그곳에 숨어 있어서 모두 잡아 죽였다.
세 번째는 왕이 자신의 죽는 날을 예언한 사건이다. 왕이 아직 병이 없을 때였는데 여러 신하에게 "내가 어느 해 어느 달 어느 날짜에 죽으리니, 나를 도리천(忉利天) 가운데 묻어 주시오."라고 말했다. 신하들이 그곳이 어딘지 모른다며 장소를 묻자, 낭산의 남쪽이라고 하였다. 신하들은 왕이 죽은 뒤 그 유언대로 따라 하였는데, 그 뒤 문무왕이 선덕 여왕의 무덤 아래에 사천왕사를 지었다.

PART 02
고대의 정치

사료1 김춘추와 태종의 만남

(진덕왕) 태화(太和) 원년 무신(648)에 김춘추는 앞서 고구려에 청병하였으나 이루지 못하여 마침내 당나라에 들어가 군사를 요청하였다. 태종(太宗) 황제가 말하기를, "너희 나라 김유신의 명성을 들었는데 그 사람됨이 어떠하냐?"라고 하였다. 김춘추가 대답하여 말하기를, "김유신은 비록 조금 재주와 지혜가 있지만 만약 천자의 위엄을 빌리지 않는다면 어찌 이웃한 근심거리를 쉽게 없애겠습니까?"라고 하였다. 황제가 말하기를, "진실로 군자의 나라로구나."라고 하며 이에 청병을 허락하고는 장군 소정방(蘇定方)에게 군사 20만으로 백제를 정벌하러 가라는 조서를 내렸다. …… 김춘추가 당나라에 들어갔다가 군사 20만을 청하여 얻고 돌아와 김유신을 보며 말하기를, "죽고 사는 것이 하늘의 뜻에 달려 있습니다. 이제 살아 돌아와 다시 공과 서로 만나게 되었으니 얼마나 다행입니까?"라고 하였다. 김유신이 대답하기를, "저는 나라의 위엄과 신령함에 의지하여 두 차례 백제와 크게 싸워 20성을 빼앗고 3만여 명을 죽이거나 사로잡았으며, 또한 김품석 공과 그 부인의 뼈는 고향으로 되돌아왔습니다. 이는 모두 하늘이 주신 다행스러움이 이른 것이지 제가 무슨 힘이 있었겠습니까?"라고 하였다. 『삼국사기』

사료2 태평송

위대한 당나라 왕업을 열었으니
높고 높은 황제의 앞길 번창하여라.
전쟁을 끝내 천하를 평정하고
학문을 닦아 백대에 이어지리라.
하늘의 뜻 받드니 은혜의 비 내리고
하늘의 만물 다스려 빛나는 이치 얻었네.
어질음 깊고 깊어 일월과 어울리고
시운도 따라오니 언제나 태평하네. 『삼국사기』

사료 플러스⁺

사료 1: 김유신의 명성은 이미 당 태종(太宗, 재위 626~649)조차 들었을 정도로 자자하였다. 즉, 김유신은 군권(軍權)을 확실하게 장악하고 있었을 뿐만 아니라 사람들로부터 인심까지 얻고 있었던 것이다. 반면 김춘추는 군사적 도움을 요청하기 위해 고구려는 물론이고 당나라에까지 다녀올 만큼 외교나 정치적인 면에서 두각을 나타내고 있었다. 따라서 김춘추와 김유신의 결속은 단순히 두 사람 사이의 연대 차원을 넘어 김춘추가 지닌 정치적 실권과 김유신이 지닌 군사력의 결합이라는 의미를 지니고 있었고, 사실상 이 두 사람에 의해 신라 조정이 좌우되는 형태로 이어졌다.

사료 2: 진덕 여왕이 당나라 고종에게 보낸 송시(訟詩)로, 당나라의 대업을 크게 찬양한 것이다. 김춘추를 파견하여 나·당 동맹을 체결(648)하였고, 650년에는 당나라에 사신(김법민)을 보내 백제군을 물리친 사실을 보고하고 오언태평송(五言太平頌)을 바쳤다.

- 670년 검모잠이 나라를 다시 일으키기 위하여, 당나라를 배반하고 임금의 외손 안승을 세워 왕으로 삼았다. …… 안승은 검모잠을 죽이고 신라로 도주하였다. 『삼국사기』, 신라본기
- (문무왕) 14년(674) 안승을 보덕왕에 책봉하였다. 『삼국사기』, 신라본기
- (신문왕) 3년(683) 겨울 10월에 보덕왕 안승을 불러 소판으로 삼고 김씨의 성을 주어 서울에 머물게 하고 훌륭한 집과 좋은 토지를 주었다. 『삼국사기』, 신라본기
- (신문왕) 4년(684) 안승의 조카뻘 되는 장군 대문(大文)이 금마저에 있으면서 반역을 도모하다가 일이 발각되어 죽임을 당하였다. 남은 무리들은 대문이 목 베어 죽는 것을 보고서 관리들을 죽이고 읍을 차지하여 반란을 일으켰다. 왕이 군사들에게 명하여 이를 토벌하였는데, 맞서 싸우던 당주 핍실(逼實)이 전사하였다. 그 성을 함락하여 그곳 사람들을 나라 남쪽의 주와 군으로 옮기고, 그 땅을 금마군으로 삼았다. 『삼국사기』, 신라본기

사료 플러스 +

고구려 왕족 안승이 검모잠을 죽이고 신라로 다시 망명하자 신라는 670년 그를 금마저(지금의 익산)에 안치하고 고구려의 왕으로 봉하였다. 여기에는 백제 옛 땅에 남아 있던 당군 및 당과 결탁한 부여융의 백제군을 견제하려는 의도가 있었다. 이후 신라는 백제 지역을 계속 공략하여 671년에는 당군 5,000여 명을 죽이는 전과를 올리는 한편, 사비성을 함락시켜 소부리주를 설치하고 백제 지역에 대한 지배권을 완전히 장악하였다. 백제 옛 땅에 대한 지배권이 안정되자 674년 신라는 안승을 다시 보덕국왕으로 봉하고 680년에는 문무왕의 조카와 결혼시켰다. 683년 신문왕은 안승을 경주로 이주시켜 금마저와 분리시킨 뒤 그 지역에 대한 직접 지배를 관철하고자 하였는데, 그 과정에서 684년 금마저에 남았던 안승의 조카뻘인 장군 대문이 모반을 꾀하다가 발각되어 죽임을 당하였다.

진덕왕[1]이 죽자, 여러 신하들이 이찬 알천에게 섭정하기를 청하였다. 알천이 한결같이 사양하며 말하기를, "신은 늙고 이렇다 할 만한 덕행도 없습니다. 지금 덕망이 높은 이는 춘추공만한 자가 없습니다. 실로 가히 빈곤하고 어려운 세상을 도울 영웅호걸입니다." 마침내 (김춘추를) 봉하여 왕으로 삼았다.[2] 김춘추는 세 번 사양하다가 부득이하게 왕위에 올랐다.

『삼국사기』

사료 플러스 +

태종 무열왕이 김유신의 후원을 받아 진골 출신으로는 처음으로 왕위에 오르면서 강력한 전제 왕권이 형성되었다. 이후 강력한 왕권을 바탕으로 무열왕의 직계 자손이 8세기 후반까지 왕위를 계승할 수 있었다.

1) 진덕 여왕
2) 태종 무열왕

044 문무왕의 유언

과인은 어지러운 운을 타고 태어나 전쟁의 시대를 만났다. 서쪽을 정벌[1]하고 북쪽을 토벌[2]하여 영토를 평정하였고, 배반하는 자는 정벌[3]하고 협조하는 무리와는 손을 잡아[4] 마침내 멀고 가까운 곳을 모두 평안히 하였다. 위로는 조상들이 남긴 유명을 달래었고 아래로는 부자의 묵은 원수를 갚았으며, 살아남은 자와 죽은 자에게 상을 공평히 주었고, 중앙과 지방에 있는 사람들에게 벼슬을 고르게 주었다. 무기를 녹여 농기구를 만들었으며 백성을 어질고 천수를 다 할 수 있도록 하였다.   『삼국사기』

> **사료 플러스⁺**
>
> 삼국 통일을 완수한 문무왕의 유언이다. 문무왕은 즉위 이후에 백제 부흥 운동을 진압하고, 당나라와 연합하여 고구려를 멸망시켰다(668). 그 이후 한반도 전체를 지배하려는 야심을 드러낸 당을 축출하여 삼국 통일을 완성하였다(676).
>
> 1) 백제 멸망(660)
> 2) 고구려 멸망(668)
> 3) 백제·고구려 부흥 운동 진압
> 4) 고구려 멸망 이후, 고구려의 왕족 안승으로 하여금 금마저에 보덕국이라는 나라를 세우도록 하여, 백제 고토의 당 세력과 대적하게 하였다.

045 신문왕

사료1 김흠돌의 모역 사건

28일에는 이찬(신라 17관등 중 2관등) 군관을 죽이고 그 교서에 가로되, "임금을 섬기는 것은 충성을 다하는 것으로 근본을 삼고, 신하의 도리는 두 마음을 갖지 않는 것을 으뜸으로 삼는다. 병부령 이찬 군관은 반역자 흠돌 등과 관계하여 그 역모의 사실을 알고도 일찍 고하지 아니하였다. 군관과 그의 아들 1인에게만 자결하게 하고 원근에 포고하여 두루 알게 하라."고 하였다.   『삼국사기』, 신문왕 즉위년(681) 교서

사료2 신문왕의 중국식 혼인 제도 수용

3년(683) 봄 2월에 순지(順知)를 중시로 삼았다. 일길찬 김흠운(金欽運)의 작은 딸을 맞아들여 부인으로 삼았다. 먼저 이찬 문영(文穎)과 파진찬 삼광(三光)을 보내 기일을 정하고, 대아찬 지상(智常)을 보내 납채(納采)하게 하였는데, 예물로 보내는 비단이 15수레이고 쌀, 술, 기름, 꿀, 간장, 된장, 포, 젓갈이 135수레였으며, 조(租)가 150수레였다. 『삼국사기』

> **사료 플러스⁺**
>
> **사료 1:** 신문왕이 즉위하던 해에 왕의 장인이었던 김흠돌의 모역 사건이 일어났다. 이 사건에 많은 귀족들이 연루되어 귀족들에 대한 대대적인 숙청이 행해졌고, 이를 계기로 왕권이 전제화되었다.
> **사료 2:** 신문왕 원년(681) 신문왕의 부인 김씨가 아버지의 모역 사건(김흠돌의 모역 사건)으로 인해 궁에서 쫓겨나게 되면서 신문왕은 김흠운의 딸을 새 부인으로 맞이하기로 하였다. 이 과정에서 장인의 집에 납채와 예물을 보내는 것으로 보아 중국식 혼인 제도를 수용하였다는 것을 알 수 있다.

사료3 **신문왕의 지방 제도 정비**

5년(685) 봄에 완산주를 다시 설치하고 용원(龍元)을 총관으로 삼았다. 거열주(居列州)에 청주(菁州)를 설치하여 비로소 9주(九州)가 갖추어졌는데, 대아찬 복세(福世)를 총관으로 삼았다.　　　　　　　　　　　　　　　　　　　　　　　　　　　　　　『삼국사기』

사료4 **만파식적(萬波息笛) 고사**

신라 제31대 신문왕이 아버지 문무왕을 위하여 동해변에 감은사를 지어 추모하였는데, 죽어서 해룡이 된 문무왕과 천신이 된 김유신이 합심하여 용을 시켜 동해 중의 한 섬에 대나무를 보냈다. 이 대나무는 낮이면 갈라져 둘이 되고, 밤이면 합하여 하나가 되는지라. 왕은 이 기이한 소식을 듣고 현장에 거동하였다. 이때 나타난 용에게 왕이 대나무의 이치를 물으니, 용은 "비유하건대 한 손으로는 어느 소리도 낼 수 없지만 두 손이 마주치면 능히 소리가 나는지라. 이 대도 역시 합한 후에야 소리가 나는 것이요, …… 또한, 대왕은 이 성음(聲音)의 이치로 천하의 보배가 될 것이다. ……"라고 예언하고 사라졌다. 왕이 곧 이 대나무를 베어서 피리를 만들어 부니, 나라의 모든 걱정, 근심이 해결되었다고 한다. 그리하여 이 피리를 국보로 삼았는데, 효소왕 때 분실하였다가 우연한 기적으로 다시 찾게 된 후 이름을 만만파파식적(萬萬波波息笛)이라 고쳤다고 한다.　　　　　　『삼국유사』

사료 플러스

사료 3 : 이 사료는 통일 이후 신문왕의 지방 통치 체제 개편을 보여 주고 있다. 9주는 사실상 중국의 9주 체제를 모방한 것으로, 이는 대내적으로 중앙 집권적 통치를 마련하여 확대된 영토와 인구를 더 효율적으로 지배하고, 대외적으로는 천자국인 중국과 다를 바 없는 자주국임을 표방하기 위함이었다. 특히 삼국의 옛 땅에 각 3주씩 지방 구역을 균분한 것은 삼국 통일의 명분을 강조하면서도 고구려인과 백제인을 포섭·융화하려는 포용 정책의 의도가 드러나는 부분이라 할 수 있다.

사료 4 : 통일을 이룩한 문무왕에 이어서 즉위한 신문왕은 지배층의 정통성과 동질성을 확인시켜 줄 신물(神物)이 필요했고, 만파식적은 그 신물로서 고안한 것이라 볼 수 있다. 즉, 신문왕 즉위 초기에 발생한 김흠돌의 반란과 같은 정치적 불안을 진정시키려는 '강력한 왕권'의 소망이 반영된 것이다.

참고 신문왕의 왕권 강화 정책

정치 제도	• 중앙: 집사부 등 14부(6전 제도) 정비 • 지방: 9주 5소경
군사 제도	9서당(중앙), 10정(지방)
교육 제도	국학 설치(유교 정치 이념 인식)
토지 제도	관료전 지급 ⇨ 녹읍 폐지

사료1 경덕왕의 지방 제도 정비

겨울 12월, 사벌주를 상주로 고치고 1주 10군 30현을 소속시켰다. 삽량주를 양주로 고치고 1주 1소경 12군 34현을 소속시켰다. 청주를 강주로 고치고 1주 11군 27현을 소속시켰다. 한산주를 한주로 고치고 1주 1소경 27군 46현을 소속시켰다. 수약주를 삭주로 고치고 1주 1소경 11군 27현을 소속시켰다. 웅천주를 웅주로 고치고 1주 1소경 13군 29현을 소속시켰다. 하서주를 명주로 고치고 1주 9군 25현을 소속시켰다. 완산주를 전주로 고치고 1주 1소경 10군 31현을 소속시켰다. 무진주를 무주로 고치고 1주 14군 44현을 소속시켰다. 『삼국사기』

사료2 만불산 조성

왕은 당나라 대종 황제가 불교를 특별히 숭상한다는 말을 듣고 공장에게 명하여 오색 모직물을 만들고 또 침단목에 조각하여 맑은 구슬과 아름다운 옥으로 꾸며 높이가 한 발 남직한 가산을 만들어 …… 속에는 만불(萬佛)이 안치되었는데, …… 이로 인해 만불산(萬佛山)이라고 하였다. 만불산이 완성되자 사신을 당나라에 보내 바쳤더니 대종은 이것을 보고 탄복하여 말하기를, "신라의 기교는 하늘의 조화이지 사람의 재주가 아니다."고 하였다. 또한 당나라 대종은 승려들에게 명하여 만불산에 예배하게 하니 보는 자가 모두 그 정교함에 탄복하였다고 한다. 『삼국유사』

사료3 승려 충담의 안민가

임금은 아버지요 신하는 사랑하실 어머니시라.
백성을 어리석은 아이라 여기시니, 백성이 그 사랑을 알리라.
꾸물거리며 사는 물생들에게, 이를 먹여 다스리네.
이 땅을 버리고 어디로 가랴, 나라 안이 유지됨을 아리이다.
아아! 임금답게 신하답게 백성답게 할지면, 나라 안이 태평하리라.

사료 플러스+

사료 1: 경덕왕 때 전제 왕권이 진골 귀족 세력에 의하여 제약을 받게 되자, 집권력을 강화할 목적으로 관청과 행정 구역의 이름을 중국식으로 고치는 개혁을 실시하였다. 그러나 귀족들의 반발로 결국 실패하였다.

사료 2: 신라 경덕왕은 당 대종이 불교를 숭상한다는 말을 듣고 크게는 사방 한 치, 작게는 8~9푼에 불과한 만 분의 부처님을 모신 1장(丈, 약 3m) 높이의 가산(假山)을 만들어 보냈다. 이 만불산은 바위와 동굴로 각 구역을 나누고, 각 구역 안에 사람들이 노래하고 춤추고 노는 모습과 온갖 나라의 산천을 조성했다고 한다. 또 누각과 전각, 종각 등을 조성해 놓았는데, 바람이 불면 종이 울리고 1,000여 명의 스님상이 모두 엎드려 절하도록 장치했다고 한다. 만불산을 전해 받은 당 대종은 그 정교함에 놀라 "신라의 교묘한 기술은 하늘이 만든 것이지 사람의 기술이 아니다."라며 감탄했다고 전한다.

사료 3: 경덕왕이 승려 충담에게 백성을 편안하게 할 노래를 지어달라고 요청하자 지은 향가이다. 왕을 아버지, 신하를 어머니, 백성을 어린아이에 비유하고 각자 본분을 다하면 나라와 백성이 편안해진다는 내용으로, 안민가에는 유교 사상과 불교의 정법사상이 반영되어 있다.

흥덕왕의 사치 금지령

흥덕왕 즉위 9년, 태화(太和) 8년(834)에 다음과 같은 교서를 내렸다. "사람은 상하가 있고, (그에 따라) 호칭이 같지 않고 의복도 다르다. 그런데 풍속이 점점 경박해지고 백성이 사치와 호화를 다투게 되어 오직 외래 물건의 진기함을 숭상하고 도리어 토산품의 비루함을 혐오하니, 예절이 거의 무시되는 지경에 빠지고 풍속이 쇠퇴하여 없어지는 데까지 이르렀다. 이에 감히 옛 법에 따라 밝은 명령을 펴는 바이니, 혹시 고의로 범하는 자가 있으면 진실로 일정한 형벌이 있을 것이다." 『삼국사기』

> **사료 플러스➕**
> 삼국 통일 후 신라 사회는 사치 풍조가 점점 심해져 갔다. 특히 신라 하대에 이르러 번성한 국제 무역을 통하여 서역을 비롯한 외국에서 사치품이 들어오면서 지배층의 사치는 더욱 심각해졌다. 이러한 풍조는 특히 경주의 진골 귀족 사이에서 만연했으며, 그 결과 신라 왕경은 점점 퇴폐적이고 향락적인 도시로 변해 갔다. 그리하여 834년 흥덕왕은 이와 같은 사치 풍조를 규제하기 위해 사치 금지령을 공포하였다. 이 법령은 지방의 일반 백성까지를 대상으로 하고 있으나 실제 주된 대상은 진골 귀족으로서 지배층의 기강을 바로잡는 데 1차적인 목적이 있었다고 할 수 있다.

신라 말기(하대)**의 전란**

- 진성 여왕 3년(889)
  나라 안의 여러 주·군에서 공부(貢賦)를 바치지 않으니, 창고가 비고 나라의 쓰임이 궁핍해졌다. 왕이 사신을 보내어 독촉하였지만, 이로 말미암아 곳곳에서 도적이 벌 떼같이 일어났다. 이에 원종, 애노 등이 사벌주(상주)에 의거하여 반란을 일으키니, 왕이 나마 벼슬의 영기에게 명하여 잡게 하였다. 영기가 적진을 쳐다보고는 두려워하여 나아가지 못하였다. 『삼국사기』

- 진성 여왕 8년(894)
  당나라 소종 황제가 중흥을 이룰 때, 전쟁과 흉년이라는 두 가지 재앙이 서쪽에서 그치고 동쪽으로 오니 굶어서 죽고 전쟁으로 죽은 시체가 들판에 별처럼 늘어 있었다.
  최치원, 해인사 묘길상탑기

- 진성 여왕 10년(896), 효공왕 2년(898)
  적고적(붉은 바지를 입은 도적)이 서남 지역에서 일어났는데 서울 서부 모량리까지 와서 약탈하였다. 『삼국사기』

> **사료 플러스➕**
> 신라 하대에는 중앙 정부의 권력이 약화된 가운데 정부와 귀족들의 가혹한 수취가 이어졌다. 이에 사회 곳곳에서 민란이 발생하였는데, 대표적인 것이 사벌주(상주)에서 일어난 '원종·애노의 난'이다.

신라 하대 6두품 3최(崔) - 최치원, 최승우, 최언위

사료1 **최치원**

최치원은 당의 학문을 많이 깨달아 얻은 바 많았으며, 귀국하여 이를 널리 펴보려는 뜻을 가졌으나 그를 의심하고 꺼리는 사람이 그의 뜻을 용납할 수 없어, 대산군(전북 태인) 태수로 나가게 되었다. 그가 귀국했을 때는 난세가 되어 모든 일이 뜻대로 되지 않으므로 스스로 불우한 처지를 한탄하며 다시 벼슬에 뜻을 두지 않고 …… 풍월을 읊으며 세월을 보냈다.

『삼국사기』

사료2 **최승우**

당나라에 가서 급제 …… 그가 지은 글은 『사륙집(四六集)』 5권이 있는데 스스로 서문을 지어 『호본집』이라고 하였다. 후에 견훤을 위해 격문을 지어 우리 태조께 보냈다.

『삼국사기』

사료3 **최언위**

최언위는 나이 열여덟에 당에 유학하여 급제하였다. 42세에 귀국하여 집사시랑 서서원학사가 되었고, 태조(고려 왕건)가 개국하자 조정에 들어와서 벼슬이 한림원태학사평장사에 이르렀다.

『삼국사기』

사료 플러스⁺

최치원 등 6두품 지식인들은 신라 사회의 폐단을 시정하고 새로운 정치 질서의 수립을 시도하였지만, 중앙의 진골 귀족들에 의해 탄압당하거나 배척받았다. 신라 말기에 이를수록 6두품 지식인들은 신라 왕정에 반기를 들고 지방 호족 세력과 연결하여 사회 개혁을 추구하였다. 최치원은 진성 여왕에게 시무책 10조를 올려 아찬에 올라 개혁을 시도하였으나 진골 귀족들의 반발로 실패하고 낙향하였다. 최승우는 후백제 견훤에게 귀의하여 고려 태조에게 보내는 「대견훤기고려왕서(代甄萱寄高麗王書)」를 지었다. 최언위는 고려 왕건에게 귀의하였고, 「낭원대사오진탑비명(朗圓大師悟眞塔碑銘)」, 「법경대사자등지탑비명(法鏡大師慈燈之塔碑銘)」 등을 지었다.

- 고구려의 옛 땅을 회복하고 부여의 옛 풍속을 갖고 있다. …… 고려 국왕 대무예(武藝: 2대 무왕)는 감사하게도 열국(列國)에 당면하여 여러 오랑캐를 총괄하고 있으며, 고구려의 옛 영역을 회복하고 부여의 유속(遺俗: 傳統)을 이어받았다.　　　발해가 일본에 보낸 국서

- 일본 천황은 삼가 고려 국왕에게 문안한다. …… 지금 보내온 글을 보니 …… 천손(天孫) 이라는 참람한 칭호를 써 놓았다. …… 아무런 이유도 없이 함부로 구생(舅甥)[1] 관계를 칭 하였으니, 이는 예를 잃은 것이다.　　　『속일본기』

- 그 왕은 오래도록 대(大)씨를 성으로 삼았다. 상류층의 성씨에는 고·장·두·오·이씨 등 불과 몇 가지밖에 되지 않았다.　　　『송막기문』

사료 플러스⁺

대조영과 그 후손들의 고구려 지향성은 첫 번째 사료인 무왕 때 외교 문서와 두 번째 사료인 문왕 때 일 본과의 외교 과정에서 매우 뚜렷하게 드러난다.

1) 장인과 사위

🎧 참고 고구려 양식을 계승한 발해의 문화유산

▲ 이불병좌상　　　▲ 발해 기와　　　▲ 온돌 장치

051 발해 무왕의 당·일본과의 외교

사료1 당과의 갈등

　　개원 21년(733) 봄 정월 정사(丁巳) …… 무예[1]가 대장 장문휴를 파견하여 해적을 거느리 고 등주를 치니, [당(唐)] 현종(玄宗, 재위 712~756)이 대문예(大門藝)를 유주로 보내 군 사를 일으켜 발해왕 대무예(大武藝, 재위 719~737)를 토벌하게 하였다. 경신에 태복 원외 경 김사란을 신라[2]에 사신으로 보내 군사를 일으켜 발해의 남쪽을 공격하게 하였다. 때마 침 큰 눈이 1장(丈) 가까이 내리고 산길이 험하여 [신라의] 군졸이 절반이나 죽으니 공도 세우지 못하고 돌아갔다. 무예는 문예를 원망함을 그치지 아니하여 몰래 자객을 보내 천 진교 남쪽에서 문예를 죽이려했으나 실패했다. 현종이 하남[부]에 [문예를 공격한] 적당 들을 찾아 모두 죽이라고 명하였다.　　　『자치통감』

사료 2 일본과의 수교

발해왕(무왕)이 아룁니다. 산하(山河)가 다른 곳이고, 국토가 같지 않지만 어렴풋이 풍교 도덕(風敎道德)을 듣고 우러르는 마음이 더할 뿐입니다. 공손히 생각하건대 대왕은 천제 (天帝)의 명을 받아 일본의 기틀을 연 이후 대대로 명군(明君)의 자리를 이어 자손이 번성 하였습니다. 발해왕은 황송스럽게도 대국(大國)을 맡아 외람되게 여러 번(蕃)을 함부로 총괄하며, 고려의 옛 땅을 회복하고 부여의 습속(習俗)을 가지고 있습니다.[3] 그러나 다만 너무 멀어 길이 막히고 끊어졌습니다. 어진 이와 가까이 하며 우호를 맺고 옛날의 예에 맞추어 사신을 보내어 이웃을 찾는 것이 오늘에야 비롯하게 되었습니다.   『속일본기』

사료 플러스+

사료 1: 당이 동북방 지역에 있던 흑수부 말갈족과 연합하여 발해를 위협하자, 발해는 장문휴로 하여금 당의 산둥반도 덩저우를 공격하게 하였고(732), 요서 지역에서 당군과 격돌하였다. 이에 당 현종 은 신라로 하여금 발해의 남부를 공격해줄 것을 요청하였다. 성덕왕이 요청을 받아들여 출전 명 령을 내렸지만 폭설로 길이 막혀 실패하였다. 이를 계기로 당은 패강(浿江, 대동강) 이남의 땅을 정식으로 신라 영토로 인정하였다.

사료 2: 발해 제2대 왕인 무왕(武王, 재위 719~737)이 727년(무왕 9)에 일본 왕에게 보낸 국서의 내용이 다. 이를 통해 발해가 당시 신라와 당나라 사이에서 국제적으로 고립된 정세를 벗어나고자 일본 과 외교적 관계를 맺으려고 했음을 알 수 있다.

1) 발해 2대왕 무왕
2) 신라 성덕왕 때
3) 발해가 고구려를 계승한 국가임을 강조하고 있음을 알 수 있다.

052 고려의 발해 유민 수용

(발해는) 우리 국경과 인접하여 있었는데, 거란과는 대대로 원수지간이었다. 거란주가 군사 를 크게 일으켜 발해를 공격하여 홀한성을 포위하고 발해를 멸망시켜 동단국이라 고쳐 부르 니, 발해국의 세자 대광현과 장군 신덕, 예부경 대화균, 균로사정 대원균, 공부경 대복예, 좌 우위장군 대심리, 소장 모두간, 검교개국남 박어, 공부경 오흥 등이 나머지 무리들을 이끌고 오니, 전후로 도망쳐 온 자가 수만 호였다. 왕은 이들을 매우 후하게 대접했는데, 대광현에게 는 왕계라는 성명을 내려 주고 종실의 적에 붙여서 그 선대의 제사를 받들게 하고, 그를 보 좌하던 사람들에게도 모두 작위(爵)를 내려 주었다.   『고려사절요』

사료 플러스+

발해는 10세기 초에 부족을 통일한 거란이 동쪽으로 세력을 확대해 오고, 발해 내부에서도 귀족들의 권력 투쟁이 격화되어 국력이 약화되면서 결국 거란족(요, 야율아보기 건국)에게 멸망되었다(926). 이때 발해 왕자인 대광현 등이 무리를 이끌고 고려(918년 건국)로 들어갔으며, 이로 인해 고구려 계통 유민들은 거 의 고려로 흡수되었다.

053 삼국의 수취 제도

- 세(인두세)는 포목 5필, 곡식 5섬이다. <u>조(租)는 상호가 1섬이고 그 다음이 7말이고 하호는 5말을 낸다.</u>
  『수서』
- 세는 포목, 비단실과 삼, 쌀을 내었는데, 풍흉에 따라 차등을 두어 받았다.
  『주서』
- 2월 한수 북부 사람 가운데 <u>15세 이상 된 자를 징발하여 위례성을 수리하였다.</u> 『삼국사기』

> **사료 플러스 ➕**
>
> 고대의 수취 체제는 토지보다는 노동력을 중시하여 인두세 중심으로 이루어졌다. 중앙 정부는 지방의 토착적인 촌주를 매개로 사람의 수와 호를 기준으로 포와 곡식을 징수하였고, 축성·제방 등의 부역에 농민들을 동원하였다.
>
> **🧊 참고 부역 동원 관련 금석문**
>
> | | |
> |---|---|
> | **영천 청제비**
(법흥왕, 536) | 법흥왕 때 제방을 축조한 사실과 원성왕 때 확장한 내용이 기록되어 있는 비석으로, 고대 사회에 농업이 발달하면서 제방 축조에 농민을 동원했음을 알 수 있다. |
> | **남산 신성비**
(진평왕, 591) | 경주 남산에 신성을 축조하고 세운 비석으로, 촌주의 지도 아래 많은 평민을 부역에 동원한 사실이 기록되어 있다. |

054 민정 문서

이 고을의 <u>사해점촌</u>[1]을 조사해 보았는데 지형은 산과 평지로 이루어져 있으며 마을의 크기는 5,725보, 공연(孔烟) 수는 합하여 <u>11호(戶)</u>가 된다. 계연(計烟)[2]은 4, 나머지 3이다. 이 가운데 중하연이 4호, 하상연이 2호, 하하연이 5호이다.

<u>마을의 모든 사람을 합하면 147명이며, 이 중 전부터 계속 살아 온 사람과 3년간에 태어난 자를 합하면 145명</u>이 된다. 정(丁)이 29명(奴 1명 포함), 조자(助子)가 7명(奴 1명 포함), 추자(追子) 12명, 소자(小子) 10명, 3년간에 태어난 소자(小子)가 5명, 제공(除公)은 1명이다. 여자의 경우 정녀(丁女) 42명(婢 5명 포함), 조여자(助女子) 9명, 소여자(小女子) 8명, 3년간에 태어난 소여자(小女子) 8명(婢 1명 포함), 제모(除母) 2명, 노모(老母) 1명 등이다. 3년간에 다른 마을에서 이사 온 사람은 둘인데 추자(追子)가 1명, 소자(小子)가 1명이다.

<u>가축으로는 말이 25마리가 있으며, 그중 전부터 있던 것이 22마리, 3년간에 보충된 말이 3마리였다. 소는 22마리였고, 그중 전부터 있던 소가 17마리, 3년간에 보충된 소가 5마리였다.</u>

<u>논[畓]</u>을 합하면 102결 2부 4속이며, <u>관모전이 4결, 내시령답이 4결, 연(烟)이 받은 것이 94결 2부 4속이며, 그중에 촌주가 그 직위로서 받은 논이 19결 70부가 포함되어 있다.</u> 밭[田]은 합해서 62결 10부 5속이며, 모두 연이 받은 것이다.

<u>뽕나무는 모두 1,004그루였으며, 3년간에 심은 것이 90그루, 그 전부터 있던 것이 914그루이다. 잣나무는 모두 120그루였으며, 3년간에 심은 것이 34그루, 그 전부터 있던 것이 86그루이다. 호두나무는 모두 112그루였으며, 3년간에 심은 것이 38그루, 그 전부터 있던 것이 74그루이다.</u>

신라는 통일 후에 노동력과 생산 자원을 보다 철저히 관리하기 위해 촌 단위의 장적(帳籍, 민정 문서)을 작성하였다. 이 민정 문서에 의하면 그 지역의 토지 크기·인구수·가축의 수·특산물 등을 3년마다 한 번씩 통계를 내어 작성하였다. 또 4개의 촌락 문서를 한 명의 촌주가 작성한 점에서 지방의 농민들은 대략 10호 정도의 혈연 집단이 거주하는 자연 촌락인 촌에 편입되었고, 몇 개의 촌을 관할하는 촌주를 통해 집단적으로 국가의 지배를 받았음을 알 수 있다.

1) 2~3개의 자연촌으로 구성된 행정촌
2) '계산상의 연'이란 의미로, 해당 촌의 세금과 역을 부과하는 기준 수치를 말한다.

055 식읍 ☞ 사료 87 '태조가 예산진에서 내린 조서' 참고

사료1 법흥왕 때 식읍

(법흥)왕 19년, 금관국주 김구해가 왕비와 그의 세 아들인 맏아들 노종, 둘째 아들 무덕, 막내아들 무력과 함께 금관국의 보물을 가지고 항복하여 왔다. 왕이 예에 맞게 그를 대우하여 상등 직위를 주고, 금관국을 그의 식읍으로 주었다. 아들 무력은 벼슬이 각간에 이르렀다.
『삼국사기』

사료2 견훤 때 식읍

여름 6월 견훤이 막내아들 능예와 딸 애복, 폐첩 고비 등과 더불어 나주로 달아나 입조를 요청하였다. 장군 유금필 등을 보내 군선 40여 척을 거느리고 바닷길로 맞이하게 하였다. 견훤이 도착하자 그를 다시 일컬어 상보라 하고 남궁을 객관으로 주었다. 지위를 백관의 위에 두고 양주를 내려 식읍으로 삼았으며, 금과 비단 및 노비 각 40구와 내구마(內廐馬) 10필을 내려주고 앞서 투항한 신강을 아관으로 삼았다.
『고려사』

식읍은 본래 고대 국가가 주변 소국을 정복하는 과정에서 얻은 지역을 그 민호 수를 헤아려서 공신에게 지급하는 제도였다. 식읍을 받으면 그 지역의 조세뿐만 아니라 요역(노동력) 징발권도 부여한 것이기에 그 지역민에 대한 상당한 지배권을 누릴 수 있었다. 식읍은 삼국 시대에 나타나 고려를 거쳐 조선 초까지 지급되다가 조선 세조 때 폐지되었다.

056 토지와 농민을 둘러싼 국왕과 귀족 간의 갈등

사료 1 귀족의 생활

재상가에는 녹(祿)이 끊이지 않았다. 노예가 3,000명이고 비슷한 수의 호위 군사(갑병)와 소, 말, 돼지가 있었다. 바다 가운데 섬에서 길러 필요할 때 활로 쏘아서 잡아먹었다. 곡식을 꾸어서 갚지 못하면 노비로 삼았다.　　　　　　　　　　　　　　　　　　『신당서』

사료 2 토지 제도의 변천

• 신문왕 7년(687) 5월에 문무 관료전을 지급하되 차등을 두었다.
• 신문왕 9년(689) 1월에 내외관의 녹읍을 혁파하고 매년 조(租)를 내리되 차등이 있게 하여 이로써 영원한 법식을 삼았다.
• 성덕왕 21년(722) 8월에 처음으로 백성에게 정전을 지급하였다.
• 경덕왕 16년(757) 3월에 여러 내외관의 월봉을 없애고 다시 녹읍을 나누어 주었다.
• 소성왕 원년(799) 3월에 청주 거노현으로 국학생의 녹읍을 삼았다.　　　　　　『삼국사기』

사료 플러스⁺

📦참고 관료전 · 정전 지급이 지닌 정치적 의미
국가가 귀족 세력을 배제하고 백성들을 직접 지배하려는 의도를 알 수 있다. 나아가 토지 제도의 변화를 통하여 국왕과 귀족 간의 갈등을 알 수 있다.

구분	녹읍	관료전	정전
지급 대상	국가가 관료에 대하여 복무의 대가로 지급		정남에게 지급
내용	조세 · 공물 · 노동력 수취	조세 징수(수조권만 지급)	국가의 조세 징수권 강화
결과	귀족 세력 강화	귀족 세력 약화, 왕권 강화	국가(왕)의 농민 지배력 강화, 귀족 세력 약화

057 해상 세력(장보고)

• 장보고는 신라로 돌아와 흥덕왕을 찾아와 만나서 말하기를 "중국에서는 널리 우리나라 사람들을 노비로 삼으니 청해진을 만들어 적으로 하여금 사람들을 약탈하지 못하도록 하기를 원하나이다."라고 하였다. 청해는 신라의 요충으로 지금의 완도를 말하는데, 대왕은 그 말을 따라 장보고에게 군사 만 명을 거느리고 해상을 방비하게 하니 그 후로는 해상으로 나간 사람들이 잡혀가는 일이 없었다.　　　　　　　　　　　　　　　　　　　　　『삼국사기』

• 문성왕 8년(846) 봄에 청해진 대사 궁복(장보고)이 자기 딸을 왕비로 맞지 않는 것을 원망하고 청해진을 근거로 반란을 일으켰다. 13년(851) 2월에 청해진을 파하고 그곳 백성들을 벽골군으로 옮겼다.　　　　　　　　　　　　　　　　　　　　　　　　　　『삼국사기』

• 이 엔닌은 대사(장보고)의 어진 덕을 입었기에 삼가 우러러 뵙지 않을 수 없습니다. 저는 이미 뜻한 바를 이루기 위해 당나라에 머물러 왔습니다. 부족한 이 사람은 다행히도 대사께서 발원하신 적산원(赤山院)에 머물 수 있었던 것에 대해 감경(感慶)한 마음을 달리 비교해 말씀드리기가 어렵습니다.　　　　　　　　　　　　　　　　　『입당구법순례행기』

사료 플러스➕

📦 참고 장보고(?~846)

9세기 초 입당, 지방 세력 토벌, 무령군소장(武零軍小將)이 됨. 적산에 법화원(신라인 사찰) 건립, 귀국

828 청해진(완도) 설치, 해적 소탕, 한·중·일 해상 무역 독점

837 김우징, 왕위 쟁탈전 실패하고 청해진 도피

839 민애왕을 죽이고 김우징을 옹립(신무왕), 장보고에게 식읍 2천 호 지급, 감의군사에 임명

840 삼각 무역[일본에 무역 사절을, 당에 견당 매물사(遣唐買物使)를 보냄.] 시행

845 문성왕, 장보고를 진해장군으로 삼음. 장보고의 딸을 왕비로 맞으려 함(중앙 귀족들 반대).

846 장보고, 피살(자객 염장)

851 청해진 혁파

📦 참고 장보고의 주요 해상 활동

• 근거지 : 청해진(완도)
• 왕위 쟁탈전에 참가(신무왕 옹립)
• 교관선 파견 : 중국에 파견한 무역선
• 법화원 설립 : 산둥반도에 건립한 사원
• 회역사 파견 : 무역을 장려하기 위해 일본에 보낸 상인
• 견당 매물사 파견 : 당에 보낸 상인
• 일본 승려 엔닌의 일본 귀국 원조

058 신라 하대 귀족과 백성의 생활

사료1 귀족의 생활

왕이 좌우의 신하들과 월상루에 올라가 사방을 바라보니 서울에 민가가 즐비하고 노랫소리가 연이어 들렸다. 왕이 시중 민공(敏恭)을 돌아보면서 "내가 듣건대 지금 민간에서는 짚이 아닌 기와로 지붕을 덮고 나무가 아닌 숯으로 밥을 짓는다 하니 과연 그러한가?" 하고 물었다. 민공이 "저도 일찍이 그러하다는 말을 들었습니다."라고 대답하고 이어서 "상(上, 임금을 일컬음)께서 즉위하신 이후로 음양이 조화를 이루고 바람과 비도 순조로워서 매년 풍년이 들고 백성들은 먹을 것이 넉넉하며 변경은 안정되고 시정은 즐거워하니 이는 성덕(聖德)에 의하여 이루어진 것입니다."라고 말하였다. 왕이 즐거워하며 "이는 경들의 도움 덕택이지 짐에게 무슨 덕이 있겠는가?"라고 말했다. 　『삼국사기』, 신라본기, 헌강왕 6년

사료2 백성의 생활

효녀 지은(智恩)은 한기부 백성 연권의 딸이다. 그는 천성이 지극히 효성스러웠다. 그리하여 어려서 아버지를 여의고 홀로 어머니를 모셨다. 그는 나이 32세가 되어도 시집을 가지 않고 어머니를 보살피기 위해 그 곁을 떠나지 않았다. 봉양할 거리가 없으면 어떤 때는 품팔이로, 어떤 때는 구걸로 밥을 구하여 어머니를 봉양하였다. 그러한 생활이 오래되자 피곤함을 이기지 못하여 부잣집에 가서 자청하여 몸을 팔아 종이 되고 쌀 10여 석을 얻었다.

『삼국유사』, 효녀 지은전

사료 플러스➕

사료 1에서 헌강왕과 시중 민공이 주고받는 대화를 보면 당시의 신라는 국가의 기틀이 흔들리는 말기의 왕국이 아니라 태평성대를 구가하는 전성기의 나라였던 것 같은 착각마저 든다. 그러나 헌강왕의 뒤를 이은 정강왕(재위 886~887) 때의 모습을 보여 주는 사료 2에서는 귀족과는 반대로 피폐한 삶을 살고 있는 백성들의 모습을 보여 주고 있다.

059 천민(노비)

사료1 정복민을 노비로 만든 사례

고구려왕 사유(고국원왕)가 보병과 기병 2만을 거느리고 와서 치양(황해도 백주)에 주둔하고 군사를 나누어 민가를 약탈하였다. 왕(근초고왕)이 태자에게 군사를 주니 곧장 치양으로 가서 고구려군을 급히 깨뜨리고 5,000명을 사로잡았다. 그 포로를 장사에게 나누어 주었다.

『삼국사기』

사료2 형벌의 일환으로 노비를 만든 사례

고구려의 형법(刑法)은 모반한 사람과 반역자는 먼저 불로 지진 다음 목을 베고, 그 집안의 재산은 몰수하고 가족은 관아의 노비로 만들었다. 도둑질한 사람에게는 [도둑질한 물건의] 10여 배를 징수하였다. 만약 가난하여 징수할 것이 없거나 공적 · 사적으로 빚을 진 사람에게는 모두 그의 아들이나 딸을 노비로 주어 보상할 수 있도록 하였다.

『주서』

사료3 정복민을 노비에서 해방한 사례

가야가 배반하니 왕(진흥왕)이 이사부에게 토벌하도록 명령하고, 사다함에게 이를 돕게 하였다. 사다함이 기병 5,000명을 거느리고 들이닥치니 …… 일시에 모두 항복하였다. 공을 논하였는데 사다함이 으뜸이었다. 왕이 좋은 농토와 포로 200명을 상으로 주었다. 사다함은 세 번 사양했으나 왕이 굳이 주자, 받은 사람은 놓아 주어 양민을 만들고, 농토는 병사에게 나누어 주었다. 이를 보고 나라 사람들이 아름답다고 하였다.

『삼국사기』

사료 플러스⁺

우리나라 역사에서 노비가 존재했던 시기는 청동기 시대에서 갑오개혁 때까지이다. 노비는 청동기 시대에 정복과 복속으로 여러 부족이 통합하는 과정에서 발생하였다. 이후 형벌의 일환으로 범죄자를 노비로 만들었으며, 점차 전쟁 포로, 채무 관계, 부모로부터의 신분 세습 등 다양한 방법으로 노비가 발생하였다.

📦 참고 노비의 발생 및 변천
- 청동기 : 정복과 복속으로 여러 부족의 통합 과정에서 발생 ⇨ 전쟁 노비
- 고조선의 8조법 : 도둑질하면 노비 ⇨ 형벌 노비의 발생
- 삼국 시대 : 귀족들의 고리대업 성행으로 평민의 노비 전락 현상 ⇨ 부채 노비 성행 ♿ 고구려의 진대법
- 영조(1731) : 노비종모법 확정
- 순조(1801) : 관노비(납공 노비) 66,067명 해방(이유 : 국방상 · 경제상의 이유)
- 고종(1886) : 노비세습제 폐지
- 고종(1894) : 갑오개혁 때 공 · 사노비 완전 폐지-신분제 폐지

060 서옥제

혼인하는 풍속을 보면, 구두로 약속이 정해지면 신부 집에서 큰 본채 뒤에 작은 별채를 짓는데 이를 서옥[1]이라 한다. 해가 저물 무렵, 신랑이 신부 집 문밖에 와서 이름을 밝히고 꿇어앉아 절하며 안에 들어가서 신부와 잘 수 있도록 요청한다. 이렇게 두세 번 청하면 신부의 부모가 별채에 들어가 자도록 허락한다. …… 자식을 낳아 장성하면 신부를 데리고 자기 집으로 간다.

『삼국지』 위서 동이전

사료 플러스⊕

고구려의 서옥제를 통해 고대 사회에서 노동력을 중시했음을 알 수 있다. 막대한 노동력이 필요했던 시기에 결혼은 곧 그 집안의 노동력이 소실되는 것이므로 남의 집 딸을 며느리로 얻어올 때는 그 대가로 대개 첫아들을 낳을 때까지는 처가에서 노력봉사를 먼저 해야만 했다.

1) 사위집

061 골품제의 생활 규제

4두품에서 백성에 이르기까지는 방의 길이와 너비가 15척을 넘지 못한다. 느릅나무를 쓰지 못하고 우물천장을 만들지 못하며, 당 기와를 덮지 못하고, 짐승 머리 모양의 지붕 장식이나 높은 처마 …… 등을 두지 못하며, 금·은이나 구리 …… 등으로 장식하지 못한다. 섬돌로는 산의 돌을 쓰지 못한다. 담장은 6척을 넘지 못하고, 또 보를 가설하지 않으며 석회를 칠하지 못한다. 대문과 사방문을 만들지 못하고 마구간에는 말 2마리를 둘 수 있다.

『삼국사기』

사료 플러스⊕

신라의 골품 제도는 개인의 사회 활동과 정치 활동의 범위까지 엄격히 제한하였다. 또한, 가옥의 규모와 장식은 물론, 복색이나 수레 등 일상생활까지 규제하는 기준으로서 오랫동안 유지되었다.

사료1 6두품

• 강수

태종대왕(太宗大王)[1]이 즉위하자 당의 사신이 와서 조서를 전했는데, 그 가운데 해독하기 어려운 부분이 있었다. 왕이 그를 불러 물으니, 그가 왕 앞에서 한번 보고는 설명하고 해석하는데 의심스럽거나 막히는 데가 없었다. 왕이 놀랍고도 기뻐 서로 만남이 늦은 것을 한탄하고 그의 성명을 물었다. 그가 대답하여 아뢰었다. "신은 본래 임나가량(任那加良) 사람이며 이름은 우두(牛頭)입니다." 왕이 말했다. "경의 두골을 보니 강수선생이라고 부를 만하다." 왕은 그에게 당 황제의 조서에 감사하는 회신의 표를 짓게 하였다. 문장이 세련되고 뜻이 깊었으므로, 왕이 더욱 그를 기특히 여겨 이름을 부르지 않고 임생(任生)이라고만 하였다.   『삼국사기』

• 6두품(득난)

(대사의) 법호(法號)는 무염(無染)으로 달마대사의 10대 법손(法孫)이 된다. 속성(俗姓)은 김씨로 태종 무열왕이 8대조이시다. 할아버지는 주천으로 골품은 진골이고 한찬(韓粲)을 지냈으며, 고조부와 증조부는 모두 조정에서는 재상, 나가서는 장수를 지내 집집에 널리 알려졌다. 아버지는 범청으로 골품이 진골에서 한 등급 떨어져서 득난(得難)[2]이 되었다.   최치원, 「성주사 낭혜화상백월보광탑비」

사료2 6두품의 골품제 비판

• 설계두는 신라의 귀족 자손이다. 일찍이 친구 네 사람과 술을 마시며 각기 그 뜻을 말할 때 "신라는 사람을 쓰는 데 골품을 따져서 정말 그 족속이 아니면 비록 뛰어난 재주와 큰 공이 있어도 한도를 넘지 못한다. 나는 멀리 중국으로 가서 출중한 지략을 발휘하고 비상한 공을 세워 영화를 누리며, 높은 관직에 어울리는 칼을 차고 천자 곁에 출입하기를 원한다."고 하였다. 그는 621년에 몰래 배를 타고 당나라로 갔다. 『삼국사기』

• 가을바람에 괴롭게 읊조리나니
  세상에 날 알아 주는 이 적구나.
  창밖에는 밤 깊도록 비만 내리는데
  등불 앞 마음은 만 리(萬里) 밖을 내닫네.   최치원, '가을밤 빗속에서(秋夜雨中)'

사료 플러스

신라의 정치·사회 운영의 기본 원리로 작용한 골품 제도는 특히 관등과 밀접한 관련이 있어서 진골은 1등급 이벌찬까지, 6두품은 6등급 아찬까지 승진이 가능하였다. 이러한 골품 제도를 가장 비판한 계층은 6두품으로, 이들은 골품제의 한계로 인해 정치적 출세보다 학문과 종교에 뜻을 두는 자가 더 많았다. 이들은 통일 이후 전제 왕권을 뒷받침하는 조언자로 부각되었지만 여전히 골품제의 제약을 받았다. 그리하여 신라 하대에 이르면 최치원 등이 본격적으로 골품제를 폐지하고 합리적 유교 사회로 나아가야 한다고 주장하였으나 받아들여지지 않았다.

1) 태종 무열왕
2) 6두품

063 고대 사회 귀족들의 합의 제도

사료1 고구려

감옥이 없고, 범죄자가 있으면 제가들이 모여서 논의하여 사형에 처하고 처자는 몰수하여 노비로 삼는다.
『삼국지』 위서 동이전

사료2 백제

(부여) 호암사에 정사암이란 바위가 있다. 국가에서 재상을 뽑을 때 후보자 3~4명의 이름을 써서 상자에 넣어 바위 위에 두었다. 얼마 뒤에 열어 보아 이름 위에 도장이 찍혀 있는 자를 재상으로 삼았다.[1] 이 때문에 정사암이란 이름이 생기게 되었다.
『삼국유사』

사료3 신라

큰일이 있을 때에는 반드시 중의를 따른다. 이를 화백이라 부른다. 한 사람이라도 반대하면 통과하지 못하였다.[2]
『신당서』

사료 플러스➕

이 사료는 고구려의 제가 회의, 백제의 정사암 회의, 신라의 화백 회의에 대한 내용으로, 고대 국가의 귀족 합의 제도들이다. 이는 중앙 집권 국가 형성 이전의 연맹 왕국 단계에서 연맹 부족들의 의견을 조정하기 위한 귀족 회의에서 유래한 것이다. 중앙 집권 국가에서 귀족들은 왕권 강화에 맞서 귀족들의 정치권력을 유지하고 왕권을 견제하려 하였다.

1) 다수결의 원칙, 2) 만장일치제

064 화랑도

- 대왕[1]이 영을 내려 원화(原花)를 폐지하였다. 여러 해 뒤에 왕은 다시 나라를 흥하게 하려면 모름지기 풍월도(風月道)를 먼저 일으켜야 한다고 생각하였다. [왕은] 다시 영을 내려 좋은 가문 출신의 남자로서 덕행이 있는 자를 뽑아 [명칭을] 고쳐서 화랑이라고 하였다. 처음에 설원랑을 받들어 국선으로 삼으니, 이것이 화랑 국선의 시초였다.
『삼국유사』

- 귀산은 젊을 때 같은 부(部) 사람 추항과 친구가 되었다. 두 사람이 서로 "우리들이 군자와 놀기를 기약하여 먼저 마음을 바르게 하고 몸을 닦지 않으면 욕된 일을 당하지 않을까 두렵다. 어진 이의 곁에 가서 도를 듣지 않으려나." 하고 말하였다. 이때 원광법사가 수나라에 가서 유학하고 돌아와 가실사에 머물며 사람들의 존경을 받고 있었다. …… 귀산 등이 그 문하에 가서 단정한 태도로 "저희 세속의 선비들이 어리석어 아는 바가 없으니 원컨대 한 말씀을 내려 주셔서 종신토록 계명을 삼았으면 합니다."라고 말하였다. 법사는 "불교의 계율에는 보살계가 있는데 그 종목이 10가지라서 너희처럼 남의 신하된 자로서는 아마 감당하기 어려울 것이다. 여기 세속 5계가 있으니, 하나는 충으로써 임금을 섬기고, 둘은 효로써 부모를 섬기며, 셋은 믿음으로써 친구를 사귀고, 넷은 전장에 나아가 물러서지 않으며, 다섯은 생명 있는 것을 가려서 죽인다는 것이다. 너희는 실행에 옮기되 소홀히 하지 말라."라고 하였다.
『삼국사기』

사료 플러스➕

화랑도는 신석기 씨족 사회의 청소년 집단에서 기원하였고, 활발히 정복 활동을 전개하던 6세기 신라 진흥왕 때 국가의 공적 단체로 확대되었다. 진평왕 때 원광은 세속 5계를 통해 화랑도의 행동 규범을 가르쳤는데, 세속 5계는 화랑도의 이념이자 나아가 신라의 국가 이념이기도 하였다.

1) 진흥왕

미륵 신앙과 화랑

진지왕 때에 와서 흥륜사의 승려 진자가 법당의 미륵상 앞에서 소원을 빌며 말했다. "원컨 대 우리 부처님이 화랑으로 변하여 세상에 나타나시면 내가 항상 얼굴을 가까이 뫼시고 받 들어 모시겠습니다." 그 정성스럽고 지극한 기원의 심정이 날로 더해가더니 어느 날 꿈에 한 승려가 나타나 말했다. "웅천의 수원사에 가면 미륵 선화를 볼 수 있으리라." 진자가 꿈 에서 깨어 놀랍고도 기뻐서 그 절을 찾아가니 한 소년이 친절하게 맞이하여 자신도 서울 사람이라고 하였다. 진자가 다시 서울로 올라와 마을을 찾아다니면서 그를 찾았다. 그러다 가 화장을 하고 장신구를 갖춘 수려한 남자아이가 영묘사의 동북쪽 길가에서 노는 것을 보 았다. 진자는 그가 미륵 선화[1]라고 생각하여 가마에 태우고 들어와서 왕에게 보였다. 왕은 그를 공경하고 사랑하여 받들어 국선[2]으로 삼았다. 그는 여러 자제들을 화목하게 했으며, 예 의와 가르침이 다른 사람과 다르고 풍류가 세상에 빛났다.

『삼국유사』

> **사료 플러스+**
>
> 석가모니에 이어 이 땅에 오신다는 미래불인 미륵불·미륵 신앙은 삼국 시대의 미륵보살 반가 사유상, 신라의 화랑도, 후삼국 시대의 미륵 신앙, 고려 시대 향도의 매향 활동, 조선 후기 동학의 후천개벽사상 등에서 보여진다.
>
> 1) 미륵 신앙
> 2) 국선(國仙): 왕이 정한 화랑의 지도자로, 선(仙)에서 도교의 신선사상이 포함되어 있음을 알 수 있다.

발해 지배층 사회 및 여성의 지위

그 나라의 임금은 옛날부터 대씨(大氏)를 성으로 삼았다.[1] 유력한 성씨로는 고(高)·장(張)· 양(楊)·두(竇)·오(烏)·이(李) 등 몇 종류에 불과하다. 부곡(部曲)이나 노비 등 성씨가 없는 자들은 모두 그 주인(의 성)을 따른다. 부인들은 투기가 심하다. 대체로 다른 성씨들과 서로 10자매라는 (의자매) 관계를 맺어 번갈아 남편들을 감시하며 첩을 두지 못하게 한다. 남편이 밖에 나갔다는 이야기를 들으면 반드시 독살을 모의하여 남편이 사랑하는 여자를 죽인다. 한 남편이 바람을 피웠는데 그 아내가 깨닫지 못하면 아홉 자매가 떼 지어 가서 비난한다. 이처럼 다투어 투기하는 것을 서로 자랑스러워한다. 그러므로 거란, 여진 등 여러 나라에는 모두 창기(娼妓)가 있으며 양인 남자들은 첩과 시비를 두지만, 발해에만 없다. 남자들은 지 모가 많으며 날래고 용감함이 다른 나라보다 뛰어나다. 그래서 심지어 '발해 사람 셋이면 호 랑이 한 마리를 당해 낸다.'라는 말이 있을 정도이다.

『송막기문』, 해동성국 발해국

> **사료 플러스+**
>
> 남송 시대의 문헌인 『송막기문』에 따르면, 발해 여성은 의자매를 맺어 번갈아 서로 남편들을 감시하였고, 남편이 첩을 들이려 하면 다 같이 이를 꾸짖었다고 한다. 부인의 등쌀 때문에 발해 남자는 첩을 두기 어 려웠을 뿐 아니라 밖에 나가서도 한눈을 팔 수 없었다. 이러한 분위기를 반영한 듯, 발해에서는 일부일처 제가 일찍부터 확립되었고 무덤은 부부 합장묘가 많다. 또한 발해의 전설 중에는 부인이 장군이 되어 거 란을 무찌르고 남편을 구해 왔다는 이야기도 있다.
>
> 1) 발해 왕족의 성씨

067 신라 귀족의 생활

신라의 전성기에는 서울에 17만 8천 9백 36호, 1천 3백 60방, 55리, 서른 다섯 개의 금입택이
있었다. …… 봄에는 동야택, 여름에는 곡량택, 가을엔 구지택, 겨울엔 가이택에서 놀았는데
이를 사절유택이라 일렀다. 제49대 헌강왕 때에 성 안에 초가로 된 집은 하나도 없고 집의
처마와 담들이 이웃과 서로 붙어 있었다. 노래 소리와 피리 부는 소리가 길거리에 가득하여
밤낮으로 끊이질 않았다.

『삼국유사』

사료 플러스╋

통일 신라의 귀족들은 대도시(금성, 5소경)에 위치한 금입택(金入宅)이라는 저택에서 생활하며 많은 노비
와 사병을 거느리고 사치스러운 생활을 하였다. 이에 흥덕왕 때는 왕명으로 사치를 금하였으나, 별다른
실효를 거두지 못하였다.

CHAPTER 04 고대의 문화

068 이차돈의 순교

임금이 불교를 일으키고자 하였으나 뭇 신하들이 믿지 않고 이런 저런 말들을 많이 하였으
므로 임금이 난감해 하였다. 가까운 신하인 <u>이차돈</u>이 아뢰었다. "바라건대 저의 목을 베어
뭇 사람들의 분분한 논의를 진정시키십시오." 임금이 말하였다. "본래 불도를 일으키고자 함
인데, 죄 없는 사람을 죽이는 것은 옳지 않다." …… 이차돈이 말하기를, "비상(非常)한 사람
이 있은 후에야 비상한 일이 있을 수 있습니다. 지금 불교의 심오함을 들어보니, 믿지 않을
수 없습니다." …… <u>"나는 불법을 위하여 형벌을 당하는 것이니, 부처의 신령스러움이 있다
면 내가 죽고서 반드시 이상한 일이 있을 것이다."</u> 목을 베자, 잘린 곳에서 피가 솟았는데
그 빛깔이 우유처럼 희었다. <u>사람들이 이를 괴이하게 여겨 다시는 불사를 헐뜯지 않았다.</u>

『삼국유사』

사료 플러스╋

신라 눌지왕 때 고구려 승려 묵호자에 의해 불교가 신라 사회에 처음 수용되었으나, 토착 신앙을 지지하
던 귀족들의 반대로 인정받지 못하다가 법흥왕 14년(527)에 이차돈의 순교로 공인되었다.

> 자장[1]이 연못가를 지나갈 때에 홀연히 신인이 나와서 예를 표하고 다시 물었다. "그대의 나라에 어떠한 곤란이 있습니까?" (자장이 말하기를) "우리나라는 북쪽으로 말갈 땅에 이어졌고 남쪽으로 왜인에 인접되었고, 또 고구려·백제 두 나라가 번갈아 침범하는 등 이웃의 외침이 심하니 이것이 백성들의 걱정이옵니다." 하였다. …… 신인은 또 말했다. "황룡사의 호법룡은 나의 맏아들이오. …… 본국에 돌아가 그 절에 9층탑을 세우면 이웃 나라가 항복하여 오고 구한(九韓)이 와서 조공을 하여 왕업(王業)이 길이 태평할 것이오."
>
> 『삼국유사』

사료 플러스⁺

이 사료는 선덕 여왕 때 대국통에 임명된 자장의 건의로 건립된 황룡사 9층 목탑에 대한 내용이다. 삼국 불교는 고대 국가의 정신적 통일에 이바지하면서 호국 불교의 성격을 띠었는데 그 증거로 황룡사 9층 목탑을 들 수 있다. 이 탑의 각 층은 아래에서부터 일본·중화(中華)·오월(吳越)·탁라(托羅)·응유(鷹遊)·말갈·단국(丹國)·여적(女狄)·예맥(濊貊)의 아홉 나라를 상징하는데, 9층탑을 건립함으로써 이들 나라로의 침략을 막을 수 있다는 뜻을 담고 있었다. 이 탑은 1238년(고종 25) 몽골군에 의해 가람 전체가 불타버린 참화를 겪은 뒤 중수되지 못하였다.

1) 진골 출신, 당나라의 율종 도입, 통도사 창건, 황룡사 9층 목탑 건립 제의, 대국통에 임명

070 신라 하대 선종 불교의 영향

> 820년대 초에 승려 도의가 서쪽으로 바다를 건너가 당나라 서당대사의 깊은 뜻을 보고 지혜의 빛이 스승과 비슷해져서 돌아왔으니, 그가 그윽한 이치를 처음 전한 사람이다. …… 그러나 메추라기의 작은 날개를 자랑하는 무리들이 큰 붕새가 남쪽으로 가려는 높은 뜻을 헐뜯고, 기왕에 공부했던 경전 외우는 데만 마음이 쏠려 선종을 마귀 같다고 다투어 비웃었다. 그래서 도의는 빛을 숨기고 자취를 감추어 서울에 갈 생각을 버리고 마침내 북산에 은둔하였다. 봉암사 지증대사 적조탑비 비문

사료 플러스⁺

1. **선종(禪宗)**: 선종은 중국 남조 양나라에 입국한 인도인 달마대사를 교조로 하여 성립된 불교 종파로, 불립문자(不立文字)와 견성오도(見性悟道)를 수행 방법으로 삼는다. 선종은 통일 전후기에 전래되었으나, 선종파의 성립은 왕실의 정치적 권위가 실추되어 지방 호족이 대두·성장하던 9세기 중반에 이루어졌다. 821년 도의(道義)가 당에서 귀국하면서 그 뒤를 이어 입국한 홍척, 혜철 등의 활약으로 신라의 변경 지역에 9산파가 개창되었다. 이들은 초기에 왕실과 우호 관계를 보이며 교종 사원에서 화엄 사상을 공부하였다. 그러나 9세기 말기에 이르러 교종의 전통과 권위에 대항하고 왕실의 권위를 부정하면서 지방 호족들의 세력 확장을 지원하는 등 신라 하대의 새로운 정신적 기반이 되었다. 이러한 움직임은 당에서 귀국한 6두품 출신들의 유교 정치 이념과 상통하는 양상이었다.

2. **선종이 처음 수용되었을 때 환영받지 못한 이유**: 선종이 수용된 당시는 통일을 전후한 시기로, 교종의 전통과 권위에 대항하여 '불립문자(不立文字)', '견성성불(見性成佛)'을 표방하면서 구체적인 실천 수행을 통하여 깨달음을 얻으려고 하였다. 이러한 주장은 기존의 왕실과 연결되어 있는 교종의 체제를 뒤엎는 혁신적인 것이었으며, 기존 진골 중심의 사회 체제를 부정하는 사상 체계였다.

3. **선종 사원과 호족의 활동 범위 간의 상관 관계**: 선종 9산의 대부분은 호족의 근거지와 가까운 지방에 위치하고 있다. 이러한 현상은 9산을 처음 연 승려 중에 호족 출신이 많았고, 선종 사상 자체가 호족들이 성장할 수 있는 사회 지도 이념을 제시하였기 때문이다. 따라서 선종과 호족 세력은 밀접한 연관 관계를 맺으며 상호 발전하였고, 선종은 지방 호족의 적극적인 지원을 받을 수 있었다.

071 원효

사료1 원효의 화쟁 사상(和諍思想)

쟁론(諍論)은 집착에서 생긴다. 어떤 다른 견해의 논쟁이 생겼을 때 가령 유견(有見)은 공견(空見)과 다르고 공집(空執)은 유집(有執)과 다르다고 주장할 때 논쟁은 더욱 짙어진다. 그렇다고 이들을 같다고만 하면 자기 속에서 서로 쟁(爭)할 것이다. 그러므로 이(異)도 아니고 동(同)도 아니라고 말한다. 또 불도(佛道)는 매우 넓어서 장애나 방향도 없다. …… 견문이 적은 사람은 좁은 소견으로 자기의 견해에 찬동하는 자는 옳고 견해를 달리하는 자는 그르다 하니 이것은 마치 갈대 구멍으로 하늘을 본 사람이 그 갈대 구멍으로 하늘을 보지 않은 사람들을 보고 모두 하늘을 보지 못한 자라 함과 같다.　　　『십문화쟁론』

사료2 원효의 일심(一心) 사상

- 그것을 유(有)라고 하자니 일여(一如)가 그것을 사용하여 공(空)하고, 그것을 무(無)라고 하자니 만물이 그것을 타고 태어난다. 그것을 무엇이라고 해야 할지 알 수 없어 억지로 이름 붙여 대승(大乘)이라 한 것이다. …… 두 가지 측면[二門] 안에 만 가지의 뜻을 포용하나 어지럽지 않고, 끝이 없는 뜻은 일심(一心)과 같아서 혼용되어 있음을 말한다.　　　『대승기신론소』
- 마치 바람 때문에 고요한 바다에 파도가 일어나지만 그 파도와 바닷물이 따로 물이 아닌 것처럼 우리의 일심(一心)에도 깨달음의 경지인 진여(眞如)와 그렇지 못한 무명(無明)의 분열이 있는데 그 둘도 따로 있는 것이 아니다.　　　『대승기신론소』

사료3 원효의 정토종

원효는 그 모양대로 도구를 만들어 화엄경의 "일체 무애인은 한 길로 생사를 벗어난다."라는 문구에서 그 이름을 따와서 무애라 하며 이내 노래를 지어 세상에 퍼뜨렸다. 일찍이 이것을 가지고 많은 촌락에서 노래하고 춤추며 교화하고 음영하여 돌아왔으므로 가난하고 무지몽매한 무리들까지도 모두 부처의 호를 알게 되었고, 다 나무아미타불을 부르게 되었으니 그의 법화는 컸던 것이다.　　　『삼국유사』

사료 플러스⁺

사료 1: 원효는 어느 한 종파에 치우치지 않고 『화엄경』, 『반야경』, 『열반경』 등 대승 불교 경전 전체를 섭렵한 인물이다. 그리하여 전체 불교를 하나의 진리에 귀납하고 종합·정리하여 자기 분열이 없는 보다 높은 차원에서 불교의 사상 체계를 세웠다. 그러한 그의 조화 사상을 화쟁 사상이라고 한다. 『십문화쟁론』은 그의 화쟁 사상을 단적으로 보여 주는 저서이다.

사료 2: 원효의 『대승기신론소』는 인도 대승 불교의 양대 준령인 용수계의 중관 사상과 무착, 세친계의 유식 사상 간의 대립을 비판하고 일심(一心) 사상으로 종합 회통시킨 저서로, 우리나라는 물론 중국 불교계에도 큰 영향을 주었다. 원효의 일심 사상은 모든 진리는 결국 하나의 진리를 향해 있다는 것으로 모든 만물의 시초가 일심에서 발생하여 일심으로 돌아온다고 보고 마음의 순수성을 강조하였다.

사료 3: 불교의 대중화에 공헌한 정토종은 민중 불교로서, 현세를 고해로 여기고 아미타불이 살고 있다는 서방 정토(西方淨土), 곧 극락으로 왕생하기를 기원하는 신앙이다. 원효는 무지한 대중에게 '나무아미타불'만 염불하면 극락세계에 간다고 주장하였다.

사료1 의상의 화엄 사상

하나 안에 일체(一切)이며 다(多) 안에 하나요[一中一切多中一],
하나가 곧 일체(一切)이며 다(多)가 곧 하나이다[一卽一切多卽一].
하나의 미진(微塵) 가운데 십방(十方)을 포함하고[一微塵中含十方],
일체(一切)의 진(塵) 가운데서도 역시 이와 같다[一切塵中亦如是].　　『화엄일승법계도』

사료2 의상의 민심 강조

문무왕이 도읍의 성을 새롭게 하고자 승려[1]에게 문의하였다. 승려는 말하였다. "비록 궁벽한 시골과 띳집[茅屋]이 있다 해도 바른 도(道)만 행하면 복된 일이 영구히 지속될 것이요, 만일 그렇지 못하면 여러 사람이 수고롭게 하여 훌륭한 성을 쌓을지라도 아무 이익이 없을 것입니다." 왕이 곧 공사를 그쳤다.　　『삼국사기』

사료 플러스

사료 1 : 의상의 「화엄일승법계도」는 화엄 사상의 요체를 제시한 책으로, 하나 속에 우주의 만물을 아우르고 있으며 모든 존재는 상호 의존적인 관계에 있으면서 서로 조화를 이루고 있다는 화엄 사상을 정립하였다[一卽多, 多卽一].

사료 2 : 문무왕이 경주에 도성을 쌓으려고 하자 의상은 민심(民心)의 성(城)을 쌓을 것을 강조하면서 이를 만류하였다.

1) 의상

073 연개소문의 도교 장려

그[1]가 왕에게 아뢰었다. "삼교는 솥의 발과 같아서 하나라도 없어서는 안 됩니다. 지금 유교와 불교는 모두 흥하는데 도교는 아직 성하지 않으니, 소위 천하의 도술(道術)을 갖추었다고 할 수 없습니다. 엎드려 청하오니 당에 사신을 보내 도교를 구해 와서 나라 사람들을 가르치게 하소서."　　『삼국사기』

사료 플러스

연개소문은 당시 왕실과 귀족의 권위와 연결되어 있던 불교의 대항마로 도교를 장려함으로써 왕실과 귀족 세력을 견제하려 하였다.

1) 연개소문

074 사택지적비

갑인년(654, 의자왕 14년으로 추정) 정월 9일, 내지성의 사택지적은 해가 쉬이 감을 슬퍼하고 달이 어렵사리 돌아옴이 서러워 금을 깨어 귀중한 당을 짓고 옥을 파서 보배로운 탑을 세웠다. 우뚝 솟은 자애로운 모습은 신성한 빛을 토해 구름을 보내고, 뾰족하니 슬픈 모습은 성스러운 밝음을 머금어 ……

> **사료 플러스+**
>
> 국립 부여 박물관에 보관되어 있는 백제의 유일한 석비인 사택지적비는 백제 의자왕 때 대신이었던 사택지적이 늙어가는 것을 탄식하며 불교에 귀의하고 원찰을 건립했다는 내용의 4·6 변려체 비이다. 이 비를 통해 당시 귀족들의 성씨 문제와 백제에서 유행했던 불교가 무엇인지를 알 수 있다. 또한, 비 오른쪽 윗부분의 동그라미 안에 봉황을 새겨 붉은색을 칠한 흔적이 남아 있는데 이 봉황에서 도교(노장사상)의 영향도 알 수 있다.

075 최치원의 난랑비문 서문

나라에 현묘(玄妙)한 도가 있으니 풍류(風流)라 한다. 실로 이는 삼교(三敎)를 포함하고 뭇 백성들을 교화한다. 이를테면 들어와서는 집안에서 효를 행하고 나가서는 나라에 충성함은 노나라 사구(司寇)의 가르침[1]이고, 하였다고 자랑함이 없는 일을 하고 말 없는 가르침을 행함은 주나라 주사(柱史)의 뜻[2]이며, 모든 악을 짓지 말고 모든 선을 받들어 행하라 함은 축건태자(竺乾太子)의 교화[3]이다.

> **사료 플러스+**
>
> 신라 하대 최치원이 쓴 난랑비문에 의하면 풍류 정신(화랑도 정신)에는 유교·불교·도교가 섞여 있다고 기록하였다.
>
> 1) 유교, 2) 도교, 3) 불교

076 정효 공주 비문

공주는 우리 대흥보력[1]효감금륜성법대왕(발해 3대 문왕)의 넷째 딸이다. …… 공주는 무악(巫岳)에서 영묘한 기운을 받고, 낙천(洛川)에서 신선에 감응하였다. …… 공주는 총명과 재질이 뛰어났으며 고결한 품성이다. …… 대흥 56년 여름 6월 9일에 사망하였는데, 당시 나이는 36세이다. 이에 시호를 정효 공주라고 하였다. 황상(皇上)[2]은 몹시 비통해 하시면서 …… "애석하도다, 공주와 이별하자니 이를 영원히 기념하고자 비석을 세우고 비명을 새겨두노라. ……"

> **사료 플러스+**
>
> 비문의 내용 중 '신선에 감응'에서 도교의 영향을 알 수 있고, '황상(皇上)'이라는 단어에서 황제국을 자처한 발해 문왕 때의 기록임을 알 수 있다.
>
> 1) 문왕의 독자적 연호, 2) 문왕

077 두 청년의 서약문이 담긴 임신서기석[진평왕 34년(612) 추정]

임신년 6월 14일에 두 사람은 같이 적어서 하늘에 맹세하나이다. 지금으로부터 3년 이후 나라에 충도(忠道)를 잡아 지니면서 과실이 없기를 비옵니다. 만약 이 약속을 어기면 큰 벌이라도 감수하겠나이다. 만약 나라가 불안하고 세상이 크게 어지러워지더라도 반드시 행할 것을 다짐하나이다. 따로 작년 신미년 7월 22일에 맹세했듯이 『시(詩)』, 『상서(尚書)』, 『예기(禮記)』, 『춘추좌씨전(春秋左氏傳)』을 차례로 배워 익히길 3년 안에 다할 것을 거듭 다짐하나이다.

사료 플러스⁺

신라 두 화랑도들의 서약문이 담긴 임신서기석에서 화랑도들이 유교 경전을 공부한 점과 그들의 명예심 및 충성심을 엿볼 수 있다.

078 국학과 독서삼품과

사료1 **국학**

국학은 예부에 속한다. 신문왕 2년에 설치하였는데, 경덕왕이 태학감으로 고쳤고, 혜공왕이 다시 이전대로 하였다. 경은 1인인데 경덕왕이 사업으로 고쳤더니, 혜공왕이 다시 경으로 일컬었다. 관등은 다른 부서의 경과 같다. 박사·조교가 있고, 대사는 2인 진덕왕 5년에 두었는데, 경덕왕이 주부로 고쳤고, 혜공왕이 다시 대사로 일컬었다. 관등은 사지에서 내마까지로 하였다. 사는 2인, 혜공왕 원년에 2인을 더하였다. 교수하는 법은 『주역』, 『상서』, 『모시』, 『예기』, 『춘추좌씨전』, 『문선』으로 나누어 학업을 닦게 하였는데, 박사나 조교 1인이, 혹은 『예기』, 『주역』, 『논어』, 『효경』을 가르치고, 혹은 『춘추좌씨전』, 『모시』, 『논어』, 『효경』을, 혹은 『상서』, 『논어』, 『효경』, 『문선』으로써 교수한다.　　　　　　　『삼국사기』

사료2 **독서삼품과**

여러 학생의 독서에는 삼품 출신의 법이 있으니, 『춘추좌씨전』이나 『예기』나 『문선』을 읽어 그 뜻이 잘 통하고 『논어』, 『효경』에도 밝은 자를 상으로 하고, 『곡례』, 『논어』, 『효경』을 읽은 자를 중으로 하고, 『곡례』, 『효경』을 읽은 자를 하로 하되, 만일 오경, 삼사와 제자백가의 서를 능히 겸통하는 자가 있으면 등급을 뛰어넘어서 등용한다. 혹은 산학박사나 조교 1인을 명하여 『철경』, 『삼개』, 『구장』을 교수케 하기도 한다. 모든 학생의 등위는 대사 이하로부터 조위에 이르기까지 하며, 나이는 15세에서 30세까지 모두 학업에 종사케 한다. 9년을 기한으로 하되 만일 질박노둔하여 향상치 못하는 자는 퇴학시킨다.　　　　　『삼국사기』

사료 플러스⁺

사료 1: 신문왕 때 유학의 교육을 위하여 국학을 설립하였고 경덕왕 때 태학감으로 개칭되었다가 혜공왕 때 다시 국학으로 환원하였다. 박사와 조교를 두고 9년간 3분과로 나누어 『논어』·『효경』을 필수 과목으로 하고 5경(經)과 『문선(文選)』 등을 선택 과목으로 가르쳤다. 15~30세의 대사(12관등) 이하 조위(17관등)까지의 귀족 자제만 입학하였다.

사료 2: 독서삼품과는 원성왕 4년(788)에 국학 안에 설치한 것으로, 관리 채용을 위한 일종의 국가 시험 제도이다. 관리 등용의 기준을 골품보다 학문에 두어 유교적 정치 이념을 확립하려 하였으나, 진골 귀족들의 반발로 성공적으로 수행될 수 없었고 학문 보급에 기여하였다.

079 정혜 공주 묘지

공주는 우리 대흥보력[1]효감금륜성법대왕(大興寶曆孝感金輪聖法大王)의 둘째 딸이다. ······ 아아, 공주는 보력(寶曆) 4년(777) 여름 4월 14일 을미일(乙未日)에 외제(外第)에서 사망하니, 나이는 40세였다. 이에 시호(諡號)를 정혜 공주라고 하였다. 보력 7년(780) 11월 24일 갑신일(甲申日)에 진릉(珍陵)의 서쪽 언덕에 배장(陪葬)하였으니, 이것은 예의에 맞는 것이다.

보력 7년 11월 24일

사료 플러스⁺

중국 당나라에서 유행한 변려체(駢儷體) 문장으로 쓰인 비문의 서문에는 공주의 행장(行狀)이, 명문에는 공주의 지혜와 덕에 대한 칭송과 죽음에 대한 애도의 글이 실려 있다. 비문에 의하면 공주는 존호가 '대흥보력효감금륜성법대왕'(大興寶曆孝感金輪聖法大王)인 발해 제3대 문왕 대흠무의 둘째 딸로서, 출가한 뒤 남편이 죽자 수절하다가 777년(보력 4) 4월 14일 40세의 나이로 죽어 정혜라는 시호를 받았으며, 780년 11월 24일에 진릉(珍陵)의 서원(西原)에 배장되었다. 이 비문의 발견으로 육정산 고분군이 발해 초기 왕실 귀족의 묘지였으며 발해의 건국지가 돈화진의 오동산성(敖東山城) 근처임이 확인되었고, 발해 문왕의 존호, 발해 왕가의 불교 신앙의 정도, 문왕이 사용한 2개의 연호(대흥, 보력) 등을 알게 되었다.

1) 문왕의 독자적 연호

080 설총의 화왕계

어떤 이가 화왕(모란)에게 말하였다. "두 명(장미와 할미꽃)이 왔는데 어느 쪽을 취하고 어느 쪽을 버리시겠습니까?" 화왕이 말하였다. "장부(할미꽃)의 말도 일리가 있지만 어여쁜 여자(장미)는 얻기가 어려운 것이니 이 일을 어떻게 할까?" 장부가 다가서서 말하였다. "저는 대왕이 총명하여 사리를 잘 알 줄 알고 왔더니 지금 보니 그렇지 않군요. 무릇 임금된 사람치고 간사한 자를 가까이하고 정직한 자를 멀리하지 않는 이가 드뭅니다. 이 때문에 맹가(맹자)는 불우하게 일생을 마쳤으며, 풍당(중국 한나라 사람)은 머리가 희도록 하급 관직을 면치 못하였습니다. 옛날부터 도리가 이러하였거늘 저인들 어찌하겠습니까?" 화왕이 대답하였다. "내가 잘못했노라. 내가 잘못했노라." 이에 왕(신문왕)이 얼굴빛을 바로 하며 말했다. "그대(설총)의 우화는 진실로 깊은 뜻이 담겨 있도다. 기록해 두어 왕자의 경계로 삼게 하기 바란다." 라고 하고는 설총을 높은 관직에 발탁하였다.

『삼국사기』

사료 플러스⁺

신라 중대에 왕권이 전제화되면서 6두품 세력은 국왕의 정치적 조언자 역할로 두각을 나타내었다. 설총은 6두품 출신의 유학자로서 신문왕에게 '화왕계'라는 글을 바쳐 임금이 향락을 멀리하고 도덕을 엄격하게 지킬 것을 강조하였다.

🔷 참고 신라 3대 문장가
설총, 강수, 최치원

- 최치원은 자가 고운(孤雲)이며 서울 사량부 사람이다. 치원은 어려서부터 세밀하고 민첩하였으며 학문을 좋아하였다. 나이 12세가 되어 배편으로 당에 들어가 유학하고자 할 때 그의 아버지가 말했다. "10년이 되도록 과거에 급제하지 못하면 내 아들이 아니다. 가서 힘써 노력하여라!" 치원은 당에 도착하여 스승을 좇아 학문을 게을리하지 않았다. 건부 원년 갑오(874)에 예부시랑 배찬 아래에서 단번에 급제하여 선주 율수현위에 임명되었고, 그 치적의 평가에 따라 승무랑시어사내공봉이 되었으며, 자금어대를 받았다. 이때 황소가 반란을 일으키자, 고병이 제도행영병마도통이 되어 이를 토벌하게 되었는데, 치원을 불러 종사관으로 삼아 서기의 임무를 맡겼다. 그가 지은 표문(表文), 장계(表啓), 서한(書翰), 계사(啓辭)가 지금까지 전해오고 있다.

『삼국사기』

- 범해(泛海)

掛席浮滄海(괘석부창해)	돛달아 바다에 배 띄우니
長風萬里通(장풍만리통)	긴 바람 만리에 나아가네.
乘槎思漢使(승사사한사)	뗏목 탔던 한나라 사신 생각나고
探藥憶秦童(채약억진동)	불사약 찾던 진나라 아이들도 생각나네.
日月無何外(일월무하외)	해와 달은 허공 밖에 있고
乾坤太極中(건곤태극중)	하늘과 땅은 태극 중에 있네.
蓬萊看咫尺(봉래간지척)	봉래산이 지척에 보이니
吾且訪仙翁(오차방선옹)	나 또 신선을 찾겠네.

사료 플러스⊕

최치원은 12살이던 868년(경문왕 8) 당나라로 유학을 갔다. 그가 당으로 갈 때 아버지는 "10년 안에 과거에 합격하지 못하면 나의 아들이라 하지 않겠다."라며 엄한 훈계를 내렸고 최치원은 유학 7년 만에 예부시랑 배찬(裵瓚)이 주관한 빈공과(賓貢科)에 합격하였다.

한편 '범해(泛海)'라는 시는 최치원이 당나라 유학 생활을 정리하고 고국인 신라로 돌아가는 뱃길의 돛단배 위에서 자신의 심회를 읊은 것으로 추정되고 있다. 이 시가 다시 화제가 된 것은 2013년 6월 27일 대한민국 박근혜 대통령과 중국 시진핑 주석 간의 한·중 확대 정상 회담 자리에서 시진핑 주석이 이 시의 첫 연을 인용하여 환영 분위기를 살렸기 때문이다.

당에서 공부한 유학생

- 선덕왕 9년(서기 640) 여름 5월, 임금이 자제들을 당나라에 보내 국학(國學)에 입학시켜 주기를 청하였다. 이때 당의 태종은 천하의 이름난 유학자를 많이 불러 모아 학업을 가르 치는 관원으로 삼고, 자주 국자감에 들러 그들에게 강론하도록 하였다. 학생으로서 대경 (大經, 『예기』와 『춘추좌씨전』) 가운데 하나 이상에 능통한 사람은 모두 관직을 주었고, 학당의 교사를 1천 2백 칸으로 늘려 지었으며, 학생 수를 늘려 3천 2백 6십 명을 채우니, 사방에서 배우고자 하는 사람이 당나라의 서울에 구름처럼 모여들었다. 이때에 고구려, 백 제, 고창, 토번에서도 역시 자제들을 보내 입학시켰다.　　　　　　　　　　 『삼국사기』

- 원성왕 5년 9월에 자옥(子玉)을 양근현의 소수(小守)로 삼으니, 집사사 모초가 논박하여 말하기를, "자옥은 문적(文籍)으로 등용되지 않았으니 지방 관직을 맡길 수 없습니다."라 고 하였다. (이에) 시중이 의논하여 말하기를, "비록 문적으로 등용되지는 않았지만 일찍 이 당나라에 들어가 학생이 되었으니 역시 써도 좋지 않겠습니까?"라고 하였다. 왕은 이 에 따랐다.　　　　　　　　　　　　　　　　　　　　　　　　　　　　　 『삼국사기』

- 김운경이 빈공과에 처음 합격한 뒤에 소위 빈공자는 매월 특별 시험을 보아 그 이름을 발 표하였는데 김운경 이후 당나라 말기까지 과거에 합격한 사람은 58명이었고, 5대에는 32명 이나 되었다. 그중 대표적인 사람은 …… 최치원, 최신지, 박인범, 최승우 등이다.
　　　　　　　　　　　　　　　　　　　　　　　　　　　　　　　　　　　 『삼국사기』

사료 플러스⊕

- 신라가 당나라에 유학생을 처음 보낸 것은 640년(선덕왕 9)으로, 왕실 자제들을 당나라 국자감(國子監) 에 보내 수학하게 한 것이 그 시작이다. 이후 이른바 '숙위 학생(宿衛學生)'의 명분으로 많은 학생이 당 나라로 건너가 수학하였다. 신라가 당나라로 유학생을 처음 파견한 이래 멸망할 때까지 근 300년간 당 나라에서 유학한 신라인의 수는 2,000명이 넘을 것으로 추산되고 있다.

- 자옥의 관리 임용을 둘러싼 문제가 발생한 시점은 788년(원성왕 4)으로, 국학에 독서삼품과를 시행하 는 등 국학의 기능을 강화하기 위한 조치가 취해진 이듬해의 일이다. 당시 자옥은 국학에서 학습한 경 력이 없기 때문에 지방관에 오를 수 없었지만, 당나라에 유학하고 온 경력을 크게 인정받아 관직에 등 용될 수 있었다.

- **6두품 출신 도당 유학생들의 반신라적 태도**: 신라의 세습적 신분제인 골품 제도에서 6두품은 신라의 17관등 중 6관등인 아찬까지만 오를 수 있었다. 종교적·학문적 지식을 쌓은 6두품들은 진골 중심의 골품 제도에 불만을 가질 수밖에 없었고 신라 하대에 들어서면서 이러한 신분적 제약에서 벗어나기 위 하여 반신라적 태도를 취하게 되었다.

083 문무왕의 장례

가을 7월 1일, 임금이 돌아가셨다. 시호를 문무(文武)라 하고 여러 신하들이 유언에 따라 동해 어귀의 큰 바위에 장사 지냈다. 민간에서 전하기를, '임금이 화(化)하여 용이 되었다.'라 하고, 또 그 바위를 가리켜 대왕석(大王石)이라 불렀다. 왕의 유언은 다음과 같다. …… 내가 숨을 거두고 열흘이 지나면 곧 창고 문 앞 바깥의 뜰에서 불교의 의식에 따라 화장하라. 상복을 입는 법도는 정해진 규정을 따르되 장례의 절차는 반드시 검소하고 간략하게 하라.　　　『삼국사기』

사료 플러스 ➕

문무왕은 백제와 고구려를 평정하고 당나라의 세력을 몰아내어 삼국 통일을 완수한 뛰어난 군주이다. 이와 같이 위대한 업적을 남긴 문무왕이 재위 21년만인 681년에 승하하자, 유언에 따라 동해에 장례를 지냈다. 그의 유언은 불교법식에 따라 화장한 뒤 동해에 묻으면 용이 되어 동해로 침입하는 왜구를 막겠다는 것이었다. 이에 따라 화장한 유골을 동해의 입구에 있는 큰 바위 위에 장사지냈으므로 이 바위를 대왕암 또는 대왕바위로 부르게 되었다.

084 신라의 향가와 발해의 한시

사료1 제망매가(신라 향가)

월명사

살고 죽는 길이
여기 있기도 두렵고
여기 있고 싶어도 안 되어
간다는 말도 못하고 가십니까.
가을바람에 여기저기 떨어지는 잎처럼
한 가지에 나고도 가는 곳 모르는구나.
아아, 미타찰에서 만나리.
나, 도 닦으며 기다리리라.

　　　　　　　『삼국유사』

사료2 다듬이 소리(발해 한시)

양태사

서리 기운 가득한 하늘에 달빛 비치니
은하수도 밝은데
나그네 돌아갈 일 생각하니 감회가 새롭네.
홀로 앉아 지새는 긴긴 밤 근심에 젖어
마음 아픈데
홀연히 이웃집 아낙네 다듬이질 소리 들리누나.
바람결에 그 소리 끊기는 듯 이어지는 듯
밤 깊어 별빛 낮은데 잠시도 쉬지 않네.
나라 떠나와서 아무 소식 듣지 못하더니
이제 타향에서 고향 소식 듣는 듯하구나.

　　　　　　　『경국집』

사료 플러스 ➕

사료 1 : 신라의 향가는 불교의 영향을 받으면서 크게 발달하였는데, 승려나 화랑들 사이에서 많은 작품이 씌어졌다. 진성 여왕 때 대구 화상과 각간 위홍은 역대 향가를 수집하여 『삼대목』이란 향가집을 편찬하였다. 그러나 오늘날까지 전해 오는 향가는 『삼국유사』에 수록된 14수와 고려 초의 균여가 지은 11수를 합한 25수뿐이다. 문헌상의 창작 시기를 기준으로 할 때 최초의 작품은 진평왕 때의 '서동요', '혜성가'이며, 마지막 작품은 고려 광종 때 균여의 「보현십원가」이다.

사료 2 : 양태사는 발해 문왕 때 귀덕장군(歸德將軍)으로 시에 능하였는데, 759년(문왕 23) 일본에 부사(副使)로 갔다가 송별연에서 '밤에 다듬이 소리를 듣는다[夜聽擣衣聲]'는 시를 지어 읊었다고 한다. 이 시는 일본에서 편찬한 한시집 『경국집(經國集)』에 실려 전한다.

PART

03

선우빈 선우한국사

중세 사회의 발전

제1장 고려의 정치
제2장 고려의 경제
제3장 고려의 사회
제4장 고려의 문화

CHAPTER 01 고려의 정치

085 견훤과 궁예

사료1 견훤의 대두

당 경복(景福) 원년은 진성왕(眞聖王) 6년인데, 아첨하는 소인들이 왕의 곁을 둘러싸고 정권을 농락하니, 기강은 문란해지고 흉년마저 겹쳐 백성들은 유리되고 도적들이 벌 떼처럼 들고 일어났다. 이에 견훤은 은근히 반란할 뜻을 품고 무리를 모아 서울 서남의 주현을 공격하니, 가는 곳마다 호응하여 불과 한 달 동안에 군사가 5,000여 명에 이르렀다. 드디어 무진주(武珍州)를 습격하고 자칭 왕이라 하였으나 감히 공공연히 왕이라고는 못하였다.

『고려사』

사료2 궁예의 대두

궁예는 신라 사람으로, 성은 김씨이고 아버지는 제47대 헌안왕 의정이며, 어머니는 헌안왕의 후궁이었다. …… 머리를 깎고 승려가 되어 스스로 선종(善宗)이라 이름하였다. …… 선종이 왕이라 자칭하고 사람들에게 이르기를 "이전에 신라가 당나라에 군사를 청하여 고구려를 격파하였기 때문에 옛 서울 평양은 오래 되어서 풀만 무성하게 되었으니 내가 반드시 그 원수를 갚겠다."라고 하였다.

『삼국사기』

사료 플러스

사료 1: 견훤은 892년(진성왕 6)에 무진주[武珍州, 지금의 광주(光州)]를 공격해 차지하고 나라를 세울 기반을 다졌다. 그러나 차마 스스로 왕이라고 드러내놓고 말하지는 못하고 '신라서면도통지휘병 마제치지절도독 전무공등주군사 행전주자사 겸 어사중승상주국 한남군개국공 식읍이천호(新羅 西面都統指揮兵馬制置持節都督全武公等州軍事行全州刺史兼御史中丞上柱國漢南郡開國公食邑 二千戶)'라고 자칭하였다. 견훤은 길고 복잡한 이 칭호를 통해 신라와의 연관성을 부정하지 않으면서 한편으로는 자신의 권위를 드러냈다. 이러한 점은 궁예가 자신의 세력을 과시하기 위해 신라에 대한 적대감을 노골적으로 드러내고, 스스로 거침없이 왕이라 칭한 것과는 대조적이다. 무진주를 중심으로 세력을 확장해 나가던 견훤은 어느 날 완산주(전주)로 순시를 나갔다가 그곳의 사람들이 그를 몹시 환영하는 모습을 보고 큰 자신감을 얻었다. 그는 내친김에 완산주에 도읍을 정하고 나라의 이름을 후백제라 지었다. 이때가 900년(효공왕 4)으로, 궁예가 후고구려를 세운 것보다 1년이 앞섰다. 견훤은 신라에 적대적이었고, 농민에게 지나치게 조세를 거두었으며, 호족을 포섭하는 데 실패하였다. 견훤이 넷째 아들 금강을 후계자로 삼으려 하자 장남 신검이 정변을 일으켜 견훤을 김제 금산사에 감금시켰고, 이에 견훤은 고려 왕건에게 투항하였다. 그리하여 명분이 생긴 왕건은 신검의 후백제군을 일리천(경북 선산) 전투와 황산(충남 논산) 전투에서 격파시키고 후백제를 멸망시켰다.

사료 2: 궁예의 출신에 대해서는 여러 가지 설이 있지만 어느 경우이든 그는 일찍부터 반신라적인 성향을 가지고 있었다. 성장하면서 자신이 신라 왕족 출생임을 알게 된 궁예는 세달사의 승려가 되었다가, 901년(효공왕 5) 국호를 후고구려라 하고 송악에 도읍을 정하며 스스로 왕이 되었다. 궁예는 신라를 멸도(滅都)라 부르고 반신라적 감정을 노골적으로 드러내어 부석사의 신라왕상 벽화를 칼로 베기도 하였다. 904년(효공왕 8) 나라 이름을 마진으로 고치고 이듬해 철원으로 천도한 궁예는 스스로 미륵불을 자처하면서 전제 정치를 하였고 결국 궁예에게 반기를 든 세력에 의해 왕건이 왕으로 추대되고, 쫓기던 궁예는 백성들에게 피살되었다.

086 후삼국 통일(일리천 전투)

<u>일리천</u>을 사이에 두고 진을 친 후 왕[1]이 견훤[2]과 함께 군대를 사열했다. …… 후백제의 좌장
군인 4명은 아군의 성대한 군세를 보자 무장을 해제하고 견훤이 탄 말 앞으로 와서 항복하
니 사기를 잃은 적병이 감히 움직이지 못했다. …… 아군이 적을 황산군까지 추격해 탄령을
넘어 마성에 진을 치자 <u>신검</u>[3]이 동생인 청주성주 양검과 광주성주 용검 및 문무 관료들과
함께 와서 항복했다. …… 왕이 후백제의 도성으로 들어가, "큰 괴수가 항복해온 터에 백성
들은 해치지 말라."고 명령했다. 이어 장병들을 위문하고 재능에 따라 관직에 임용했으며 군
령을 엄격히 내려 조금도 백성들을 해치지 못하게 했다. 이에 고을마다 숨을 돌리고 늙은이나
어린이 할 것 없이 다 만세를 부르면서 "임금이 오시니 우리가 다시 생명을 얻었다."고 경축
했다.

『고려사』

사료 플러스⁺

후백제 견훤이 넷째 아들 금강을 후계자로 삼으려 하자 장남 신검이 정변을 일으켜 견훤을 김제 금산사에
감금시켰다. 이에 견훤은 금산사를 탈출하여 고려 왕건에게 투항하였다. 그리하여 명분이 생긴 왕건은 신검
의 후백제군을 일리천(경북 선산) 전투와 황산(충남 논산) 전투에서 격파시키고 후백제를 멸망시켰다(936).

1) 고려의 태조 왕건
2) 고려에 투항한 견훤
3) 견훤의 장남

087 태조가 예산진에서 내린 조서(태조의 애민 정책)

5월 을사에 태조가 예산진에 행차하여 이르기를, "관리로서 나라의 녹봉을 먹는 너희들은 마
땅히 백성들을 자식과 같이 사랑하는 나의 뜻을 충분히 헤아려 자기의 녹읍(祿邑)[1] 백성들
을 사랑해야 할 것이다. 만일 무지한 부하들을 녹읍에 파견한다면 오직 수탈만 일삼아 착취
를 함부로 할 것이니 너희들이 어찌 다 알겠는가. 또 혹시나 하더라도 역시 막지 못할 것이
다. 지금 백성들이 억울한 사정을 호소하는 자가 있어도 관리들이 개인적인 친분에 끌려 이
들의 잘못을 숨기고 있으니 백성들의 원망이 일어나는 것은 바로 이 까닭이다."라고 하였다.

『고려사』

사료 플러스⁺

태조 왕건은 삼국을 통일하는 과정에서 수많은 호족들의 항복을 받아 냈는데, 민심을 수습하고 호족 유
화 정책을 펼친 것이 큰 성공을 가져 왔다. 934년(태조 17) 5월에 태조가 예산진(禮山鎭)에 행차하여 내린
조서는 이러한 태조의 면모를 확인할 수 있는 대표적인 사료라 할 수 있다.

1) 신라 귀족 관리들에게 지급된 지역으로 조세, 공납, 노동력을 징발할 수 있었다.

088 사심관 제도와 기인 제도

사료1 **사심관 제도**

태조 18년 신라왕 김부(경순왕)가 항복해 오니 신라국을 없애고 경주라 하였다. (김)부로 하여금 경주의 사심이 되어 부호장 이하의 임명을 맡게 하였다. 이에 여러 공신이 이를 본받아 각기 자기 출신 지역의 사심이 되었다. <u>사심관</u>은 여기에서 비롯되었다. 『고려사』

사료2 **기인 제도**

건국 초에 향리의 자제를 뽑아 서울에 볼모로 삼고, 또한 출신지의 일에 대하여 자문에 대비하게 하였는데, 이를 <u>기인</u>이라 한다. 『고려사』

사료 플러스⁺

사료 1 : 태조는 중앙 고관을 자기 출신지에 사심관으로 임명하고 호장의 추천권, 부호장 이하의 향리 임명권을 주어 지방 치안의 연대 책임, 풍속 교정, 공무 조달의 임무를 수행하게 하였다. 최초의 사심관은 신라의 마지막 왕인 경순왕이다.

사료 2 : 태조는 지방 호족의 자제를 개경에 인질로 머무르게 하였다.

Cf 역대 인질 제도 : 상수리 제도(통일 신라) ⇨ 기인 제도(고려) ⇨ 경저리(경주인) 제도(조선)

089 태조 왕건의 훈요 10조

내용	의미
1. 대업은 제불 호위에 의하여야 하므로, 사원을 보호 · 감독할 것	불교 중시
2. <u>사원의 창설은 도선의 설에 따라 함부로 짓지 말 것</u>	풍수지리설 중시
3. 왕위 계승은 적자 · 적손을 원칙으로 하되 마땅하지 아니할 때는 형제 상속도 가능함.	왕위 계승 방법 제시
4. 우리나라는 풍습과 인성이 중국과 다르므로 중국 문화를 반드시 따를 필요가 없으며, <u>거란은 언어와 풍속이 다른 짐승과 같은 나라이므로 거란의 제도를 따르지 말 것</u>	북진 정책
5. <u>서경은 길지이니 순유(巡留)하여 안녕을 이루게 할 것</u>	풍수지리설 중시, 북진 정책
6. <u>연등회와 하늘, 오악(五岳), 대천(大川), 용신(龍神)을 섬기는 팔관회를 성실히 지킬 것</u>	불교 중시
7. 간언(諫言)을 받아들이고 참언(讒言)을 물리칠 것이며, 부역을 고르게 하여 민심을 얻을 것	민심 안정
8. <u>차현(車峴, 차령) 이남과 공주강(금강) 밖은 산지의 형세가 모두 거슬리는 방향으로 달리고 있으니 그곳 인심도 마땅히 그러할 것이다. 따라서 그 지역 인물은 조정에 등용하지 말 것</u>	인사 등용 방식 (후백제 지역 견제)
9. 관리의 녹은 그 직무에 따라 제정하되 함부로 증감하지 말 것	민심 안정
10. 경사를 널리 읽어 옛일을 거울로 삼을 것	유교 정치

『고려사』, 『고려사절요』

090 광종의 과거 제도

왕이 쌍기를 등용한 것을 옛글대로 현인을 발탁함에 제한을 두지 않은 것이라 평가할 수 있을까. 쌍기가 인품이 있었다면 왕이 참소를 믿어 형벌을 남발하는 것을 왜 막지 못했는가. 과거를 설치하여 선비를 뽑은 일은 왕이 본래 문(文)을 써서 풍속을 변화시킬 뜻이 있는 것을 쌍기가 받들어 이루었으니 도움이 없다고는 할 수 없다. 『고려사』

091 광종의 공복 제도

우리나라의 예식과 복장은 삼한 시대부터 나라별로 풍속을 지켜왔다. …… 고려 태조가 나라를 세울 때는 모든 것이 새로 시작하는 것이 많아서 관복 제도는 우선 신라에서 물려받은 것을 그대로 두었다. 광종 때에 와서 비로소 백관의 공복을 제정하였다. 이때부터 귀천과 상하의 구별이 명확해졌다. 『고려사』

사료1 신라 말에 여러 읍의 '토인(土人)'이 그 읍을 다스리고 호령하였는데 고려가 통합한 뒤에 직호를 내리고 그 고을의 일을 맡아보게 하니 치민자(治民者)를 호장(戶長)이라 하였다. 그 자제는 수도에 머물게 하여 인질로 삼고는 왕의 관리를 보내 감독케 하였는데, 성종 때 왕의 관리인 감읍자(監邑者)에게 호장을 통제케 하고, 드디어 강등하여 향리로 만들었다. 『연조귀감』[1]

사료2 성종 2년에 주·부·군·현의 이직(吏職)을 고쳐 병부는 사병(司兵)으로, 창부는 사창(司倉)으로, 당대등은 호장(戶長)으로, 대등은 부호장으로, 낭중(郎中)은 호정(戶正)으로, 원외랑은 부호정으로, 집사는 사(史)로, 병부경은 병정으로, 연상은 부병정으로, 유내는 병사로, 창부경은 창정으로 삼았다. 『고려사』

사료 플러스

사료 1: 고려 시대 향리 제도는 태조 때 일부 지역에서 시작되었는데, 성종 2년(983) 최승로의 건의로 지방에 12목을 설치하고 지방관(목사)을 파견하면서 지방 호족들은 향리로 지위가 격하되었다. 호장·부호장을 대대로 배출하는 지방의 실질적 지배층은 하층 향리와는 구별되었다.

사료 2: 성종 때 당대등·대등과 같은 지방 세력의 독자적인 통치 기구를 호장·부호장 등으로 개편한 향리직제를 마련하였다. 현종 때는 군현의 규모에 따라 향리의 정원을 정하고, 향리의 공복도 제정하였다. 문종 5년(1051)에는 9단계의 향리 승진 규정을 마련하였다.

			낭중 (호정)	원외랑 (부호정)	집사 (사)
당대등 (호장)	대등 (부호장)	병부 (사병)	병부경 (병정)	연상 (부병정)	유내 (병사)
		창부 (사창)	창부경 (창정)		

1) 조선 정조 때 이진흥이 향리의 역사를 정리한 책으로 헌종(1848) 때 간행되었다.

신의 어리석은 생각으로 만약 광종이 처음과 같이 늘 공손하고 아끼며 정사를 부지런히 하였다면, 어찌 타고난 수명이 길지 않고 겨우 향년 50으로 그쳤겠습니까? 마침내 잘하지 못했음은 진실로 안타까운 일이 아닐 수 없습니다. 더욱이 경신년(광종 11년)부터 을해년(광종 26년)까지 16년간은 간사하고 흉악한 자가 다투어 나아가고 참소가 크게 일어나 군자는 용납되지 못하고 소인은 뜻을 얻었습니다. 마침내 아들이 부모를 거역하고, 노비가 주인을 고발하고, 상하가 마음이 다르고, 군신이 서로 갈렸습니다. 옛 신하와 장수들은 잇달아 죽임을 당하였고 가까운 친척이 다 멸망하였습니다. 『고려사』

사료 플러스

최승로는 성종에게 역대 왕들을 본받아 이상적인 군주로서의 자질을 갖출 것을 권하기 위해 태조에서 경종에 이르는 5대 국왕에 대한 정치적 업적을 평가한 5조 정적평을 상소로 올렸다. 특히 그는 광종에 대한 비판을 통해 강력한 전제 왕권을 견제함과 동시에 문벌 귀족 중심의 유교 정치 이념을 강조하였다.

참고 5조 정적평(요약)

태조	후한 덕과 넓은 도량으로 후삼국을 통일하였고, 절약과 검소함을 숭상하여 궁궐이나 의복에 도를 넘지 않음.
혜종	즉위 초에는 평판이 좋았으나 점차 사람을 의심함이 지나쳐 임금 된 체통을 잃음.
정종	왕규를 처단함으로써 왕실을 보전하였으나, 서경 천도를 계획하면서 백성들의 원망을 삼.
광종	초기에는 정치를 잘하였으나 쌍기 등용 이후 문사(文士)에게 지나치게 후하였고 불교 후원도 지나침.
경종	천성은 총명하나 정치하는 법을 몰라 권신에게 정권을 맡김.

094 최승로의 시무 28조

7조 우리 태조께서 나라를 통일한 후에 군현에 수령을 두고자 하였으나 대개 초창기이므로 일이 번거로워 시행할 겨를이 없었습니다. 오늘날 가만히 살펴보니 향호가 공무를 가칭하여 백성을 침탈하니 청컨대 외관을 두소서.[1] 비록 한꺼번에 다 보낼 수는 없더라도 먼저 10여 곳의 주현에 1명의 외관을 두고, 그 아래에서 각각 2~3명의 관원을 두어서 백성 다스리는 일을 맡기소서.

11조 중국의 제도를 따르지 않을 수는 없지만 사방의 풍습이 각기 그 토성에 따르게 되니 다 고치기는 어려울 것 같습니다. 그 예악·시서의 가르침과 군신·부자의 도리는 마땅히 중국을 본받아 비루함을 고쳐야 되겠지만, 그 밖의 거마·의복의 제도는 우리의 풍속대로 하여 사치함과 검소함을 알맞게 할 것이며 구태여 중국과 같이 할 필요가 없습니다.[2]

13조 우리나라에서는 봄에 연등을 설치하고, 겨울에는 팔관을 베풀어 사람을 많이 동원하고 노역이 심하오니, 원컨대 이를 감하여 백성이 힘 펴게 하소서.

14조 임금께서는 스스로 교만하지 말고 아랫사람을 공손히 대하며, 죄지은 자는 모두 법에 따라 경중을 정하소서.[3]

20조 불교를 행하는 것은 수신(修身)의 본(本)이요, 유교를 행하는 것은 치국(治國)의 근원(根源)입니다.[4] 수신은 내생(來生)의 자(資)요, 치국은 금일(今日)의 요무(要務)로서, 금일은 지극히 가깝고 내생은 지극히 먼 것인데도, 가까움을 버리고 지극히 먼 것을 구함은 또한 잘못이 아니겠습니까?

22조 천예(賤隷)들이 때나 만난 듯이 윗사람을 능욕하고 저마다 거짓말을 꾸며 본 주인을 모함하는 자가 이루 헤아릴 수 없습니다. …… 바라건대 전하께서는 옛일을 심각한 교훈으로 삼아 천인이 윗사람을 능멸하지 못하게 하고, 종과 주인 사이의 명분을 공정하게 처리하게 해야 합니다.[5]

『고려사절요』

사료 플러스+

1) 전국 12목에 지방관 파견을 통한 중앙 집권화
2) 수레나 의복(평상복)에서의 고려의 독자성 강조
   cf 조회 시 백관의 공복 제도 확립(중국 및 신라의 제도에 의하여 공복 착용) 주장
3) 유교 정치 구현
4) 유교(정치 이념)와 불교(종교 이념)의 기능 분리
5) 노비환천법 실시 cf 광종의 노비안검법

> 강조의 군사들이 궁문으로 마구 들어오자, 왕이 모면할 수 없음을 깨닫고 태후와 함께 목 놓아 울며 법왕사로 출어하였다. 잠시 후 대량원군(현종)을 받들고 도착하여 드디어 왕위에 올랐다. 강조는 왕을 폐위시켜 양국공으로 삼고, 군사를 보내 김치양 부자와 유행간 등 7인을 죽였다. …… 강조가 사람을 시켜 그(목종)를 죽인 후 왕이 자결하였다고 보고하였으며, [시신은] 문짝을 취하여 만든 관에 넣어 객관에 임시로 안치하였다. …… 신하와 백성들이 모두 통분하지 않음이 없었으나, 현종만 알지 못하다가 거란이 죄를 물을 때에야 비로소 이를 알게 되었다.
>
> 『고려사』

사료 플러스⁺

강조의 정변(1009)은 목종의 모후인 천추 태후와 김치양이 불륜 관계를 맺고 왕위를 빼앗으려 하자, 강조가 군사를 일으켜 김치양 일파를 제거하고 목종을 폐위한 사건이다. 서희의 외교 담판 이후 고려가 요와 적극적인 외교 관계를 수립하지 않자, 요의 성종은 강조의 정변을 구실로 40만 대군을 이끌고 다시 침입해 오는 계기가 되었다[거란의 2차 침입(1010, 현종 1년)].

096 도평의사사

> 합좌(合坐)의 예식(禮式)은 먼저 온 사람이 자리를 떠나 북쪽을 향하여 서고, 뒤에 온 사람이 그 지위에 따라 한 줄로 서서 읍(揖)한 다음 함께 자리 앞에 이르러 남쪽을 향하여 두 번 절하고, 자리를 떠나 북쪽을 향하여 엎드려서 서로 인사말을 주고받는다. …… 녹사(錄事)가 논의할 일을 앞에 가서 알리면, 각기 자신의 의사대로 그 가부(可否)를 말한다. 녹사는 그 사이를 왔다 갔다 하면서 논의가 한 가지로 결정되도록 하며, 그렇게 한 뒤에 시행한다. 『역옹패설』

사료 플러스⁺

원 간섭기인 충렬왕 때 도병마사는 도평의사사로 개편되었다. 재신·추밀과 더불어 삼사까지 참여하여 70~80명의 권문세족으로 구성되었으며 왕명까지도 도평의사사를 거쳐 이루어졌고 지방에도 명령을 내리는 등 국가의 모든 정무를 관장하는 최고 기구였다. 이러한 행정 업무를 담당하기 위해 여러 차례 관직을 신설·확충하였는데, 원래 도평의녹사가 사무를 담당하다가 공민왕 때 5군녹사가 이를 대신했으며, 뒤에는 6색장(六色掌)이 이를 담당하였다.

097 향·소·부곡

• 지금 고찰하여 보건대 신라가 주군을 건치할 때에 그 전정이나 호구가 현이 될만하지 못한 것에는 혹 향을 두고 혹 부곡을 설치하여 소재 읍에 속하게 하였다. 고려 때에는 또 소라고 칭하는 것이 있어서 금소·은소·동소·철소·사소·주소·지소·와소·탄소·염소·묵소·곽소·자기소·어량소·강소 등으로 구별되었는데 각기 그 물건을 바쳤다. 또한 처 및 장이라고 칭하는 것이 있어서 각각 궁전과 사원 및 내장택에 나뉘어 소속하여 그 세를 바쳤다. 위의 여러 소에는 모두 토성이민(土姓吏民)[1]이 있었다. 『고려사』

• 향, 부곡, 악공, 잡류의 자손은 과거에 응시하는 것을 허락하지 않는다. 『고려사』

• 군현민이 진·역·부곡민(津·驛·部曲民)과 서로 혼인을 맺어 낳은 소생은 모두 진·역·부곡에 속하게 하고, 진·역·부곡민이 잡척인(雜尺人: 수척, 화척, 양수척)과 서로 혼인하여 낳은 소생은 반으로 나눌 것이며, 나머지는 어머니를 따르게 한다. 『고려사』

> **사료 플러스+**
>
> 향·부곡민은 농업에, 소(所)는 수공업(공납을 위한 물품 제작)에 종사하였다. 향·부곡은 삼국 시대 이래부터 존속하였으나, 소(所)는 고려 시대에 처음 나타났다. 이곳의 거주민들은 법제적으로 양인 신분이면서도 일반 군현의 양인보다 더 많은 세금을 부담하였기 때문에 사회·경제적으로 훨씬 불리한 지위에 있었다. 이러한 행정 구역에는 토성이민(土姓吏民)이 있는데, 이들은 하급 이족(吏族) 신분층(향리)으로서 국가의 관료 체계 아래에서 그곳 주민들을 지휘·감독하는 국가 권력의 대행 임무를 맡고 있었다.
>
> 1) 향리

098 좌주와 문생 관계

문생(門生)은 종백(宗伯)에게 부자의 예를 갖춘다. 당나라의 배호는 세 번 지공거를 역임했는데, 그의 문생 마윤손이 과거를 관장하면서 새로 급제한 문생을 데리고 가 배호를 뵈니, 배호는 시를 지어 이르길 "세 번 예위(禮闈)를 맡는 동안 나이 80이 되었으니 문생이 문하에 문생을 보는구나."라고 하였다. 우리 고려의 학사 한언국이 문생을 거느리고 문숙공 최유청(1095~1174)을 뵈니, 공이 시를 지어 이르길 "줄을 지어 찾아오니 나에게는 어떤 영화인가? 문생의 문하생을 보니 기쁘도다."라고 하였다. 『보한집』

> **사료 플러스+**
>
> 고려 때는 과거 시험관인 지공거와 합격자 사이에 좌주와 문생이라는, 일종의 양아버지와 양아들의 특별한 관계가 성립하였다. 결국 이런 관계는 특정 문벌을 강화시키는 결과를 가져왔다.

사료1 이자겸의 위세

자신의 친족들을 요직에 배치시키고 관작을 팔아 자기 일당을 요소요소에 심어두었다. 스스로 국공(國公)에 올라 왕태자(王太子)와 동등한 예우를 받았으며 그의 생일을 인수절(仁壽節)이라 부르고 중앙과 지방에서는 올리는 축하의 글을 임금과 동등하게 전(箋)이라 불렀다. 아들들이 다투어 지은 저택은 거리마다 이어 있었으며, 세력이 더욱 뻗치니 뇌물이 공공연하게 오가고 사방에서 선물이 모여들어 늘 수만 근의 고기가 썩어났다. 남의 토지를 강탈하고 종들을 풀어 백성들의 수레와 말을 빼앗아 자기의 물건을 실어 나르니, 힘없는 백성들은 모두 수레를 부수고 소와 말을 팔아 치우느라 도로가 소란스러웠다.

『고려사』

사료2 이자겸의 난

인종 4년 2월 신유일. 왕이 이자겸과 척준경을 살해하려는 계획을 세웠지만 성공하지 못했고 도리어 이자겸과 척준경이 군사를 동원해 궁궐로 침범해 왔다. ……
3월 초하루 정묘일. 이자겸이 왕을 협박해 자기 집으로 거처를 옮기게 했다. ……
5월 을유일. 이자겸이 군사를 시켜 왕의 침소에 난입하려 하자 왕이 비밀리에 척준경에게 명하여 이자겸을 잡아 가두게 했다.
병술일. 이자겸과 그의 처자를 지방으로 유배 보내고 잔당들은 먼 땅으로 나누어 유배시켰다.

『고려사』

사료 플러스⁺

왕실과의 혼인 관계를 기반으로 7대 80여 년간에 걸쳐 정권을 장악한 경원 이씨의 족벌 정치는 예종과 인종 때에 거듭 외척이 되면서 이자겸의 세력이 왕권을 능가하게 되었다. 결국 이자겸은 '십팔자위왕(十八子爲王)'이라는 도참설을 유포하면서 왕위 찬탈을 시도하였다. 그러나 김부식 등이 군신 관계의 구별을 강조하였고 인종 역시 이자겸을 제거하려 하자, 결국 이자겸은 난을 일으켰다(1126).

[사료1] **묘청의 서경 천도 운동**

신(臣) 등이 서경의 임원역 땅을 보니 이는 음양가가 말하는 대화세(大華勢)입니다. 만약 궁궐을 세워 옮기시면 천하를 병합할 수 있을 것이요, 금나라가 폐백을 가지고 스스로 항복할 것이며, 36국이 다 신하가 될 것입니다. 『고려사』, 열전, 묘청

[사료2] **김부식의 서경 천도 반대**

금년 여름 서경 대화궁에 30여 개소나 벼락이 떨어졌습니다. 서경이 길한(좋은) 땅이라면 하늘이 이렇게 하였을 리가 없습니다. 또, 서경은 아직 추수가 끝나지 않았습니다. 지금 거동하시면 농작물을 짓밟을 것입니다. 이는 백성을 사랑하고 물건을 아끼는 뜻과 어긋납니다. 『고려사절요』, 인종 13년

[사료3] **신채호의 서경 천도 운동 인식**

그러면 조선 근세에 종교나 학술이나 정치나 풍속이나 사대주의의 노예가 됨은 무슨 사건에 원인하는 것인가. …… 나는 한마디 말로 회답하여 말하기를 고려 인종 13년 서경(평양) 천도 운동, 즉 묘청이 김부식에게 패함을 그 원인으로 생각한다. …… 묘청의 천도 운동에 대하여 역사가들은 단지 왕사(王師)가 반란한 적을 친 것으로 알았을 뿐인데 이는 근시안적인 관찰이다. 그 실상은 낭가와 불교 양가 대(對) 유교의 싸움이며, 국풍파 대 한학파의 싸움이며, 독립당 대 사대당의 싸움이며, 진취 사상 대 보수 사상의 싸움이니, 묘청은 전자의 대표요, 김부식은 후자의 대표였던 것이다. 묘청의 천도 운동에서 묘청 등이 패하고 김부식이 이겼으므로 조선사가 사대적·보수적·속박적 사상인 유교 사상에 정복되고 말았다. 만약 김부식이 패하고 묘청이 이겼더라면 조선사가 독립적·진취적으로 진전하였을 것이니, 이것이 어찌 일천년래 제일대사건이라 하지 아니하랴. 『조선사연구초』

사료 플러스

- **사료 1, 2**: 인종 때 서경파(묘청 등)가 칭제건원을 주장하고 금국 정벌론을 내세워 서경 천도 운동(대화궁 신설)을 추진하자, 개경파(김부식 등)는 정치적 안정과 송의 이용을 우려하면서 반대하였다. 결국 묘청·정지상 등은 서경을 중심으로 난을 일으키고(1135), 국호를 대위(大爲), 연호를 천개(天開), 군대를 천견충의군(天遣忠義軍)이라 하였다. 그러나 김부식이 반란 진압의 책임자가 되어 묘청의 난을 1년 만에 진압하였다.

- **사료 3**: 묘청 등은 풍수지리설을 내세워 서경(평양)으로 도읍을 옮겨 자주적인 혁신 정치를 시행하려 하였다. 일제 강점기 민족주의 사학자 신채호는 『조선사연구초』에서 조선의 종교, 학술, 정치, 풍속이 사대주의(유교주의)의 노예가 된 것은 묘청의 서경 천도 운동이 김부식의 유교주의에 패하였기 때문이라고 주장하면서 민족이 지켜야 할 사상으로 '낭가사상'을 주장하였다.

101 최충헌

적신 <u>이의민</u>은 성품이 사납고 잔인하여 윗사람을 업신여기고 아랫사람을 능멸하였고, 임금 자리를 흔들기를 꾀하여 화의 불길이 커져 백성이 살 수 없으므로 신[1] 등이 일거에 소탕하였습니다. 원컨대 <u>폐하</u>[2]께서는 새로운 정치를 도모하시어 태조의 바른 법을 좇아 행하여 중흥하소서.

『고려사』

사료 플러스⁺

이 사료는 명종 때 최충헌이 아우 최충수와 함께 이의민 일당을 몰아내고 권력을 잡는 모습을 보여 주고 있다. 이후 최충헌은 명종을 쫓아내고 신종, 희종, 강종, 고종의 네 임금을 자기 뜻대로 세우는 등 왕권을 완전히 장악하였다. 최충헌은 각지에서 일어나는 민란을 평정하고 국경을 넘보는 거란족을 물리치는 등 눈부신 활약을 하였으나 독재 정치를 일삼아 비난을 받았다. 1198년 노비 만적 등이 난을 일으키려고 모의하다가 발각되자 100여 명을 강물에 던져 죽였다.

1) 최충헌
2) 명종

102 최충헌의 봉사 10조

1. 국왕은 참위설을 믿어 새로 지은 궁궐에 들지 않고 있는데, 길일을 택하여 들어갈 것
2. 근래 관제에 어긋나게 많은 관직을 제수해 녹봉이 부족하게 됐으니 원 제도에 따라 관리의 수를 줄일 것
3. 근래 벼슬아치들이 공·사전을 빼앗아 토지를 겸병함으로써 국가의 수입이 줄고 군사가 부족하게 되었으니, 토지 대장에 따라 원주인에게 돌려줄 것
4. 세금을 거두는데 향리의 횡포와 권세가의 거듭되는 징수로 백성의 생활이 곤란하니 유능한 수령을 파견하여 금지케 할 것
5. 근래 각 지역의 관리들이 공물 진상을 구실로 약탈 행위를 일삼고 사취하기도 하니 공물 진상을 금할 것
6. 승려의 왕궁 출입과 곡식 대여를 금할 것
7. 근래 여러 고을의 관리들 중에 재물을 탐내는 자가 많으니, 그들의 능력을 가려 유능한 자는 발탁하고 그렇지 못한 자는 징벌할 것
8. 요사이 신하들의 저택과 복식에 사치가 많으니 검소한 생활을 할 것
9. 함부로 사찰을 건립하는 것을 금할 것
10. 신하의 간언을 용납할 것

『고려사』

사료 플러스⁺

무신 집권기에 이의민을 제거한 최충헌은 명종에게 토지 겸병과 승려의 고리대업을 금지하고 조세 제도의 개혁 등을 내용으로 하는 봉사 10조를 제시하였으나 실효를 거두지 못하였다. 최충헌은 최고 기구인 교정도감(1209)을 설치하여 무단 정치를 단행하였는데, 장관인 교정별감의 자리는 최씨 일가가 대대로 세습하였으며, 최충헌은 왕권을 무력화시키기 위해 명종·신종을 폐위시키고 희종·강종·고종을 옹립하였다.

103 조위총의 난

조위총이 군사를 일으켜 …… 동북 양계의 여러 성에 격문을 보내어 불러 말하기를, "소문을 들으니 서울에서는 중방에서 의논하기를 '북계에 가까운 여러 성에는 대체로 거세고 나쁜 사람들이 많으니 마땅히 가서 토벌해야 한다.'고 하고 군사를 이미 크게 동원하였으니, 어찌 가만히 앉아 있다가 스스로 주륙을 당하겠는가? 마땅히 각각 병마를 규합하여 속히 서경으로 나오라."라고 하였다. 이에 철령(자비령) 이북의 40여 성이 와 호응하였다.   『고려사』

사료 플러스

서경 유수 조위총이 무신 정권에서 소외되자, 서북면 지방민의 불만을 이용하여 난을 일으켰으나 실패하였다. 묘향산을 근거지로 농민과 천민을 규합하여 자비령 이북 40여 성의 호응을 받아 3년간 항거한 최대의 난이었는데, 조위총의 의도와 달리 농민 항쟁적 성격을 띠었다.

104 무신 집권기 일부 향·소·부곡의 일반 군현화

사료1 망이·망소이의 난

이미 우리 마을(공주 명학소)을 현으로 승격하고 수령을 설치하여 안무하더니, 이제 와서 다시 군대를 발하여 나의 어머니와 처자를 붙잡는 의도가 어디 있는가. 칼날 아래 죽을지 언정 끝끝내 항복하지 않고 반드시 왕경에 이르고 말겠다.   『고려사』

사료2 충주 다인철소

익안폐현은 충주의 다인철소인데, 주민들이 몽골의 침입을 막는 데 공이 있어 현으로 삼아 충주의 속현이 되었다.   『고려사』

사료 플러스

무신 집권기 민란이 집중적으로 일어나면서 무신 지배층들은 민란을 무력으로 진압하기도 하였지만 동시에 회유책을 펼치기도 하였다. 민란을 일으킨 공주 명학소의 경우 민란에 대한 회유책으로 현으로 승격시켜주었다. 또 다른 경우도 있었는데 충주 다인철소와 처인부곡의 경우는 몽골 항쟁 과정에서 공을 세운 지역으로 이 역시 현으로 승격되었다.

105 만적의 난

경계(庚癸)의 난[1] 이래 국가의 공경대부(公卿大夫)는 천민 계급에서 많이 생겨났다. 왕후장상(王侯將相)이 어찌 원래부터 씨가 있을까 보냐.[2] 때가 오면 누구든지 가히 할 수 있는 것이다.[3] 각기 상전을 죽이고 노예의 문적을 불질러 삼한(三韓)으로 하여금 천인이 없게 하면 공경대부는 우리가 다 할 수 있다.   『고려사』, 최충헌전

사료 플러스

무신 정권 시기 전시과 제도가 붕괴되고 농민이 유민화되는 등 사회가 혼란해졌다. 또한 무신 집권 시기의 하극상의 풍조로 귀족 신분 질서가 붕괴되면서 천민과 농민들도 신분 해방을 내세우면서 반란을 일으켰다. 그중 만적의 난은 개경에서 최충헌의 사노인 만적이 일으킨 최대의 천민 난으로, 이들은 신분 해방과 정권 탈취를 내세웠다.

1) 정중부의 난(경인의 난)과 김보당의 난(계사의 난), 2) 인간 평등 주장, 3) 정권 교체 주장

106 김사미 · 효심의 난

명종 23년 7월 남적이 봉기하였다. 큰 도적인 김사미는 운문에 웅거하고, 효심은 초전에 웅거하며 주현을 노략질하였다. 국왕이 듣고 근심하여 대장군 김존걸 등을 보내어 치게 하였으나 도리어 패퇴하였다. 24년 2월 괴수 김사미가 스스로 투항하였고 그 후 참하였다.

『고려사』

> **사료 플러스⁺**
>
> 무신 집권기 민란의 성격을 보면 초기에는 관리 착취에 대한 반발로 발생하여 지방 분산적 성격을 띠었으나, 후기에는 지방 연대적 · 정치적 반란의 성격[예 김사미 · 효심의 난(신라 부흥 운동), 최광수의 난(고구려 부흥 운동), 이연년의 난(백제 부흥 운동)]을 띠었다.

107 서희의 외교 담판과 강동 6주, 강조의 사망

[사료1] **서희의 외교 담판**

소손녕: 그대 나라는 신라 땅에서 일어났소.[1] 고구려 땅은 우리의 소유인데 그대 나라가 침식하였고, 또 우리와 국경이 맞닿아 있는데도 바다를 넘어 송을 섬기고 있소. 그 때문에 오늘의 출병이 있게 된 것이니, 만일 땅을 바치고 국교를 맺으면 무사할 수 있을 것이오.

서 희: 우리나라는 고구려를 계승하여 고려라 하고 평양에 도읍하였으니, 만일 영토의 경계를 따진다면 그대 나라의 동경이 모두 우리 경내(境內)에 있거늘 어찌 침식했다고 할 수 있겠소?[2] 또한, 압록강의 내외도 우리의 경내인데, 지금 여진이 할거하여 그대 나라와 조빙을 통하지 못하고 있으니, 만약에 여진을 내쫓고 우리의 옛 땅을 되찾아 성보를 쌓고 도로가 통하면 조빙을 닦겠소.

『고려사절요』

[사료2] **강조의 사망**

군대를 이끌고 통주성 남쪽으로 나가 진을 친 강조는 거란군에게 여러 번 승리를 거두었다. 하지만 자만하게 된 그는 결국 패해 거란군의 포로가 되었다. 거란의 임금이 그의 결박을 풀어 주며 "내 신하가 되겠느냐?"라고 물으니, 강조는 "나는 고려 사람인데 어찌 너의 신하가 되겠느냐?"라고 대답하였다. 재차 물었으나 같은 대답이었으며, 칼로 살을 도려내며 물어도 대답은 같았다. 거란은 마침내 그를 처형하였다.

『고려사』

사료 1 : 성종 12년(993) 북계에 들어온 거란의 적장 소손녕은 적극적인 군사 행동을 취하지 않고, 고려가 차지하고 있는 고구려의 옛 땅을 내놓을 것과 송과 교류를 끊고 거란과 교류할 것을 강요하며 협박하였다. 이에 고려 조정은 항복하자는 주장(항복론)과 서경(평양) 이북의 땅을 넘겨주고 강 화하자는 주장(할지론) 중에서 후자를 택하기로 하였다. 그러나 서희는 이에 반대하여 국서를 가 지고 자진해서 적장 소손녕과 안융진(평안남도 안주)에서 담판을 벌였고, 고려와 송의 단교를 조건 으로 강동 6주의 관할권을 받아 냈다. 그 결과 고려는 압록강 어귀까지 영토를 확장하게 되었다.

사료 2 : 강조의 정변을 빌미로 거란의 성종은 군주를 시해한 강조를 벌하겠다며 직접 40만 명의 군대를 이끌고 고려를 다시 공격하여 흥화진을 포위하였다. 그러나 양규 등의 저항으로 흥화진을 함락 시키지 못하자, 강조가 주둔하던 통주로 이동하였고 강조는 거란군에게 사로잡히게 되었다. 성 종은 강조를 회유하였으나 강조는 거절하였고 결국 처형당하였다.

1) 신라 계승 의식 표명
2) 고구려 계승 의식 표명

108 별무반 설치

"신이 오랑캐에게 패한 것은 그들은 기병인데 우리는 보병이라 대적할 수 없었기 때문이었습 니다." 이에 왕에게 건의하여 새로운 군대를 편성하였다. 문·무산관, 이서, 상인, 농민들 가 운데 말을 가진 자를 신기군으로 삼았고, 과거에 합격하지 못한 20살 이상 남자들 중 말이 없는 자를 모두 신보군에 속하게 하였다. 또 승려를 뽑아서 항마군으로 삼았다.   「고려사절요」

여진 정벌에 나섰다가 패하고 돌아온 윤관의 건의로 숙종 9년(1104)에 신기군(기병), 신보군(보병), 항마 군(승병)으로 편성된 별무반을 조직하였다.

109 문벌 귀족의 사대성

신이 그윽이 보건대 한나라가 흉노에 대하여, 당나라가 돌궐에 대하여 혹은 신하를 칭하고, 혹은 공주를 시집보내어 무릇 화친할 만한 것은 하지 않음이 없었습니다. …… 오랑캐 나라 에 굴복하여 이를 섬기는 것은 …… 국가를 보전하는 좋은 방법인 것입니다. 일찍이 성종 때 에 변방을 지키는 데 실책하여 요나라의 침략을 촉진하였으니 진실로 …… 국가를 보전하여 후회함이 없게 하십시오.   「고려사」

여진족의 아골타는 만주 일대를 장악하여 국호를 금(金)이라 하고(1115), 송과 연합하여 요를 공격하였다. 이후 금은 송을 치기 위해 고려 인종에게 군신 관계(사대 외교)를 요구해오자 이자겸, 김부식 등은 정권을 유지하고 금과의 충돌을 피하기 위하여 반대를 묵살하고 인종 4년(1126)에 굴욕적인 사대 관계를 맺었다.

[사료1] 박서의 활약

박서는 죽주 사람이다. 몽골 원수 살리타이가 철주를 짓밟은 후 귀주에 다다르자 박서는 삭주 분도장군 김중온과 정주 분도장군 김경손 및 정주·삭주·위주·태주 등의 수령들과 함께 각기 군사를 인솔하고 귀주로 모였다. 박서는 김중온 부대에게 성의 동서쪽을, 김경손 부대에게 성의 남쪽을 지키게 하고, 도호별초와 위주·태주 별초 250여 명을 세 방면으로 나누어 지키게 하였다. 몽골군이 성을 여러 겹으로 포위하고 밤낮으로 서·남·북문을 공격하였지만, 성 안의 군사들이 적을 기습 공격해 승리하였다. 몽골군이 위주부사 박문창을 생포해 성 안으로 보내 항복을 권유하자 박서가 그의 목을 베어 죽였다. 또 몽골군이 정예 기병 300명을 선발하여 북문을 공격하였으나 박서가 싸워서 적을 물리쳤다.

『고려사』

[사료2] 승려 김윤후의 활약

• 김윤후는 고종 때의 사람으로 일찍이 중이 되어 백현원에 있었다. 몽골병이 이르자 윤후가 처인성으로 난을 피하였는데, 몽골의 원수 살리타가 와서 성을 치매 윤후가 이를 사살하였다. 왕은 그 공을 가상히 여겨 상장군의 벼슬을 주었으나 이를 사양하고 받지 않았다.

『고려사』

• 김윤후가 충주산성 방호별감으로 있을 때 몽골이 쳐들어와 충주성을 70여 일 동안 포위하자 비축해 둔 군량이 바닥나 버렸다. 김윤후가 군사들에게 "만약 힘을 다해 싸워 준다면 귀천을 불문하고 모두 관작을 줄 것이니 너희들은 나를 믿으라."고 설득한 뒤 관노(官奴) 문서를 가져다 불살라 버리고 노획한 마소를 나누어 주었다. 이에 사람들이 모두 죽음을 무릅쓰고 적에게로 돌진하니 몽골은 조금씩 기세가 꺾여 더 이상 남쪽으로 나아가지 못했다.

『고려사』

사료 플러스+

몽골 항쟁 시 정부는 주민들을 산성과 섬으로 피난시키고 항전과 외교를 병행하면서 저항하였으며, 한편으로는 부처의 힘으로 외적을 방어하겠다는 의지로 팔만대장경을 조판하였다. 그러나 몽골의 침입에 끈질기게 저항할 수 있었던 것은 무엇보다 일반 민중들 덕분이었다. 특히 사회적으로 천대받던 노비와 향·소·부곡의 주민들까지도 몽골에 대항하여 싸웠다.
• 초적(草賊)의 활동: 평북 귀주 지역의 마산 초적, 관악산 초적 등
• 노비와 하층민의 활동: 충주 관노비, 처인부곡(⇨ 현 승격), 충주 다인철소(⇨ 현 승격) 등

111 재조대장경(팔만대장경)의 조판

심하도다, 달단(몽골)이 환란을 일으킴이여! 그 잔인하고 흉포한 성품은 이미 말로 다할 수 없고, 심지어 어리석고 혼암함도 또한 금수(禽獸)보다 심하니, 어찌 천하에서 공경하는 바를 알겠으며, 이른바 불법(佛法)이란 것이 있겠습니까? …… 옛적 현종 2년에 거란주(契丹主)가 크게 군사를 일으켜 와서 정벌하자, 현종은 남쪽으로 피난하였는데, 거란 군사는 오히려 송악성에 주둔하고 물러가지 않았습니다. 그러나 임금은 이에 여러 신하들과 함께 더할 수 없는 큰 서원을 발하였고 대장경 판본을 판각[1]해 이룬 뒤에 거란 군사가 스스로 물러갔습니다. 그렇다면 대장경도 한가지고, 전후 판각한 것도 한가지고, 군신이 함께 서원한 것도 또한 한가지인데, 어찌 그때에만 거란 군사가 스스로 물러가고 지금의 달단은 그렇지 않겠습니까?

이규보, 『동국이상국집』 권 19권, '대장각판군신기고문'

사료 플러스➕

몽골 2차 침입(1232, 고종 19년) 때 처인성에서 승려 김윤후가 적장을 물리치면서 몽골군은 철수하게 되었으나, 이때 대구 부인사의 (초조)대장경과 왕흥사의 교장(일명 속장경) 등이 소실되었다. 이후 최우 정권은 초조대장경을 대신할 대장경의 필요성을 느끼고 재조대장경(팔만대장경, 유네스코 세계 기록 문화유산)을 조판하였다.

1) 초조대장경

112 개경 정부와 맞선 독자적 정부(삼별초 정권)

• 김방경이 몽골 원수 아해와 군사 1천을 거느리고 진도를 쳤는데, 그때는 적의 기세가 매우 성하여 적에게 항복했다. 적 배중손은 함께 갔던 몽골 사신을 억류하고 황제의 조서를 박전주에게 돌려주면서 말하기를 "이 조서는 받을 수 없다. 다만, 우리 국서(國書)라면 명하는 대로 따르겠다."라고 말했다.

『고려사』

• 이전 문서에서는 몽골의 덕에 귀의하여 군신 관계를 맺었다고 하였는데, 이번 문서에서는 강화로 도읍을 옮긴 지 40년에 가깝지만 오랑캐의 풍습을 미워하여 진도로 도읍을 옮겼다고 한다.

「고려첩장(高麗牒狀)」

사료 플러스➕

원종 11년(1270)에 강화도의 무인들에게 몽골에 투항할 것과 개경으로 환도할 것을 요구하자 삼별초는 난을 일으켰다. 이들은 배중손의 지휘하에 승화후 온(溫)을 왕으로 추대하고 반몽 무인 정권을 내세워 강화도에서 봉기하였다. 이후 진도로 근거지를 옮겨 용장성을 쌓아 본격적으로 항전하였고, 일본에 원조를 요청하며 외교 문서를 보냈다. 진도 정부가 일본에 보낸 외교 문서인 '고려첩장불심조조(高麗牒狀不審條條)'에서는 진도 정부(삼별초 정부)만이 정통 고려라고 명명(命名)하였다.

113 원의 세조(쿠빌라이)가 약속한 세조구제(世祖舊制)

국경을 넘은 세자 일행은 아릭부카 대신 남송 양양에 있는 쿠빌라이를 택하였다. 태자가 폐물을 받들어 길가에서 배알하니 황제의 아우가 기뻐하며 말하기를, "고려는 만리(萬里)의 나라이다. 당 태종이 몸소 정벌했으나 복속시킬 수 없었는데 지금 세자가 스스로 오니 이는 하늘의 뜻이다."라고 하였다.

『고려사절요』 1260년 원종 1년

• 옷과 머리에 쓰는 관은 고려의 풍속을 유지하고 바꿀 필요가 없다.

• 압록강 둔전과 군대는 가을에 철수한다.

• 몽고에 자원해 머문 사람들은 조사하여 모두 돌려보낸다. 『원고려기사』 1269년 세조 황제 원년

사료 플러스⁺

원 간섭기 초기 원이 고려를 지배하는 방식과 관련해 양국 사이에 이루어진 일종의 합의는 원 세조(世祖, 쿠빌라이) 대에 성립한 제도라는 의미에서 '세조구제'라 하였다.

1259년 고려 고종은 원나라에 화친을 요청하기 위해 맏아들인 태자 왕식(후에 원종)을 원나라에 보냈다. 그러나 태자가 원나라 국경을 넘자마자 원나라 황제 헌종(몽케칸)이 사망하였고 헌종의 동생들 사이에 권력 투쟁이 벌어졌다. 고려 일행은 당시 법적으로 칸에 등극한 아릭부카 대신 쿠빌라이를 찾아갔다. 이를 계기로 힘을 얻은 쿠빌라이는 이후 몽골 제국 5대 황제에 등극하게 되었고, 세조(쿠빌라이)는 고려의 국가 체제를 그대로 유지시킨다는 '불개토풍(不改土風)' 정책을 시행하였다.

1년 뒤 왕이 된 태자 원종은 원나라에 가서 결혼 동맹을 요청하였다. 무신 정권을 원나라 황제의 권위로 누르고 황제의 부마국으로 고려를 격상시키겠다는 전략이었다. 원나라 세조는 자기 딸들이 다 결혼했다는 핑계로 거절하였으나 사실은 후궁 중 한 명에게 열한 살의 딸이 있었고, 결국 이듬해 혼인을 허락하였다. 1274년 원종의 맏아들 왕거와 세조의 딸이 결혼하였으니 바로 충렬왕과 제국 대장 공주이다. 그 후에도 몽골의 무리한 공물 요구와 제도 변경 간섭이 있을 때마다 고려는 세조가 만든 법[세조구제(世祖舊制)]이라며 이를 거부하였다.

휘(諱)는 장(璋)이고, 몽골의 휘는 익지례보화(益智禮普化－이지르부카)이다. <u>선왕[1]의 맏아들</u>이며 어머니는 제국 대장 공주(齊國大長公主)이다. 을해년 9월 정유일에 출생하였다. 성품이 총명하고 굳세며 결단력이 있었다. 이로운 것을 일으키고 폐단을 제거하여 시정에 그런대로 볼 만한 것이 있었으나 <u>부자(父子) 사이는 실로 부끄러운 일이 많았다.</u> 오랫동안 상국(上國)에 있었는데, <u>스스로 귀양 가는 욕을 당하였다.</u> 왕위에 있은 지 5년이며, 수는 51세였다.

『고려사절요』

사료 플러스⁺

충선왕은 징기스칸의 손자이자 원나라 5대 황제인 세조 쿠빌라이의 딸 제국 대장 공주와 충렬왕 사이에서 태어났다. 이처럼 고려의 국왕이 원나라 황제의 외손자가 되는 부마 관계에는 복잡한 사연이 있다. 몽골이 남송과 치열한 전쟁을 벌이고 있던 중 몽골 4대 황제인 헌종 몽케가 전쟁터에서 목숨을 잃었다. 황제의 갑작스런 죽음에 몽골 황실은 혼란에 빠졌고, 헌종의 동생 쿠빌라이와 아릭부카가 다음 제위를 차지하고자 다투었다. 이 중 고려 태자 왕전(후에 원종)은 쿠빌라이를 택했고, 이는 훗날 고려에 행운을 가져다주었다. 황제가 된 쿠빌라이는 고려에 우호적이었으며 강화는 고려에 유리하게 진행되어 고려는 원의 직할령으로 복속되지 않고 국명과 풍속을 유지하였다. 1260년 고려로 돌아온 원종은 11년 뒤 원나라에 고려 태자와 원나라 공주 간에 혼인을 제안하여 고려와 몽골 간의 강화를 안정적으로 유지하려 하였다.

1) 충렬왕

📦**참고 원이 우리 문화에 끼친 영향**
• 두루마기(원래 우리나라의 옷은 윗도리가 짧음.)
• 설렁탕(몽골인들이 냇가에서 고기 부속물을 고아 먹던 슬루에서 유래)
• 연지, 곤지, 족두리
• 만두(이때부터 퍼짐.)
• 소주(몽골인들이 페르시아에서 수입한 것이 전래됨.)
• 말과 노새의 광범위한 이용, 우리말의 '~치', '수라'나 '진지'라는 말
• 어린아이에게 '개똥이' 등의 더러운 이름을 붙여야 오래 산다는 풍습
• 목화와 화약 전래
• 새로운 성씨 생김(원나라 공주가 따라와 정착한 성씨). **예** 연안 인(印)씨, 아산 장(蔣)씨, 원주 변(邊)씨 등

사료1 공민왕의 반원 자주 정책

- 공민왕이 원의 제도를 따라 변발(辮髮)을 하고 호복(胡服, 몽골의 옷차림)을 입고 전상(殿上)에 앉아 있었다. 이연종이 간하려고 문밖에서 기다리고 있었더니 왕이 사람을 시켜 물었다. (이연종이) 말하기를 "임금 앞에 나아가 직접 대면해서 말씀드리기를 바라나이다."라고 하였다. 이미 들어와서는 좌우(左右)[1]를 물리치고 말하기를 "변발과 호복은 선왕(先王)의 제도가 아니오니 원컨대 전하께서는 본받지 마소서."라고 하니, 왕이 기뻐하면서 즉시 변발을 풀어 버리고 그에게 옷과 요를 하사하였다.　　　『고려사』

- 왕이 원의 연호 사용을 중지하고 교서를 내리면서, "근래 나라의 풍속이 모두 변하여 오직 권세만을 추구하게 되었으니 …… 지금부터는 더욱 정치에 마음을 다 쏟을 것이며, 법령을 밝게 다듬고 기강을 정돈하여 역대 임금들께서 세우신 법을 회복하여 온 나라와 함께 새롭게 출발하려 한다."라고 말하였다.　　　『고려사』

사료2 신돈의 등용

왕(공민왕)이 재위한 지 오래되었으나 재상들과 뜻이 맞지 않는 것이 많아 일찍이 다음과 같이 말하였다. "세신대족(世臣大族, 권문세족)은 친당이 뿌리를 이어서 서로 엄폐(허물을 덮어줌)한다. 초야의 신진들은 마음을 속이고 행동을 꾸며서 명예를 탐하다가, 귀현(출세)에 이르면 가문이 보잘것없는 것을 부끄럽게 여겨 대족과 혼인하여 처음의 뜻을 버린다. 유생들은 유약하여 강직함이 적고 또 문생(과거 합격자)이니 좌주(과거 시험관)니 동년이니 칭하면서 서로 당을 이루고 사사로운 정에 따른다. 이 셋은 모두 쓰기에 부족하므로 세상을 떠나 독립한 사람[2]을 얻어 크게 써서 전부터 내려오는 폐단을 고쳐야 하겠다."　　　『고려사』, 열전, 신돈

사료3 전민변정도감의 설치

신돈이 전민변정도감을 두기를 청하고 …… "종묘, 학교, 창고, 사원 등의 토지와 세업전민(世業田民)을 호강가(豪强家)가 거의 다 빼앗아 차지하고는 혹 이미 돌려주도록 판결난 것도 그대로 가지고 있으며, 혹 양민을 노비로 삼고 있다. …… 이제 전민변정도감을 두어 고치도록 하니 잘못을 알고 스스로 고치는 자는 죄를 묻지 않을 것이나, 기한이 지나 일이 발각되는 자는 엄히 다스릴 것이다."　　　『고려사』

사료4 공민왕의 유학 교육 강화

공민왕 16년(1367) 성균관을 다시 짓고[重營] 이색을 판개성부사 겸 성균대사성으로 삼았다. 학생 수를 늘리고, 경전을 잘 아는 김구용·정몽주·박성충·박의중·이숭인 등을 교관으로 삼았다. 그때 성균관 학생은 수십 명 정도였다. 이색이 학칙을 정하고 날마다 명륜당에서 경을 나누어 수업했다. 강의를 마치면 서로 토론하여 한가한 때가 없었다. 이에 학자가 많이 모여 함께 눈으로 보고 마음으로 느끼는 가운데 정주 주자학이 크게 일어났다.　　　『고려사』

사료 플러스⁺

사료 1 : 공민왕(31대, 재위 1351~1374)은 충숙왕의 둘째 아들로, 어머니는 명덕 태후, 왕비는 원나라 위왕의 딸 노국 대장 공주이다. 12세가 되던 1341년에 원나라에 가서 10년 동안 머물러 있다가 1351년 충정왕의 뒤를 이어 즉위하였다. 왕위에 오른 공민왕은 원·명 교체라는 대륙 정세의 변동을 효과적으로 이용하여 고려의 중흥을 꾀하는 많은 개혁을 시도하였다.

사료 2 : 흥왕사의 변(1363)을 계기로 세력이 없는 집안 출신의 승려 신돈을 등용하여 본격적인 개혁 정치를 전개하였다. 신돈은 전민변정도감을 설치하여 권문세족들이 부당하게 빼앗은 토지를 원래의 주인에게 돌려주고, 억울하게 노비가 된 사람은 양민으로 해방시켜 주었다.

사료 3 : 신돈은 전민변정도감을 설치하여 권문세족들이 부당하게 빼앗은 토지를 원래 주인에게 돌려주고, 억울하게 노비가 된 사람은 양민으로 해방시켜 주었다. 참고로 전민변정도감은 1269년(원종 10)에 처음 설치되었으며, 이후 필요할 때마다 임시 설치되었다. 1288년(충렬왕 14), 1298년, 1301년, 1352년(공민왕 1), 1356년, 1366년, 1381년(우왕 7), 1388년에 각각 설치되었다.

사료 4 : 공민왕은 국자감을 성균관으로 이름을 다시 짓고[1362, 중영(重營)은 1367] 유학 교육을 강화하고 과거 제도를 정비하여 많은 인재를 배출하였다. 그러나 개혁 정치를 위해 등용했던 신돈이 제거되고 개혁 추진의 핵심인 공민왕 마저 시해되면서 개혁은 중단되고 말았다.

1) 왕의 측근
2) 신돈

📦 참고 성균관

고려 초기에 설치된 국자감은 국학으로 불리다가 충렬왕 때 성균관으로 이름을 고쳤다. 공민왕 초기에 국자감으로 바뀌었다가 공민왕 11년(1362)에 다시 성균관으로 이름을 바꾸었다.

사료1 홍건적의 침입

공민왕 10년(1361) 겨울에 홍건적 위평장 반성·사유·관선생·주원수·파두번 등 20만 군사가 압록강을 건너 서북 변방에 함부로 들어와서 우리에게 글을 보내기를, "군사 110만을 거느리고 동쪽 땅으로 가니 속히 맞아 항복하라."고 하였다. 태조(이성계)가 적의 왕 원수 이하 100여 명의 목을 베고 한 명을 사로잡아서 왕에게 바쳤다. 11월에 <u>공민왕이 남쪽으로 피난하자, 홍건적이 개경을 점령하였다.</u> 개경을 떠나 피난 중인 왕이 안성현을 안성군으로 승격시켰다. 홍건적이 양광도를 침입하자 수원은 항복하였는데, 작은 고을인 안성만이 홀로 싸워 승리함으로써 홍건적이 남쪽으로 내려오지 못하게 하였기 때문이다. 『태조실록』 총서

사료2 왜구의 침입

• **진포 대첩**

우왕 6년 8월 추수가 거의 끝나갈 무렵 왜구는 500여 척의 함선을 이끌고 <u>진포</u>로 쳐들어와 충청·전라·경상도의 3도 연해의 주군을 돌며 약탈과 살육을 일삼았다. 고려 조정에서는 나세, <u>최무선</u>, 심덕부 등이 나서서 최무선이 만든 화포로 왜선을 모두 불태워 버렸다. 배가 불타 갈 곳이 없게 된 왜구는 옥천, 영동, 상주, 선산 등지로 다니면서 이르는 곳마다 폐허로 만들었다. 『고려사』

• **황산 대첩**

<u>이성계</u>가 이끄는 토벌군이 남원에 도착하니 왜구는 인월역에 있다고 하였다. <u>운봉을 넘어온 이성계는 적장 가운데 나이가 어리고 용맹한 아지발도를 사살하는 등 선두에 나서서 전투를 독려하여 아군보다 10배나 많은 적군을 섬멸케 했다.</u> 이 싸움에서 아군은 1,600여 필의 군마와 여러 병기를 노획하였다고 하며 살아 도망간 왜구는 70여 명밖에 없었다고 한다. 『고려사』

• **최영의 호기가(豪氣歌)**

좋은 말 살지게 먹여 시냇물에 씻겨 타고
서릿발 같은 칼 잘 갈아 어깨에 둘러메고
대장부의 위국충절을 세워 볼까 하노라.

사료 플러스⁺

사료 1: 백련교도로 구성된 홍건적은 원이 쇠약해진 틈을 타서 공민왕 때 두 차례나 침입하여, 한때는 개경이 함락되고 왕이 복주(안동)로 피난을 가는 등 국가적 위기를 맞았으나 정세운, 안우, 이방실, 최영 등의 분전으로 격퇴하였다.

사료 2: 고려 말 왜구의 침입이 대규모로 변하기 시작하였고, 공민왕 대 이후로는 개경 근처에까지 올라올 정도로 규모가 더욱 커지고 대범해졌다. 우왕 대에는 침입이 더욱 빈번해지게 되어 1383년 한 해에만 50여 차례나 침입하였다. 왜구는 지방에서 수도(개성)로 조세를 운반하는 조운선을 노렸고, 지방에서 거둔 조세를 중앙으로 운반하기 위해 설치한 조창(漕倉)도 약탈하였다. 그래서 고려 조정이 조창을 내륙으로 옮기자 왜구도 내륙까지 침입하면서 개경 근처까지 출몰하였고, 도읍을 내륙 깊숙한 철원으로 옮기자는 논의까지 나오게 되었다. 왜구에 대한 고려 왕조의 외교적 교섭이 실패하자 국방력을 강화하여 왜구 토벌에 나서 큰 성과를 거두었는데, 최영과 이성계는 대표적 무장으로서 백성들의 두터운 신망을 받았다. 또한, 최무선은 화통도감(1377, 우왕 3년)을 설치하고 화약 무기를 제조하였다.

117 고려의 농업 장려 정책

- 임금이 명령을 내리기를 "…… 몰락한 사람들에게 조세를 면제해 주고 농업을 권장하지 않으면 어찌 집집마다 넉넉하고 사람마다 풍족하게 될 수 있으랴. 백성에게 3년 동안의 조세와 부역을 면제해 주고, 사방으로 떠돌아다니는 자는 농토로 돌아가게 하며, 곧 대사면을 행하여 함께 휴식하게 하라."라고 하였다.   『고려사절요』
- 진전[1]을 경작하는 자는 사전[2]의 경우 첫해에는 수확의 전부를 가지고, 2년째부터 경작지의 주인과 수확량을 반씩 나눈다. 공전[3]의 경우는 3년까지 수확의 전부를 가지고, 4년째부터 법에 따라 조(租)를 바친다.   『고려사』

사료 플러스⁺

고려는 농업을 국가 경제의 기반으로 하였던 만큼 농민 생활 안정을 위해 농업을 진흥시키고 몰락한 농민에게는 조세와 부역을 면제시켜주었으며, 개간한 땅의 소작료는 일정 기간 면제해 주었다.

1) 황폐해진 경작지
2) 개인 소유지
3) 국가 소유지

118 고려의 토지 제도

사료 1 역분전

태조 23년(940)에 처음으로 역분전(役分田) 제도를 설정하였는데, 삼한을 통합할 때 조정의 관료와 군사에게 그 관계(官階)의 높고 낮음을 논하지 않고 그 사람의 성품과 행동의 착하고 악함과 공로가 크고 작은가를 참작하여 차등 있게 주었다.   『고려사』

사료 2 시정 전시과

경종 원년 11월에 비로소 직관(職官)·산관(散官)의 각 품(品)의 전시과를 제정하였는데 관품(官品)의 높고 낮은 것은 논하지 않고 다만 인품(人品)만 가지고 전시과의 등급을 결정하였다. …… 자삼(紫衫) 이상은 18품(品)으로 나누었다. 1품 전지(田地)와 시지(柴地) 각각 110결, 2품 전지와 시지 각각 105결 …… 문반(文班) 단삼(丹衫) 이상은 10품으로 나누었다. …… 무반(武班) 단삼(丹衫) 이상은 5품으로 나누었다. …… 이하 잡직 관리(雜吏)에게도 각각 인품에 따라서 차이를 두고 나누어 주었다. 그리고 이 해 전시과 등급에 들지 못한 자는 모두 전지 15결을 주었다.   『고려사』

사료 플러스⁺

사료 1: 태조 때 개국 공신들에게 충성도와 인품에 따라 경기에 한하여 역분전을 지급하였다.
사료 2: 시정 전시과(976, 경종 1년)에 대한 내용으로, 현직·전직 관리(직산관)에게 전지(토지)와 시지(임야)를 지급하였다. 광종 때의 4색 공복(자삼·단삼·비삼·녹삼) 제도에 따라 관품(官品)과 인품(人品)을 반영하였는데, 자삼의 경우 18품으로 나누었고, 단삼·비삼·녹삼은 문반·무반·잡업[雜吏]으로 나눈 뒤 5·8·10·18품으로 세분화하여 토지를 분급하였다.

사료3 개정 전시과

목종 원년 문무 양반 및 군인들의 전시과를 개정하였다. 제1과 전지 100결, 시지 70결, 제2과 전지 95결, 시지 65결 …… 제18과 전 20결[유외잡직(流外雜職), 제보군(諸步軍)]로 한다. 이 범위 안에 들지 못한 자에게는 모두 전지 17결을 지급하고 이를 항구적으로 지켜야 할 법식으로 제정하였다.
『고려사』

사료4 경정 전시과

문종 30년에 양반 전시과를 다시 개정하였다. 제1과 전지 100결, 시지 50결, 제2과 전지 90결, 시지 45결 …… 제18과는 전지 17결로 한다.
『고려사』

사료5 전시과 제도

고려의 토지 제도는 대개 당나라 제도를 모방하여, 개간된 토지의 넓이를 총괄해서 그 기름지고 메마른 것을 나누어 문무백관에서부터 부병(府兵, 여기서는 중앙군 장교), 한인(閑人)에 이르기까지 과(科)에 따라 전지(田地)와 시지(柴地)를 주었는데, 이를 전시과라 한다. 죽은 후에는 모두 나라에 다시 바쳐야 했다. 그러나 부병은 나이 20세가 되면 비로소 땅을 받고 60세가 되면 반환하는데, 자손이나 친척이 있으면 전지를 물려받게 하고,[1] 없으면 감문위(監門衛)에 적을 두었다가 70세 이후에는 구분전을 지급하고, 그 나머지 땅을 환수하였으며 죽은 다음 후계자가 없는 자와 전사한 자의 아내에게 모두 구분전을 지급하였다. 또한, 공음 전시가 있어 과(科)에 따라 지급하여 자손들에게 전하였다.
『고려사』, 식화지

사료 플러스+

사료 3 : 개정 전시과(998, 목종 1년)에 대한 내용으로, 성종 때 이루어진 중국식 문·무산계 제도의 개편으로 인해 토지 지급 대상과 규모에 대한 개정이 필요하였다. 그 결과 인품이 배제되고 현직·전직 관리에게 18등급 관등에 따라서만 지급하였다. 지급 기준이 관등으로 일원화되었고, 시정 전시과에는 없었던 군인전이 명시되었다.

사료 4 : 경정 전시과(1076, 문종 30년)에 대한 내용으로, 현직 관리에게만 수조권이 지급됨으로써 고려의 토지 제도가 완성되었다. 경정 전시과가 정비되는 과정에서 일반 전시과 외에 무산계 전시과와 별사과(別賜科)가 병설되었다. 무산계 전시과는 향리와 노병(老兵)·탐라의 왕족·공장(工匠) 등을 6등급으로 나누어 분급한 것이고, 별사과는 지리업 종사자와 승려들을 6등급으로 나누어 분급한 토지 제도이다.

사료 5 : 고려 전시과의 전반적인 내용을 다룬 사료이다. 고려 전시과는 문무 양반에서 부병(府兵)·한인(閑人)에 이르기까지 직역을 가진 모든 사람에게 그들의 과에 따라 최고 100결에서 최하 17결(경정 전시과 기준)의 토지를 과전으로 지정하였다. 죽거나 나이가 들거나 죄를 짓는 등 그 직책을 수행할 수 없게 되면 이 지정이 해제되는데, 그 직책을 대신할 사람이 있으면 이들에게 이어졌다. 이를 전정연립(田丁連立)이라고 하였는데 그 직책과 특권을 잇는 사람은 일정한 혈연적·지역적 범위에 한정되어 있었고 그 범위와 순서는 법률로 규정되어 있었다. 이 사료를 통해 전정연립에 대한 내용도 알 수 있다.

1) 전정연립(田丁連立)

119 농장 확대

- 그 전주(田主)가 1인이라면 다행이지만 혹 3, 4가(家)가 되거나 혹 7, 8가도 됐으니 …… 백성의 곤궁함은 이 때문이다. …… 근년에 이르러 겸병이 더욱 심해져 간흉한 도당이 주군을 포괄하고 산천으로 경계를 표시하며 그 모두를 가리켜 조업전이라 칭하면서 서로 밀치고 빼앗으니, 1결의 전주가 5, 6을 넘고 1년의 전조를 8, 9차례나 거두어 간다. 『고려사』, 식화지
- 당시에 겁령구, 내수, 천구까지 더 사전(賜田)을 받아서 그중 많은 자는 수백 결에 이르렀다. 그들은 보통 농민을 유인해서 전민으로 만들고, 또 민전으로서 그 부근에 있는 것에 대해서는 모두 전조(田租)를 거두어들였으므로 주현에서는 세납이 들어올 곳이 없었다. 『고려사』, 식화지

> **사료 플러스⁺**
>
> 고려 말 토지 제도의 문란을 보여 주고 있는 사료이다. 권문세족의 토지 겸병이 성행함에 따라 특정 토지의 소유주가 한 명이 아니라 5~6명으로 중복되었고, 소작농들은 이들 각 소유주에게 중복적으로 조(租)를 납부해야 하는 악현상이 생기게 되었다.

120 고려의 수취 제도

- 대사헌 조준 등이 상소를 올리기를 "(고려) 태조가 즉위한 지 34일 만에 여러 신하들을 맞이하면서 '최근 백성들에 대한 수탈이 가혹해지면서 1결의 조세가 6석에 이르러 백성의 삶이 너무 어려우니 나는 이를 매우 가련하게 여긴다. 지금부터 마땅히 10분의 1세로 하여 밭 1부의 조를 3되로 하여라.'라고 한탄하여 말하였는데 ……"라고 하였다. 『고려사』
- 편성된 호는 인구와 장정이 많고 적음에 따라 9등급으로 나누어 부역시킨다. 『고려사』

> **사료 플러스⁺**
>
> 고려의 수취 체제는 토지 제도와 연결되어 정비되었는데, 국가에 대한 농민들의 부담은 보통 조세[租], 공물[調], 역[庸]의 세 가지로서, 이것은 국가 재정의 주요 원천이 되었다.
> 첫 번째 사료는 신라 말의 수취 제도의 문제점을 극복하고 태조 왕건이 토지세(전세)는 수확량의 1/10을 징수하게 한 내용이나, 고려 말 수취 제도가 다시 문란해졌음을 알 수 있다.
> 두 번째 사료는 고려 때 호구별 등급을 인구와 장정의 다과에 따라 9등급으로 나눈 내용이다.

121 귀족의 생활

김준은 농장을 여러 곳에 설치하고 가신 문성주로 하여금 전라도를 관리하도록 하였고 지준에게는 충청도를 관리하도록 하였다. 두 사람이 다투어 재물을 탐내어 마구 거두어들이기를 일삼아 백성들에게 벼 종자 한 말을 주고 나중에 으레 쌀 한 섬을 거두었다. 김준의 여러 아들들이 이를 본받아 무뢰배를 다투어 모아 세력을 믿고 횡포를 자행하여 남의 땅을 침탈하니 원성이 매우 많았다.   『고려사』

사료 플러스+

고려 문벌 귀족들은 대대로 상속받은 토지(민전)와 노비, 그리고 관료가 되어 받은 녹봉, 전시과, 공음전 등을 기반으로 사치스러운 생활을 하였다.

122 고려의 농업 기술

- 무릇 토지의 등급은 묵히지 않는 토지를 상으로 하고, 한 해 묵히는 토지를 중으로 하고, 두 해 묵히는 토지를 하로 한다.   『고려사』
- 12세기 고려 문종 연간의 기록에 의하면 산전(山田)은 1년 경작하고 2년을 쉬어야 하는 재역전(再易田)과, 1년 경작하고 1년을 묵혀 두어야 하는 일역전(一易田)이 대부분이고 매년 경작할 수 있는 불역전(不易田)은 드물었다. 또한, 평전(平田)도 대체로 일역전이었으며, 상경전(常耕田)이라 하더라도 수시로 휴경지로 바뀔 수 있는 불안전한 것이다.   『고려사』

사료 플러스+

고려 시대 농경지는 고대 사회보다는 시비법이 발달하여 상대적으로 휴경지가 줄어들었으나 여전히 매년 농사짓지 못하고 1~2년을 묵혀야 했다. 그러나 이후 지력 유지를 위한 노력이 끊임없이 전개되어 조선 시대에는 상경연작법(常耕連作法)이 정착되었다.

123 승려의 상공업 활동

고려는 『도선비기』에 의거하여 국가의 비보사찰을 정하여 국가와 왕실의 안녕을 기원하도록 하고, 그 절에는 사원전과 노비를 지급하였다. 그리고 귀족들도 자기 가문의 절을 짓고 토지와 노비를 기증하는 것이 일반화되었다. 국가적으로 연등회와 팔관회를 개최하고, 국립 여관의 구실을 하던 원을 절에서 관리하게 하였다.   『고려사』

사료 플러스+

고려 시대에는 불교가 사회적으로 큰 역할을 했을 뿐만 아니라 정치 세력의 지원을 받았기 때문에 사원이 상당한 경제력을 가질 수 있었다. 연등회, 팔관회를 통해 사원이 많은 물자 생산을 주도하였고, 특히 팔관회는 대외 무역의 장이 되기도 하였다. 이렇듯 사원 경제는 고려 경제의 중요한 축을 담당하였으나 점차 그 폐단이 심각해져 고려 말 신진 사대부의 비판의 대상이 되었다.

124 경시서

신우(우왕) 7년(1381) 8월에 서울(개성)의 물가가 뛰어올랐는데, 장사하는 자들이 조그마한 이익을 가지고 서로 다투었다. 최영이 이를 미워하여 무릇 시장에 나오는 물건은 모두 경시서로 하여금 물가를 평정(評定)하고 세인(稅印)[1]을 찍게 하고 난 뒤에 비로소 매매하게 하였고, 도장을 찍지 않은 물건을 매매하는 자는 …… 죽이겠다고 하였다. 이에 경시서에 큰 갈고리를 걸어 두고 사람들에게 보였더니 장사하는 자들이 벌벌 떨었다. 그러나 이 일은 마침내 시행되지 못하였다.

『고려사』

사료 플러스⁺

경시서(京市署)는 개경에 있는 시전 등의 매점매석 같은 불법적인 상행위를 감독함으로써 물가를 안정시키는 역할을 하였다.

1) 세금을 바쳤다는 도장

125 고려의 화폐 정책

내(목종) 선대[1]의 조정에서는 이전의 법도와 양식을 따라서 조서를 반포하고 화폐를 주조하니 수년 만에 돈궤미가 창고에 가득 차서 화폐를 통용할 수 있게 되었다. …… 이에 선대의 조정을 이어서 전폐(돈)는 사용하고 추포[2]를 쓰는 것을 금하게 함으로써 세상을 놀라게 하는 일은, 국가의 이익을 이루는 것이 아니라 한갓 백성들의 원성을 일으키는 것이라 하였다. …… 문득 근본을 힘쓰는 마음을 지니고서 돈을 사용하는 길을 다시 정하니, 차와 술과 음식 등을 파는 점포들에서는 교역에 전과 같이 전폐를 사용하도록 하고, 그 밖의 백성들이 사사로이 서로 교역하는 데에는 임의로 토산물을 쓰도록 하라.

『고려사』

사료 플러스⁺

이 사료는 목종의 화폐 정책으로, 고려의 화폐 유통책이 실패한 원인을 알 수 있다. 화폐 발행으로 국가 재정에는 이익이 되었지만 당시의 자급자족적 경제 구조에서 백성들은 화폐의 필요성을 느끼지 못하였다. 국가의 강제 유통 정책에 대한 백성들의 강한 반발로 정부는 화폐의 강제 유통에서 물러나 일부 관영 상점(다점, 주점 등)에서만 화폐를 사용하고 일상적인 교역은 현물을 사용하게 하였다.

1) 성종의 건원중보 발행
2) 발이 굵고 바탕이 거친 베

126 의천의 주전론

물물 교환의 척도가 되는 포목은 오래 두면 삭아서 못 쓰게 되며 쌀도 자연 썩어 버린다. 새 창고에 쌓여 있는 작년에 받아들인 공포(貢布)도 흙비를 겪지는 않았는데 백의 십도 완전한 것이 없으며 지난해에도 화재를 당하여 한 뭉치가 타버리고 백 뭉치는 손상을 입었다. 이와 같이 또 화재가 나면 순식간에 잿더미로 변해버릴 것이다. 오늘날 화폐를 써야만 하는 이유는 여기에 있는 것이다.
「대각국사문집」, 청주전표(請鑄錢表)

사료 플러스⁺

고려 정부는 현물 화폐 대신에 금속 화폐 사용을 시도하였다. 숙종 때 송나라에 갔다 온 대각국사 의천은 화폐의 저장 기능을 강조하여 화폐 유통의 필요성을 주장하였고, 의천의 건의로 주전도감이 설치되어 해동통보, 해동중보, 삼한통보, 삼한중보 등 동전과 활구(은병)라는 은전이 주조되었으나, 유통에는 결국 실패하였다.

🔲 참고 대각국사 의천의 업적
• 주전론 주장, 주전도감 설치
• 해동 천태종 창시
• 교장(속장경) 간행 : 흥왕사, 교장도감 설치
• 주요 저서 : 「원종문류」(화엄종 연구서), 「석원사림」(석가 일대기), 「천태사교의주」(천태종 연구), 「대각 국사문집」

127 사원의 고리대업

승려들이 심부름꾼을 시켜 절의 돈과 곡식을 각 주군에 장리를 놓아 백성을 괴롭히고 있다. 지금 부역을 피하려는 무리들이 부처의 이름을 걸고 돈놀이를 하거나 농사, 축산을 업으로 삼고 장사를 하는 것이 보통이 되었다. …… 어깨를 걸치는 가사는 술 항아리 덮개가 되고, 범패를 부르는 장소는 파, 마늘의 밭이 되었다. 장사꾼과 통하여 팔고 사기도 하며, 손님과 어울려 술 먹고 노래를 불러 절간이 떠들썩하다.
「고려사」

사료 플러스⁺

고려 시대에는 상업·수공업 활동에서 사원이 차지하는 비중이 컸다. 고려 시대 승려들이 상공업과 고리대에 적극적으로 참여할 수 있었던 이유는 불교 자체가 상업 활동이나 고리대 행위에 매우 호의적이었기 때문이다. 또한, 사원 자체가 다량의 물품 구매자이면서 판매자의 역할을 하고 있었으므로 수많은 사람이 모여들면서 자연스럽게 교역이 이루어졌다.

128 4개로 구분된 신분 제도

우리나라는 태조 이래로 귀천을 물론하고 마음대로 옷을 입어서 관직이 비록 높더라도 집이 가난하면 공복을 갖추지 못하고, 비록 관직이 없더라도 집이 부유하면 화려한 비단을 사용하였습니다. …… 원하건대 백관으로 하여금 조회에서는 …… 제대로 된 공복을 갖추어 입도록 하고 …… 서인(庶人)은 무늬 있는 고운 비단옷을 입지 못하게 하고 거친 명주로 된 옷만 입을 수 있게 하소서.　　『고려사』

사료 플러스⁺

이 사료는 관리와 벼슬하지 않는 사람 간에 복식의 차이를 두자는 최승로의 상소로, 신분별 복색이 분명했던 골품제가 무너진 이후 이를 대신할 신분 제도가 아직 확립되지 못한 문제를 바로 잡자는 것이다. 이후 지배 체제가 안정되면서 고려의 신분 제도는 왕족 및 귀족, 중류, 양인(평민), 천민 4개로 정비되었다.

129 고려 중기 문벌 귀족의 생활

[사료1] 경원 이씨는 국초부터 대를 이어 대관¹⁾이 되었다. 창화공 이자연에 이르러 여러 아들이 있었는데 호(顥)는 경원백이 되었고, 정(頲)·의(顗)·안(顔) 세 아들은 모두 재상에 이르렀다. 한 딸은 인예태후이며 두 딸은 모두 궁주가 되었다. 아우 자상은 두 아들을 두었는데 예(預)와 오(䫂)로 재상이 되었다. 그 자손도 모두 종실과 혼인하였으니, 임금의 인척이 번성함은 고금에 드문 일이었다.　　『고려사』

[사료2] 김돈중 등이 절의 북쪽 산은 민둥하여 초목이 없으므로 그 인근의 백성들을 모아 소나무, 잣나무, 삼나무, 전나무와 기이한 꽃과 이채로운 풀을 심고 단을 쌓아 임금의 방을 꾸몄는데, 아름다운 색채로 장식하고 대의 섬돌은 괴석(怪石)을 사용하였다. 하루는 왕이 이곳에 행차하니 김돈중 등이 절의 서쪽 대에서 잔치를 베풀었다. 휘장, 장막과 그릇이 사치스럽고 음식이 진기하여 왕이 재상, 근신들과 더불어 매우 흡족하게 즐겼다.　　『고려사』

사료 플러스⁺

사료 1: 경원 이씨는 고려 중기 대표적인 문벌 귀족 가문 중 하나로, 그들은 음서와 중복된 왕실과의 혼인 관계를 통해 세력을 키웠다.

사료 2: 해당 사료는 고려 중기 문벌 귀족의 화려한 생활을 보여 주고 있다. 사료에 등장하는 김돈중은 김부식의 아들로, 정중부 등 무신의 원한을 사게 되어 정중부가 보현원에서 난을 일으킬 때 잡혀 죽었다.

1) 어사대

- 첨의부[1]에서 말하기를 "공주의 겁령구(怯怜口)[2]와 내료(內燎)[3]들도 양전(良田)을 널리 차지하여 산천으로 표를 하고는 많이 사패(賜牌)[4]를 받아 조세를 납부치 않고 있으니, 청컨대 사패를 반환하게 하십시오."라고 했으나 들어주지 않았다.
  『고려사』

- 대장군 김자정과 함께 사패를 사칭하고 민전(民田)을 많이 점탈하였는데, 일이 발각되어 그 전토(田土)를 신흥창(新興倉)에 몰수하였다.
  『고려사』

사료 플러스⊕

고려 정부는 몽골과의 전쟁으로 황폐해진 토지를 복구하는 동시에 권농책으로 지배층에게 유리한 토지 제도를 채택하고 그들의 토지 소유를 인정하는 방안으로 사패(賜牌, 개간 허가서)를 발행하였다. 그러나 이 제도는 그 자체로나, 또 사패를 빙자한 겸병이 성행하였다는 점에서 권문세족의 농장 확대에 기여하였고, 국가의 재정 수입이 감소되는 주요 원인이 되었다.

1) 원 간섭기 고려의 최고 정무 기구. 종래의 중서문하성과 상서성을 통합하여 첨의부로 개편하였다.
2) 고려 후기에 고려 국왕의 왕비가 된 원나라 공주를 따라온 사람
3) 궁중에서 명령 전달, 심부름 등 잡무에 종사하던 벼슬아치를 통틀어 이르는 말
4) 왕족이나 공신에게 나라에서 산림·토지·노비 등을 내려 주며 그 소유에 관한 문서를 주던 일, 또는 그 문서

최우는 일찍이 관리를 등용하는 데 있어서 문학에 능하고 행정 실무에 능한 사람을 첫째로, 문학에 능하나 행정 실무에 능하지 못한 사람을 그 다음으로, 행정 실무에 능하나 문학에 능하지 못한 사람을 또 그 다음으로, 문학에도 행정 실무에도 능하지 못한 사람을 최하로 하여 뽑았는데, 이것을 인사 관리의 기준으로 삼았다.
  『고려사절요』

사료 플러스⊕

최우는 가문보다 능력에 따라 인물을 등용하려 하였다. 문학과 실무에 능한 인사를 등용하려 한 최우의 이 같은 정책을 계기로 신진 사대부가 등장하기 시작하였다. 이들은 대부분 중소 지주층이었던 향리 출신의 자제로, 공민왕의 개혁 정책을 통해 크게 성장하면서 성리학을 이념적 바탕으로 삼아 권문세족과 대립하였다.

🔍 **참고 고려 지배층의 변천 과정**

초기	중기	후기	원 간섭기	여말 선초

호족 ─ 중앙 관료 → 문벌 귀족 → 무신 집권 → 권문세족
└ 지방 호족(향리) ──────────────────→ 신진 사대부

132 농민의 고된 삶

의종이 신하들과 함께 중미정 남쪽 연못에 배를 띄우고 취하도록 마시며 마음껏 놀았다. …… 중미정을 처음 지을 때 일하러 나오는 백성은 음식을 스스로 준비해 와야 했다. 한 일꾼이 매우 가난하여 음식을 준비하지 못해 다른 사람들의 밥을 나누어 먹었다. 하루는 그의 아내가 음식을 가지고 와서 남편에게 "친한 사람들과 함께 드세요."라고 말하였다. 남편이 "집이 가난한데 어떻게 장만하였소? ……"라고 하니, 아내는 "…… 제 머리카락을 잘라 팔아서 사왔소."라고 하였다. 남편은 목이 메어 먹지 못하고 이를 본 다른 사람들도 함께 슬퍼하였다.

『고려사』

사료 플러스+

의종은 고려 제18대 왕이자 인종의 맏아들로, 그는 부처나 여러 신들에게 의존하여 자신의 생명 안전과 장수를 비는 여러 가지 행사에 몰두하였다. 또한 호화로운 이궁(離宮)과 정자 등을 지어 왕의 위엄을 과시했으며, 각지를 행차하며 현실에 대한 불안감을 달래기도 하였다. 이러한 지배층의 모순 속에서 백성에 대한 수취 체제는 가혹한 착취 수단이 되었고 이에 많은 농민들이 유민화되고 농촌 사회가 크게 동요하였다.

133 향·소·부곡 ⓒ 사료 97, 104 참고

- 왕이 명을 내리기를, "경기도 주현들에서는 상공(常貢) 외에도 요역이 많고 무거워 백성들이 고통을 받아 나날이 점점 더 도망하여 떠돌아다니고 있으니, 주관하는 관청에서는 계수관에게 물어보고, 그들의 공물과 역의 많고 적음을 참작하여 결정하고 시행하라. 구리, 철, 자기, 종이, 먹 등 여러 소(所)에서 별공(別貢)으로 바치는 물건들을 너무 함부로 징수해 장인들이 살기가 어려워 도망하고 있다. 해당 기관에 연락하여 각 소(所)에서 별공과 상공으로 내는 물건의 많고 적음을 참작하여 결정한 다음, 왕에게 아뢰어 재가를 받도록 하라." 『고려사』
- 향, 부곡, 악공, 잡류의 자손은 과거에 응시하는 것을 허락하지 않는다. 『고려사』
- 익안폐현은 충주의 다인철소인데, 주민들이 몽골의 침입을 막는 데 공이 있어 현으로 삼아 충주의 속현이 되었다. 『고려사』

사료 플러스+

양민인 군현민과 구별되는 특수 행정 구역인 향·소·부곡에 거주한 이들은 양민에 비하여 더 많은 세금 부담을 지고 있었다. 거주지도 제한되어 다른 지역으로 이주하는 것이 원칙적으로 금지되었고 과거 응시도 금지되었다. 일반 군현민들이 반란을 일으키는 경우에는 집단적으로 처벌하여 군현을 부곡 등으로 강등시키기도 하였다. 그러나 몽골 항쟁기에 공을 세운 향·소·부곡은 일반 군현으로 승격되기도 하였다 (ⓔ 처인부곡, 다인철소, 공주 명학소).

134 노비의 신분 상승

- 평량은 평장사 <u>김영관의 집안 노비[1]</u>로 <u>경기도 양주에 살면서[2]</u> 농사에 힘써 부유하게 되었다. 그는 권세가 있는 중요한 길목에 뇌물을 바쳐 천인에서 벗어나 산원동정의 벼슬을 얻었다. 그의 처는 <u>소감 왕원지의 집안 노비[3]</u>인데, 왕원지는 집안이 가난하여 가족을 데리고 가서 위탁하고 있었다. 평량이 후하게 위로하여 서울로 돌아가기를 권하고는 길에서 몰래 처남과 함께 원지의 부처와 아들을 죽이고 스스로 그 주인이 없어졌으므로 계속해서 양민으로 행세할 수 있음을 다행으로 여겼다. 『고려사』

- 고종 45년 2월에 최의가 집안 노비인 이공주를 낭장으로 삼았다. 옛 법제에 노비는 비록 대공이 있다 하더라도 돈과 비단으로 상을 주었을 뿐 관작을 제수하지는 않게 되어 있다. 그런데 최항이 집정해서는 인심을 얻고자 처음으로 집안 노비인 이공주와 최양백·김인준을 별장으로 삼고 섭장수는 교위로 삼았다. 『고려사절요』

사료 플러스+
두 자료는 고려 시대에 천민이 관직을 받아 신분을 상승시킨 예이다. 첫 번째 사료에서 사노비 평량은 재산을 모아 권세가 있는 관리에게 뇌물을 주어 양인이 되고 산원동정의 벼슬을 얻었다. 두 번째 사료에서는 무신 집권기 최의, 최항 등이 인심을 얻고자 자신의 사노비에게 관직을 수여한 것을 볼 수 있다.

1) 사노비, 2) 외거 노비, 3) 사노비

135 고려의 상례, 장례, 제례, 향도

사료1 연등회와 팔관회
나의 소원은 연등과 팔관에 있는 바, <u>연등</u>은 부처를 제사하고, <u>팔관</u>은 하늘과 5악(五岳)·명산·대천·용신(龍神) 등을 봉사하는 것이니, 후세의 간사한 신하가 신위(神位)와 의식 절차를 늘리거나 줄이자고 건의하지 못하게 하라. 나도 마음속에 행여 행사일이 황실의 제일(祭日)과 서로 마주치지 않기를 바라고 있으니, 군신이 동락하면서 제사를 경건히 행하라. 『고려사』

사료2 고려의 무격신앙
고려 사람들은 병이 나서 아파도 약을 먹지 않는다. 오직 귀신만을 섬겨 병을 이겨내려 한다. 본래 귀신을 섬겨 주문과 방술을 알 따름이다. 『고려도경』

사료3 향도
- 『미수기언』에 이르기를 "삼척에 매향안(埋香岸)이 있는데, '충선왕 2년(1310)에 <u>향나무 2백 50그루를 묻었다.</u>'고 하였다. …… 여기에서 <u>향도</u>라는 이름이 시작되었는데, 후에 이들이 상여를 메었다."고 하였다. …… 이들이 모일 때 승려와 속인이 마구 섞여 무리를 이루었다고 하니 <u>향도의 시초는 불교로부터 이루어진 것</u>이다. 『성호사설』
- 우리나라에 이른바 <u>향도</u>라는 것은 곧 남의 상여를 메고 그 품값을 받는 무리이다. 그런데 그 유래는 이렇다. 사람들이 전하기를 "상수리나무가 물에 들어가 천 년이 지나면 향이 된다."고 했기 때문에 옛사람들이 나무를 베어서 물에 넣고 거기다가 매향비를 세워 증거를 남겨 두었으니, 대개 후세 사람들을 위한 염려의 뜻에서였다. 『동사강목』

사료 1: 불교 신앙(연등회)과 더불어 하늘과 5악·명산·대천·용신 등을 봉사하는 토착 신앙(팔관회)이 지배층에 의해 중시되었음을 알 수 있다.

사료 2: 귀신을 섬긴다는 내용에서 일반 백성들이 귀신과 인간의 매개자 역할을 하는 무당과 무격신앙을 신봉하였음을 알 수 있다. 고려 정부에서는 상장의례를 유교적 규범으로 시행하려 하였으나 민간인은 물론 지배층에서조차 토착 신앙, 무격신앙 등의 영향을 크게 받았다. 그래서 고려의 상장의례는 대개 토착 신앙과 결합된 불교의 전통 의식과 도교 신앙의 풍속을 따랐다.

사료 3: 향도에 대한 내용으로, 향도는 단순히 매향(향나무를 땅에 묻는 활동)만 하는 것이 아니라 고려 전기에는 대규모의 인력이 동원되는 불상·석탑을 만들거나 절을 지을 때에도 주도적인 역할을 하였다. 후기에 이르러 점차 신앙적인 향도에서 자신들의 이익을 위한 조직으로 발전하여 마을 노역, 혼례와 상장례, 민속 신앙과 관련된 마을 제사 등 공동체 생활을 주도하는 농민 조직이 되었다.

참고 연등회와 팔관회

연등회	팔관회
불교 행사	토착 신앙(도교) + 불교
전국적 행사	개경·서경
연초	연말(10월, 11월)
	외국 사신 초빙 ⇨ 국제 무역 행해짐.

136 상평창

성종 12년 2월에 양경과 12목에 상평창을 설치하였다. 그리고 왕께서 말씀하시기를 "『한서』「식화지」에 '천승(千乘)의 나라는 반드시 천금(千金)의 값이 있어 해마다 풍흉에 따라서 조적(糶糴)¹⁾을 행하되 백성에게 남음이 있으면 적게 거두고 백성이 부족하면 이를 많이 나누어 주었다.'라고 하였다. 그러니 이제 이 법에 의거하여 이를 행한다. 천금(千金)으로써 시가(市價)에 준하면 금(金) 1양(兩)의 값이 포(布) 44필이다. 즉 1,000금은 포 64만 필이 되며, 쌀로 바꾸면 12만 8,000석(石)이 된다. 이를 반으로 하면 쌀 6만 4,000석이 되니 5,000석을 서울로 올려서 경시서에서 조적하게 하되, 대부시와 사헌대에서 그 출납을 관리하게 한다. 그리고 나머지 5만 9,000석은 서경 및 주군의 창 15개소에 나누어, 서경은 분사 사헌대에 맡기고 주군의 창은 그 지방 관원에게 맡겨 이를 관리하여 가난하고 약한 자들을 구제하게 하라."라고 하였다. 『고려사』

상평창은 성종 때 개경·서경·12목에 설치한 물가 조절 기관으로, 평상시에 쌀을 비축해 두었다가 흉년에 매매하게 하여 물가 안정을 도모하였다.

1) 국가 기관이 쌀을 비축하고 배포하는 행위

137 구제도감

5월에 조서를 내리기를 "개경 내의 사람들이 역질에 걸렸으니 마땅히 구제도감을 설치하여 이들을 치료하고, 또한 시신과 유골을 거두어 묻어서 비바람에 드러나지 않게 할 것이며, 신하를 보내어 동북도와 서남도의 굶주린 백성을 진휼하라."라고 하였다.

『고려사』

사료 플러스⁺

1109년(예종 4) 개경의 백성들 사이에 질병이 유행하자 이들을 치료하는 한편, 병으로 죽은 사람들의 시체를 거두어 묻어주기 위해 구제도감을 설치하였다.

138 지방관의 사법권

- 신우 원년(1376) 2월에 교(教)하기를 "수령의 근무 성적 평가[考績]는 전야(田野)의 개간, 호구의 증가, 부역의 균등, 각종 재판의 간단명료함, 도적의 없어짐 등 다섯 가지 일로써 성적의 우열을 매긴다. 전임자는 반드시 새로 부임하는 자를 기다려 업무를 인계하고, 임지를 떠나 조참(朝參)하라." 하였다.

『고려사』

- 외방(外方)의 죄수에 대해, 서경(西京)은 분사어사대(分司御史臺)가, 동서주진(東西州鎭)은 각 계(界)의 병마사(兵馬使)가, 관내(關內)와 서도(西道)는 안찰사(按察使)가, 동남해(東南海)는 도부서(都府署)가, 그 나머지의 계수관(界首官)과 판관(判官) 이상은 수시로 살펴보러 다니면서 심문할 것이며, 가벼운 죄는 정상을 헤아려 판결할 것이며, 중죄인은 옥에 갇힌 연월에 따라 기록을 갖추어 아뢸 것이다. 만약 옥사를 지체하는 관리는 죄를 주도록 의논하여 아뢰도록 할 것이다."라고 하였다.

『고려사』

- "외방(外方)의 노비(奴婢)가 서로 소송을 벌이는 경우, 예(例)에 의거하여 마땅히 수령 및 안렴사(按廉使)에게 가서 처결을 받도록 해야 한다. 그런데 사실을 왜곡시키는 자가 권세에 의지하여 경관(京官)으로 이첩하기를 청하여, 소송의 상대방으로 하여금 양식을 싸가지고 멀리서 오게 만들고 있다. 지금부터는 모두 그 곳의 수령과 안렴사가 처리하게 하고[聽理] 임지 밖에서 별함(別銜)이 처결하는 것은 일체 금지한다."라고 하였다.

『고려사』

사료 플러스⁺

고려의 형법은 당률을 참작하여 만들었는데, 일상생활과 관련된 일은 보통 전통적인 관습법을 따른 민법에서 다루었다. 재판은 대개 행정권뿐만 아니라 사법권까지 지닌 지방관이 스스로 알아서 처리했으며, 중요한 사건일 경우에만 개경의 상부 기관에 올려 보내 처리하였다.

139 형벌 제도

- 감찰하는 관리 자신이 도적질하거나 감찰할 때에 재물을 받고 법을 어긴 자는 도형(徒刑)과 장형(杖刑)으로 논하지 말고 직전(職田)을 회수한 다음 귀향시킨다. 『고려사』
- 승인(僧人)으로 사원의 미곡을 훔친 자는 귀향시켜 호적에 편제한다. 『고려사』
- 관가의 물품을 무역한 자는 귀향형을 제외하고는 법에 따라 단죄한다. 『고려사』

> **사료 플러스**
>
> 고려 시대에는 개경 귀족들이 죄를 지은 경우 형벌로써 본관지로 보내는, 일종의 귀향형(歸鄕刑)을 실시하였다.

140 충선왕의 교지

이제부터 만약 종친으로서 같은 성에 장가드는 자는 황제[1]의 명령을 위배한 자로서 처리할 것이니 마땅히 여러 대를 내려오면서 재상을 지낸 집안의 딸을 취하여 부인을 삼을 것이며 재상의 아들은 왕족의 딸과 혼인함을 허락할 것이다. 만약 집안의 세력이 미비하면 반드시 그렇게 할 필요는 없다. …… 철원 최씨, 해주 최씨, 공암 허씨, 평강 채씨, 청주 이씨, 당성 홍씨, 황려 민씨, 횡천 조씨, 파평 윤씨, 평양 조씨는 다 여러 대의 공신 재상의 종족이니 가히 대대로 혼인할 만하다. 남자는 종친의 딸에게 장가가고 딸은 종비(宗妃)가 됨직하다. 『고려사』

> **사료 플러스**
>
> 신라는 물론 고려 초 왕실에서도 친족 간의 혼인(동성혼, 근친혼)이 성행하여 사회 문제로 대두되자, 문종 때 처음으로 근친혼을 금지하는 규정을 제정하였으나 제대로 시행되지 못하였다. 원 세조 쿠빌라이의 외손자로서 장기간 원에 체류한 충선왕은 즉위 초기 교지를 내려 중국과 혼인 윤리를 일치하라는 명령을 내렸다. 즉 왕족 간의 동성혼을 금지하고 왕실과 혼인할 수 있는 가문[재상지종(宰相之宗)]을 발표하였는데 이들은 대체로 권문세족이었다. 이 교지 이후 왕족 안에서의 동성혼은 사라지게 되었다.
>
> 1) 충선왕

• 어머니가 일찍이 재산을 나누어 줄 때 나익희에게는 따로 노비 40구를 남겨주었다. <u>나익희는 "제가 6남매 가운데 외아들이라 해서 어찌 사소한 것을 더 차지하여 여러 자녀들과 화목하게 하려 한 어머니의 거룩한 뜻을 더럽히겠습니까?"</u> 하고 사양하자, 어머니가 옳게 여기고 그 말을 따랐다. 『고려사』

• <u>손변이 경상도 안찰사가 되었는데,</u> 그 고을에 남동생과 누이가 재산 문제로 송사를 벌이고 있었다. 남동생은 "<u>한 부모에서 태어났는데, 어찌 누이 혼자 재산을 갖고, 동생은 그 몫이 없단 말입니까?</u>"라고 하였고, 누이는 "아버지께서 임종하실 때 전 재산을 나에게 주고 네가 가질 것으로는 검은 옷 한 벌, 검은 관 한 개, 신발 한 켤레, 종이 한 장뿐이었으니, 어찌 이를 어기겠는가."라고 하였다. 이에 송사가 여러 해 동안 해결되지 않았는데, 손변이 부임해 와서 이 송사를 듣고 이르기를 "<u>자식에 대한 부모의 마음은 균등한데 어찌 장성하여 결혼한 딸에게는 후하고, 어미 없는 어린 아들에게는 박하겠는가?</u> 어린아이가 의지할 자는 누이였으니, 만일 누이와 균등하게 재산을 물려주면 동생을 사랑함이 덜하여 잘 양육하지 않을까 염려한 것이다. 따라서 아버지는 아들이 성장하게 되면 물려준 옷과 관을 갖추어 입고서 상속의 몫을 찾기 위해 탄원서를 제출할 수 있게 하기 위해 종이와 붓 등을 유산으로 남겨 준 것이다."라고 하니, 누이와 남동생이 서로 부여잡고 울었다. 『고려사』

사료 플러스+

첫 번째 사료는 고려의 재산 상속에 대한 내용으로, 상속은 일반적으로 자녀 균분 상속이었지만 때로는 부모의 뜻에 따라 자녀 간에 차이를 두기도 하였으며, 남편이 먼저 죽으면 재산 분배권을 아내가 가지기도 하였다. 고려 시대 상속의 대상이 된 재산은 노비와 토지, 곡물 등이었는데, 그중에서도 가장 중요한 것은 노비와 토지였다. 노비 소유권의 경우 남편 쪽에서 상속된 노비와 아내 쪽에서 상속된 노비를 구분하여 호적에 기재하였다. 두 번째 사료 역시 재산 상속 관련 사료로서 지방관의 사법권 권한까지 보여 주고 있다.

사료1 여성의 지위

박유가 왕(충렬왕)에게 글을 올려 말하기를 "우리나라는 남자는 적고 여자가 많은데[1] 지금 신분의 높고 낮음을 막론하고 처를 하나 두는 데 그치고 있으며 아들이 없는 자들까지도 감히 첩을 두려고 생각하지 않고 있습니다.[2] …… 그러므로 청컨대 여러 신하, 관료들로 하여금 여러 처를 두게 하되 품위에 따라 그 수를 점차 줄이도록 하여 보통 사람에 이르러서는 1인 1첩을 둘 수 있도록 하며, 여러 처에서 낳은 아들들도 역시 본처가 낳은 아들처럼 벼슬을 할 수 있게 하기를 원합니다. 이렇게 한다면 나라 안에 원한을 품고 있는 남자와 여자들이 없어지고 인구도 늘게 될 것입니다."라고 하였다. 부녀자들이 이 소식을 듣고 원망하고 두려워하지 않는 자가 없었다. 때마침 연등회 날 저녁 박유가 왕의 행차를 호위하여 따라갔는데, 어떤 노파가 그를 손가락질하면서 "첩을 두고자 요청한 자가 저 놈의 늙은이다."라고 하니, 듣는 사람들이 서로 전하여 서로 가리키니 거리마다 여자들이 무더기로 손가락질하였다. 당시 재상들 가운데 부인을 무서워하는 자들이 있었기 때문에 그 건의를 정지하고 결국 실행되지 못하였다.[3]　　　『고려사』

사료2 자유로웠던 여성의 재혼

공은 어려서 아버지를 여의었는데, 의붓아버지가 집이 가난하다며 공부를 시키려 하지 않고 그 아들과 함께 일하도록 하였다. 하지만 어머니가 이를 반대하면서 "첩이 먹고 사는 것 때문에 재혼을 하였습니다. 그러나 그 유복자가 다행히 학문에 뜻을 두고 있으니, 반드시 이 아이의 아버지가 본래 속해 있던 무리에 들어가 그 뒤를 따르게 해야 합니다."라고 말하며 마침내 그 뜻대로 용단을 내려 대개 전남편의 예전에 하던 일을 따르게 한 것이다. 무자년(1168, 의종 22년) 봄에 시험에 응시하여 김돈중 문하에서 진사시(국자감시)에 2등으로 합격하였다.　　　『고려사』

사료3 고려 말 여성의 재혼 규제 움직임

(공양왕) 원년 9월에 도당에서 제의하기를 '정3품 이상 관리의 처로서 봉작을 받은 자는 재가를 하지 못하게 하며, 판사 이하 6품 관원의 처는 남편이 죽은 후 3년 이내에는 재가를 하지 못하게 하고, 정3품 이상 관원의 첩과 6품 이상 관원의 처첩으로서 수절하기를 자원하는 자는 마을 거리에 정문(旌門)을 세워 그를 표창하는 동시에 상을 주게 하십시오.'라 하였다.　　　『고려사』

사료 플러스

사료 1 : 고려 시대에는 여성의 지위가 비교적 높았다. 여자가 호주도 될 수 있었고, 호적에서 자녀 간에 차별을 두지 않고 연령순으로 기록하였으며, 재산 상속권·가계 상속권·제사 상속권 등에 있어서 남성과 별다른 차별을 받지 않았다. 이와 같이 여성들의 지위가 높았기에 첩을 두자는 논의가 중지되고 실행되지 못하였다.

사료 2 : 고려 시대에 여성의 사회 진출에는 제한이 있었으나, 가정생활이나 경제 운영에 있어서는 여성이 남성과 거의 대등한 위치에 있었다. 여자도 호주가 될 수 있었고, 남편이 먼저 죽으면 재산 분배권을 아내가 가지기도 하였으며, 호적에서 자녀 간에 차별을 두지 않고 연령순으로 기록하였다. 또한, 여성의 재가가 비교적 자유롭게 이루어졌고, 재가할 경우 자식의 사회적 진출에 차별을 두지 않았다.

사료 3 : 고려 여성의 재혼은 자유로웠으나, 공양왕 원년 사료를 통해 고려 말 점차 재혼을 규제하려는 움직임이 있었음을 알 수 있다.

1) 몽골과의 전쟁으로 생긴 인구 변화, 2) 고려의 일부일처제, 3) 가정에서 여성의 지위를 보여 준다.

143 성리학 - 안향의 성리학 도입

> 성의 도(道)는 현실에서 윤리를 실천하는 것이다. 자식 된 자는 효도하고, 신하 된 자는 충성하며, 예의로 집안을 다스리고, 신의로 벗을 사귀며, …… 그런데 불교는 어떠한가? 부모를 버리고 집을 나서서 윤리를 파괴하니 이는 오랑캐 무리이다.
>
> 『회헌실기』

사료 플러스⊕

성리학은 인간의 심성과 우주의 원리 문제를 철학적으로 규명하려 한 새로운 유학으로, (남)송의 주자(주희)가 완성하였다. 성리학은 고려 충렬왕 때 안향에 의해 처음 소개되었는데, 초기 성리학은 형이상학적 측면보다는 일상생활에 관계되는 실천적 기능을 강조하였다. 주로 권문세족에 대항하는 신진 사대부에 의해 수용되었으며, 국자감에서 개칭된 고려 최고의 고등 교육 기관인 성균관이 고려의 성리학 발달에 큰 역할을 하였다.

144 고려 중기 사학의 발달과 관학 진흥책

사료1 사학의 발달

- 재상직에서 물러난 최충이 후진을 모아 교육에 힘을 쏟자, 학도들이 거리를 메우게 되었다. 이들을 9재(齋)로 나누니, 이를 시중 최공도라고 했다. 관리의 자제로서 과거에 합격하려는 자는 반드시 이 도(徒)에서 공부하였다. …… 배우는 것은 9경(經)과 3사(史)였다. 『고려사』
- 재상 소태보 등이 아뢰기를 "국학에서 선비를 양성하는 비용이 적지 않아서 민폐가 되고, 중국의 제도를 우리나라에서 그대로 시행하기 어려우니 이를 혁파하십시오."라고 하였다. 『고려사절요』

사료2 관학 진흥책

- 예종은 왕위에 오르자마자 국학 진흥을 위한 교지를 내렸다. "국학을 설치하여 뛰어난 재능이 있는 사람을 키우는 것은 옛날부터 좋은 정치를 이루는 근본이다. 아직 의논만 하고 결정하지 못하였다고 하니 하루빨리 시행하라." 그러나 대신은 한 사람도 이 뜻을 받드는 사람이 없었다. 그때 의론이 이를 안타깝게 여겼다. 『고려사』
- 예종 4년 국자감에 7재를 두어 주역(周易)을 공부하는 곳을 여택, 상서(尙書)를 공부하는 곳을 대빙, …… 춘추(春秋)를 공부하는 곳을 양정, 무학(武學)을 공부하는 곳을 강예라 하였다. 대학에서 최민용 등 70인과 무학에서 한자순 등 8인을 시험 쳐 뽑아 나누어 여기서 공부하도록 하였다. 『고려사』

사료 플러스⊕

사료 1: 거란 침입 이후 국자감 운영이 제대로 이루어지지 않자 과거 문하시중을 역임했던 최충이 개경에 있는 자신의 집에 9재 학당(문헌공도)을 설립하였다. 9재 학당이 성황을 이루자 다른 퇴직 관리나 유학자들도 사학을 건립하여 개경에 사학 12도가 융성하게 되었다. 사학 교육을 받은 학생들이 과거에서 좋은 결과를 얻게 되면서 문벌 귀족 세력을 강화시켰고 상대적으로 관학 교육은 위축되었다. 그러자 재상 소태보는 국학 폐지론까지 언급하였다.

사료 2: 정부(숙종, 예종, 인종)는 개경 사학 12도의 발달로 관학이 위축되자, 적극적으로 관학(국학) 진흥책을 펼쳤다.

• 『삼국사기』 서문

성상 전하께서[1] …… "신라·고구려·백제 삼국이 서로 솥발처럼 대립하면서 예를 갖추어 중국과 통하였으므로 범엽(范曄)의 『한서(漢書)』나 송기(宋祁)의 『당서(唐書)』에 모두 삼국의 열전이 있었다. 그러나 중국의 나라 안 일은 자세하게 다루고 다른 나라에 대해서는 간략하게 서술하였기 때문에 삼국의 역사는 상세히 실리지 않았다. 또 삼국에 관한 옛 기록은 문체가 거칠고 졸렬하며 빠진 부분이 많으므로, 군왕(君王)의 선악(善惡)과 신하들의 충성스러움과 간사함, 국가의 평안함과 위태로움, 백성의 다스려짐과 어지러움을 모두 밝혀서 후세에 권장하거나 경계할 바를 보이지 못하고 있다. 그러므로 마땅히 재능과 학문과 식견을 겸비한 인재를 찾아 권위 있는 역사서를 완성하여 만대에 전하여 빛내기를 해와 별처럼 하고자 한다.[2]"라고 하였습니다. …… 연표 3권, 본기 28권,[3] 지 9권, 열전 10권 등으로 ……

• 『삼국사기』에 보이는 신라 계승 의식

경순왕이 태조에게 귀순한 것은 비록 마지못하여 한 일이지만 또한 가상하다 하겠다. …… 현종은 신라의 외손으로 왕위에 올랐는데 그 후 대통(大統)을 이은 이가 모두 그 자손[4] 이었으니 어찌 그 음덕의 갚음이 아니겠는가?

사료 플러스➕

『삼국사기』는 김부식 등이 왕명을 받아 국가적 차원에서 편찬하였으며 유교적 합리주의 사관에 기초하였다. 기전체로 서술하였으며, 연표 3권, 본기 28권, 지 9권, 열전 10권 총 50권으로 구성되었다. 김부식은 『삼국사기』를 인종에게 바치면서 표(表)를 올렸는데, 이 표에서 『삼국사기』의 편찬 의도, 즉 우리 역사의 내용을 자세히 기록하여 후손에게 권장하고 훈계를 주려는 의도에서 편찬되었음을 밝히고 있다.

1) 관찬 사서
2) 동양의 교훈주의
3) 열전 중심의 중국 기전체 사서와 달리 『삼국사기』는 본기의 분량을 전체의 절반 이상으로 하였다.
4) 신라 계승 의식

사료1 『동명왕편』 서문

세상에서 동명왕의 신이(神異)한 사적을 많이 이야기하고 있는데, …… 내가 일찍이 이 이야기를 듣고는 웃으며 "공자님은 괴력난신(怪力亂神)을 말씀하지 아니하였는데, 이 동명왕 설화는 실로 황당하고 기괴하니 우리들이 논의할 바가 아니다.[1]"라고 말한 일이 있었다. …… 계축년(1193) 4월에 이르러 『구삼국사』를 얻어서 동명왕 본기(東明王本紀)를 보니, …… 이는 환(幻)이 아니요 성(聖)이며, 귀(鬼)가 아니고 신(神)이었다. …… 동명왕의 사적은 변화 신이(變化神異)하여 여러 사람들의 눈을 현혹시킬 일이 아니요, 실로 나라를 창건한 신이한 자취인 것이다. 이러하니 이 일을 기술하지 않으면 앞으로 후세에 무엇을 볼 수 있으리오

사료2 『삼국유사』 서문

대저 옛 성인들은 예(禮)·악(樂)으로써 나라를 흥륭하고 인의로 가르쳤으며, 괴상한 힘이나 난잡한 귀신을 말하지 아니하였다. 그러나 제왕들이 일어날 때는 …… 반드시 보통 사람보다 다른 것이 있은 뒤에 큰 변란 있는 기회를 타서 대기(大機)를 잡고 대업(大業)을 이루는 것이다. …… 삼국의 시조들이 모두 신기한 일로 태어났음을 어찌 괴이하겠는가. 이것이 신이(神異)로써 다른 편보다 먼저 놓는 까닭이다.[2]

사료3 『제왕운기』

- 삼가 국사(國史)에 의거하는 한편 각 본기와 『수이전(殊異傳)』에 실린 바를 채록하였고, 요·순 이래 경전과 제자, 사서를 참고하여 허황된 말을 버리고 이치에 맞는 바를 취하였다. 그 사적을 드러내고 이를 시로 읊어 흥하고 망한 연대를 밝히니 모두 1,460언이다.
- 신(臣) 이승휴가 지어서 바칩니다. 예로부터 제왕들이 서로 계승하여 주고받으며 흥하고 망한 일은 세상을 경영하는 군자가 밝게 알지 않아서는 안 되는 바입니다. …… 우리 주상 전하께서는 주나라보다 성대하시고 탕왕보다 맑으며, 천자의 누이를 비로 삼았으니, 어찌 삼한이 일찍이 이처럼 용루가 모임을 보았겠습니까? …… 이에 마침내 예로부터 지금까지 황제가 전하고 황제가 받아본 바, 중국은 반고부터 금국에 이르기까지, 동국은 단군으로부터 본조(本朝)에 이르기까지 처음 일어나게 된 근원을 책에서 다 찾아보고 같고 다른 것을 비교하여 요점을 취하고 읊조림에 따라 장을 이루었습니다.
- 요동에 다른 천하가 있으니 그 땅은 중원의 왕조와 구분되어 나뉘었네.[3] 크고도 넓은 바다 물결 삼면을 둘러쌌고 북녘으로는 대륙과 선처럼 이어졌다. 그 가운데 사방 천리가 바로 조선이라, 강산의 형승은 천하에 알려졌네. 밭 갈아 농사짓고 우물 파서 물 마심이 예의의 나라여서 화인(華人)이 이름 하길 소중화(小中華)라 했네. …… 처음 누가 나라를 열고 풍운을 일으켰는가. 하느님의 손자 그 이름하여 단군이라.

사료 플러스⁺

무신 정변과 몽골 침략의 위기를 겪으면서 민족적 자주 의식과 전통문화에 대한 올바른 이해의 움직임이 일어나기 시작하였다. 이러한 역사의식을 반영한 역사서로 『동명왕편』, 『해동고승전』, 『삼국유사』, 『제왕운기』 등이 편찬되었다. 특히 『삼국유사』와 『제왕운기』는 우리나라 역사의 시작을 단군 조선으로 설정하고, 주체적이고 도덕적인 전통문화를 자랑스럽게 서술하였다.

사료 1: 이규보의 『동명왕편』(1193, 명종)은 민족의식을 고취하고 민족의 자주성을 널리 알리고자 고구려의 건국 시조인 동명왕의 신화를 장편 서사시의 형태로 재창조한 우리나라 최초의 건국 서사시이다. 고려가 위대한 고구려를 계승하고 있다는 자부심이 드러나 있다.

사료 2 : 일연의 『삼국유사』(1281?, 충렬왕)는 종교적 입장에서 쓴 야사로 신화, 설화, 야사, 향가 등이 다수 수록되어 있어 사료적 가치가 높다. 5권 2책이며, 상권인 1, 2권은 주로 역사 사실을 다루었고, 하권에 해당하는 3, 4, 5권은 불교 사실을 다루었다. 내용은 주제에 따라 왕력·기이·흥법·탑상·의해·신주·감통·피은·효선의 9편으로 구성되어 있다.

사료 3 : 삼척 두타산에서 저술한 이승휴의 『제왕운기』(1287, 충렬왕 13년)는 이승휴가 중국과 한국의 역사를 서사시[영사시(詠史詩)] 형식으로 쓴 책이다. 상·하 각 1책씩으로 되어 있는데, 상권에는 서(序)에 이어 중국 역사의 요점을 신화 시대부터 삼황오제(三皇五帝), 하(夏)·은(殷)·주(周)의 3대와 진(秦), 한(漢) 등을 거쳐 원(元)의 흥기에 이르기까지의 역사를 기록하였다. 하권은 우리나라 역사에 관한 내용으로, '동국군왕개국연대(東國君王開國年代)'와 '본조군왕세계연대(本朝君王世系年代)'의 2부로 나누어 놓았다. '동국군왕개국연대'에는 서(序)에 이어 지리기(地理記), 단군의 전조선(前朝鮮), 후조선(後朝鮮), 위만, 삼한, 신라·백제·고구려의 3국과 후삼국 및 발해가 고려로 통일되는 과정까지를 기록하였다.

1) 유교적 합리사관
2) 신이(神異) 사관
3) 문화적 자신감

147 불교가 고려 사회에 끼친 영향

• 우리나라의 대업은 반드시 제불의 호위하는 힘을 입은 것이다. 그러므로 선종과 교종의 사원을 창건하고 주지를 파견하여 지키도록 하고 각각 종단을 다스리도록 하라. 후세에 간신이 정권을 잡아 승려의 청에 따르게 되면 각 종단의 절들이 서로 다투어 바꾸고 빼앗고 할 것이니 반드시 이를 금하라. 『고려사』

• 지방 사방에서 병란이 일어나 백성이 도탄에 빠졌으나 오직 우리나라만은 편안하여 아무런 근심이 없다. 평화롭게 닭이 울고 개 짖는 소리가 사방의 변경에 이른다. 남자는 밭에서 농사짓고 여자는 집에서 베를 짜며 부귀와 장수를 잃지 않으니 이것이 어찌 사람의 힘으로 하는 것이겠는가. 이는 국사가 …… 목숨을 돌보지 않고 멀리 해외에 가서 법을 전해와서 이 땅에 무궁하게 전해 준 데 기인한다. 선봉사 대각국사 비문

사료 플러스⁺

첫 번째 사료는 태조 왕건의 훈요 10조 내용으로, 불교 숭상을 당부하며 불교에 대한 국가의 지침을 제시하였다. 고려 왕조 개창 후 고려 왕실은 민심 수습과 왕실의 안전을 도모하기 위해 불교를 강조하였으며 귀족들도 불교와 유교가 서로 대립한다고 보지 않았다.

두 번째 사료에서는 고려 불교의 호국적 성격을 알 수 있다. 고려의 지배층과 승려들은 국가가 어려움에 처했을 때 부처의 힘으로 이를 막을 수 있다는 신념을 가졌다. 이러한 지배층의 지지하에 사원은 국가로부터 토지와 노비를 지급받고 면역의 특권을 누리면서 상업 활동에 관여하여 국가 경제에 큰 비중을 차지하게 되었고, 이후 사원의 대토지 소유와 고리대업 등 세속화에 따른 부작용도 나타났다.

148 원통대사 균여

스님[1]은 북악(北岳)의 법통을 이으신 분이다. …… 스님은 항상 남악과 북악의 종지(宗旨)가 서로 모순되며 분명해지지 않음을 탄식하여, 많은 분파가 생기는 것을 막아 한 길로 모이기를 바랐다. …… 스님은 근원이 나누어져 다른 것임에도 어긋나고 뒤섞인 것이 상당히 많다고 생각하여 글이 번잡한 것은 요점만 추려서 깎아내고, 뜻이 잘 드러나지 않는 것은 상세히 궁구하여 그 뜻을 표현했다. 모두 불타의 경과 보살의 논(論)을 인용해서 잘못을 정정했으니 한 시대의 성스러운 교화를 다 참작했던 것이다. …… 지위가 왕사, 국사에까지 이르렀고, 작게는 위계(位階)가 대사(大師) · 대덕(大德)에 이르렀다.

『균여전』

사료 플러스⁺

신라 말 해인사에는 후백제 견훤을 지지한 관혜와 고려 태조 왕건을 지지한 희랑의 두 화엄사종(華嚴司宗)이 있었는데, 그 법문을 각각 남악(南岳, 지리산)과 북악(北岳, 태백산)이라 불렀다. 균여는 북악의 법통을 계승하였고 남악까지 통합하였다. 균여는 964년(광종 15)에 광종이 그를 위해 송악산 아래에 창건한 귀법사의 주지로서, 왕명에 따라 민중을 교화하고 불법을 널리 펴다가 973년(광종 24)에 입적하였다. 균여의 화엄 사상은 '성상융회(性相融會)'를 특징으로 한다. 성상융회 사상은 공(空)을 뜻하는 성(性)과 색(色)을 뜻하는 상(相)을 원만하게 융합시키는 이론으로서, 화엄 사상 속에 법상종의 사상을 융합해 교종 안의 대립을 해소시키기 위해 주창한 통합 사상이다. 균여가 원통대사(圓通大師)로 불리었고, 그의 저술에 '원통'이라는 명칭이 붙여진 것도 이 때문이다. 균여의 향가 「보현십원가」 속에도 '성속무애(聖俗無得)' 사상이 나타나 있다. 그것은 성과 속은 물론 동방과 서방, 남녀나 귀천까지 융합하려는 강력한 통합 사상으로서, 성상융회 사상에 기초하여 주창한 것이다.

1) 균여

149 대각국사 의천

• 왕[1]이 하루는 여러 아들들에게 일러 말하기를, "누가 승려가 되어 복전(福田)을 지어 이로움을 더할 수 있겠는가?"라고 하자, 왕후(王煦)[2]가 일어나서 말하기를, "제가 세상을 벗어날 뜻이 있으니 오직 임금께서 명하실 바입니다."라고 하였다. 왕이 말하기를, "좋다."라고 하자 드디어 스승을 좇아 출가(出家)하여 영통사(靈通寺)[3]에 살았다. 왕후는 성품이 총명하고 지혜롭고 배움을 좋아하여, 먼저 『화엄경(華嚴經)』을 업으로 삼고 곧 오교(五敎)에 통달하게 되었다. 또한 유학(儒學)도 섭렵하여 정통하게 알지 못하는 것이 없었으니, 우세승통(祐世僧統)[4]이라고 불렀다.

『고려사』

• 가만히 생각하면 성인이 가르침을 편 목적은 행(行)을 일으키려는 데 있는 것이므로, 입으로만이 아니라 몸으로 행동하게 하려는 것이다. …… 정원법사는 "관(觀)을 배우지 않고 경(經)만 배우면 오주(五周)의 인과를 들더라도 삼중의 성덕을 통하지 못하며, 경을 배우지 않고 관만 배우면 삼중(三重)의 성덕을 깨쳐도 오주의 인과는 분별하지 못한다. 그러므로 관도 배우지 않을 수 없고, 경도 배우지 않을 수 없다."고 하였다. 내가 교단에 마음을 다 쓰는 까닭은 이 말에 깊이 감복하였기 때문이다.

『대각국사문집』

의천의 불교 사상은 화엄학을 중심으로 나름대로 잘 짜여진 하나의 틀을 이루고 있다. 우선 교학면을 보면, 그는 중국 징관(澄觀) 단계의 화엄학을 토대로 하여 법상종(法相宗)의 유식학(唯識學)을 견제하려는 성상겸학(性相兼學)을 주장하였다. 또 같은 화엄학 내에서도 고려 초 균여의 주술성을 배격하며 불교적 합리주의를 강조하였다. 실천면에서는 선(禪)의 수행을 중시하였다. 의천은 선을 습선(習禪)과 설선(說禪)으로 나눈 다음, 조계혜능(曹溪慧能) 이래의 선종을 말로만 하는 선이라고 격렬하게 비난하는 대신, 습선으로 돌아갈 것을 주장하고 그 대상을 천태선에서 찾았다.

1) 문종
2) 의천(1055~1101)
3) 한국 천태종의 주요 사찰, 개경에 위치, 2005년 남북한 공동 복원 작업이 이루어졌던 곳으로 현재 대각국사비, 당간지주, 5층 석탑 등이 남아 있다.
4) 불교에서 수여하는 높은 칭호

150 보조국사 지눌

한마음[一心]을 깨닫지 못하고 한없는 번뇌를 일으키는 것이 중생인데 부처는 이 한마음을 깨달았다. 깨닫고 아니 깨달음은 오직 한마음에 달려 있으니 이 마음을 떠나 따로 부처를 찾을 것이 없다.[1] …… 지금의 불교계를 보면 아침저녁으로 행하는 일들이 비록 부처의 법에 의지하였다고 하나 자신을 내세우고 이익을 구하는 데 열중하며 세속의 일에 골몰한다. 도덕을 닦지 않고 옷과 밥만 허비하니 비록 출가하였다고 하나 무슨 덕이 있겠는가. 하루는 같이 공부하는 사람 10여 인과 약속하였다. 마땅히 명예와 이익을 버리고 산림에 은둔하여 같은 모임을 맺자. 항상 선을 익히고 지혜를 고르는 데 힘쓰고, 예불하고 경전을 읽으며 힘들여 일하는 것에 이르기까지 각자 맡은 바 임무에 따라 경영한다. 인연에 따라 성품을 수양하고 평생을 호방하게 고귀한 이들의 드높은 행동을 좇아 따른다면 어찌 통쾌하지 않겠는가.[2]

「권수정혜결사문(勸修定慧結社文)」

지눌이 활약한 시기는 무신 정변이 일어나 정치 세력이 무신들로 교체되면서 불교 교단도 재편되던 때였다. 즉 중앙의 정치 세력과 밀착되어 있던 개경 중심의 중앙불교는 종파를 막론하고 거의 몰락하였으며, 새로이 지방에서 결사 운동이 대두하여 불교계를 주도하기 시작하였다. 이들은 기성 불교 교단이 정치 세력과 지나치게 밀착함으로써 야기된 폐단과 선종과 교종 간의 극단적인 대립상을 비판하며 불교 개혁을 추진하였다. 그중에서도 침체된 선을 부흥시키면서 불교계를 개혁하는 데 결정적인 역할을 한 것은 수선사였다. 지눌은 인간의 심성(心性)에 대한 철학적인 분석을 토대로 실천 체계로서 3문(三門)을 제시하였다.
첫째, 성적등지문(惺寂等持門)으로, 중국 당대(唐代)의 선종 승려 하택신회(荷澤神會)의 이론을 받아들여 돈오점수설(頓悟漸修說 : 先悟後修)에 입각한 정혜쌍수(定慧雙修)를 주장하였다.
둘째, 원돈신해문(圓頓信解門)으로, 여기서는 역시 당의 화엄학자 이통현의 학설을 받아들여 화엄과 선이 근본에 있어서 둘이 아님을 밝히고 있다.
셋째, 간화경절문(看話徑截門)으로, 이는 수행의 최종적인 단계로서 송대(宋代) 임제종 승려 대혜종고(大慧宗杲)의 간화선(看話禪, 화두를 근거로 공부하는 것)에 영향을 받았다.

1) 돈오점수(頓悟漸修): 정혜쌍수의 바탕이 되는 이론으로, 돈오는 인간의 마음이 곧 부처의 마음이라는 것을 깨닫는 것이며, 점수는 깨달은 뒤에도 꾸준히 수행해야 한다는 것이다.
2) 신앙 결사 운동

151 원묘국사 요세

『묘종경』을 강설하다가, "이 마음이 부처가 된다. 이 마음이 곧 부처이다."라는 대목이 마음에 크게 와 닿았다. …… 대사는『묘종』을 설법하기 좋아하여 언변과 지혜가 막힘이 없었고 대중에게 참회 수행을 권하였다. …… 왕공대인과 지방 수령, 높고 낮은 사부 대중 가운데 결사에 들어온 자들이 300여 명이 되었고, 가르침을 전도하여 좋은 인연을 맺은 자들이 헤아릴 수 없이 많았다.

『동문선』

> **사료 플러스⁺**
>
> 지눌의 정혜결사(定慧結社) 운동이 활발히 진행되고 있을 때, 천태종 승려인 요세는 지눌과 함께 지내면서 정혜사(定慧社)의 선(禪) 수행법을 익혔다. 이때 천태종의『묘종(妙宗)』을 강의하였는데, 뒷날 강진 만덕사에서 전개할 천태종의 백련사(白蓮社) 결사 운동의 근본 입장이 되었다. 이후 만덕사에서 보현도량(普賢道場)을 결성하면서 결사 운동의 체계가 정비되었고, 백련사라는 결사의 명칭도 이때부터 사용되었다. 백련 결사 운동의 구체적인 실천 내용은 천태지관(天台止觀)·법화삼매참(法華三昧懺)·정토왕생(淨土往生)이었다.

152 진각국사 혜심

전에는 제가 공(公)의 문하에 있었지만 지금은 공이 우리 절에 왔으니, 공은 불교의 유생이고 저는 유교의 불자입니다. 서로 손님과 주인이 되고 스승과 제자가 되는 것은 옛날부터 있었던 일입니다. 불교와 유교는 그 이름만을 생각한다면 아주 다르지만, 그 실제를 알면 다른 것이 아닙니다.

『진각국사 어록』

> **사료 플러스⁺**
>
> 혜심은 지눌의 뒤를 이어 수선사 제2세로서 간화선을 크게 떨쳤다. 간화선은 화두를 근거로 공부하는 선풍을 말하는데, 중국 당나라 말에 시작되어 우리나라에는 지눌에 의해 처음 전해졌다. 혜심은 선교융회의 입장과는 달리 한결같이 간화선만을 주장하여, "망상을 버리고자 하면 간화만한 것이 없다."라고 하였다. 나아가 유·불 일치설을 내세워 유교와 불교가 다르지 않음을 주장하였다. 저서로『선문염송』,『선문강요』 등이 있다.

153 불교 배척 운동

- 부처의 말에 "사람은 죽어도 정신은 멸하지 않으므로 태어남에 따라 다시 형체를 받는다." 하였으니, 이에 윤회설이 생겼다. …… 하늘과 땅 사이는 붉게 타는 화로와 같아 비록 생물이라 할지라도 모두 다 녹아 없어진다. 어찌 이미 흩어진 것이 다시 합하여지며, 이미 간 것이 다시 올 수 있으랴.   정도전, 『불씨잡변』(1394)

- 윤회설이 판명되면 인과설은 변명하지 않아도 자명해진다. …… 과연 불씨의 설과 같다면 사람의 화복과 질병이 음양오행과는 관계없이 모두 인과(因果)의 보응(報應)에서 나오는 것이 되는데, 어찌하여 우리 유가(儒家)의 음양오행을 버리고 불씨의 인과응보설을 가지고서 사람의 화복을 정하고 사람의 질병을 진료하는 사람이 한 사람도 없느냐. 불씨의 설이 황당하고 오류에 가득 차 족히 믿을 수 없다.   정도전, 『불씨잡변』(1394)

사료 플러스⁺

고려 후기 권문세족의 불교가 원나라 라마교의 영향으로 지나치게 미신적으로 타락해 가자, 신진 사대부들은 불교를 비판하고 유교(성리학)를 강조하였다.

◈참고 불교에 대한 신진 사대부의 두 입장
- 이제현·이색 등 온건 성리학자 : 불교 자체를 부정하지는 않고 불교의 폐단만을 비판하였다.
- 정도전·권근 등 강경 성리학자 : 불교와 도교에 대한 성리학의 우위성을 주장하였다. 특히 정도전은 『불씨잡변』에서 불교 자체를 비판하였다.

154 교장

당나라 개원 연간에 처음으로 대법사가 있어 그 호를 지승이라고 했다. …… 지승법사의 호법(護法)하는 뜻을 본받아 교장(敎藏)을 널리 찾아내는 것을 나의 책임으로 삼았다. …… 여러 종파의 의소(義疏)를 얻게 되면, 감히 사사로이 비장(秘藏)하지 않고 간행했으며, 책을 낸 후에 새로 발견된 것이 있으면 그 뒤에 계속해서 수록하고자 하였다. 이렇게 편집된 권질이 삼장(三藏)의 정문(正文)과 더불어 무궁하게 전해져 내려감이 나의 소원이다.   『대각국사문집』

사료 플러스⁺

초조대장경이 완성된 뒤 대각국사 의천은 교장을 간행하기에 앞서 국내의 것은 물론 송·요·일본 등에서 불경을 수집하여 불서 목록인 '신편제종교장총록'을 작성하였다. 이어서 흥왕사에 교장도감을 설치한 뒤 선종 8년(1091)에 조판을 시작하여 숙종 6년(1101)까지 10년에 걸쳐 4,700여 권을 간행하였다. 원효 사상을 바탕으로 신라 불교의 전통을 재확인하고 동아시아 각국의 불교 학설을 국제적으로 정리한 것으로, 선종 관련 서적은 단 한 권도 포함되지 않은 점에서 교종 중심의 교리 정리에 목적이 있었음을 알 수 있다.

🔖 교장(일명 속장경)은 경(經)·율(律)·논(論) 3장이 아니라, 그 주석서인 장소(章疏)를 모아 간행한 것으로 정식 대장경은 아니다.

북송 대관(大觀) 경인년(1110, 고려 예종 5년)에 천자께서 저 먼 변방에서 현묘한 도를 듣고
자 하는 뜻을 헤아려, 고려에 사신을 파견하면서 도사 2인을 딸려 보내 교법(敎法)에 통달한
자를 골라 가르치도록 하였다. 왕우(고려 예종)는 신앙이 돈독하여 정화(政和) 연간에 복원
관(福源觀)을 처음 세워 도가 높고 참된 도사 10여 명을 받들었다. 그러나 그 도사들은 낮에
는 복원관에 있다가 밤에는 집으로 돌아갔는데 후에 간관이 이를 문제삼자 법으로 금하였
다. 또한 듣기로는 예종이 재위 시에 항상 도가의 서적을 보급하는 데 뜻을 두어 도교로 불
교를 대체하려는 생각을 가지고 있었는데, 그 뜻이 이루어지지는 못했지만 무엇인가 기대하
는 바가 있었던 것 같다.

『고려도경』

사료 플러스⁺

도교는 삼국 시대에 전래되어 고려 시대에 성행하였다. 도교는 서낭신, 토지신 등 많은 신을 모시면서 재앙
을 물리치고 복을 기원하는 의례인 초제를 행하였는데, 도사가 이 초제를 주관하여 국가의 안녕과 왕실의
번영을 기원하였으며, 예종 때는 복원궁(관)이라는 도관(道觀, 도교 사원)을 건립하였다.

156 고려에서 풍수지리설이 반영된 사례들

사료1 태조의 훈요 10조

나는 우리나라 산천의 신비력에 의하여 통일의 대업을 이룩하였다. 서경(평양)의 수덕(水
德)은 순조로워 우리나라 지맥의 근본을 이루고 있어 길이 대업을 누릴 만한 곳이다.

사료2 인종 때 묘청의 서경 천도 운동

신 등이 서경의 임원역 땅을 보니 이는 음양가가 말하는 대화세(大華勢)[1]입니다. 만약 궁
궐을 세워 이에 옮기면 천하를 합병할 수 있을 것이요, 금나라가 폐백을 가지고 스스로
항복할 것이며, 36국이 다 조공하게 될 것입니다.

사료3 숙종 때 김위제의 남경 길지설

고려의 땅에 삼경(三京)이 있으니 송악은 중경(中京)이 되고, 목멱양(木覓壤, 지금의 서
울)은 남경이 되고, 평양은 서경이 되니, …… 엎드려 바라건대 삼각산(북한산) 남쪽, 목멱
산(남산) 북쪽의 편평한 땅에 도성을 건립하여 수시로 옮겨 거처하소서.

사료 플러스⁺

신라 말기 풍수지리설의 대가로는 도선이 있었다. 그는 선종 계통의 승려로서 전 국토의 자연환경을 유
기적으로 파악하는 인문 지리적 지식에 경주 중앙 귀족들의 부패와 무능, 지방 호족들의 대두, 오랜 전란
에 지쳐 안정된 사회를 염원하는 일반 백성들의 소망을 종합하여 체계적인 풍수 도참설을 만들었다. 이
풍수 도참설은 민심을 경주에서 지방으로 바꿈으로써 중앙 정부의 권위를 약화시켰다. 그 결과 우리나라
역사의 중심지가 한반도 동남부 지방인 경주에서 중부 지방인 개성으로 옮겨 가고, 역사의 주인공도 경
주의 진골 귀족에서 지방의 호족으로 바뀌는 데에 기여함으로써 개성 지방에서 성장한 호족 출신의 왕건
이 후삼국을 통일할 수 있는 사상적 배경을 제공하였다.
사료 1에서는 태조 왕건의 북진 정책을, 사료 2에서는 서경 길지설과 고구려 계승 의식에 입각한 묘청의 서경
천도 운동을, 사료 3에서는 한양(남경)을 새로운 길지로 보는 고려 중기 이후의 사상적 변화를 볼 수 있다.

1) 보통의 명당보다 더 훌륭하고 뛰어난 대명당 또는 대길지

대저 제왕의 정사에는 예(禮)를 제정하는 일보다 더 급한 것이 없다. 그 내력과 손해·이익을 한 번 제정하여 인심을 바르게 하고 풍속을 동일하게 해야 한다. 어찌 옛것만을 따르고 어물어물 모면하여 일정한 전법(典法)을 세우지 못한 채 분분히 서로 같지 않게 해서야 되겠는가? 고려는 건국한 이래로 예제(禮制)를 보태고 뺀 것이 여러 대를 내려오면서 한 번뿐이 아니었으므로 이를 병으로 여긴 지 오래되었다. <u>인종(仁宗) 대에 와서 비로소 평장사(平章事) 최윤의(崔允儀) 등 17명의 신하에게 명하여 옛날과 지금의 서로 다른 예문을 모아 참작하고 절충하여 50권의 책으로 만들고, 이것을 『상정예문(詳定禮文)』이라고 명명하였다.</u> 이것이 세상에 행해진 뒤에는 예가 제자리를 찾아서 사람이 현혹되지 않았다.

이 책이 여러 해를 지났으므로 책장이 떨어지고 글자가 없어져서 살펴보기가 어려웠다. 그런데 나의 선공(先公)[1]이 이를 보충하여 두 본(本)을 만들어 한 본은 예관(禮官)에게 보내고 한 본은 집에 간수하였으니, 그 뜻이 원대하였다. 과연 천도(遷都)할 때 예관이 다급한 상황에서 미처 그것을 싸 가지고 오지 못했으니, 그 책이 거의 없어지게 되었는데, 가장본 한 책이 보존되어 있었다. 이때에 와서야 나는 선공의 뜻을 더욱 알게 되었고, 또 그 책이 없어지지 않은 것을 다행으로 여긴다. 결국 주자(鑄字)를 사용하여, 28본을 인출한 후 여러 관청에 나누어 보내 간수하게 하니, 모든 유사(有司)들은 잃어 버리지 않게 삼가 전하여 나[2]의 통절한 뜻을 저버리지 말지어다.

『동국이상국집』 권11, 신서상정예문발미[3]

사료 플러스⁺

12세기 인종 때 최윤의가 『상정고금예문』을 지었는데, 1232년 강화도로 천도할 때 예관이 가지고 오지 못하자 최우가 자기네 집에 보관하였던 것을 1234년 금속 활자로 28부 인쇄하였다는 기사가 이규보의 『동국이상국집』에 수록되어 있다.

1) 최충헌
2) 최우
3) '신서상정예문발미(新序詳定禮文跋尾)'는 새로 편찬한 『상정예문』에 대하여 책의 맨 뒤에 부치는 글이다.

PART 03 고려의 문화

158 『향약구급방』 서문

향약구급방은 효과가 좋고 신기한 효험이 있어 우리나라 백성에게 이로움이 크다. <u>수록한 약은 모두 우리나라 백성들이 쉽게 알고 얻을 수 있는 것이다.</u> 약을 먹는 방법도 이미 잘 알려져 있다. 만약 서울 같은 도시라면 의사라도 있지만 궁핍한 시골에서는 매우 급한 병이 나더라도 의사를 부르기 힘들다. 이때 이 책이 있다면 편작[1]이나 의완[2]을 기다리지 않고도 치료할 수 있을 것이다. 이는 일은 쉽고 공은 배가 되는 것이니 그 혜택이 이것보다 큰 것이 없다.

사료 플러스

13세기에 편찬된 『향약구급방』은 현존 최고(最古)의 의서로, 각종 질병에 대한 처방과 국산 약재 180여 종을 소개하여 우리나라 의약의 독자적 연구의 계기가 된 책이다.

1) 중국 전국 시대 명의
2) 중국 춘추 시대 명의

참고 역대 주요 약학서

향약구급방 (고려, 1236~1251?, 고종 연간)	⇨	향약집성방 (1433, 세종 15년)	⇨	의방유취 (1445, 세종 27년)	⇨
동의보감 (허준, 1610, 광해군 2년)	⇨	마과회통 (정약용, 1798, 정조 22년)	⇨	동의수세보원 (이제마, 1894, 고종 31년)	

159 고려 후기의 한시

봉사입금(奉使入金 : 사신을 받들고 금나라에 가다)

진화

西華已蕭索(서화이소삭)	송나라는 기울고
北塞尙昏蒙(북채상혼몽)	북방 오랑캐(여진)는 아직 미개하노라.
坐待文明旦(좌대문명단)	앉아서 문명의 아침을 기다려라.
天東日欲紅(천동일욕홍)	하늘의 동쪽(고려)에 태양이 떠오른다.

사료 플러스

고려 무신 집권기 중 최충헌은 이규보, 진화 등 문인을 발탁하여 우대하였다. 진화가 금나라에 사신으로 가면서 썼다는 이 시에서 고려의 문화적 자신감을 엿볼 수 있다.

• 청산별곡

작가 미상

살으리 살으리랏다 청산에 살으리랏다.
머루랑 다래랑 먹고 청산에 살으리랏다.
울어라 울어라 새여 자고 일어나 울어라 새여
너보다 시름이 많은 나도 자고 일어나 울도다.
이럭저럭하여 낮은 지내 왔지만
올 이도 갈 이도 없는 밤은 또 어찌할 것인가.
어디에 던지던 돌인고 누구를 맞히려던 돌인고
미워할 사람도 사랑할 사람도 없이 맞아서
울고 있노라.   『악장가사』

• 도토리 노래

윤여형

……

이른 새벽 장닭 울음소리에 단잠을 깨어
촌 늙은이는 도시락을 싼다.
천길 만길 높은 저 위태로운 산에 올라
가시넝쿨을 휘어잡고 원숭이와 싸우면서
하루아침이 다가도록 도토리를 줍건만
도토리는 광주리에도 차지 않고
양다리만 목나무대같이 굳고
주린 창자는 소리쳐 운다.   『동문선』

사료 플러스+

고려 후기 신진 사대부와 민중들에 의해 새로운 경향의 문학이 발달하였다. '청산별곡'은 민중의 노래인
속요이고, 윤여형은 한시 '도토리 노래'를 지어 당시 권문세족과 불교의 횡포로 몰락한 백성들의 삶을 표
현하였다.

161 송나라 사람이 본 고려청자

고려 사람들은 도자기의 빛깔이 푸른 것을 비색이라 부른다. 근년에 와서 만드는 솜씨가 교
묘하고 빛깔도 더욱 예뻐졌다. 술 그릇의 모양은 오이 같은데 위에 작은 뚜껑이 있어서 엎드린
오리 형태를 이루고 있다. 또한 주발, 접시, 술잔, 사발, 꽃병, 옥으로 만든 술잔 등도 만들
수 있지만 모두 일반적으로 도자기를 만드는 법을 따라 한 것들이므로 생략하고 그리지 않
는다. 단, 술 그릇만은 다른 그릇과 다르기 때문에 특히 드러내 소개해 둔다. 사자 모양을 한
도제 향로 역시 비색이다. …… 여러 그릇들 가운데 이 물건이 가장 정밀하고 뛰어나다.

『고려도경』

사료 플러스+

『(선화봉사)고려도경(高麗圖經)』은 1123년 송나라 휘종(徽宗)의 명을 받고 사절로 고려에 온 서긍이 견문
한 고려의 여러 가지 실정을 그림과 글로 쓴 기행문이다. 당시 고려는 인종 때로, 이자겸의 횡포 등 당시
사회상과 고려청자의 우수성 등을 기록하였다. 특히 고려청자를 비색이라고 극찬하였으나 상감법은 언급
하지 않았다.

선우빈 선우한국사

합격까지 **박문각**

근세 사회의 발전
(조선 전기)

제1장 조선 전기의 정치

제2장 조선 전기의 경제

제3장 조선 전기의 사회

제4장 조선 전기의 문화

CHAPTER 01 조선 전기의 정치

162 정도전의 정치사상과 요동 수복 운동

사료 1 정도전의 정치사상

임금의 자질에는 어리석은 자질도 있고 현명한 자질도 있으며, 강력한 자질도 있고 유약한 자질도 있어서 한결같이 않으며 임금의 아름다운 점은 순종하고 나쁜 점은 바로잡으며, 옳은 일은 받들고 옳지 않은 것은 막아서 임금으로 하여금 가장 올바른 경지에 들게 해야 한다.

『조선경국전』

사료 2 정도전의 요동 수복 운동

처음에 정도전과 남은은 임금을 날마다 뵙고 요동을 공격하기를 권고하고 『진도』를 익히게 하는 고로 그 급함이 이와 같았다. 이에 앞서 좌정승 조준이 휴가를 청하여 집에 돌아가 있으니, 정도전과 남은은 조준의 집에 찾아가서 말하기를 "요동을 공격하는 일은 이미 결정되었으니 공은 다시 말하지 마십시오."라고 하였다.

『태조실록』

사료 플러스✚

사료 1 : 정도전은 훌륭한 재상을 선택하고 재상에게 정치의 실권을 부여하여 위로는 임금을 받들어 올바르게 인도하고, 아래로는 백관을 통괄하여 만민을 다스리는 중책을 부여하자고 주장하였다.

사료 2 : 조선 왕조를 세우고 난 뒤 정도전은 병법서인 『진도』를 저술하고 태조 이성계와 함께 요동 수복 운동을 계획하였다. 그러나 이방원과 조준의 반대로 실행되지 못하였고 이후 1차 왕자의 난(1398) 때 정도전은 살해되었다.

163 태종의 6조 직계제

내가 일찍이 송도에 있을 때 의정부를 없애자는 의논이 있었으나, 지금까지 겨를이 없었다. 지난 겨울에 대간에서 작은 허물로 인하여 의정부를 없앨 것을 청하였으나 윤허하지 않았었다. 지난번에 좌정승이 말하기를 "중국에도 승상부가 없으니 의정부를 폐지해야 한다."라고 하였다. 내가 곰곰히 생각해보니 모든 일이 내 한 몸에 모이면 결재하기가 힘은 들겠지만, 임금인 내가 어찌 고생스러움을 피하겠는가.

『태종실록』

사료 플러스✚

1400년(정종 2) 세제(世弟: 왕위를 물려받을 왕의 아우인 이방원의 주도하에 도평의사사를 개편하고 의정부를 설치하였다. 이후 정종으로부터 왕위를 양위받은 태종은 의정부 재상의 기능을 약화시킨 대신 6조를 정2품 아문으로 승격시켜 의정부를 거치지 않고 곧바로 국왕에게 올려 재가를 받는 6조 직계제를 수립하였다.

164 세종의 장영실 등용

임금이 명령을 내리기를, "그의 부모가 비록 미천하나 정교한 솜씨가 보통 사람보다 뛰어나므로 내가 상의원 별좌에 임명하였다. 가끔 사냥 대회에서 내시를 대신하여 명령을 전하기도 하였다. 그러나 어찌 이것을 공로라고 하겠는가? 이제 자격루를 만들었는데, 이는 그가 아니면 만들어 내지 못할 것이다. 만대에 이어 전할 기구를 만들었으니 그 공로가 작지 아니하므로 호군의 관직을 더해 주고자 한다."라고 하였다.

『세종실록』

사료 플러스⁺

세종은 인재 등용에서도 파격적이었다. 노비나 장인, 상인에게도 유외잡직(流外雜織, 관품이 없는 하급 기술직)이라는 하급 전문직으로 나갈 수 있는 기회를 주었고, 장영실과 같은 천인 과학자를 우대하였다. 또한, 재인이나 화척 등을 '신백정(新白丁)'이라 하여 양민으로 신분을 올려주기도 하였다.

165 계유정난

세조가 새벽에 권남·한명회·홍달손을 불러 말하기를, "오늘은 요망한 도적을 소탕하여 종사를 편안히 하겠으니, 그대들은 마땅히 약속과 같이하라. 내가 깊이 생각해보니 간당 중에서 가장 간사하고 교활한 자로는 김종서 만한 자가 없다. 저 자가 만일 먼저 알면 일은 성사되지 못할 것이다. 내가 한두 명의 역사를 거느리고 곧장 그 집에 가서 선 자리에서 베고 달려 아뢰면, 나머지 도적은 평정할 것도 없다. 그대들은 어떻게 생각하는가?" 하니, 모두 말하기를, "좋습니다."라고 하였다.

『세조실록』

사료 플러스⁺

문종이 죽고 12세의 어린 단종(재위 1452~1455)이 왕위에 오르면서 의정부 원로대신인 김종서·황보인 등에 의해 재상 중심 정치가 이루어지자, 세종의 둘째 아들인 수양 대군이 정변을 일으켜 김종서·황보인 등 의정부 대신들을 축출하고 권력을 장악하였다[계유정난(癸酉靖難, 1453)].

사료1 태종의 6조 직계제

- 의정부의 서사를 나누어 6조에 귀속시켰다. …… 처음에 왕(태종)은 의정부의 권한이 막중함을 염려하여 이를 혁파할 생각이 있었는데, 이에 이르러 신중히 급작스럽지 않게 행하였다. 의정부가 관장한 것은 사대 문서와 중죄수의 심의뿐이었다. 『태종실록』

- 비로소 의정부의 업무를 육조(六曹)로 귀속하였다. "…… 이제부터는 모든 일에 전례가 있는 것은 모두 각 조에 맡기도록 하고, 각 조에서 특별한 예가 있는 경우에 의정부에 보고하면, 의정부에서는 경중을 참작하여 임금께 아뢸 것은 아뢰고, 하달할 것은 하달하며, 각 조에서 만일 착오가 있거나 막히는 것이 있으면, 의정부에서 근면과 태만을 고찰하여 시비를 결정하게 하소서. 이와 같이 하면 크고 작은 일이 서로 유지되고, 번잡하고 간단한 것이 서로 가지런해져, 재상은 사소한 업무에 시달리지 않고 담당 관리는 직무를 폐하는 데에 이르지 아니하여, 강목(綱目)이 거행되고 베풀어져 다스리는 도리가 거의 체통을 이루게 될 것입니다." 『태종실록』

사료2 세조의 6조 직계제

상왕(단종)이 어려서 무릇 조치하는 바는 모두 대신에게 맡겨 논의 시행하였다. 지금 내 (세조)가 명을 받아 왕통을 계승하여 군국 서무를 아울러 모두 처리하며 조종의 옛 제도를 모두 복구한다. 지금부터 형조의 사형수를 제외한 모든 서무는 6조가 각각 그 직무를 담당하여 직계한다. 『세조실록』

사료 플러스

왕권 강화책인 6조 직계제는 6조가 의정부를 거치지 않고 곧바로 국왕에게 올려 재가를 받는 체제로 태종과 세조 때 실시되었다.

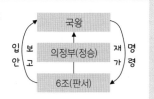

6조 직계제를 시행한 이후 일의 크고 작음이나 가볍고 무거움이 없이 모두 6조에 붙여져 의정부와 관련을 맺지 않고, 의정부의 관여 사항은 오직 사형수를 논결하는 일뿐이므로 옛날부터 재상을 임명한 뜻에 어긋난다. …… 6조는 각기 모든 직무를 먼저 의정부에 품의하고, 의정부는 가부를 헤아린 뒤에 왕에게 아뢰어 (왕의) 전지를 받아 6조에 내려 보내어 시행한다. 다만, 이조·병조의 제수, 병조의 군사 업무, 형조의 사형수를 제외한 판결 등은 종래와 같이 각 조에서 직접 아뢰어 시행하고 곧바로 의정부에 보고한다. 만약 타당하지 않으면 의정부가 맡아 심의 논박하고 다시 아뢰어 시행토록 한다. 『세종실록』

조선 초기 왕권과 신권의 권력관계의 변화에 따라 6조 직계제와 의정부 서사제가 번갈아 시행되었다.

6조 직계제는 태종과 세조 때 의정부의 권한을 약화시키고 왕권을 강화하기 위해 실시되었으며, 의정부 서사제는 세종 때 의정부의 권한을 다시 강화시켜 왕권과 신권의 적절한 조화를 도모하기 위해 시행되었다.

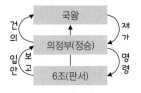

168 언관(3사)

• 들어오면 임금이 모습을 단정히 하고 나가면 백관이 두려워하고 조심하며, 간사한 자가 곁눈질하여 감히 나쁜 짓을 하지 못하는 것은 <u>간관(諫官)</u>의 말을 두려워하기 때문이다.

『태종실록』

• <u>사간원과 사헌부에서 상언(上言)하였다.</u> …… 신 등의 직책이 이 간쟁을 맡았으므로 감히 함묵할 수 없어 삼가 죽음을 무릅쓰고 <u>상언합니다.</u>

『태종실록』

조선의 3사(사간원, 사헌부, 홍문관)는 행정 분야와 다르게 간쟁권을 가진 언론으로서 왕권 및 대신의 독재를 견제할 수 있었다. 특히 사간원은 왕의 간쟁을 담당하였고 사헌부는 감찰 기관으로서 관리를 규찰하고 풍속의 교정을 담당하면서 사간원과 함께 서경권(왕이 5품 이하의 관리를 임면하거나 법률의 개폐 시 동의권을 행사하는 권한)을 가지고 있었다.

169 대간

<u>대관[1]</u>은 마땅히 위엄과 명망이 우선되어야 하고 탄핵은 뒤로 하여야 한다. 왜냐하면 위엄과 명망이 있는 자는 비록 종일토록 말하지 않더라도 사람들이 스스로 두려워 복종할 것이요, 이것이 없는 자는 날마다 수많은 글을 올린다 하더라도 사람들이 두려워하지 않기 때문이다. 대개 강의한 뜻과 정직한 지조가 본래 사람들에게 알려지지 못한 채 한갓 탄핵만으로 여러 신하들을 두렵게 하고 안과 밖을 깨끗이 하려 한다면 기강은 떨쳐지지 못하고 원망과 비방이 먼저 일어날까 두렵다. …… <u>천하의 득실과 백성들을 이해하고 사직의 모든 일을 간섭하고 일정한 직책에 매이지 않는 것은 홀로 재상만이 행할 수 있으며 간관[2]만이 말할 수 있을 뿐이니, 간관의 지위는 비록 낮지만 직무는 재상과 대등하다.</u>

『삼봉집』

사간원과 사헌부를 양사 또는 대간(臺諫)이라 불렀는데, 대간에서는 왕의 정치에 대해 비판할 수 있는 간쟁권과, 왕이 5품 이하의 관리를 임면하거나 법률의 개폐 시 동의권을 행사하는 서경권이 있었다.

1) 감찰·탄핵하는 임무를 가진 대관(臺官)은 사헌부를 말한다.
2) 국왕을 간쟁·봉박하는 임무를 가진 간관(諫官)은 사간원을 말한다.

170 관찰사의 임무

첫째, 사람을 가려서 뽑아야 한다.
둘째, 직분을 다하여야 한다.
셋째, 잘못된 것을 들추어 탄핵하여야 한다.
넷째, 지나치게 관대해서는 안 된다.
다섯째, 먼 곳이라도 순시하여야 한다.

『경제문감』

사료 플러스⁺

전국의 8도에는 행정·군사·사법권을 지닌 관찰사(감사, 도백, 방백)가 파견되어(임기 : 360일) 감영(監營)에서 근무하였다. 관찰사는 수령을 지휘·감독하고 민생을 순찰하였으며, 수령의 근무 성적을 평가하여 중앙에 보고하였다.

171 유향소

지금까지 고을에서 백성을 예속(禮俗)으로 이끈 사람이 몇이나 되는가. 수령은 장부 처리에 바빠서 그럴 틈이 없었고, 선비들은 풍속을 교화시킬 방법은 있었으나 지위가 없어서 사람들이 따르지 않았다. 이제 우리 전하께서 전에 폐지되었던 유향소를 다시 두게 하셨으니, 나이와 덕망이 높은 자를 추대하여 좌수(座首)라고 일컫고, 그 다음을 별감(別監)이라고 일컫었다.

『성종실록』

사료 플러스⁺

유향소는 수령을 보좌하는 고문 기관으로, 풍속 교정·향리 규찰·정령 시달·민정 대표 등을 수행하는 지방 자치 기관이었다. 유향소에서는 향안에 기록된 향촌의 덕망 있는 인사들을 뽑아 장(長)인 좌수와 2명의 별감으로 삼았다.

172 수령의 임무

[사료1] **수령 칠사**

평택 현감 변징원이 하직하니, 임금께서 내전으로 불러 만나보고 묻기를 …… "그대는 이미 수령을 지냈으니, 백성을 다스리는 데 무엇을 먼저 하겠는가?" 하니, 변징원이 대답하기를, "마땅히 칠사(七事)를 먼저 할 것입니다." 하였다. 임금께서 말하기를, "칠사라는 것은 무엇인가?" 하니, 변징원이 대답하기를, "농상(農桑, 농사와 양잠)을 성(盛)하게 하는 일, 학교를 일으키는 일, 소송을 간략하게 하는 일, 간활(奸猾, 간사하고 교활함)을 없애는 일, 군정(軍政)을 닦는 일, 호구를 늘리는 일, 부역을 고르게 하는 일이 바로 칠사입니다."라고 하였다.

『성종실록』

[사료2] **부민고소금지법**

부민(部民)이 고소하는 것은 본래 아름다운 뜻이 아닌 데다 거짓으로 꾸며서 고소하여 수령을 죄에 빠뜨리기를 기도함에 따라 풍속이 점점 야박해지니, 사체(事體)가 온당치 못하다. 이 뒤로는 자기의 억울한 일 외에는 모두 들어주어 심리하지 말아 백성의 풍속이 야박해지는 것을 돌이켜 넉넉하게 되도록 하라." 하였다.

『성종실록』

사료 3 원악향리처벌법

형조에서 아뢰기를 "이제부터 향리로서 영세민을 침해하여 도죄(徒罪)를 범한 자는 장형을 집행한 뒤 역리로 귀속시키고, 유죄(有罪)를 범한 자는 장형을 집행한 후에 다른 도의 역리로 귀속시켜야 합니다. 백성들을 괴롭히는 향리를 사람들에게 고발하게 하고 이를 심리하지 않는 관리도 아울러 치죄하소서."라고 하니 왕이 이에 따랐다. 『세종실록』

사료 플러스⁺

사료 1: 조선 시대 수령은 왕의 대리인으로 지방의 행정·사법·군사권을 가지고 있었다.

🔖 **참고 고려와 조선의 수령 업무 비교**

고려의 수령 5사(守領五事)		조선의 수령 7사(守領七事)	
1. 농업의 장려	2. 치안 확보	1. 농업의 장려	2. 교육의 진흥
3. 호구의 증식	4. 부역의 균등	3. 재판의 공정	4. 호구의 증식
5. 재판의 공정		5. 부역의 균등	6. 군대의 정비
		7. 치안의 확보(간사하고 교활한 무리 제거)	

사료 2: 부민고소금지법(部民告訴禁止法)은 하급 관리가 상급 관원을 고소하거나, 지방의 향리나 백성들이 관찰사나 수령을 고소하는 것을 금지하던 법으로, 수령의 권위를 강화시켰다.

사료 3: 원악향리처벌법(元惡鄕吏處罰法)은 자신의 지위나 세력을 이용하여 백성을 괴롭히는 토호적 향리를 처벌하기 위해 제정된 법으로, 향리를 통제하기 위한 목적도 가지고 있었다.

173 제승방략 체제

을묘왜변 이후 김수문이 전라도에서 처음으로 도내의 여러 읍을 순변사·방어사·조방장·도원수와 본도 병사·수사에게 소속시키니 여러 도에서 이를 본받았다. …… 이리하여 한번 위급한 일이 있으면 반드시 멀고 가까운 곳의 군사를 모두 동원하여 빈 들판에 모아 놓고 1,000리 밖에서 오는 장수를 기다리게 하였다. 그러므로 장수는 아직 때맞추어 이르지 않았는데, 적은 이미 가까이 오게 되니 군심이 동요하여 반드시 궤멸하는 도리밖에 없다.

유성룡의 상계

사료 플러스⁺

제승방략 체제는 유사시에 각 고을의 수령이 그 지방에 소속된 군사를 이끌고 본진(本鎭)을 떠나 배정된 방어 지역으로 가면 중앙에서 파견된 장수가 지휘하는 방어 체제이다. 중종 때의 삼포왜란, 명종 때의 을묘왜변을 겪으면서 시도된 전략으로서, 이 체제에 따르면 후방 지역에는 군사가 없기 때문에 1차 방어선이 무너지면 그 뒤는 막을 길이 없어 임진왜란 초기 패전의 원인이 되었다.

174 사림파의 형성(김종직)

김종직의 자는 계온인데, 사예 김숙자의 아들이고, 호는 점필재이며, 선산 사람이다. 세조 때
급제하고 예종과 성종을 섬기면서 형조 판서에 이르렀고, 시호는 문간공이다. 효행이 있고
문장이 고결하여 한때 유림의 우두머리가 되었는데, 후학들에게 권장하기 좋아하여 많은 사
람들이 학문을 성취하였다. 김굉필과 정여창 같은 이는 도학으로 명성이 있었고, 김일손, 유
호인, 조위, 이종준, 남효온, 홍유순 같은 이들은 문장으로 이름나고, 그 밖에도 공부하는 방
법을 가르쳐 주어 이름을 얻은 이가 매우 많다.   「대동야승」

> **사료 플러스+**
>
> 사림의 연원은 고려 왕실에 절의를 지켰던 정몽주, 길재 등으로 거슬러 올라간다. 특히 길재는 고향인 선
> 산에 은거하면서 많은 제자를 양성하였다. 이후 김종직 대에 이르러서는 사림이 크게 늘어 영남 일대에
> 큰 세력을 형성하더니, 그 뒤에는 기호 지방까지 세력이 확대되었다.

175 4대 사화

사료1 무오사화

지금 그 제자 김일손이 찬수한 사초 내에 부도(不道)한 말로 선왕조의 일을 터무니없이
기록하고, 또 그 스승 김종직의 「조의제문」을 실었다. 「조의제문」에 이르기를, (세조 3년)
…… 꿈에 신인이 나타나, "나는 초나라 회왕 손심인데, 서초 패왕(항우)에게 살해되어 빈
강에 묻혀있다." 하고는 홀연히 사라졌다. 나는 꿈에서 깨어 놀라며 이르기를, '역사를 상
고해 보아도 시신이 강에 버려졌다는 말은 없으니, 정녕 항우가 사람을 시켜서 비밀리에
쳐 죽이고 그 시체를 물에 던진 것일까? 이는 알 수 없는 일이다.' 하였다. 드디어 글을
지어 그를 조문한다. …… '조룡(祖龍)이 어금니와 뿔을 휘두른다.'고 한 것은 세조를 가리
켜 진시황제에 비긴 것이요, '회왕을 찾아내어 민망(民望)에 따랐다.'고 한 것은 노산군을
가리켜 의제(義帝)에 비긴 것이고, '그 인의를 볼 수 있다.'고 한 것은 노산을 가리킨 것이
니 의제의 마음에 비추어 말한 것이다.   「연산군일기」

사료2 갑자사화

이파의 자손은 폐하여 서인으로 하고, 한명회, 심회, 정창손, 정인지, 김승경 등은 만일 종
묘에 배향된 자가 있으면 내치라. 또 이세좌의 아들, 사위, 아우로서 부처된 자는 폐하여
서인으로 하여 영구히 사판(仕版)에 오르지 못하게 하라.   「연산군일기」

사료3 기묘사화

- 조광조, 김정, 김식, 김구, 윤자임, 기준, 박세희, 박훈 등이 자기에게 붙는 자는 천거하고 자기와 뜻이 다른 자는 배척하여, 성세로 서로 의지하고 권세 있고 중요한 자리를 차지하고서 후진을 이끌어 국론이 전도되고 조정을 그르치게 하였으니 그 죄가 크다. 『중종실록』
- 남곤은 나뭇잎의 감즙을 갉아 먹는 벌레를 잡아 모으고 꿀로 나뭇잎에다 '주초위왕(走肖爲王)' 네 글자를 쓰고서 벌레를 놓아 갉아 먹게 하였다. …… 중종에게 보여 화(禍)를 조성하였다. 『중종실록』

사료4 을사사화

윤임은 화심(禍心)을 품고 오래도록 흉계를 쌓아 왔다. 처음에는 동궁(東宮)이 외롭다는 말을 주창하여 사림들 사이에 의심을 일으켰고, 중간에는 정유삼흉(丁酉三兇)의 무리와 결탁하여 국모를 해치려고 꾀하였고, …… 이에 윤임·유관·유인숙 세 사람에게는 사사(賜死)만 명한다. 『명종실록』

사료 플러스⁺

사료 1: 무오사화(1498, 연산군 4년)에 대한 내용이다. 조선 성종(재위 1469~1494) 때 김종직(1431~1492)이 지은 「조의제문(弔義帝文)」은 항우(項羽, B.C. 232~B.C. 202)에게 죽은 초나라 회왕(懷王), 즉 의제(義帝)를 위해 지은 글이다. 그런데 그 내용이 세조에게 죽임을 당한 단종(재위 1452~1455)을 의제에 비유하였다고 하여 문제가 되었으며, 이것이 연산군 때 무오사화가 일어나는 계기로 이어졌다. 그 결과 김종직은 부관참시를 당하고 김일손은 능지처참을 당했으며, 20명이 넘는 사림파 관료들이 목숨을 잃거나 처벌을 당하였다.

사료 2: 갑자사화(1504, 연산군 10년)에 대한 내용이다. 갑자사화는 연산군의 생모 윤씨가 폐비되어 사약을 받아 죽게 된 사건을 연산군이 알게 되면서 시작되었다. 연산군은 사약 공론에 참여했거나, 또는 이를 힘써 간하지 못한 신하들을 대거 처형하였다. 또 사약 공론에 참석했던 신하로서 이미 죽은 한명회, 정창손 등은 부관참시하였다.

사료 3: 기묘사화(1519, 중종 14년)에 대한 내용이다. 기묘사화는 조광조의 급진적 개혁 정치가 그 빌미로 작용하였다. 사림파의 성장에 위협을 느낀 훈구파는 사림파의 위훈 삭제 주장을 계기로 반격을 가하였다. 그 결과 조광조를 비롯한 70여 명의 사림파 관료들이 반역죄로 목숨을 잃거나 처벌을 당하였다.

사료 4: 을사사화(1545, 명종 원년)에 대한 내용이다. 명종 때 윤임을 중심으로 한 인종의 외척(흔히 大尹)과 윤원형을 중심으로 한 명종의 외척(흔히 小尹) 간에 권력 다툼이 일어나게 되었다. 그 결과 소윤이 대윤을 축출하였고 이 과정에서 사림들도 많은 피해를 입게 되었다. 이후 윤원형을 비롯한 명종의 외척인 척신들이 정국을 주도하면서 척신 정치가 이루어지게 되었다.

- 법도가 정해지고 기강이 서려면 일찍이 대신(大臣)을 공경하여 그에게 정치를 맡기는 것 만한 게 없사옵니다. 임금은 혼자서 다스리지 못하고 반드시 대신에게 맡긴 뒤에라야 다 스리는 도(道)가 서게 됩니다. 임금은 하늘, 신하는 사시(四時)와 같으니 하늘이 스스로 행 하고 사시의 운용이 없으면 모든 교화가 일어나지 못하옵니다.　　　　　『조정암 선생 문집』

- 과거의 격식은 조종조에서도 각각 제도가 달랐으니 경서를 강독하기도 하고 강독하지 않 기도 하였습니다. 지금 거론된 천거로 뽑는 일은 놀랄 일이 아닙니다. 처음에는 천거로 하 면 덕행(德行)이 있는 자가 빠지지 않을 것이요, 또 책(策)으로 시험하면 그 재행(才行)을 볼 수 있을 것이니 이는 지극히 좋은 방법입니다.　　　　　　　　　　　　　『중종실록』

사료 플러스⁺

1506년 중종반정 이후 중종은 개혁을 추진하기 위해 사림파의 거두였던 조광조를 파격적으로 발탁하였다. 유교적 도덕 국가의 건설을 정치적 목표로 삼고 있던 조광조는 중종의 신임을 받아 훈구파를 비판하고 개혁을 시도하였다. 그 구체적인 실천 방법으로 현량과(천거제)를 실시하여 사림을 등용하려 하였다.

🔖 참고 김종직과 조광조

김종직 (1431~1492)	• 정몽주와 길재의 학통 계승 • 제자 김일손이 사관으로서 사초에 수록하여 무오사화의 단서가 된 「조의제문(弔義帝文)」을 지음.
조광조 (1482~1519)	• 조선 중기 문신 • 중종 때 사림파의 거두로 발탁되어 도학 정치의 실현을 위해 적극적 개혁 시도, 1519년 기묘사화로 귀양, 사사됨. • 조광조의 개혁 ① 사림 세력 강화 : 위훈 삭제, 현량과(사림 천거제) 실시 ② 정통 성리학의 질서 추구 : 경연 강화, 향약 실시, 유교 윤리 보급(『주자가례』, 『소학』 등 보급), 불교와 도교 행사 폐지(소격서 폐지, 유교식 의례 장려) ③ 현실 개혁 : 방납 폐단 시정(수미법 주장), 토지 제도 개혁(균전제와 한전론 실시)

177 이익의 붕당론

붕당은 싸움에서 생기고, 그 싸움은 이해관계에서 생긴다. 이해가 절실할수록 당파는 심해지고, 이 해가 오래될수록 당파는 굳어진다. …… 이제 열 사람이 모두 굶주리다가 한 사발밥을 함께 먹게 되었다고 하자. 그릇을 채 비우기도 전에 싸움이 일어난다. …… 말이 불손하다, 태도가 공손치 못 하다, …… 싸움이 밥 때문이지 말이나 태도나 동작 때문에 일어나는 것이 아님을 알 수 있다. …… 이해(利害)의 연원이 있음을 알지 못하고는 그 그릇됨을 장차 구할 수가 없는 법이다.　『성호집』

사료 플러스⁺

조선 후기 중농학파 실학자 이익은 붕당 정치의 원인을 이익을 추구하는 정치에 두고 양반 사회와 관료 제도의 모순을 지적하였다. 즉, 양반들은 실제 생업에 종사하지 않고 오로지 관직을 얻는 일만을 목표로 삼는데, 그것 은 관직을 얻어 관리가 되면 부(富)가 따르기 때문이라 하였다. 그러나 고정된 정치 기구 밑에서 관리 등용에는 일정한 한계가 있게 마련이다. 따라서 고질화된 붕당의 폐풍을 고치고 나라와 사회를 안정시키려면, 한편으로 인재 등용의 방법을 고쳐서 문벌이나 당색 중심의 정치를 타파하고, 다른 한편으로는 관료 기구를 개편하는 동 시에 생업에 종사하지 않고 사치스러운 소비생활을 하는 양반들의 생리를 고쳐나가야 한다고 주장하였다.

178 이조 전랑의 역할

무릇 내외의 관원을 선발하는 것은 3공에게 있지 않고 오로지 이조에 속하였다. 또한, 이조의 권한이 무거워질 것을 염려하여 3사 관원의 선발은 판서에게 돌리지 않고 낭관에게 오로지 맡겼다. 따라서 이조의 정랑과 좌랑이 또한 3사의 언론권을 주관하게 되었다. 3공과 6경의 벼슬이 비록 높고 크나, 조금이라도 마음에 차지 않는 일이 있으면 전랑이 3사의 신하들로 하여금 논박하게 하였다. …… 이 때문에 전랑의 권한이 3공과 견줄 만하였다. 이것이 바로 크고 작은 벼슬이 서로 엮이고 위와 아래가 서로 견제하여 300년 동안 큰 권세를 농간하는 신하가 없었고, 신하의 세력이 커져서 임금이 제어하기 어려웠던 근심이 없었던 까닭이다.

이중환, 『택리지』

사료 플러스+

이조 전랑은 5품에 해당하는 이조의 관직이자 관리의 임면(任免, 임명과 해임)을 담당한 요직으로 후임자는 자신이 천거할 수 있어서 그 권한이 매우 강하였다. 조선 후기 실학자 이중환은 조선의 붕당 정치는 이조 전랑을 둘러싼 대립에 그 원인이 있다고 보았다.

179 동인·서인의 분당

김효원이 알성 과거에 장원으로 합격하여 (이조) 전랑의 물망에 올랐으나, 그가 윤원형의 문객이었다 하여 심의겸이 반대하였다. 그 후에 (심의겸의 동생) 심충겸이 장원 급제하여 전랑으로 천거되었으나, 외척이라 하여 효원이 반대하였다. 이때 양편 친지들이 각기 다른 주장을 내세우면서 서로 배척하여 동인·서인의 말이 여기서 비롯하였다. 효원의 집이 동쪽 건천동에 있고 의겸의 집이 서쪽 정동에 있기 때문이었다. 동인의 생각은 결코 외척을 등용할수 없다는 것이었고, 서인의 생각은 의겸이 공로가 많을 뿐더러 선비인데 어찌 앞길을 막느냐는 것이었다.

『연려실기술』

사료 플러스+

선조 때 신진 사림의 지지를 받던 김효원과 왕실의 외척이면서 기성 사림의 지지를 받던 심의겸 간에 이조 전랑직의 자리를 두고 갈등이 생기게 되었고, 사림이 동인(신진 사림)과 서인(기성 사림)으로 나누어지면서 붕당이 출현하였다.

참고 동인과 서인

붕당	출신 배경	척신 정치 개혁	지지 인물	정치적 입장	학맥
동인	신진 사림	적극적	김효원	• 수기(修己)를 강조 • 지배자의 도덕적 자기 절제	이황, 조식, 서경덕의 학문 계승
서인	기성 사림	소극적	심의겸	• 치인(治人)에 중점 • 제도 개혁을 통한 부국안민	이이, 성혼의 학문 계승

180 예송 논쟁

사료1 1차 기해예송

예조가 아뢰기를, "자의 왕대비께서 선왕의 상에 입어야 할 복제를 결정해야 하는데, 어떤 사람은 <u>삼년복</u>을 입어야 한다고 하고 어떤 사람은 <u>기년복(期年服)</u>을 입어야 한다고 하니 어떻게 결정해야 할지 모르겠습니다."라고 하였다. 이에 국왕은 여러 대신에게 의견을 물은 다음 <u>기년복</u>으로 결정하였다.

『현종실록』

사료2 2차 갑인예송

기해년의 일은 생각할수록 망극합니다. 그때 저들이 효종 대왕을 서자처럼 여겨 대왕대비의 상복을 기년복(1년 상복)으로 낮추어 입도록 하자고 청했으니, 지금이라도 잘못된 일은 바로잡아야 하지 않겠습니까?

『현종실록』

사료 플러스⁺

예송 논쟁은 차남으로 왕위에 오른 효종을 정통으로 보느냐에 관한 서인과 남인의 예법에 대한 논쟁이다. 1659년 효종이 죽자 자의대비(인조의 계비 조대비)의 복상 기간을 기년(朞年)으로 할 것인가 3년으로 할 것인가에 대한 논란으로 시작되었다. 일반적으로 사가(私家)는 『주자가례』에 따라 사례(四禮: 관혼상제)를 행하고 있었고, 왕가(王家)는 성종 대에 제정된 『국조오례의』를 기준으로 하였다. 그런데 『국조오례의』에는 효종처럼 차자(次子, 둘째 아들)로서 왕위에 올랐다가 죽었을 경우, 어머니의 상복에 관한 규정이 없었으므로 문제가 발생하였다.

사료 1 : 기해예송(1차, 1659)은 효종의 상을 계기로 자의대비(인조의 계비 조대비)의 복제를 둘러싼 논쟁이다. 윤휴는 장자가 죽으면 적처 소생 제2자를 장자로 세운다는 『의례』의 말을 인용하여 효종은 비록 둘째 아들이나 적자로서 왕위를 계승했기 때문에 차장자설(次長子說)에 입각하여 3년상을 치러야 한다고 주장하였고, 송시열은 『의례』의 사종지설(四種之說: 왕위를 계승했어도 3년상을 치를 수 없는 이유) 중 체이부정(體而不正: 적자이지만 장자가 아닌 경우)에 입각하여 효종은 인조의 차자이므로 1년상이 옳다고 반박하였다. 결국 1차 예송 논쟁에서 서인의 1년설이 채택되었다.

사료 2 : 갑인예송(2차, 1674)은 효종 비의 상을 계기로 다시 자의대비의 복제를 둘러싼 논쟁이다. 현종 비의 장인인 김우명과 김석주는 서인이면서도 송시열을 제거하고 정권을 장악하기 위해 남인과 연계하여 효종 비를 장자부로 보고 남인의 기년설을 찬성하였다. 현종도 기해년의 복제는 고례(古禮)를 쓴 것이 아니라 국제(國制)를 쓴 것인데 선왕(先王)의 은혜를 입고도 체이부정이란 말을 할 수 있느냐며 기년복을 찬성하였다. 그리하여 이번에는 남인이 예송에서 승리하게 되어 대공설을 주장한 영의정 김수흥 등 서인들이 정계에서 축출되고, 남인들이 다시 조정에 돌아오게 되었다.

181 조선과 명의 외교

황제께서 후하게 대우하고, "너희 나라 사신의 행차가 왕래하는데 길이 멀어서 비용이 많이 드니, 지금부터는 3년에 한 번 조회하라."라고 명령하셨습니다.

『태조실록』

사료 플러스+

명에 사신으로 갔던 남재가 조선으로 돌아와, 명 황제가 3년에 한 번만 사절을 파견하라고 했다는 말을 전하고 있다. 그런데 조선은 매년 정기 사절 이외에도 여러 번 비정기 사절을 파견하였다. 사절 파견은 조공품도 바쳐야 하고 비용도 많이 들었을 텐데, 왜 그랬을까? 실제로 명은 주변 국가가 사절을 자주 파견하는 것을 달가워하지 않았다. 대국으로서 사절을 후하게 대접하고 돌아갈 때 많은 답례품을 주어야 했기 때문이다. 반면 조선은 명에 매년 세 차례의 사절 파견을 요청하여 두 나라가 갈등을 빚기도 하였다. 결국에는 조선의 입장이 받아들여져 중종 때까지 매년 세 차례의 정기 사절이 파견되었고, 비정기 사절도 수시로 파견되었다. 이러한 사실은 명에 대한 사절 파견이 경제적·문화적으로 조선에 이익이 더 많았음을 보여 준다.

182 신숙주의 『해동제국기』

전하께서 신에게 명하여 해동 여러 나라와 조빙(朝聘)으로 왕래한 고사(故事), 관곡(館穀)을 주어 예우한 전례를 찬술해 가지고 오라 하셨다. 나는 삼가 옛 문적을 상고하고, 보고 들은 것을 덧붙여서, 지도를 그리고 간략히 세계(世系)의 본말과 풍토를 서술하고, 우리나라에서 접대하던 절차에 이르기까지 수집해 모아 책을 만들어 올렸다.

사료 플러스+

조선 성종 2년(1471)에 신숙주가 왕명에 따라 쓴 일본에 관한 책이다. 해동제국이란 일본의 혼슈[本州], 규슈(九州], 이키섬[壹岐島], 쓰시마섬[對馬島], 류큐(琉球) 제도를 말하는데, 이들 지역의 지세·국정·국교에 대하여 자세히 기록하였다. 조선 전기의 한일 관계사와 일본의 역사·지리를 아는 데 중요한 자료가 된다.

183 을묘왜변(1555)

조선 조정이 일본과의 교역량을 줄이자 경제적 난관을 겪게 된 대마도 등지의 왜인들이 배 70여 척에 분승하여 전라도 영암의 달량포와 이포에 상륙하여 약탈 행위를 자행했다.

『명종실록』

사료 플러스+

1510년의 삼포왜란 이래 조선 조정이 일본과의 교역량을 줄이자 경제적 난관을 겪게 된 대마도 등지의 왜인들이 1555년 배 70여 척에 나누어 타고 전라도 영암의 달량포(현재 해남)와 이포에 상륙한 뒤 약탈 행위를 자행하였는데, 이것을 을묘왜변이라고 부른다.

184 신립의 탄금대 전투

> 왜적이 복병을 설치하여 우리 군사의 후방을 포위하였으므로 우리 군사가 크게 패하였다.
> 삼도순변사 신립은 포위를 뚫고 달천의 월탄가에 이르러, "전하를 뵈올 면목이 없다." 하고
> 빠져 죽었다.
>
> 『선조실록』
>
> **사료 플러스+**
>
> 1592년(선조 25) 4월 약 20만의 왜군은 부산에 상륙하여 부산진 첨사 정발이 지휘하는 방어진을 격파하
> 고, 이어서 동래부사 송상현이 지휘하는 방어진도 차례로 격파하였다. 동래성을 점령한 왜군은 세 갈래로
> 나누어져 한양을 향하여 북상하였고, 이에 신립이 충주 탄금대에 배수진을 치고 방어하였으나 무기와 전
> 력의 열세로 패하였다.

185 휴전 협정의 결렬 및 이순신의 명량 대첩

> • 명의 사신이 배에 오르자 우리 사신 일행도 배에 올랐다. 이에 앞서 사카이(界)에 도착했
>   을 때, 우리나라에서 잡혀온 사람들이 앞을 다투어 찾아왔다. …… 왜장들도 말하기를 화
>   친이 이루어지면 사신과 함께 포로들을 돌려보내겠다고 하더니 …… 이때에 이르러 화친
>   이 성사되지 못해 다시 죽이려 한다는 말을 듣게 되자 목 놓아 우는 포로들이 얼마인지
>   알 수 없었다.
>
>   『일본왕환일기』
>
> • "신에게 전함이 아직 열두 척이 있습니다. 죽을 힘을 다하여 막아 싸우면 어찌 승리할 수
>   가 없겠습니까. 전함이야 적지만 신은 죽지 않았습니다. 적은 감히 우리를 업신여기지 못
>   할 것입니다." …… 장수들을 불러 모아 놓고, "병법에 이르기를, '죽기를 각오하고 싸우면
>   반드시 살 것이고, 살려고 회피하면 반드시 죽을 것이다. 한 사람이 길목을 막아 지켜도
>   능히 천 사람을 두렵게 할 수가 있다.'고 하는데 이것은 지금 우리를 두고 한 말이며 여기
>   가 그런 길목이다. 명령에 어긋남이 있으면 작은 일이라도 용서치 않을 것이니 모두 명심
>   하라."라고 결연하게 말했다.
>
>   『난중일기』
>
> **사료 플러스+**
>
> 도요토미 히데요시의 지나친 요구로 명과 일본 사이의 휴전 협정이 결렬되고, 1597년 왜적이 재침(정유
> 재란)하였을 때 일본의 간계로 이순신은 수군통제사에서 파면되고 원균이 새로 임명되었다. 원균은 미숙
> 한 전술과 무리한 싸움으로 일본군의 전략에 말려 칠천량(거제도 부근)에서 대패하였다. 일본은 이 승리
> 로 9월에 충청도 지방까지 다시 북상하였다. 이에 조선군과 명군은 왜군이 북상하는 것을 직산에서 막고
> 남쪽으로 격퇴시켰다. 이때 3도 수군통제사로 재등용된 이순신이 12척의 함선으로 300여 척의 왜군 함대
> 를 명량에서 크게 무찔러 대승을 거두었다[명량 대첩(1597. 9.)].
>
> **참고 이순신의 『난중일기(亂中日記)』**
>
> 충무공 이순신이 임진왜란 때 진중에서 쓴 일기로, 임진왜란 7년 동안의 상황을 가장 구체적으로 알려
> 준다. 『난중일기』처럼 전쟁 중 지휘관이 직접 기록한 사례는 전 세계적으로도 유례를 찾기 어렵다는 점
> 과 임진왜란 당시 동아시아 열강의 모습을 살펴볼 수 있다는 점에서 그 역사적 중요성과 가치를 인정받
> 아 유네스코 세계 기록 문화유산에 등재되었다.

186 공명첩

이때(선조 25년 11월 무오) 적의 목을 벤 자, 납속을 한 자, 작은 공이 있는 자에게는 모두 관리 임명장 또는 천인 신분, 국역을 면하는 증서를 주었다. 병사를 모집하고 납속을 모집하는 담당 관리가 이것을 가지고 지방에 내려갈 때 이름 쓰는 데만 비워 두었다가 응모자가 있으면 수시로 이름을 써서 주었다. 『선조실록』

본인의 이름을 적는 부분

▲ 공명첩

사료 플러스⁺

임진왜란으로 토지 대장이 소실되고 농토가 황폐해짐에 따라 인구가 격감하였고, 국가 재정이 궁핍해졌으며 식량이 부족하게 되었다. 정부는 부족한 국가 재정을 보충하기 위하여 곡식을 바치는 자에게 관직을 주거나 신분을 승격시켜 주는 납속책과 공명첩을 대량 발급하였고, 이로 인해 신분 제도의 동요를 초래하였다.

187 광해군의 중립 외교

빈출사료

명이 임진왜란 때 나라를 다시 세워준 은혜는 만세토록 잊을 수 없다. 선왕(선조)이 즉위하여 40년 동안 지성으로 사대(事大)하여 평생 등을 서쪽(중국 쪽)으로 대고 앉은 적이 없었다. 광해군은 배은망덕하여 천명의 두려움을 모르고 음흉하게 두 마음을 품어 오랑캐에게 정성을 바쳐 기미년 오랑캐를 칠 싸움에 이르러 장수에게 "정세를 보아 향배를 정하라."라고 일렀다. 우리 삼한 예의의 나라로 하여금 오랑캐와 짐승의 지경으로 돌아가게 하였으니 통탄해 본들 어찌 말을 다하겠는가? 『광해군일기』

사료 플러스⁺

이 사료는 인조반정을 일으킨 서인들의 외교적 입장(친명배금)을 반영한 글로, 임진왜란 이후 명이 쇠약해지고 북방 여진족이 강성해진 정세 변화를 인식하여 신중한 중립적 외교 정책을 펼친 광해군의 중립 외교를 비판하고 있다.

빈출사료

사료1 최명길의 주화론

화친을 맺어 국가를 보존하는 것보다 차라리 의를 지켜 망하는 것이 옳다고 하였으나 이 것은 신하가 절개를 지키는 데 쓰이는 말입니다. …… 자기의 힘을 헤아리지 아니하고 경 망하게 큰소리를 쳐서 오랑캐들의 노여움을 도발, 마침내는 백성이 도탄에 빠지고 종묘와 사직에 제사를 지내지 못하게 된다면 그 허물이 이보다 클 수 있겠습니까. …… 늘 생각 해 보아도 우리의 국력은 현재 바닥나 있고 오랑캐의 병력은 강성합니다. 정묘년(1627)의 맹약을 아직 지켜서 몇 년이라도 화를 늦추고, 그동안을 이용하여 인정을 베풀어서 민 심을 수습하고 성을 쌓으며, 군량을 저축하여 방어를 더욱 튼튼하게 하되 군사를 집합시 켜 일사분란하게 하여 적의 허점을 노리는 것이 우리로서는 최상의 계책일 것입니다.

『지천집』

사료2 윤집의 척화론

화의로 백성과 나라를 망치기가 …… 오늘날과 같이 심한 적이 없습니다. 중국(명)은 우 리나라에 있어서 곧 부모요, 오랑캐(청)는 우리나라에 있어서 곧 부모의 원수입니다. …… 차라리 나라가 없어질지라도 의리는 저버릴 수 없습니다. …… 어찌 차마 화의를 주장하 는 것입니까.

『인조실록』

사료3 김상헌의 강화 반대

최명길이 마침내 국서를 가지고 비변사에서 다시 수정하였다. 예조 판서 김상헌이 밖에서 들어와 그 글을 보고는 통곡하면서 찢어 버리고, 왕께 아뢰기를 "명분이 일단 정해진 뒤 에는 적이 반드시 우리에게 군신의 의리를 요구할 것이니 성을 나가는 일을 면하지 못할 것입니다. …… 깊이 생각하소서."라고 하였다.

『인조실록』

사료4 청과의 군신 관계 체결

- 청나라에 군신의 예를 지킬 것
- 명나라의 연호를 폐하고 관계를 끊으며, 명나라에서 받은 고명, 책인을 내놓을 것
- 조선의 큰아들과 둘째 아들 및 여러 대신의 큰아들들을 심양에 인질로 보낼 것
- 청 황제의 생일, 중국 황후·황태자의 생일, 정조, 동지, 경조 등의 사절 파견은 명나라 예에 따를 것
- 명나라를 칠 때 출병을 요구하면 어기지 말 것

사료5 척화파 김상헌

가노라 삼각산아 다시 보자 한강수야.
고국산천을 떠나고자 하냐마는
시절이 하 수상하니 올동말동 하여라.

▲ 남한산성

사료 플러스⁺

사료 1~4 : 후금은 국호를 청이라 고치고 황제를 칭하면서 조선에 대하여 군신 관계를 요구해 왔다. 이
에 대해 조정의 논의는 주전(主戰), 주화(主和)의 양론으로 갈라졌으며, 척화 주전론으로 의견이
모아졌다. 결국 조선의 대세가 주전론으로 기울자, 청 태종은 10만 대군을 이끌고 임경업이 지키
는 백마산성을 우회하여 서울을 점령하였다. 왕자와 비빈은 미리 강화도로 피신하였으나, 인조
와 소현 세자, 신하들은 길이 막혀 남한산성으로 피신하여 45일간 항전하였다. 그러나 사태가
기울어져 주화파인 최명길의 주장에 따라 결국 청의 요구를 받아들여 삼전도(현재 서울 송파)에
서 굴욕적인 강화[삼배구고두(三拜九叩頭) : 세 번 절하고 아홉 번 머리를 조아림]를 맺었다.

사료 5 : 김상헌(1570~1652)은 병자호란 당시 예조 판서로 있으면서 청나라에 대항하여 끝까지 싸우기
를 주장하다가 전후 청나라 심양으로 압송되었는데, 위 작품은 당시의 심경을 읊은 것이다.

📖 참고 척화파와 주화파의 비교

구분	척화파	주화파
입장	주전론(主戰論)	강화론(講和論)
주장	무력 응징	외교 담판
성격	대의명분 존중, 화이론(華夷論)	실리 중시, 내정 개혁 치중
인물	김상헌, 3학사(홍익한, 윤집, 오달제)	최명길(양명학자)

CHAPTER 02 조선 전기의 경제

189 조선의 농업 장려 정책

> 성세창이 아뢰기를 "임금이 나라를 다스리는 데 백성을 교화시키는 것이 중요합니다. 그러
> 나 먼저 살게 한 뒤 교화시키는 것이 옳습니다. 세종 임금이 농상(농업과 뽕나무 심기)에 적
> 극 힘쓴 까닭에 수령들이 사방을 돌면서 살피고 농상을 권하였으므로 경작하지 않은 땅이
> 없었습니다. 요즘에는 백성 중에 힘써 농사짓는 사람이 없고, 수령도 들에 나가 농상을 권하
> 지 않습니다. 감사 또한 권하지 않습니다. 특별히 지방에 타일러 농상에 힘쓰도록 하소서."라
> 고 아뢰었다. 왕이 8도 관찰사에게 농상을 권하는 글을 내렸다.
>
> 『중종실록』

사료 플러스⁺

조선 시대의 국가 경제 기본 산업은 농업이었으며, 양반 지배층의 경제생활도 농업에 기반을 두고 있었다.
따라서 조선 정부와 양반 지배층은 재정 확충과 민생 안정을 위한 방안으로 농본주의 정책을 내세웠다.

190 유교적 경제관

- 검소한 것은 덕(德)이 함께 하는 것이며, 사치는 악(惡)의 큰 것이니 사치스럽게 사는 것보다는 차라리 검소해야 할 것이다. 『조선경국전』
- 농사와 양잠은 의식(衣食)의 근본이니, 왕도 정치에서 우선이 되는 것이다. 『조선경국전』
- 우리나라에는 이전에 공상(工商)에 관한 제도가 없어, 백성 중에서 게으르고 놀기 좋아하는 자들이 수공업과 상업에 종사하였기 때문에 농사를 짓는 백성이 줄어들었으며, 말작(상업)이 발달하고 본실(농업)이 피폐하였다. 이것을 염려하지 않을 수 없다. 『조선경국전』

사료 플러스➕

성리학에서는 사치를 배격하고 검소할 것을 주장하여 인간의 소비 욕구를 자극하는 수공업과 상업을 배격하는 경제관으로 이어졌다. 이에 따라 조선 정부와 양반 관료들은 농본억상 정책을 주장하였다.

cf 성리학적 세계관이 조선 전기 경제 정책에 미친 영향: 중농 정책 실시, 국가 통제하에 수공업(관영 수공업)·상업(시전 상인, 보부상) 허용, 상민 내부의 차별(농민: 유학 교육·문과 응시 허용, 상인·수공업자: 제한)

191 과전법의 시행

전하께서 국내의 토지를 몰수하여 국가에 귀속시키고 식구를 헤아려 토지를 나누어 주어서 옛날의 올바른 전제(田制)[1]를 회복하려 한 것인데, 당시 구가(舊家)·세족(世族)[2]들이 자기들에게 불리하기 때문에 입을 모아 비방하고 원망하면서 온갖 방해를 하여 백성들로 하여금 지극한 정치의 혜택을 입지 못하게 하였으니 어찌 한스러운 일이 아니겠는가. 그러나 뜻을 같이하는 2~3명의 대신[3]과 함께 전 시대의 법을 강구[4]하고 현실에 알맞은 것을 참작하여 국내의 토지를 측량하여 파악한 다음 토지를 결수로 계산하여 그중의 얼마를 상공전(上供田), 국용전(國用田), 군자전(軍資田), 문무역과전(文武役科田)으로 분배하고 한량으로 서울에 거주하면서 왕실을 호위하는 자[5]이거나 과부로서 수절하는 자,[6] 향역(鄕驛)이나 도진(渡津)의 관리, 또는 서민과 공장(工匠)으로서 공역을 맡은 자에 이르기까지 모두 토지를 분배[7]해 주었다. 『조선경국전』

사료 플러스➕

과전법(공양왕, 1391)은 고려 말 권문세족이 축적한 토지를 몰수하여 재분배함으로써 조선 왕조를 건국한 신진 관료의 경제적 기반을 확보하기 위해 시행되었다. 과전의 주요 지급 대상은 전·현직 관료였으며, 이들에게 수조권을 분배하였다.

1) 주나라의 정전제, 2) 권문세족, 3) 혁명파 신진 사대부(정도전, 조준), 4) 전시과,
5) 유향품관(한량)에게 지급된 군전, 6) 수신전, 7) 수조권의 분배

- 공양왕 3년(1391) 5월, 도평의사사가 글을 올려 과전을 지급하는 법을 정할 것을 요청하니 왕이 따랐다. …… 경기는 사방의 근본이니 마땅히 과전을 설치하여 사대부를 우대한다.[1] 무릇 서울에 거주하여 왕실을 시위하는 자는 현·퇴직자를 막론하고 과에 따라 과전을 받는다. …… 전객(田客)은 자기의 경작지를 멋대로 타인에게 팔거나 증여할 수 없다.[2]

  『고려사』

- 과전을 폐하고 직전(職田)을 설치했다.[3]

  『세조실록』

- 직전은 사람들이 한결같이 폐단이 있다고 합니다. 전주가 지나치게 거둘 뿐만 아니라 수납을 재촉하는 노복이 직전을 내놓으라고 요구함이 끝이 없어 백성들이 괴로워합니다. …… 만약 관이 직접 직전세를 거두어 전주에게 준다면 백성들은 수납의 고통을 덜게 되고 또한 지나치게 걷는 폐단도 없어지게 될 것입니다.[4]

  『성종실록』

사료 플러스➕

1) 과전법(공양왕)
2) 농민의 경작권 법적 보장
3) 직전법(세조)
4) 관수 관급제(성종)

📦 참고 토지 제도 변천에 따른 양반과 농민의 관계 변화

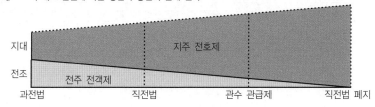

1. 전주 전객제: 토지에 대한 수조권을 가진 양반 관료(전주)와 그 땅을 농사짓는 농민(전객)의 관계로, 토지 제도의 변천에서 점차 양반 관료의 수조권이 약화됨을 볼 수 있다.
2. 지주 전호제: 토지에 대한 소유권을 가진 양반(지주)과 그 땅을 농사짓는 농민(전호)의 관계로, 토지 제도의 변천에서 점차 양반의 토지에 대한 소유권 확대를 볼 수 있다.
3. 과전법 ⇨ 직전법 ⇨ 관수 관급제의 실시 결과 국가의 토지 지배력 강화가 이루어졌다. 그러나 16세기 중엽에 들어가면 전주 전객제의 약화와 지주 전호제의 확대로 국가의 토지에 대한 지배력은 오히려 약화되고, 양반 관료의 토지에 대한 사적 소유권은 확대되었다.

PART 04 조선 전기의 경제

빈출 사료

사료1 백성의 의견을 물어보고 시행한 공법
이제 계본(啓本)의 뜻이 본래 백성을 위하는 일에 관계되므로 나는 지나치다고 생각하지 아니한다. …… 내가 공법을 행하고자 한 것이 이제 20여 년이고, 대신들과 모의한 것도 이미 6년이었다. 공법을 이제 정하였으나 오히려 백성에게 불편이 있을까 염려하는 까닭으로, 이제 전라·경상 두 도에만 행하여 그 편리한 여부를 시험하게 하였다. 『세종실록』

사료2 공법 – 연분 9등법
각 도의 수전·한전의 소출 다소를 자세히 알 수가 없으니 공법(貢法)에서의 수세액을 규정하기가 어렵다. 종래의 하등전 1결의 실적을 기준으로 할 때 상상(上上)의 수전에는 몇 석을 파종하고 한전에서는 무슨 곡종 몇 두를 파종하여, 상상년에는 수전은 몇 석, 한전은 몇 석을 수확하며, 하하년에는 수전은 몇 석, 한전은 몇 석을 수확하는지, 하하(下下)의 수전에서는 역시 몇 두를 파종하고 한전에서는 무슨 곡종을 몇 두를 파종하여 상상년에는 수전·한전 각기의 수확이 얼마며, 하하년에는 수전·한전 각기의 수확이 얼마인지를, 각 관의 관둔전에 대해서도 과거 5년간의 파종 및 수확의 다소를 위와 같이 조사하여 보고토록 한다. 『세종실록』

사료3 공법 – 전분 6등법
모든 토지는 6등급으로 나누었다. 20년마다 토지를 다시 측량하여 양안(토지 대장)을 만들어 호조와 해당 도, 고을에 갖추어 둔다. 1등전의 척(尺, 자)은 주척으로 4척 7촌 7분이며, 6등전의 척은 9척 5촌 5분이다. …… 항상 경작하는 토지를 정전(正田)이라 하고, 경작하다 때로 휴경하는 토지를 속전(續田)이라 부른다. 정전으로 기록되었더라도 토질이 좋지 못하여 곡식이 잘되지 않는 토지라든지, 속전으로 기록되어도 토질이 비옥하여 소출이 많은 경우에는 수령이 이를 관찰사에 보고하여 다음에 개정한다. 『경국대전』

사료 플러스+

사료 1: 『세종실록』과 『증보문헌비고』에 따르면 세종은 즉위 3년(1421)부터 약 25년간 '비리 없고 공평한 조선만의 공법'을 입법하고자 조정의 대신들과 수차례 방법을 논의하고, 일부 지역에 시범 시행을 하는 등 끊임없이 노력하였다. 이 과정에서 세계 최초로 전국에 있는 17만 2,816명의 전·현직 관료와 일반 농민을 대상으로 여론 조사가 실시되었다. 1430년(세종 12) 세종이 호조에 내린 명에 의해 시행된 여론 조사는 5개월에 걸쳐 진행되었고, 지위 고하, 서울 및 지방을 막론하고 실시되어 조선 인구의 1/4이 참여하였다. 시행 결과 찬성 57.1%, 반대 42.9%로 찬성이 앞섰지만, 조정 대신들의 거센 반발로 세종은 시행을 미루고 이들의 의견을 수렴하여 보다 나은 세법을 만들고자 하였다. 수정된 세법은 여러 해에 걸쳐 보완의 과정을 거쳤고, 그 결과 마침내 1444년(세종 26) 11월 공법(貢法)이 완성되었다.

사료 2, 3: 세종의 공법 관련 사료이다. 세종은 전분 6등법과 연분 9등법의 공법을 실시하여 전세를 낮추고 세금을 공평하게 부과하였다. 전분 6등법(1436, 세종 18년)은 토지의 비옥도에 따라 6등급으로 나누는 제도이고, 연분 9등법(1443, 세종 25년)은 그해의 풍흉에 따라 최고 20두에서 최저 4두까지 납부하게 하는 제도이다.

194 수취 제도(세종의 공법)의 폐해

경차관 정성근이 말하였다. "모든 고을의 수령들이 마음을 써서 친히 살피지 않고 권농이나, 서원(書員)의 말만 듣고 연분(年分)의 등급을 매기고 있으니,[1] 매우 옳지 못한 일입니다. 가난한 촌락을 드나들며 직접 살펴보니, 문벌이 있는 집안이나 부유한 백성의 농토는 등급을 낮게 매기고, 의지할 데가 없는 가난한 백성의 농토는 비록 재해를 입은 것이라 하더라도 상상(上上)에 두는 등[2] 간교한 술책이 많았습니다. 하중(下中)의 토지를 하하(下下)로 내린다면 오히려 옳다고 하겠지만 전혀 수확도 못한 것을 상상(上上)에 둔다면 어찌 옳다고 하겠습니까?"

『성종실록』

사료 플러스⁺

세종의 전분 6등법과 연분 9등법은 시간이 지나면서 그 징수 방법이 번잡스러워 제대로 운영되지 못하였으며, 관리들의 농간도 만만치 않았다. 결국 16세기에 이르러서는 법 자체가 무시된 채 거의 최저율의 세액(4두)이 적용되었다.

1) 연분 9등법, 2) 전분 6등법

195 조선의 농민 통제 정책(호적 제도, 호패 제도, 5가작통법)

사료 1 호적 제도

3년에 한 번씩 호적을 새로 만들어 호조, 한성부, 해당 도, 해당 고을에 보관한다. 호적에 올린 자는 호구 등본을 작성하여 나누어 준다. 호구 단자에는 주소, 직책, 이름, 나이, 본관, 사조(四祖), 처의 나이 · 본관 · 4조(四祖), 그리고 함께 사는 자녀의 이름과 나이를 기록한다. 또 노비와 고공[1]들의 이름과 나이 등도 기록한다.

『경국대전』

사료 2 호패 제도

남자 장정으로 16세 이상이면 호패를 가지고 다닌다. 동반, 서반 및 내관(內官) 2품 이상인 자는 아패(牙牌)를 가지고 다니고, 3품 이상 및 삼의사(三醫司 : 내의원, 전의감, 혜민국)로서 잡과에 급제한 자는 각패(角牌)를 가지고 다니며 …… 서울은 한성부, 지방은 각 해당 관청에서 발급한다.

『경국대전』

사료 플러스⁺

사료 1 : 조선 왕조에서는 3년마다 호적 대장을 작성하여 호조, 한성부, 해당 도, 해당 고을에 비치하도록 하였다. 호적 대장에는 호주의 거주지, 본관, 신분을 확인할 수 있는 직역은 물론이고 4조(四祖 : 父祖 曾祖 外祖)의 직역과 이름을 기록하여 신분을 파악할 수 있게 하였다. 뿐만 아니라 동거하고 있는 가족 및 소유하고 있는 노비와 고공(雇工)을 그들의 거주 형태에 따라 솔거(率居), 외거(外居), 도망 등으로 구분하여 기록하였다.

사료 2 : 호패법은 농민들이 농토로부터 이탈하는 것을 막기 위하여 제정되었다. 호패는 조선 시대 16세 이상의 남자가 소지하던 일종의 신분 증명서로, 신분에 따라 그 재료와 기재 내용이 달랐다. 호패의 재료로 고관은 상아, 서민은 목재를 사용하였으며, 2품 이상의 관리는 관직과 성명을 기재하는 데 비해, 노비는 주인, 연령, 거주지, 얼굴빛, 신장, 수염의 유무까지도 기록하였다. 호패는 서울은 한성부에서, 지방은 관찰사와 수령이 관할하였고, 본인 사망 시에는 관가에 반납하도록 하였다.

1) 머슴

[사료 3] 5가작통법

왕의 명에 따라 서울과 지방의 양반들을 빼고 상민으로서 5호(戶)를 1통(統)으로 하고 그 통 내에 도적을 감추어 주는 것은 물론이고 강도, 절도를 하는 자가 있을 경우에는 통 내의 모든 기구를 변방으로 옮기게 하였다. 그런데 옮긴 뒤 각기 살고 있는 여러 고을에서 엄하게 감시하지 않고 손을 늘리게 하니 자주 흩어져 달아나 버린다. 앞으로는 더욱 엄하게 감시하여야 한다.　　　　　　　　　　　　　　　　　　　　　『세조실록』

사료 플러스⁺

사료 3 : 5가작통법은 5가구를 묶어 연대 책임을 지게 하는 농민 통제책으로, 그 구체적인 기능은 강도와 절도 방지, 풍속의 교화와 유민 방지, 호적 작성에 있어서 탈락자 방지 등이었다. 『경국대전』에 의하면 서울과 지방 모두에 다섯 집을 한통으로 하여 통에는 통주를 두었으며, 지방에는 매 5통마다 이정(里正)을, 매 면마다 권농관을 두며, 서울에는 매 일방(一坊)마다 관령(管領)을 두었다고 한다. 이와 같은 호적 제도, 호패법, 5가작통법을 실시한 목적은 호구를 명백히 하여 정남의 수를 정확히 파악하고 직업과 신분을 분명히 하며, 유망인이나 탈주자를 색출하여 군역과 요역 수취의 기준을 마련하기 위함이었다.

196 조선 전기의 상업

- 왕도의 제도에 따르면 (궁궐) 왼쪽에 종묘, 오른쪽에 사직을 둔다. 앞에는 조정, 뒤에는 시장을 둔다. 시전은 일반 백성이 물건을 사고파는 것이고 조정이나 왕실에 필요한 물품을 조달하는 데 없어서는 안 되기 때문에 나라를 다스리는 자가 중히 여기는 것이다. 도성 안에 있는 시전은 앉아서 하는 장사를 위한 것이다. 큰 것이 여섯 개 있다. …… 이것을 육의전이라고 한다.　　　　　　　　　　『만기요람』

▲ 조선 전기의 상업 구역

- 경인년(성종 원년, 1470) 흉년 때 전라도 백성들이 서로 모여들어 점포를 만들어 장문(시장)이라 칭하고, 사람들이 이에 의지하여 목숨을 유지하였다.　　　　　　　　　　　　　　　　　　　　　　　　　　　　『성종실록』

- 임진왜란 이후 백성들은 정해진 곳 없이 교역으로 생활하는 것이 마침내 풍속이 되었다. 한 고을에 열리는 시장은 적어도 3∼4곳이 되어 …… 한 달 30일 이내에 시장이 열리지 않는 날이 없다.　　　　　　　　　　　　　　　　　　　　　　　　　『선조실록』

사료 플러스⁺

이 자료는 조선 전기 장시 발달 과정을 단계적으로 나타내고 있다.

첫 번째 사료는 시전 설치에 대한 내용이다. 조선이 건국된 이후 정부는 서울 도성 안과 도성 밖 10리 지역에서의 난전(정부의 허가를 받지 않은 상행위)을 금지하고, 서울 종로 거리에 시전을 설치하여 시전으로 하여금 국가가 필요로 하는 물품을 조달·공급하도록 하였다. 국가가 설치한 시전에서 상행위를 하는 시전 상인들에게는 관청에 물품을 공급하는 대신 특정 물품을 독점 판매할 수 있는 권한을 주었다.

두 번째 사료에서는 15C 말 전라도 지역에서 흉년을 극복하기 위한 백성들의 자구책으로 장시가 형성되기 시작한 사실을 알 수 있다.

세 번째 사료에서는 임진왜란 이후 장시가 전국적으로 열리고 지역 간에 연계성이 생기게 되었음을 알 수 있다. 이때 전국 장시를 하나의 유통망으로 연계시킨 이들이 보부상(관허 상인)이다.

사료1 토지 소유의 불균형

백성으로 농지를 가진 자가 없고 농지를 가진 자는 오직 부유한 상인들과 사족(士族)들의 집뿐입니다. 『중종실록』

사료2 공납의 폐단

• 지방에서 토산물을 공물로 바칠 때 (중앙 관청의 서리들이) 공납을 일체 막고 본래 값의 백 배가 되지 않으면 받지도 않습니다.[1] 백성들이 견디지 못하여 세금을 못 내고 도망하는 자가 줄을 이었습니다. 『선조실록』

• 김개가 아뢰기를 "신이 지난번 전라도에 있을 때 들은 바로는 '사다새'의 살을 약으로 사용하므로 전라도 바닷가 7읍(邑)에서 번갈아 진상한다고 하였습니다. 당초 생산되었는지 아닌지는 알 수 없지만 지금은 생산되지 않은 지 오래되었습니다. 비록 1년에 진상하는 것이 한 마리에 지나지 않지만 그 지방의 산물이 아니므로 가격이 매우 높습니다. 진상할 차례가 돌아오면 백성들에게 그 값을 징수하여 평안도 산지에서 사옵니다. 또는 서울 상인이 가지고 있으면 먼저 바치고 그 고을에서 값을 받기도 합니다." 하였다. 『명종실록』

사료3 군역의 폐단

대사헌 양연이 아뢰기를, "백성은 나라의 근본인데, 백성들의 고생이 지금보다 심한 적이 없습니다. 이는 모자란 군액의 번가(番價)가 무겁기 때문입니다. 보병이 한 번 군역에 종사하면 들어가는 비용이 베 3동(1동은 면포 50필)까지 되므로 가난한 백성들이 파산하여 집이 망하고, 두 번 군역에 종사하면 지탱할 수 없어 도망쳐 흩어집니다. 도망치면 그 일족에게 거두기 때문에 일족도 견디지 못하고 모두 흩어집니다. 군정이 모자라는 이유는 모두 이 때문입니다. 백성의 고생이 여기에 이르렀으니 어떻게 나라를 이끌어 가겠습니까?" 『중종실록』

사료4 환곡의 고리대화

경진 검토관 임열이 아뢰기를, "각 고을의 욕심 많은 수령들이 …… 국가의 환곡을 거두어들일 때 모곡(耗穀)이라는 이름으로 1석에 2~3배씩 더 받아 사사로이 사용하고 있습니다." 『중종실록』

사료5 도둑의 난립

사신(史臣)은 말한다. "도적[2]이 성행하는 것은 수령의 가렴주구 탓이며 수령의 가렴주구는 재상이 청렴하지 못한 탓이다. …… 진실로 조정이 청명하여 재물만을 좋아하지 않고 어진 사람을 가려서 수령으로 임명한다면, 칼을 잡은 도적이 송아지를 사서 농촌으로 돌아갈 것이니 어찌 이토록 거리낌없이 사람을 죽이겠는가?" 『명종실록』

16세기 중엽 지주 전호제의 확산으로 대부분의 토지는 부유한 상인이나 양반들이 소유하였다. 공물 징수 과정에서 방납제가 나타나면서 오히려 농민들의 생활을 어렵게 하였고 군역의 요역화로 농민의 부담은 더욱 가중되었다. 또 환곡 역시 16세기 상평창으로 전담 기구가 바뀌어 원곡의 1/10을 이자로 받으면서 점차 고리대로 변화하여 농민을 괴롭혔다. 이러한 농민의 부담은 농민의 유민화를 초래하였고 이들 중 일부는 명종 때 출현한 임꺽정과 같은 도적이 될 수밖에 없었다.

1) 방납의 폐단
2) 임꺽정의 난(명종 때)

◈ **참고** 16세기의 사회 변화

정치	사림의 중앙 정치 등장 ⇨ 사화의 발생과 붕당 정치의 시작
경제	농장의 확대, 수취 체제의 문란(방납 제도의 폐단, 방군 수포제의 실시, 환곡제의 고리대화)
사회	부계 중심의 가부장적 가족 제도 정착, 임꺽정의 난
문화	향약과 서원의 보급, 성리 철학의 발달(이기이원론)

198 공납의 폐단 시정 – 수미법 주장

해주의 공물법을 보면, 토지 1결마다 쌀 한 말을 징수하고 관청은 스스로 물품을 마련하여 서울에 바치기 때문에 백성들은 쌀을 낼 줄만 알지 다른 폐단은 거의 듣지 못하게 되었다. 이것은 오늘날 백성을 구하는 참으로 좋은 법이 될 수 있다. 만약 이 법을 사방으로 넓혀 행한다면 방납의 폐단은 머지않아 저절로 개혁될 것이다.   『율곡전서』

16세기 유성룡, 조광조, 이이 등이 방납의 폐단을 개혁하기 위하여 공납을 쌀로 내게 하는 수미법을 주장하였으나 실현되지 못하였다.

199 여성의 재가 금지

세상의 도덕이 날로 나빠진 뒤로부터 여자의 덕이 정숙하지 못하여 사족(士族)의 딸이 예의를 생각지 아니해서 혹은 부모 때문에 절개를 잃고 혹은 자진해서 재가하니, 한갓 자기의 가풍을 파괴할 뿐만 아니라 실로 성현의 가르침에 누를 끼친다. …… 이제부터는 재가한 여자의 자손들은 관료가 되지 못하게 풍속을 바르게 하라.   『성종실록』

> **사료 플러스⁺**
>
> 태종 때 서얼차대법을 두어 서얼에게 문과 응시의 기회를 박탈하였으며, 재가금지법을 두어 과부의 재가를 금지하고 재가한 이후 낳은 자식들은 과거 응시를 금지함으로써 관직 진출에 차별을 받게 하여 양반의 수적 증가를 억제하였다. 그러나 이러한 내용이 『경국대전』에 명시된 것은 『경국대전』이 완성된 성종 때이다.

200 중인

성종 13년 4월 신해 사헌부 대사헌 채수가 아뢰었다. "어제 전지를 보니 통역관, 의관을 권장하고 장려하고자 능통하고 재주가 있는 자는 동서 양반에 발탁하여 쓰라고 특별히 명령하셨다니 듣고 놀랐습니다. 무릇 벼슬에는 높고 낮은 것이 있고 직책에는 가볍고 무거운 것이 있습니다. 무당, 의관, 약사, 통역관은 사대부의 반열에 낄 수 없습니다. 의관, 역관 무리는 모두 미천한 계급 출신으로서 사족이 아닙니다."   『성종실록』

> **사료 플러스⁺**
>
> 태종 때에는 서얼의 관직 진출을, 세종 때에는 향리의 관직 진출을, 성종 때에는 서리의 관직 진출을 금지하였다. 따라서 15세기 말에 이르면 기술관, 서얼, 향리, 서리들은 문무 양반직으로 진출할 길이 막혀 중인이라는 신분층을 형성하였다. 즉, 중인층은 소수 양반층의 관직 독점을 보장하기 위해 지배층 일부를 도태시킨 정책의 결과물이었다.
>
> 🔍 서얼 − 문과 금지
>   중인 − 문과 허용, but 현실적으로 문과 응시가 쉽지 않아서 잡과, 무과 응시

201 노비의 신분 세습

고려 충렬왕 때 비로소 천한 자는 어머니를 따른다(천자수모)는 법을 정하였다. 그러나 오히려 아버지를 좇아 양인으로 한다는 법이 현재 있으니 모두 다 어머니를 따른다는 것은 아니었다. 지금 천한 여자가 양인인 남자와 혼인하여 낳은 자식은 어머니를 따르고, 양인인 여자가 천한 자와 혼인하여 낳은 자식은 어머니를 따르지 않는다. 그 법은 매우 바르지 못하며, 그 결과는 노비를 많이 늘리는 것에 불과할 따름이다. 의논하는 사람들이 이르기를 "아버지를 따르는 것은 (그 자식의 소속을) 밝히기가 어렵지만 어머니를 따르는 것은 쉽다."라고 한다. 이것은 크게 그렇지 않다. 어찌 양인인 남자가 혼인한 것은 아비를 분별할 수 없음이 있겠는가. 단지 아비를 정하고 정하지 않는 것에 있을 따름이지 양인과 천인에 있지 않다.

『연산군일기』

사료 플러스⁺

고려 이래로 노비의 소생은 부모 중에 한쪽이 노비이면 노비가 되게 하였기 때문에 노비의 숫자가 늘어나는 대신 군역 부담자가 감소하는 문제가 발생하게 되었다. 이에 양인을 증가시키기 위한 방법으로 종부법(從父法)을 시행하였으나 제대로 지켜지지 않아 노비는 계속 증가하였다.

202 세종의 노비 처우 개선

사료1 **법에 따른 노비 처벌**

주인이 종을 죽인 일이 있으므로 임금이 그것을 금하는 법을 더욱 엄하게 하고자 하였다. 이에 변계량이 아뢰기를, "정치를 하는 데는 명분보다 중요한 것이 없습니다. 주인과 종 사이의 높고 낮음에도 명분이 있는 것입니다. 무릇 법은 마땅히 윗사람을 높이고 아랫사람을 억누르도록 하여야 하는 것인데, 이제 이와 같은 법을 행하면 저 무지한 종들이 '주인이 형벌을 잘못 쓰면 결국 죄는 주인이 얻을 것이다.'라고 생각하여 마음대로 날뛰게 될 것입니다. …… 만일 형벌을 잘못 써서 죽게 한 자가 있으면, 비록 더 엄한 법을 만들지 않더라도 죄를 논할 수 있습니다."라고 하였다.

『세종실록』

사료2 **세종의 노비 출산 휴가 연장**

옛적에 관가의 노비는 아이를 낳은 지 7일 후에 입역(入役)하였는데, 아이를 두고 입역하면 어린아이에게 해로울 것이라 걱정하여 100일간의 휴가를 더 주게 하였다. 그러나 출산에 임박하여 일하다가 몸이 지치면 미처 집에 도착하기 전에 애를 낳는 경우가 있다. 만일 산기에 임하여 1개월 간의 일을 면제하여 주면 어떻겠는가, 가령 저들이 속인다 할지라도 1개월까지야 넘길 수 있겠는가. 상정소(詳定所)로 하여금 이에 대한 법을 제정하게 하라.

『세종실록』

사료 플러스⁺

사료 1: 세종은 노비에 대한 주인의 사적인 사형을 금지하였다.
사료 2: 세종은 이전에 단 7일이었던 노비의 출산 휴가를 늘려 여자 노비에게는 출산 전후 130일, 남자 노비에게는 출산 후 30일의 휴가를 보장받도록 하였다.

203 의창 운영의 문제

호조에서 아뢰기를, 의창은 진제(賑濟)와 환상(還上)을 위해 설치한 것이고, 국고(國庫)는 군국(軍國)의 수요에 대비한 것입니다. 최근 몇 년 사이에 여러 번 흉년이 들어, 백성의 생활이 오로지 진제와 환상만 바라고 있으니, 이 때문에 의창이 넉넉하지 못하므로 부득이 국고로 지급하여 구휼하게 되어 군수(軍需)가 점차로 거의 없어지게 되니 진실로 염려할 만한 일입니다. 청컨대, 임인년과 계묘년의 흉년에 각 도의 환상·진제에서 급여한 원수(元數)와 기축년에 장부에 올린 민호(民戶)의 수를 작량(酌量)하여 국고에서 덜어 내어 의창(義倉)에 보첨(補添)하되, 환상·진제할 때를 당하여는 오로지 의창 것만으로 지급하고, 국고의 것은 경솔히 지급하지 못하게 하여 군수에 대비하게 할 것입니다. 『세종실록』

사료 플러스⁺

환곡 제도는 춘궁기에 빈민들에게 양식과 종자를 빌려주고 가을에 원곡만을 회수하는 제도이다. 조선 초에는 의창에서 담당하였으나 15세기 말에 의창의 원곡이 부족하여 그 기능을 제대로 수행하지 못하게 되자, 물가 조절을 맡은 상평창에서 이를 대신 맡게 되면서 원곡의 이자(1/10)를 걷기 시작하였다.

204 신문고 제도

고할 데가 없는 백성으로 원통하고 억울한 일을 품은 자는 나와서 등문고(登聞鼓)를 치라고 명하였다. 의정부에서 상소하기를 "서울과 외방의 고할 데 없는 백성이 억울한 일을 소재지의 관청에 고발하여도 소재지의 관청에서 이를 다스려 주지 않는 자는 나와서 등문고를 치도록 허락하소서. 또한, 법을 맡은 관청으로 하여금 등문한 일을 추궁해 밝히고 아뢰어 처결하여 억울한 것을 밝히게 하소서. 그중에 사사롭고 (남에게) 원망을 품어서 감히 무고를 행하는 자는 반좌율(反坐律)을 적용하여 참소하고 간사하게 말하는 것을 막으소서." 하여 그대로 따르고, 등문고를 고쳐 신문고(申聞鼓)라 하였다. 『태종실록』

사료 플러스⁺

신문고는 태종 2년 특수 청원이나 상소를 위해 대궐 밖 문루에 달았던 북이다. 북을 치는 자의 소리를 임금이 직접 듣고 처리하도록 하였으나 사사로운 원한과 무고의 경우에는 고발자를 처벌하였고, 또 상관이나 수령에 관계된 것은 엄격히 통제하였다. 결국 백성들은 널리 활용하지 못하였고, 오히려 반역자 색출 등 국사범을 신속히 검거할 목적으로 활용되었다. 태종 때 처음 실시되어 의금부에서 관리하였으나 연산군 때 폐지되었고, 영조 때 다시 부활하면서 병조에서 담당하였다.

205 족보의 의미

내가 생각하건대 옛날에는 종법이 있어 대수(代數)의 차례가 잡히고 적자와 서자의 자손이 구별지어져 영원히 알 수 있었다. 종법이 없어지고서는 족보가 생겨났는데 무릇 족보를 만듦에 있어 반드시 그 근본을 거슬러 어디서부터 나왔는가를 따지고 그 이유를 자세히 적어 그 계통을 밝히고 친함과 친하지 아니함을 구별하게 된다. 이로써 종족 간의 의리를 두터이 하고 윤리를 바르게 할 수 있었다.
「안동 권씨 성화보」

사료 플러스 +

「안동 권씨 성화보」(1476, 성종 7년)는 현존하는 우리나라 족보 중 가장 오래된 것이다. 조선의 가족 구성과 상속 제도는 17세기 중반을 기점으로 전통적인 자녀 균분 상속 제도에서 장자 중심의 가부장적 가족 제도로 전환되었다. 가부장적 사회가 형성되면서 양반 사림들은 친족 공동체의 유대를 강화하기 위해 문벌을 형성하고 족보를 만들어 양반 문벌의 신분적 우위를 더욱 과시하고자 하였다.

206 족보 기재 방식[교과서 지문]

족보는 대개 다음과 같은 순서로 기록하였다. 우선 족보 일반의 의의와 그 일족의 근원과 내력 등을 일족 가운데 학식이 뛰어난 사람이 기록한 서문(序文)이 권두(卷頭)에 있다. 다음에는 시조나 중시조의 사전(史傳)을 기록한 문장이 들어가고, 다음에는 시조의 분묘도(墳墓圖)와 시조 발상지에 해당하는 향리 지도 등을 나타낸 도표가 들어가며, 그 밑에 범례가 있다. 끝으로 족보의 중심이 되는 계보표가 기재된다. 이것은 우선 시조에서 시작하여 세대순으로 종계(宗系)를 이루며, 같은 항렬은 횡으로 배열하여 동일 세대임을 표시한다. 기재된 사람은 각 사람마다 그 이름·호(號)·시호(諡號)·생몰(生沒)·연월일·관직·봉호(封號)·훈업(勳業)·덕행(德行)·충효(忠孝)·문장·저술(著述) 등을 기록한다. 또 자녀에 대해서는 입양 관계, 적서 및 남녀의 구별 등을 명백하게 한다.

사료 플러스 +

🔖 참고 족보의 기재 방식
- 자녀는 출생 순서에 따라 기재
- 본가의 가계는 자세히 기록, 외손도 기록
- 사위도 기재함으로써 만성보(萬姓譜)의 성격을 지님.
- 딸이 재혼하였을 경우, 후부(後夫)라 하여 재혼한 남편의 성명 기재
- 자녀가 없는 사람은 무후(無後)라고 기재

🔖 참고 족보의 기재 방식 변화
- 조선 전기: 내외 자손을 모두 기록하는 자손보 – 자녀의 구별 없이 출생순으로 기록
- 조선 후기: 부계 친족만 수록하는 씨족보 – 아들을 먼저 기록하는 것이 보편화

207 서원의 설치

우리나라 교육 방법은 중국 제도를 따라 중앙에는 성균관과 사학(四學)이 있고, 지방에는 향교가 있습니다. 진실로 좋은 일이지만 서원이 설치되었다는 말은 들은 바가 없습니다. 이것은 우리 동방의 큰 결점입니다. <u>주세붕이 처음 서원을 세울 때 세상에서는 의심하였습니다.</u>[1] 주세붕은 뜻을 더욱 가다듬어 많은 비웃음을 무릅쓰고 비방을 물리쳐 지금까지 누구도 하지 못했던 장한 일을 이루었습니다. 아마도 하늘이 서원을 세우는 가르침을 동방에 일으켜 우리나라가 중국과 같게 되도록 하는 것인가 합니다. 사방에서 기뻐하고 사모하여 서로 다투어서 이를 본받게 될 것입니다. 진실로 선왕의 자취가 남고 향기가 뿌려져 있는 곳, 최충, 우탁, 정몽주, 길재, 김종직, 김굉필 같은 이가 살던 곳, 이런 곳은 모두 서원이 세워질 것입니다.[2]

『퇴계전서』

사료 플러스+

서원은 우리나라 선현에 대한 제사와 학문 연구, 사림의 자제 교육을 담당하는 곳으로, 서원의 시초는 중종 38년(1543)에 풍기 군수 주세붕이 안향(安珦)을 봉사하기 위해 세운 백운동 서원이었다. 명종 때 (1548) 이황의 건의로 백운동 서원이 소수 서원으로 사액(賜額)되면서, 국가로부터 서적과 토지·노비 등과 함께 면세·면역의 특권까지 받아 경제적 기반을 확립할 수 있었다. 사화로 탄압을 받았던 사림들은 서원을 중심으로 학파나 정치·사회적 결속을 강화하여 다시 뜻을 펼 기반을 마련하였다. 또 사림은 서원에 들어가 청금록에 이름을 올림으로써 양반의 지위를 보장받고, 국가의 각종 부담에서 면제되었다.

1) 백운동 서원
2) 우리나라 유학자에게 제사지냄.

208 해주 향약 범례문

무릇 뒤에 <u>향약</u>에 가입하기를 원하는 자에게는 반드시 먼저 규약문을 보여 몇 달 동안 실행할 수 있는가를 스스로 헤아려 본 뒤에 가입하기를 청하게 한다. 가입을 청하는 자는 반드시 단자에 참가하기를 원하는 뜻을 자세히 적어서 모임이 있을 때에 진술하고, 사람을 시켜 <u>약정</u>[1] (約正)에게 바치면 약정은 여러 사람에게 물어서 좋다고 한 다음에야 글로 답하고 다음 모임에 참여하게 한다.

『율곡전서』

사료 플러스+

우리나라의 전통적 향촌 규약을 계승하고, 여기에 유교 질서에 입각한 삼강오륜의 윤리를 가미하여 향촌 교화의 규약으로 발전시킨 것이 향약이다. 중종 때 조광조가 송의 여씨(呂氏)향약을 보급하려 했으나 성공하지 못하였고, 그 후 선조 대에 이황·이이 등에 의해 우리 실정에 맞는 향약이 마련되었다. 지방의 유력한 사림이 향약의 간부인 도약정·부약정 및 직월(간사)로 임명되었고, 일반 농민들은 이에 자동적으로 포함되었다. 향약을 통해 사림들은 중앙에서 임명된 지방관보다 농민에 대하여 더 강한 지배력을 행사하면서 그들의 사회적 기반을 굳혀 갔다.

1) 향약의 간부

209 훈민정음 창제

> 사방 각국의 풍토가 다르고 성음 역시 이에 따라 다르게 마련이다. 중국 이외의 외국말은 음
> 성만 있고 문자가 없으므로 중국의 문자를 빌려서 사용하고 있는데, 이것은 마치 둥근 구멍
> 에 모난 자루를 끼워 맞추는 것과 같아 서로 맞지 않으니 어찌 잘 통하여 막힘이 없겠는가.
> 요는 모두 각각에 따라 편리하게 할 뿐 억지로 똑같게 할 수 없는 것이다.   『동국정운』

사료 플러스⁺

『동국정운』은 조선 세종 때 신숙주, 최항, 성삼문 등이 왕명을 받아 편찬하여 1448년에 간행한 운서(韻
書)이다. 이 책은 중국의 운서인 『홍무정운』 등을 참고하여 우리나라의 한자음을 새로운 체계로 정리한
최초의 음운서로, 훈민정음의 창제 원리 및 배경 연구에 귀중한 자료이다.

210 15세기의 자주적 역사관

- **단군에 대한 인식**

   신이 또 들으니, 기자 사당에는 제전(祭田)¹⁾이 있고 단군을 위한 제전은 없기 때문에, 기자
   에게는 매달 초하루와 보름마다 제물을 올리되, 단군에게는 봄가을에만 제사한다 하옵니
   다. 현재 단군 신위를 기자 사당에 배향하게 되어서 한 방에 함께 계신데, 홀로 단군에게
   초하루·보름 제물을 올리지 아니한다는 것 또한 미안하지 않을까 합니다. <u>신의 생각에는
   단군의 사당을 별도로 세우고, 신위를 남향하도록 하여 제사를 받들면 거의 제사 의식에
   합당할까 하옵니다.</u>²⁾   『세종실록』

- **『고려사』 서문**

   책을 편찬하면서 범례는 사마천의 『사기』³⁾를 따랐고, 기본 방향은 <u>직접 왕에게 물어서 결정</u>
   하였습니다. '본기'라고 하지 않고 '세가'라고 한 것⁴⁾은 대의명분의 중요성을 보인 것입니다.
   신우, 신창을 세가에 넣지 않고 <u>열전</u>으로 내려놓은 것은 왕위를 도적질한 사실을 엄히 밝
   히려 한 것입니다. ……

   1. 기록하는 방법은 『한서』, 『후한서』 및 『원사(元史)』에 따라 역사적 사실과 말들을 적었다.
      <u>무릇 '종'이나 '폐하'나, '태자'이기는 하나 여기에는 그때 부르던 그대로 써서 사실을 보
      존한다.</u>

• 『동국통감』 서문

우리 동방은 단군으로부터 기자를 지나 삼한에 이르기까지 증거할 만한 기록이 없고 3국 시대에 이르러서야 겨우 국사가 있었지만, 매우 간략한데다가 근거 없고 옳지 못한 말들까지 끼었습니다. …… 삼가 삼국 이하의 여러 역사를 뽑고 중국사를 채집하였으며, 편년체를 취하여 사실을 기록하였습니다. 또한 범례는 모두 『자치통감』에 의거하고 『자치통감강목』의 첨삭한 취지에 따라 중요한 것을 보존하는 데 힘썼습니다. 삼국이 병립하였을 때는 삼국기(三國紀), 신라가 통일하였을 때는 신라기, 고려 때는 고려기, 삼한(三韓) 이전은 외기(外紀)라 하였습니다.[5] 1,400년 동안 국가의 흥망과 임금의 잘잘못을 비롯하여 정치의 성쇠를 모두 거짓 없이 기록하였습니다.

사료 플러스⁺

15세기 중반 사회 안정과 국력 성장의 바탕 위에서 관학파들은 성리학적 대의명분보다 민족적 자각을 일깨우고, 왕실과 국가 위신을 높이며, 문화를 향상시키려는 입장에서 단군 조선을 강조하였다. 또한 이러한 사관에 입각하여 고려 시대의 역사를 자주적인 입장에서 재정리하고자 기전체 사서인 『고려사』와 편년체 사서인 『고려사절요』를 편찬하고, 통사로서 『동국통감』을 간행하였다.

1) 제사를 지내기 위한 토지
2) 중국과 대등한 역사 편년을 가진 국가로 인식
3) 기전체
4) 국왕 중심의 사서
5) 고조선에서 고려까지 최초의 통사

211 16세기의 존화주의적 역사관

우리 동방에도 백성이 있어 살아온 지 중국에 뒤지지 않은 것 같은데, 아직 예지(叡智)를 지닌 성신이 나오시어 군사(軍師)의 구실을 다하였다는 말을 듣지 못하였다. 물론 단군께서 제일 먼저 나시기는 하였으나 문헌으로 상고할 수 없다. 삼가 생각하건대 기자(箕子)께서 우리 조선에 들어오시어 그 백성을 후하게 양육하고 힘써 가르쳐 주시어 머리를 틀어 얹는 오랑캐의 풍속을 변화시켜 문화가 융성하였던 제나라와 노나라 같은 나라로 만들어 주셨다.[1]

『기자실기』

사료 플러스⁺

16세기 사림파들은 존화 사상을 바탕으로 우리나라 역사를 소중화(小中華)의 역사로 파악하였다. 따라서 기자 조선이 주목되었으며, 유교 문화와 대립되는 고유문화는 이적 내지 이단시되었다. 율곡 이이의 『기자실기』 역시 존화주의적 역사관을 반영하고 있다.

1) 기자를 교화지군(敎化之君)으로 숭배

212 『삼강행실도』

천하의 떳떳한 다섯 가지가 있는데 삼강이 그 수위에 있으니, 실로 삼강은 경륜의 큰 법이요, 일만 가지 교화의 근본이며 원천입니다. …… 우리 주상께서 측근의 신하에게 이렇게 명하셨습니다. "간혹 훌륭한 행실과 높은 절개가 있어도, 풍속 습관에 옮겨져서 보고 듣는 자의 마음을 흥기시키지 못하는 일도 또한 많다. 내가 그중 특별히 남달리 뛰어난 것을 뽑아서 그림과 찬을 만들어 중앙과 지방에 나누어 주고, …… 백성을 교화하여 풍속을 이루는 한 길이 될 것이다." …… 이를 『삼강행실도』라고 이름을 하사하시고, 주자소로 하여금 인쇄하여 길이 전하게 하였다.

『세종실록』

사료 플러스

조선 전기 유교적 질서를 확립하기 위하여 윤리와 의례에 관한 책들이 많이 편찬되었다. 1428년(세종 10) 진주의 김화라는 사람이 아버지를 살해한 사건이 일어나자, 세종은 효행을 널리 알릴 수 있는 책을 펴내 백성들에게 읽히고자 『삼강행실도』의 간행을 명하였다. 직제학 설순 등이 우리나라와 중국의 서적에서 군신·부자·부부에 모범이 될 만한 충신·효자·열녀 각 35명씩 105명을 뽑아 그 행적을 그림과 함께 기록·간행하였다. 『삼강행실도』의 그림에는 당시 유명한 화가인 안견·최경 등이 참여한 것으로 보인다. 1481년(성종 12)에 『삼강행실도』는 한글로 언해되어 간행되었다.

📖 참고 삼강오륜 관련 서적

- 『이륜행실도』(1518, 중종 13년)
- 『오륜행실도』(1797, 정조 21년) : 『삼강행실도』와 『이륜행실도』를 합쳐 간행

213 『경국대전』

우리 조종(祖宗)의 심후하신 인덕과 크고 아름다운 규범이 훌륭한 전장(典章)에 퍼졌으니, 이는 경제육전의 원전(元典)·속전(續典)과 등록(謄錄)이며, 또 여러 번 내린 교지가 있어 법이 아름답지 않은 것은 아니지만, 관리들이 재주가 없고 어리석어 제대로 받들어 행하지 못한다. 이는 진실로 법의 과목이 너무 복잡하고 앞뒤가 맞지 않아 하나로 크게 정해지지 않았기 때문이다. 이제 손익을 헤아리고 회통할 것을 산정하여 만대의 성법[1]을 만들고자 한다.

사료 플러스

유교 정치 이념을 기반으로 하는 조선 왕조는 관념적 차원의 정치 이념 대신 현실 사회를 조직적으로 체계화하고 통치 규범을 성문화하기 위해 법제 정비 작업을 하였다. 『경국대전』은 국초의 여러 법전을 토대로 명의 『대명회전』을 참고하여 편찬된 조선의 기본 법전으로, 세조 때 편찬에 착수하여 성종 때 완성되었다.

1) 『경국대전』

이언적의 일강십목소(一綱十目疎)

> 대저 정치하는 요령은 그 강이 하나 있고 그 목이 10개가 있습니다. 강이란 것은 체이니 정
> 치를 하는 본령이오, 목이란 것은 용이니 정치를 마련하는 법입니다. …… 일강이란 무엇을
> 이름인가. 군주의 마음가짐입니다. 서정의 번잡함과 만민의 수효가 많음도 치란휴척의 기틀
> 은 군주의 마음에 근본하지 않는 것이 없습니다. 그런 까닭으로 군주의 마음이 바르면 만사가
> 다스려지고 인심이 순하여 화기가 돌며, 군주의 마음이 바르지 못하면 만사가 비루하고 인심
> 이 순하지 못하여 악기가 올 것이니 필연적인 이치입니다. 옛날 성인이 왕위에 있을 적에 하
> 늘을 본받아 정치를 하게 되니 마음이 정대광명하여 천리의 공에 순수하고 인욕의 누가 없
> 었던 것입니다. 그러므로 은미한 데서부터 현저한 데로 이르게 되고 안에서 밖으로 미치게
> 되어 밝고 환하여 사욕사심의 가림이 없었으므로 기강이 위에서 서고 교화가 아래서 밝아졌
> 습니다. …… 여기서 임금의 마음가짐을 바로잡는 요령도 반드시 학문을 통하여 얻게 되는
> 것을 알 것입니다.
>
> 『회재집』

사료 플러스⁺

이언적은 기(氣)보다는 이(理)를 중심으로 하는 이기이원론을 주장하여 후대에 큰 영향을 끼쳤다. 그는 중
종에게 일강십목소(一綱十目疎)와 명종에게 진수팔규(進修八規)를 올려 군주가 스스로 성학을 깨쳐야만
이상적 정치가 이루어짐을 강조하였다. 그의 성학군주론(聖學君主論)은 이후 이황(『성학십도』)과 이이
(『성학집요』)에 이르러 두 경향의 성학군주론으로 발전하였다.

퇴계 이황

> • 4단과 7정이 다 같이 하나의 정감이지만 4단은 인의예지라는 본성에서 발동해 나오고,
>   7정은 기질에서 발동해 나온다. 즉, 그것이 각각 유래된 곳이 다르다. 4단과 7정이 모두 이
>   치[이(理)]와 기운[기(氣)]이 겸하여 발동하는 것이지만 좇아 나오는 곳이 같지 않고, ……
>   4단은 이치가 발동하여 기운이 따라오는 것이고[理發而氣隨之], 7정은 기운이 발하여 이
>   치가 타고 올라오는 것이다[氣發而理乘之].
>
>   『퇴계집』
>
> • 이(理)와 기(氣)는 서로 다르면서도 상호 의존적인 관계에 있는 것으로, 이(理)는 기(氣)를
>   움직이게 하는 근본적인 법칙이고, 기(氣)는 형질을 갖춘 형이하학적 존재로 이(理)의 법
>   칙에 따라 구체화되는 것이다.[1]
>
>   『퇴계집』
>
> • 우주 만물의 근원이 되는 이(理)는 절대적으로 선한 것이고, 만물을 구성하는 기(氣)는 선
>   과 악이 함께 섞여 있는 것이다. 따라서 순선한 이(理)는 존귀하고 선악이 함께 내재한 기
>   (氣)는 비천한 것이다.[2] 그러나 기(氣)는 이(理)의 순선으로 수렴할 수 있다. 그 실현을 위한
>   실천 덕목인 경(敬)은 엄숙하고 차분한 자세로 항상 옳은 일에 몰두한다는 뜻으로 성리학의
>   실천적인 가치 개념의 핵심이다.
>
>   『퇴계집』

첫 번째 사료는 퇴계 이황과 기대승의 4단 7정(四端七情) 논쟁 중 이황의 주장이다. 4단(四端)은 사람의 마음속에 들어 있는 도덕적 감정이다. 맹자는 인간의 본성이 착한 것이라 생각하며 인간의 본성이 측은지심(惻隱之心)·수오지심(羞惡之心)·사양지심(辭讓之心)·시비지심(是非之心)의 네 가지 형태임을 주장하였는데, 4단이 발전하면 인(仁)·의(義)·예(禮)·지(智)가 된다고 하였다. 7정(七情)은 사람의 모든 감정으로, 즉 기쁨[喜]·노여움[怒]·슬픔[哀]·두려움[懼]·아낌[愛]·미워함[惡]·욕심[慾]을 가리킨다. 이황은 4단은 항상 좋은 것이고, 이러한 본성이 밖으로 드러나는 것이 7정이어서 감정이 드러난 정도에 따라 선(善)이 되기도 하고 악(惡)이 되기도 하며, 4단은 중심이 이(理)에 있고 7정은 중심이 기(氣)에 있다고 주장하였다. 이에 대해 기대승은 세상의 만물에는 이(理)와 기(氣)가 공존하기 때문에 이것을 나누어 생각할 수 없다고 주장하였다. 이러한 '4단 7정' 논쟁이 8년간 지속된 근본적인 이유는 이황이 '군자와 소인을 구분할 것'을 논리적 학설의 근본으로 강조하였기 때문이다. 이(理)와 기(氣)가 같이 있다고 해서 그 둘을 구분하지 않고 하나로 본다면 인간의 순수한 마음과 욕심이 섞인 악한 마음을 하나로 보게 된다는 것이고, 그러면 군자와 소인은 다를 것이 없게 된다. 이것이 인성에 있어 본연의 성(性)과 기질(氣質)의 성(性)이 다르다는 이기이원론(理氣二元論)이다.

1) 이기호발설(理氣互發說)
2) 이존기비론(理尊氣卑論)

216 이황의 『성학십도』

후세 임금들은 천명을 받아 임금의 자리에 오른 만큼 그 책임이 지극히 무겁고 지극히 크지만, 자신을 다스리는 도구는 하나도 갖추어지지 않았습니다. …… 이제 이 도(圖)와 해설을 만들어 겨우 열 폭밖에 되지 않는 종이에 풀어 놓았습니다만, 이것을 생각하고 익혀서 평소에 조용히 혼자 계실 때에 공부하소서. 도(道)가 이룩되고 성인이 되고 요체와 근본을 바로잡아 나라를 다스리는 근원이 모두 여기에 갖추어져 있사오니, 오직 전하께서는 이에 유의하시어 여러 번 반복하여 공부하소서.

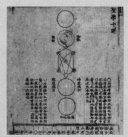

▲ 『성학십도』

군주 스스로 성학을 따를 것을 제시한 이황의 『성학십도』는 17세의 어린 나이로 왕위에 오른 선조에게 68세의 노대가(老大家)가 바로 즉위 원년에 올렸던 상소였음을 감안할 때, 선조로 하여금 성왕(聖王)이 되게 하여 온 백성들에게 선정을 베풀길 간절히 바라는 우국충정에서 저술된 것임을 짐작할 수 있다.

사료 1 이통기국설

이(理)와 기(氣)는 서로 떨어지지 아니하여 일물(一物)인 것 같지만, 다른 점은 이는 형체가 없고 기는 형체가 있으며, 이는 작용이 없고, 기는 작용이 있다는 것이다. …… 우주 만물의 존재 근원은 기(氣)에 있으며, 모든 현상은 기(氣)가 움직이는 데 따라 다르게 나타나고, 이(理)는 이러한 기(氣)의 작용에 내재하는 보편적 원리에 지나지 않는다.[1] 『율곡집』

사료 2 일원론적 이기이원론

이(理)와 기(氣)가 섞이게 되어 원래 떠나지 않는 것이니, 마음이 움직이면 정(情)이 되고, 드러나는 것은 기(氣)이며, 나타나게 한 원인은 이(理)입니다. 기가 아니면 드러나지 못한 것이요, 이가 아니면 드러나게 하는 원인도 없을 것이니, 어찌 이발(理發, 4단), 기발(氣發, 7정)이 다름이 있을 것입니까?[2] 『율곡집』

사료 3 이이의 시대 인식

예로부터 나라의 역사가 중기에 이르면 인심이 반드시 편안만 탐해 나라가 점점 쇠퇴한다. 그때 현명한 임금이 떨치고 일어나 천명을 연속시켜야만 국운이 영원할 수 있다. 우리나라도 200여 년을 지내 지금 중쇠(中衰)에 이미 이르렀으니, 바로 천명을 연속시킬 때이다. 『선조실록』

사료 플러스

사료 1, 2 : 이이는 우주 만물의 존재 근원은 기(氣)에 있으며, 모든 현상은 기(氣)가 움직이는 데 따라 다르게 나타나고, 이(理)는 이러한 기(氣)의 작용에 내재하는 보편적 원리에 지나지 않는다고 주장하였다. 또한, 이(理)와 기(氣)는 둘이지만 분리될 수 없으므로 현상적 기(氣)가 작용하면 원리인 이(理)는 항상 내재된다고 주장하였다[⇨ 일원론적 이기이원론(一元論的 理氣二元論)].

사료 3 : 이이는 임진왜란이 일어나기 11년 전 자신이 살던 16세기 후반을 '중쇠(中衰)기'로 인식하고, 조선의 각종 누적된 폐단이 사회의 역동성을 억누르고 민생을 도탄에 빠뜨렸기에 과감한 개혁을 해야 한다고 선조를 대면한 자리에서 주장하였으나, 당시 조정은 이에 주목하지 않았다.

1) 기발이승설(氣發理乘說)
2) 일원론적 이기이원론(一元論的 理氣二元論)

218 이이의 『성학집요』

제왕의 학문은 기질을 바꾸는 것보다 절실한 것이 없고, 제왕의 정치는 정성을 다해 어진 이를 등용하는 것보다 우선하는 것이 없을 것입니다. 기질을 바꾸는 데는 병을 살펴 약을 쓰는 것이 효과를 거두고, 어진 이를 쓰는 데는 상하가 틈이 없는 것이 성과를 얻습니다.

사료 플러스

현명한 신하가 성학을 군주에게 가르쳐 그 기질을 변화시켜야 함을 주장한 이이의 『성학집요』는 『대학』을 기본적 지침으로 삼고 있다. 그는 성현들의 모든 계획이 『대학』의 기본 이념에서 벗어나지 않는다고 생각하였다.

호조에서 아뢰기를, "우량을 측정하는 일에 대하여는 일찍이 벌써 명령을 받았사오나, 아직 미진한 곳이 있으므로 다시 갖추어 조목별로 열기합니다.

1. 서울에서는 …… 서운관에 대를 만들어 측우기를 대 위에 두고 매양 비가 온 후에는 본관의 관원이 친히 비가 내린 상황을 보고는, 주척으로써 물의 깊이를 측량하여 비가 내린 것과 비 오고 갠 일시와 물 깊이의 척·촌·분의 수를 상세히 써서 즉시 계문하고 기록해 둘 것입니다.

2. 외방(外方)은 …… 각 도에 보내어, 각 고을로 하여금 한결같이 상항의 측우기 체제에 의거하여 혹은 자기든지 혹은 와기든지 적당한 데에 따라 구워 만들고, 객사의 뜰 가운데에 대를 만들어 측우기를 대 위에 두도록 하며, …… 주척으로써 물의 깊이를 측량하여 비가 내린 것과 비 오고 갠 일시와 물 깊이의 척·촌·분의 수를 상세히 써서 계문하고 기록해 두어서, 후일의 참고에 전거(典據)로 삼게 하소서." 하니, 그대로 따랐다. 『세종실록』

사료 플러스

측우기는 강우량을 측정하기 위하여 쓰인 기구로, 호조의 건의에 의해 제작되었다. 세종 때의 측우기는 세계에서 가장 먼저 사용된 것으로, 과학사적으로도 그 의미가 크다.

역사 속에 훌륭한 발자취를 남긴 과학 기술인을 소개하고 있는 과학 기술인 명예의 전당에는 조선 시대 인물 10명(장영실, 세종 대왕, 이천, 이순지, 허준, 최석정, 홍대용, 서호수, 정약전, 김정호)이 등재되어 있다. 이 가운데 세종 대왕을 비롯해 이천, 장영실, 이순지 4명은 모두 같은 시기에 활약했던 인물이다. 이천은 세계적 수준을 자랑하는 천문 기구를 제작하고, 금속 활자의 꽃으로 평가받는 갑인자 제작을 주도하였다. 이 밖에 화약 무기 개발, 악기 개량, 도량형 표준화 등 여러 분야에서 탁월한 업적을 남겼다. 이순지는 천문 역법 사업의 책임자로, 중국과 서역의 천문학을 연구해 독자적인 역법서인 『칠정산』을 편찬하였다.

220 『칠정산』 서문

왕께서 정흠지, 정초, 정인지 등에게 명하여 중국 역법을 연구하여 묘리를 터득하게 하였다. 자세히 규명되지 않는 것은 왕께서 몸소 판단을 내리시어 모두가 분명히 밝혀지게 되었다. 또 태음통궤[1]와 태양통궤[2]를 중국에서 얻었는데 그 법이 이것과 약간 달랐다. 이를 바로잡아서 내편을 만들었다.

사료 플러스

칠정산(七政算)은 문자 그대로 '7개의 움직이는 별을 계산한다.'는 뜻으로, 해와 달, 5개의 행성(수성, 금성, 화성, 목성, 토성)의 위치를 파악해 절기는 물론 일식과 월식 등을 예보하는 역법 체계다. 원나라 수시력과 명나라 대통력을 한양의 위도에 맞게 수정·보완한 『칠정산』 내편에서는 1년을 365.2425일로, 한 달을 29.530593일로 정했다. 아라비아의 회회력을 참고한 『칠정산』 외편은 원주를 360도로, 1도를 60분으로 정한 새로운 기준을 담았다. 이 정도로 정교한 계산을 할 수 있는 나라는 당시 아라비아와 중국, 조선뿐이었다.

1) 달의 운행 도수를 추산하는 법을 기록한 책
2) 태양의 운행 도수를 추산하는 법을 기록한 책

221 『향약집성방』 서문

예전에 판문하 권중화가 여러 책을 뽑아서『향약간이방』을 짓고, 그 후 평양백 조준 등과 함께 약국 관원에게 명하여 다시 여러 책을 상고하고, 또 우리나라 사람들이 경험하였던 처방을 취하여 분류해서 편찬한 다음 인쇄하여 발행하였다. 이로부터 약재를 구하기 쉽고 질병을 치료하기 쉽게 되어 사람들이 모두 편하게 여겼다. 그러나 방서[1]가 중국에서 나온 것이 아직 적고 약 이름이 중국과 다른 것이 많기 때문에 의술을 전공하는 자들이 미비하다는 탄식을 면치 못하였다. 이에 우리 주상 전하[2]께서 특별히 유의하시어 의관을 골라 매양 사신을 따라 북경에 가서 방서를 널리 구하게 하였다. …… 세종 13년 가을 집현전 직제학 유효통, 전의 노중례, 부정 박윤덕에게 명하여 다시 향약방에 대해 여러 책에서 빠짐없이 찾아낸 다음 분류하여 증보하게 해서 한 해가 지나 완성되었다. …… 합하여 85권으로 바치니 이름을 『향약집성방』이라 하였다.

> **사료 플러스⁺**
>
> 1433년 세종 때 만든 『향약집성방』은 1399년(정종 1) 제생원에서 간행한 『향약제생집성방』을 기본으로 하여 만든 약학서이다. 『향약집성방』을 편찬하기 위하여 향약과 당재를 비교·연구하고 각 도 각 읍에서 생산되는 향약의 실태를 조사하여 채집하는 방법과 채집에 알맞은 달을 밝힌 『향약채취월령』(1431)을 먼저 반포하였다.
>
> 1) 약방문을 적은 책
> 2) 세종

222 『농사직설』

임금[1]께서 "오방(五方)의 풍토가 다르니 농사의 방법도 각각 그 마땅함이 있어 옛 글과 모두 같을 수 없다." 하셨다. 각 도 감사에게 명하여 여러 마을의 나이 많은 농부에게 농사 경험을 묻게 하고 신하 정초와 변효문에게 중복된 것을 버리고 꼭 필요한 것만 뽑아 한 편의 책으로 엮게 하셨다.

> **사료 플러스⁺**
>
> 1429년(세종 11)에 관찬(官撰 : 정부에서 편찬한 책)으로 간행하여 이듬해 각 도의 감사와 주·부·군·현 및 경중(京中)의 2품 이상에게 널리 나누어 주었다. 『농사직설』은 중국의 화북 농법을 받아들이면서도, 우리나라의 풍토에 맞는 농사 기술과 씨앗의 저장법, 토질의 개량법, 모내기법 등 농민의 실제 경험을 토대로 우리의 독자적 농법을 최초로 정리한 농서이다.
>
> 1) 세종

우리나라(조선)는 여러 임금이 대를 이어 백 년이나 인재를 길렀다. 그동안 나온 인물들이
모든 정성을 다하여 문장을 지었다. 이 문(文)이 살아 있는 듯 용솟음치니 옛날 어떤 문(文)
에 못지 않다. 이것은 바로 우리의 문이다. 송·원의 문이 아니고 한·당의 문도 아니다. 바
로 우리나라의 문(文)이다. …… 삼가 생각하건대, 전하께서는 "우리나라 문인들의 문장 저
술이 비록 육경(六經)에 견줄 수는 없지만 문운(文運)의 성쇠를 볼 수 있다."고 하시며, 여러
문인의 작품을 모아 한 질의 책을 만들도록 명하셨습니다. 그리하여 신들이 전하의 말씀을
받들어 삼국 시대로부터 지금에 이르기까지 사·부·시·문 등 약간의 글을 수집하였습니
다. 그중에 정치에 도움이 될 만한 것을 취하여 문체에 따라 분류하고, 130권으로 정리하여
책을 엮어 올립니다.

사료 플러스⁺

『동문선』은 성종 때 서거정이 우리나라의 역대 시문 가운데 뛰어난 것만을 뽑아 모은 것으로, 우리의 문
학적 유산을 정리하려는 노력의 일환으로 편찬되었다. 신라의 김인문·설총·최치원을 비롯하여 편찬 당
시의 인물까지 약 500인에 달하는 작가의 작품 4,302편을 수록하였다.

📖 **참고 역대 자주적 한학자**
1. 통일 신라: 김대문
2. 고려 전기: 최승로, 김심언
3. 고려 후기: 진화, 이규보
4. 조선 전기: 서거정
5. 조선 후기: 박지원의 한문 소설

사료1 **김종서의 시조**

삭풍은 나무 끝에 불고, 명월은 눈 속에 찬데
만리변성에 일장검을 잡고 서서
긴 파람 큰 한 소리에 거칠 것이 없어라.

사료2 **남이의 시조[북정가(北征歌)]**

백두산 돌은 칼을 갈아 없애고[白頭山石磨刀盡],
두만강 물은 말을 먹여 없애리[頭滿江水飮馬無].
남아 스무 살에 나라를 평정하지 못하면[男兒二十未平國],
후세에 누가 대장부라 칭하랴[後世誰稱大丈夫].

사료3 **정철의 가사(관동별곡)**

강호에 병이 깊어 죽림에 누웠더니, 관동 팔백 리에 방면(관찰사)을 맡기시니, 어와 성은
이야 갈수록 망극하다. 연추문 들이 달아 경회 남문 바라보며, 하직하고 물러나니 옥절(옥
으로 만든 신표)이 앞에 섰다. 평구역 말을 갈아 흑수로 돌아드니, 섬강은 어디메오, 치악
이 여기로다. 소양강 느린 물이 어디로 든단 말고 ……
『송강가사』

사료4 **황진이의 시조**

동짓달 기나긴 밤을 한 허리를 베어 내어
춘풍 이불 아래 서리서리 넣었다가
어론 님 오신 날 밤이어든 구비구비 펴리라.
『청구영언』

사료 플러스⁺

사료 1과 2는 15세기, 사료 3과 4는 16세기의 문학 작품이다.

참고 김종서와 남이

김종서 (1383~1453)	16세에 문과 급제, 세종 때 여진족을 토벌하고 6진을 설치하여 두만강 유역 확보, 문종 때 『고려사절요』 편찬 주도, 문종 사후 12세의 단종을 보필하다가 1453년 수양 대군의 계유정난으로 누명을 쓰고 희생됨
남이 (1441~1468)	16세에 무과 급제, 1467년에 일어난 이시애의 난 평정, 건주위 여진 토벌 등으로 공을 세웠으나, 직설적이고 정치적 야망이 있던 남이는 세조 말년 훈구 대신들과 대립, 세조가 죽고 예종이 즉위하면서 실각, 역모 혐의를 받고 처형됨

선우빈 선우한국사

근대 사회의 태동 (조선 후기)

제1장 조선 후기의 정치
제2장 조선 후기의 경제
제3장 조선 후기의 사회
제4장 조선 후기의 문화

225 비변사 설치 및 기능 강화

빈출
사료

사료1 정광필, 김응기, 신용개가 말하였다. "여진에 대비하여 성을 쌓는 것은 중요한 일입니다. 정승 가운데 한 사람이나 모두 함께 의논해서 조치하도록 하시고, 이름은 비변사(備邊司)라 하십시오." 『중종실록』

사료2 김익희가 상소하였다. "성종 대에 건주 여진(建州女眞)을 정벌할 때 임시로 비변사를 설치했습니다. 재상으로서 이 일을 맡은 사람을 지변재상이라고 불렀습니다. 그러나 이것은 일시적인 전쟁 때문에 설치한 것으로서 국가의 중요한 모든 일들을 참으로 다 맡긴 것은 아니었습니다. 그런데 요즈음 비변사가 큰일이건 작은 일이건 모두 취급합니다. 의정부는 한갓 겉 이름만 가지고, 6조는 할 일을 모두 빼앗기고 말았습니다. 이름은 변방의 방비를 담당하는 것[備邊]이라고 하면서 과거에 대한 판정이나 비빈 간택까지도 모두 여기서 합니다." 『효종실록』

사료3 • 중앙과 지방의 군국 기무를 도맡아 관할하는 기구이다.
• 도제조는 현임 또는 전임 의정이 의례 겸하며, 제조는 재신으로 변경의 사정에 밝은 자를 겸임하게 하고, 정원은 없다.
• 이·호·예·병 4조 판서 및 강화 유수는 상례로 겸임케 하며, 유사당상 3명은 제조로서 군무를 아는 사람을 상주하여 임명한다. 『만기요람』

사료 플러스+

비변사는 중종 때 삼포왜란(1510)을 계기로 설치된 임시 군무 협의 기구(지변사 재상 담당)였다. 을묘왜변(1555)을 계기로 상설 기구가 되어 임진왜란 이후 문무 고위 관리들의 합의 기관(공조 판서는 제외)으로 자리잡아 국방은 물론 외교·재정·사회·인사 문제 등까지 처결하는 기관으로 그 기능이 확대되었다.

226 훈련도감

선조 26년(1593) 10월, 국왕의 행차가 도읍 서울로 돌아왔으나 성 안은 타다 남은 건물 잔해와 시체로 가득하였다. …… 나는 청하기를, "당속미 1천 석을 군량으로 하되 한 사람당 하루에 2승씩 준다 하여 군인을 모집하면 응하는 자가 사방에서 모여들 것입니다."라고 하였다. …… 얼마 안 되어 수천 명을 얻어 조총 쏘는 법, 창칼 쓰는 기술을 가르치고, 초관(哨官)과 파총(把摠)을 세워 그들을 거느리게 하였다. 또, 당번을 정하여 궁중을 숙직하게 하고 국왕의 행차가 있을 때 이들로서 호위하게 하니 민심이 안정되었다.

유성룡, 『서애집』

사료 플러스⁺

15세기에 정비되었던 5위제는 왜란 이전부터 이미 제대로 운영되지 못하였고, 결정적으로 왜란 때 무너졌기 때문에 왜란 중에 군사 제도의 개편 작업이 이루어졌다. 이에 따라 용병제를 토대로 한 훈련도감을 설치하고, 이어서 어영청, 총융청, 수어청, 금위영을 설치하여 17세기 말에는 5군영 체제가 갖추어졌다.

227 속오군

비변사가 아뢰기를, "각 도의 속오군이란 곧 신역(身役)의 유무와 공사천(公私賤)을 막론하고 조련을 감당할 만한 자로만 단결하여 대오를 편성한 것으로, 그 본뜻은 다만 위급한 전수(戰守)의 일에 쓰려는 것이지 병조가 교체 상번(交替上番)시켜서 부역군으로 쓰게 하자는 것은 아니었는데, 천인(賤人)뿐만 아니라 양반·유사(儒士)·아전의 무리로서 토목의 역사를 견디지 못하는 자까지도 그 속에 섞여 있습니다. …… 그런데도 병조가 원군(元軍)의 수효가 적다 하여 연이어 징발하여 교체시키므로 그 군병들이 조총(鳥銃)·궁전(弓箭)을 다 팔아 식량을 하고, 그래도 부족하면 또 의복까지 파는데, 심한 자는 저자와 마을에서 구걸하여 원망이 자자하니 이는 모두 속오군이 화의 근본이 된 것으로 차마 들을 수가 없습니다. 상번한 원군의 수효가 적더라도 대처할 길이 없지 않으니 병조로 하여금 다시 마련하도록 하소서."하니, 왕(선조)이 아뢴 대로 하라고 전교하였다.

『선조실록』

사료 플러스⁺

조선 후기 지방군은 속오군으로 개편되면서 위로는 양반에서부터 아래로는 노비에 이르기까지 모두 속오군으로 편제하고 속오법에 따라 훈련하여 외적이 침입했을 때 신축성 있게 대처하도록 하였다. 이들은 농한기에 훈련을 받았는데, 평상시에는 생업에 종사하면서 향촌을 지키고, 유사시에는 전투에 동원될 수 있도록 조직·운영되었다.

◈ 참고 속오법
명장 척계광의 『기효신서』에 나오는 군대 조직법으로, 5명을 1오(伍)로 편성한 것이다. 조선 후기의 중앙군과 지방군이 모두 이에 따라 조직되었다.

신축(1721)·임인(1722) 이래로 조정에서 노론, 소론, 남인의 삼색(三色)이 날이 갈수록 더욱 사이가 나빠져 서로 역적이란 이름으로 모함하니 이 영향이 시골에까지 미치게 되어 하나의 싸움터를 만들었다.[1] 그리하여 서로 혼인을 하지 않을 뿐만 아니라 다른 당색끼리는 서로 용납하지 않는 지경까지 이르렀다. …… 대체로 당색이 처음 일어날 때에는 미미하였으나 자손들이 그 조상의 당론을 지켜 200년을 내려오면서 마침내 굳어져 깨뜨릴 수 없는 당이 되고 말았다.[2] …… 근래에 와서는 사색이 모두 진출하여 오직 벼슬만 할 뿐, 예부터 저마다 지켜온 의리는 쓸모없는 물건처럼 되었고, 사문(斯文 : 유학)을 위한 시비와 국가에 대한 충역은 모두 과거의 일로 돌려 버리니[3] ……

『택리지』

사료 플러스⊕

1) 신임옥사(辛壬獄事, 1721~1722) : 경종 때 소론은 세제(世弟)의 대리청정을 발의한 노론을 탄압하고 신축년(1721)과 임인년(1722)에 걸쳐 노론 4대신(김창집, 이이명, 이건명, 조태채)을 비롯한 수많은 노론을 제거하였다.

2) 18C 붕당 정치의 변질로 인한 폐해를 설명하고 있다. 학문과 이념의 사상적 차이로 발생한 붕당은 붕당 정치의 본질을 점차 상실하였고, 특정 정당의 정권을 유지하려는 일당 전제화 추세로 변화되었다.

3) 일당 전제 정치의 폐해를 근절하고 전제 왕권을 강화하기 위해 실시한 영조의 탕평책의 문제점을 지적하고 있다.

229 환국

사료1 유악 사건

궐내에 보관하던 기름 먹인 장막을 허적이 다 가져갔음을 듣고 임금이 노하여, "궐내에서 쓰는 장막을 마음대로 가져가는 것은 한명회도 못하던 짓이다." 하고 말하였다. 시종에게 알아보게 하니, 잔치에 참석한 서인은 몇 사람뿐이었고, 허적의 당파가 많아 기세가 등등하였다고 아뢰었다. 이에 임금이 남인을 제거할 결심을 하였다. …… 허적이 잡혀오자 임금이 모든 관직을 삭탈하였다.

『연려실기술』

사료2 기사환국

임금이 말하기를, "송시열은 산림(山林)의 영수로서 나라의 형세가 험난한 때에 감히 원자의 명호를 정하는 것이 너무 이르다고 하였으니, 삭탈 관작하고 성문 밖으로 내쳐라. 반드시 송시열을 구하려는 자가 있겠지만, 그런 자는 비록 대신이라 하더라도 용서하지 않을 것이다."라고 하였다.

『숙종실록』

사료 1: 경신대환국의 빌미가 된 허적의 '기름 천막 사건(유악 사건)'에 대한 사료이다. 숙종 즉위 초에 집권한 남인은 허적·윤휴 등이 중심이 되어 북벌론을 다시 제기하였다. 이를 위해 도체찰사라는 군정 기관을 부활시키고 그 본진으로서 개성 부근의 대흥산성(1676)을 축조하였으며, 군비 확장에 주력하였다. 서인은 1680년(숙종 6) 남인 영수 허적이 대흥산성의 군인을 동원해 역모를 꾸몄다고 고발하였고, 숙종은 영의정 허적의 '기름 천막 사건(유악 사건)'과 허적의 서자인 허견이 인평 대군의 세 아들과 역모를 꾸몄다는 '허견 역모 사건'을 빌미로 허적·윤휴 등을 사형시키고 많은 남인들을 축출하였다[경신대환국(1680, 숙종 6년)]. 이로써 서인 정권이 다시 수립되었고 남인의 정치 참여를 배제하면서 일당 전제화의 추세로 변화하였다.

사료 2: 기사환국(1689, 숙종 15년)에 대한 내용이다. 숙종이 소의 장씨의 소생 윤(뒤의 경종)을 세자로 책봉하는 과정에서 서인이 반대하자 서인을 축출하고 남인을 재등용한 사건이다. 이 사건으로 노론 송시열은 제주도에 유배되었다가 정읍에서 처형당하였고, 인현 왕후는 폐위되었으며, 희빈 장씨는 왕비로 승격되었다.

230 이인좌의 난(1728)

적(賊)이 청주성을 함락시키니, 절도사 이봉상과 토포사 남연년이 죽었다. 처음에 적 권서봉 등이 양성에서 군사를 모아 청주의 적괴(賊魁) 이인좌와 더불어 군사 합치기를 약속하고는 청주 경내로 몰래 들어와 거짓으로 행상(行喪)하여 장례를 지낸다고 하면서 상여에다 병기(兵器)를 실어다 고을 성 앞 숲속에다 몰래 숨겨 놓았다. …… 이인좌가 자칭 대원수라 위서(僞書)하여 적당 권서봉을 목사로, 신천영을 병사로, 박종원을 영장으로 삼고, 열읍(列邑)에 흉격(凶檄)을 전해 병마(兵馬)를 불러 모았다. 영부(營府)의 재물과 곡식을 군사들에게 나누어주고 그의 도당 및 병민(兵民)으로 협종(脅從)한 자에게 상을 주었다.　　　　『영조실록』

소론과 남인의 일부 강경파가 영조의 정통을 부정하고 노론 정권에 반대하여 이인좌의 난(1728, 영조 4년)을 일으키자, 영조는 이를 계기로 붕당 간의 관계를 재조정할 필요성을 절감하게 되었다. 이에 영조는 그를 지지하는 탕평파를 형성하고 이들이 정국을 주도하게 하였으나, 붕당 세력이 비대해진 정국하에서 약화된 왕권으로 정국을 수습하는 데는 한계가 있었다.

231 영조의 탕평책

빈출사료

사료1 탕평비

周而不比(주이불비), 乃君子之公心(내군자지공심)
比而不周(비이불주), 寔小人之私意(식소인지사의)
원만해 편벽되지 않음은 곧 군자의 공정한 마음이요,
편벽해 원만하지 않음은 바로 소인의 사사로운 마음이다.

사료2 탕평교서

우리나라는 본래 치우쳐 있고 작아서 사람을 쓰는 방법 역시 넓지 못한데, 요즈음에 이르러서는 사람을 임용하는 곳이 모두 당목(黨目) 가운데 사람이었으니, 이와 같이 하고도 천리(天理)의 공(公)에 합하여 온 세상의 마음을 복종시킬 수 있겠는가? 지난

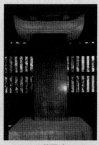

▲ 탕평비(蕩平碑) | 조선 영조 18년(1742)에 성균관 입구에 건립하였다.

해까지 함께 벼슬하였던 조정이 지금은 왜 전과 같지 않은가? …… 피차가 서로를 공격하여 공언(公言)이 막혀지고 역당(逆黨)으로 지목하면 옥석(玉石)이 구분되지 않을 것이니, 저가 나를 공격하는 데에서 그 장차 가려서 하겠는가, 가리지 않고 하겠는가? 『영조실록』

사료 플러스+

영조의 탕평책은 완론 탕평으로, 당파의 시비를 가리지 않고 어느 당파든 온건하고 타협적인 인물을 등용하여 왕권에 순종시키는 데 주력하는 탕평책이었다. 영조는 이러한 완론 탕평에 기반하여 붕당을 없애고자 하였고 새로운 세력 집단인 이른바 탕평파를 육성하여 그들로 하여금 정국을 주도하게 하였다.

232 소원 제도

• 근래 지방의 민심이 사나워 수령을 능멸하는 폐단이 있습니다. 이전에 성상께서 행차하는 길에 황주와 해주의 백성이 수령에 대한 불만을 성상의 수레 앞에서 호소하여, 수령을 바꾸어 달라고까지 하였습니다. 백성들의 이 같은 풍습은 이전에는 들어보지 못한 것입니다. 성상은 이들을 고양군에 가두라고 한 다음 특별히 어사를 보내 옳고 그름을 따지지 말고 모두 석방하라 하였습니다. 『영조실록』

• 왕은 행차 때면 길에 나온 백성들을 불러 직접 의견을 들었다. 『정조실록』

사료 플러스+

백성들의 생생한 목소리를 담은 소원(민원) 제도는 영조·정조 때 활성화되었다. 영조는 일반민의 여론을 직접 정치에 반영하기 위하여 신문고 제도를 부활시키고, 백성들이 행차 도중의 왕을 직접 만나서 억울한 일을 호소하는 격쟁(擊錚)·상언(上言)을 활성화시켰다. 격쟁은 왕이 있는 근처에서 징을 울려 왕의 이목을 끈 다음 자신의 억울함을 호소하는 것이고, 상언은 왕의 행차 시 왕 앞에 나가 글을 올려 억울함을 호소하는 것이다.

빈출 사료

사료1 정조의 탕평책

왕은 척신 세력을 제거하여 정치의 기강을 바로잡았고, 당색을 가리지 않고 어진 이들을 모아 학문을 장려하였다. 침전에는 '탕탕평평실(蕩蕩平平室)'이라는 편액을 달았으며, "하나의 달빛이 땅 위의 모든 강물에 비치니 강물은 세상 사람들이요, 달은 태극이며 그 태극은 바로 나다."라고 하였다.　　　　　　　　　　　　　　　　　　　　　『정조실록』

사료2 정조의 화성 행차

첫째 날: 창덕궁을 출발해서 시흥에 도착하다.
둘째 날: 시흥을 출발해서 화성에 도착하다.
셋째 날: 향교 대성전을 참배하고 과거를 실시하다.
넷째 날: 현륭원을 참배하고 장용영의 군사를 조련시키다.
다섯째 날: 혜경궁 홍씨의 회갑 잔치를 베풀다.
여섯째 날: 노인을 위로하는 잔치를 베풀다.
일곱째 날: 화성을 출발해서 시흥에 도착하다.
여덟째 날: 시흥을 출발해서 창덕궁에 도착하다.

▲ 원행을묘정리의궤(시흥환어행렬도)

사료 플러스⁺

사료 1: 정조의 준론 탕평은 완론 탕평과는 달리 충역(忠逆)·시비(是非)·의리(義理)를 분명히 하는 탕평책이다. 정조는 아버지 사도 세자를 죽음으로 몰아넣은 노론 벽파를 견제하지 않고서는 자신의 왕권 강화가 어렵다고 판단해 당파의 시시비비(是是非非)를 철저하게 가리는 적극적인 준론 탕평책을 펼쳤다. 또한 정조는 스스로를 '만천명월주인옹(萬川明月主人翁)'이라 하여 초월적 군주를 자처하였다.

사료 2: 1795년(정조 19) 정조가 어머니 혜경궁 홍씨를 모시고 장헌 세자의 무덤인 현륭원(顯隆園, 莊祖陵)에 행차한 뒤 정리의궤청(廳)을 설치하여 『원행을묘정리의궤』를 편찬·간행하도록 하였다. 이 책에는 당시 정조가 화성에서 어머니의 회갑연을 열어 주민들에게 잔치를 베풀던 내용과 행차를 위해 한강에 설치한 배다리[舟橋] 건설, 화성에서 거행한 문무과 별시 등 모든 내용이 그림과 함께 상세히 기록되어 있다.
　🅒 『화성성역의궤』와 『원행을묘정리의궤』는 모두 『조선왕조의궤』에 포함된다.

234 세도 정치의 폐단

가을에 한 늙은 아전이 대궐에서 돌아와서 처와 자식에게 "요즘 이름 있는 관리들이 모여서 하루 종일 이야기를 하여도 나랏일에 대한 계획이나 백성을 위한 걱정은 전혀 하지 않는다. 오로지 각 고을에서 보내오는 뇌물의 많고 적음과 좋고 나쁨에만 관심을 가지고, 어느 고을의 수령이 보낸 물건은 극히 정묘하고 또 어느 수령이 보낸 물건은 매우 넉넉하다고 말한다. 이름 있는 관리들이 말하는 것이 이러하다면 지방에서 거두어들이는 것이 반드시 늘어날 것이다. 나라가 어찌 망하지 않겠는가." 하고 한탄하면서 눈물을 흘려 마지않았다. 『목민심서』

사료 플러스⁺

1801년 신유박해(천주교 박해)로 전라도 강진에서 18년간 유배 생활을 한 정약용은 18세기 말~19세기 초 백성들의 생활을 누구보다 잘 알았고 백성을 위한 정책을 연구하였다. 이 사료를 통해 19세기 외척 세도 정치기에 탐관오리들이 백성을 수탈의 대상으로 파악하였음을 알 수 있다.

235 북벌론

우리나라는 실로 명 신종 황제의 은혜를 입어 임진왜란 때에 나라가 이미 폐허가 되었다가 다시 보존되고 백성들이 거의 죽었다가 다시 소생하였으니, 우리나라의 나무 한 그루와 풀 한 포기와 백성들의 터럭 하나하나에도 황제의 은혜가 미치는 바 아님이 없습니다. 그런즉 오늘날에 있어 원통, 분통한 자가 천하를 들어도 누가 우리만 하겠습니까? 송시열, 『송자대전』

사료 플러스⁺

호란 이후 청과 군신 관계를 맺은 조선은 겉으로는 청에 사대하는 외교를 추진했으나, 속으로는 복수설치(復讐雪恥, 원수를 갚아 치욕을 씻음)의 정치의식이 대두되어 북벌 정책을 추진하였다. 인조 때 임경업이 계획하였고, 17세기 효종 때 가장 왕성하였으나, 숙종 이후 점차 퇴조하였다.

236 북학론

청이 천하를 차지한 지 1백 년이 지났다. 여기에 있는 사람들을 모조리 오랑캐라 하고 중국의 법마저 폐기해 버린다면 크게 옳지 않다. 진실로 백성에게 이롭기만 한다면 그 법이 비록 오랑캐에게 나왔다 하더라도 성인은 취할 것이다. …… 명을 위해 원수를 갚아 주고 우리의 부끄러움을 씻으려면 20년 동안 힘껏 중국을 배운 다음, 함께 의논하여도 늦지 않을 것이다.

박제가, 『북학의』

사료 플러스⁺

청은 17세기 말~18세기 무렵에 국력이 신장되고 문물이 융성하였다. 조선의 사신 일행(연행사)은 청에 다녀온 후 기행문이나 국왕에 대한 보고서를 통하여 청의 사정을 전하고 문물을 소개하였는데 이때 천리경, 화포, 자명종, 만국 지도 등이 전해졌다. 이 시기 조선의 진보적 지식인들 중 청을 배척하지만 말고 우리에게 이로운 것은 받아들이자는 북학론을 주장하는 학자도 있었다.

237 백두산정계비(19세기 초 함경도 지방관의 일기)

7월 26일 한양을 출발하다.

8월 2일 원산을 지나다.

8월 19일 무산에 도착하다.

8월 25일 산에 오르다.

8월 28일 산 위에 비석이 서 있는데, '오라(烏喇) 총관 목극등(穆克登)이 황제의 뜻을 받들
어 변경을 조사하고 이곳에 와 살펴보니, <u>서쪽은 압록강이 되고 동쪽은 토문강이
된다. 그러므로 분수령 위에 돌을 새겨 기록한다.</u>'라고 새겨져 있다.

9월 1일 산에서 내려오다.

박내겸, 『북막일기』

사료 플러스

압록강·두만강을 사이에 두고 조선과 청나라 사이에는 분쟁 사건이 자주 발생하였다. 거의 주인 없는
땅으로 되어 있던 이 지역에서 인삼 캐는 사람, 사냥하는 사람들이 자주 내왕하며 때로 충돌을 일으켜서
말썽이 되었기 때문이다. 1685년(숙종 11)에는 백두산 부근을 답사하던 청나라 관원들이 조선 채삼인(採
蔘人)들의 습격을 받아 외교 문제가 발생하게 되었고, 그 결과 숙종 38년(1712)에 조선과 청 두 나라의
대표들은 백두산 일대를 답사하고 백두산정계비를 세웠다. '…… 西爲鴨綠 東爲土門 故於分水嶺上 ……'
이라 하여 서는 압록강, 동은 토문강으로 두 나라 사이의 경계를 정하였다. 이 정계비는 이후 19세기 말에
토문강의 해석(청의 주장 : 두만강, 조선의 주장 : 송화강 지류)을 둘러싸고 조선과 청 사이에 간도 귀속
문제에 대한 분쟁을 불러 일으켰다.

238 기유약조(1609)

1. 대마도의 세견선은 20척으로 한정한다.
2. 대마도주에게 해마다 한 번 세사미두 100석을 준다.
3. 조선에 파견하는 모든 배는 대마도주의 공식 문서를 가지고 있어야 한다.[1]
4. 공식 문서 없이 부산포 외의 지역으로 가까이 오면 적으로 간주한다.
5. 바다를 건너오는 비용으로 대마도인에게는 5일분, 대마도주가 특별히 파견한 사신에게는
   10일분, 일본 국왕 사신에게는 20일분의 식량을 지급한다.
6. 왜관에 머무르는 날짜는 대마도주 특송선은 110일, 나머지 세견선은 85일로 한다.

사료 플러스

임진왜란을 계기로 조선과 일본의 외교 관계는 단절되어 일본은 경제적으로 어려움을 겪었다. 이에 전란
후 일본의 에도[도쿠가와] 막부는 선진 문물을 받아들이기 위하여 쓰시마도주를 통하여 교섭을 허용해
줄 것을 조선에 간청하였다. 조선은 선조 40년(1607)에 일본과 국교를 재개하였고, 광해군 1년(1609)에
국초 이래의 교린 정책 원칙에 맞추어 제한된 범위 안에서 교섭을 허용하였다.

1) 기미교린

PART 05

조선 후기의 정치

239 영정법 실시

> 처음 삼남 지방은 정해진 결수로 조세 대장에 기록하되 …… 나머지 5도 모두 하지하(下之下)로 정하여 징수하였다. 이후 경기·삼남·해서·관동 모두 1결에 4두를 징수하였다.
>
> 『만기요람』

사료 플러스⁺

왜란 이후, 토지의 황폐화와 토지 대장(양안)의 소실로 인해 전국의 토지 결수는 전쟁 이전의 3분의 1로, 인구는 10분의 1 이하로 줄어들었고, 가장 피해가 컸던 경상도는 전쟁 전의 약 6분의 1로 농지가 감소되었다. 이로 인해 농민들의 삶이 매우 궁핍해지자, 정부는 그동안의 관행을 법으로 확정하여 인조 때 풍흉에 관계없이 1결마다 4~6두를 징수하는 영정법을 실시하였다.

이후 효종 때는 종전의 수등이척법(隨等異尺法)을 폐지하고 양전하는 자[尺]를 통일한 양척동일법(量尺同一法)을 실시하였다.

240 대동법 실시

> 선혜청을 설치하였다. 처음에 영의정 이원익이 제의하기를 "각 고을의 진상(進上)과 공물(貢物)이 각급 관청의 방납인에 의해 저지되어, 한 물건의 값이 3, 4배 혹은 수십, 수백 배까지 되어 그 폐해가 극심하고 특히 경기 지방은 더욱 그러합니다. 지금 마땅히 별도로 1청(廳)을 설치하여 매년 봄가을로 백성에게서 쌀을 거두되, 토지 1결마다 2번에 걸쳐 8두(斗)씩 거두어 본청(本廳)에 수납하게 하고, 본청은 그때의 물가 시세를 보아 쌀로써 방납인에게 지급하여 수시로 무역해서 납부하게 하소서."라고 하니 임금이 이에 따랐다. 이때 왕의 교지 중에 선혜(宣惠)라는 말이 있어 이로써 청(廳)의 이름을 삼았다.
>
> 『광해군일기』

사료 플러스⁺

16세기 이래로 방납(防納)의 관행이 심해져 농민의 부담은 더욱 가중되었다. 즉, 방납인들은 생산되지 않는 물품까지 억지로 대납하면서, 농민들에게 물건 값보다 훨씬 높은 값을 받아 농민 부담을 가중시켰다. 임진왜란을 겪으면서 농민의 유망은 더욱 심해졌고, 이러한 상황은 정부의 재정 상태를 더욱 악화시켰다. 광해군 때 부족한 국가 재정을 보완하고 농민 부담을 경감시키기 위해서 이원익의 주장을 받아들여 경기도 지역에서부터 대동법을 실시하였다. 그 결과 민호(호구)에게 토산물(현물)을 부과·징수하던 공납(상공)을 토지 결수에 따라 쌀[米]로 거두었고, 산간 지역은 삼베나 무명[布]·동전[錢]으로 거두었으며, 선혜청에서 담당하였다.

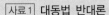

사료1 대동법 반대론

우의정 신흠(申欽)이 말하였습니다. "지방에서 온 사람이 '백성들이 모두 한꺼번에 납부하는 것을 고통스럽게 여긴다.'고 하였습니다. 대체로 먼 지방은 경기와 달리 부자들이 가진 땅이 많습니다. 10결을 소유한 자는 10석을 내고 20결을 소유한 자는 20석을 내야 합니다. 이렇게 하면 땅이 많으면 많을수록 더욱 고통스럽게 여길 것은 당연합니다. 또 어떤 이는 '일반 농민은 편하게 여기는데 호족들이 달갑게 여기지 않는다.'고 합니다. 이 말이 그럴듯하기는 합니다. 그러나 대가(大家)와 거족(巨族)이 불편하게 여기며 원망을 한다면 어지러운 상황에서 심히 걱정스러운 일이라 할 것입니다." 『인조실록』

사료2 대동법 찬성론

이른바 쌀 1/10을 걷는 것은 예부터 해온 부세 제도였습니다. 이는 오래도록 바꿀 수 없는 법이었습니다. …… 이에 대동법의 필요성을 밝힙니다.

첫째, 부자는 전결이 많으므로 내야 할 양도 많아 한꺼번에 준비하기가 어렵다고 하는데 그렇지 않습니다. 무릇 부자는 수확이 많고 노동력이 많은데 가난한 사람들도 여태껏 그럭저럭 납부해 온 것을 왜 못 내겠습니까? 조익, 『포저 선생집』

사료 플러스

민호(호구)를 대상으로 현물(특산물)을 징수하던 공납 제도 대신 토지 결수에 따라 쌀로 징수하는 대동법 실시를 반대하였던 세력은 기득권층, 즉 대지주들이었다. 1608년 광해군 때 경기도에서 처음 시작된 대동법이 1708년 숙종 때 잉류 지역(평안도, 함경도)을 제외하고 전국적으로 실시되는데 100년이란 기간이 소요된 이유는 대동법에 대한 대지주들의 반대가 심하였기 때문이다.

242 대동법 확대 실시를 주장한 김육

우의정 김육이 말했다. "이 법(대동법)은 역(役)을 고르게 하여 백성을 편안케 하기 위한 것이니 실로 시대를 구할 수 있는 좋은 계책입니다. 비록 여러 도에 두루 행하지 못하더라도 기전(경기도)과 관동에 이미 시행하여 힘을 얻었으니, 양호(兩湖)[1] 지방에서 시행하면 백성을 편안케 하고 나라에 도움이 되는 방도로 이것보다 더 큰 것이 없습니다. 『효종실록』

사료 플러스

1) 충청도·전라도

참고 개혁가 김육(1580~1658)
• 광해군 때 10년간의 은거 생활과 인조·효종 연간의 중국 사행 체험
• 병자호란 중에 귀국하여 1638년 충청도 관찰사가 되어 대동법 확대 시행과 균역법의 시행을 건의하는 상소를 올리나 실현되지 못함. 이후 효종 때 우의정에 제수되면서 효종에게 충청도와 전라도에도 대동법을 실시할 것을 건의
• 상평통보의 주조, 마차 및 수차의 제조와 보급, 시헌력의 사용 등 혁신적인 제도 개혁을 주장. 특히 대동법의 전국적인 시행을 필생의 사업으로 심혈을 기울였고 마지막 운명의 순간에도 전라도 대동법안을 유언으로 상소할 만큼 강한 의지와 집념을 보임.

243 군역의 폐단

나라의 100여 년에 걸친 고질 병폐로서 가장 심한 것은 양역(良役)이다. …… 혹 한 집안에 아비와 아들, 할아비와 손자가 군적에 한꺼번에 기록되어 있거나 혹은 3, 4명의 형제가 한꺼번에 군포를 납부해야 하며, 또한 <u>이웃의 이웃이 견책당하고,</u>[1] <u>친척의 친척이 징수를 당하고,</u>[2] <u>어린아이는 젖 밑에서 군정에 편성되고,</u>[3] <u>죽은 자는 지하에서 징수를 당하며,</u>[4] 한 사람이 도망하면 열 집이 보존되지 못하니, 비록 좋은 재상과 현명한 수령이라도 역시 어찌할 바를 모른다.

『영조실록』

사료 플러스➕

조선 후기 중앙군인 5군영은 대체로 국가에서 급료를 지불하는 모병이었고, 지방군인 속오군은 경비를 스스로 부담하였다. 모병의 경비는 양인이 바치는 군포에 의해 충당되었는데, 국가는 단일 관청에 의한 통일적 징수 체제를 이루지 못하였고, 5군영, 중앙 정부 기관, 지방 감영·병영까지 독자적으로 징수함에 따라 장정 한 사람이 이중, 삼중의 부담을 지게 되었다. 각 마을은 실제 장정 수보다 많은 군포를 연대 책임으로 징수하게 되면서 이웃 사람(인징)·친척(족징)·어린아이(황구첨정)·이미 죽은 사람(백골징포)에게도 군포를 부과하는 사례가 생겨났다. 그리하여 양인 장정 한 명이 2필씩 내면 되는 군포를 실제로는 그 몇 배를 물어야 하는 경우가 많았다. 당시 포 1필은 쌀 6~12두에 해당되므로 그 부담은 전세나 공납(대동미)보다 더욱 무거웠다.

1) 인징, 2) 족징, 3) 황구첨정, 4) 백골징포

244 균역법 시행

양역(良役)의 절반을 감하라고 명령하였다. 임금이 명정전에 나아가 전직·현직 대신과 비국 당상 및 육조 당상, 양사 제신을 불러 두루 <u>양역의 변통</u>에 대한 대책을 물었다. 임금이 말하기를, "…… 백성의 뜻을 알고 싶어 재차 대궐문에 나아갔더니, 몇 사람의 유생이 '전하께서는 백성을 해친 일이 없는데 지금 이 일을 하는 것을 신은 실로 마음 아프게 여깁니다.'라고 말하고, 방민(坊民)들은 입술을 삐쭉거리면서 불평하고 있다고 말하니, 비록 강구(康衢)에 노닌들 어찌 이보다 더하겠는가. 군포는 나라의 반쪽이 원망하고 호포는 한 나라가 원망할 것이다. 지금 내가 어탑에 앉지 않는 것은 마음에 겸연(歉然)한 바가 있어서 그러한 것이다. 경 등은 알겠는가? 호포나 결포나 모두 구애되는 단서가 있기 마련이다. <u>이제 1필은 감하는 정사로 온전히 돌아가야 할 것이니, 1필을 감한 대안을 경 등은 잘 강구하라.</u>" 하였다.

『영조실록』

사료 플러스➕

영조는 1750년(영조 26) 5월 19일 창경궁 홍화문 앞에서 군포 개혁(호포제, 결포제 등)에 대한 백성들의 이야기를 직접 듣기로 하였다. 그러나 관리들이 백성들에게 미리 국왕에게 이야기할 내용을 정해주었기 때문에 결국 영조는 백성의 진실된 소리를 듣지 못하였고 완벽한 개혁안을 마련하지 못하였다. 또한 양반들은 양반이 군역을 지면 반상(班常)의 신분적 구분이 없어진다고 하여 호포론을 반대하였기 때문에 영조는 12개월마다 백성들이 부담하는 군포 2필을 12개월에 1필로 납부하는 균역법을 실시하였다. 군포 감소에 따른 보충액을 충당하기 위해 일부 특권층에게 선무군관세라는 명목으로 군포 1필을 징수하였고, 지주에게는 결작이라는 이름으로 1결당 2두(잉류 지역인 함경도와 평안도 제외)를 징수하였다. 그리고 지금까지 각 아문이나 궁방에서 징수하던 어세, 염세, 선(박)세를 균역청에서 징수하였다.

245 농민 경제의 변화(이앙법과 견종법)

사료1 조선 정부의 모내기법 금지(15세기)

물이 있는 곳을 골라서 미리 묘종을 기르고 4월을 기다려 옮겨 심는데 그 유래가 오래되었다. …… 경상도와 강원도의 백성에게 묘종을 금지하는 법이 육전에 실려 있다.　　　『세종실록』

사료2 모내기법의 전국적 확대(17세기)

이앙법은 노동력이 크게 절약되니 지금 삼남 이외 다른 도에서도 모두 이를 본받아 이미 풍속이 되었다. 한번 가뭄을 만나면 모든 농사를 망칠 수밖에 없으나 갑자기 이를 금할 수 없다. 물의 근원이 있어 물을 댈 수 있는 곳은 이전대로 이앙하게 하고 …… 각 부에 분부하여 면임에게 물이 나오는 곳인지 아니면 높고 건조한 곳인지를 구별하여 이앙하도록 하고, 이전의 관습을 따르게 해서는 안 된다. 높고 건조한 곳은 이앙하여 농사를 망치더라도 급재(給災)하지 않는다는 뜻을 명백히 알려라.　　　『증보문헌비고』, 숙종 24년

사료3 견종법의 시행

지금 사람들이 보리를 심을 때는 모두 밭두둑 사이에 심는다.　　　『임원경제지』

> **사료 플러스⁺**
>
> **사료 1, 2** : 모내기법은 가뭄 시 농사 전체를 망칠 수 있기 때문에 조선 전기 정부에서는 법으로 금지시켰다. 그러나 이앙법은 직파법보다 노동력이 절감되고 벼·보리의 이모작이 가능하기 때문에 수리 시설이 확보되지 않은 상황에서도 전국적으로 확대되었다.
>
> **사료 3** : 밭농사에 있어서 농종법이 견종법(밭고랑에 심는 법)으로 개선되어 갔다. 견종법은 농종법보다 노동력이 절감되고 수확량을 증대시켰기 때문이다.

246 상품 작물 재배

농민들이 밭에 심는 것은 곡물만이 아니다. 모시, 오이, 배추, 도라지 등의 농사도 잘 지으면 그 이익이 헤아릴 수 없이 크다. 도회지 주변에는 파밭, 마늘밭, 배추밭, 오이밭 등이 많다. 특히 서도 지방의 담배밭, 북도 지방의 삼밭, 한산의 모시밭, 전주의 생강밭, 강진의 고구마밭, 황주의 지황밭에서의 수확은 모두 상상등전(上上等田)의 논에서 나는 수확보다 그 이익이 10배에 이른다.　　　『경세유표』

▲ 시장도(김학수)

> **사료 플러스⁺**
>
> 조선 후기에는 시장에 상품으로 팔기 위해 상업적 농업을 하는 사람들이 나타나기 시작하였다. 이들은 채소를 비롯해서 약재·담배·인삼·목화 등 상품 작물을 재배하여 많은 이득을 얻었다.

PART 05 조선 후기의 경제

247 공장안 폐지

사섬시, 전함사 등 여러 관청들이 지금은 없어졌고, 내자시·내섬시·사도시 등 관청은 소속 장인이 없어졌다. …… 장인들을 공조에 등록하던 규정들은 점점 폐지되어 시행되지 않는다.

『대전통편』

사료 플러스 +

18세기 말(정조)에 이르러 정부가 장인 등록제를 폐지한 내용이다. 이를 계기로 수공업자들은 독립적인 민영 수공업자로서 장인세를 부담하는 납포장(納布匠)이 되어 자유롭게 제품 생산에 전념할 수 있었다.

248 선대제 수공업

3월에 삼씨 뿌려 7월에 삼을 쪄서
닷새 동안 실 잇고 이어 열흘 동안 씻고 씻어
가는 손에 북을 들고 가는 베 짜냈더니
잠자리 날개같아 한 줌 안에 담뿍 들 듯
아깝게도 저 모시, 남쪽 장사치에 다 주고
베 값이라 미리 받은 돈은 관청 빚에 다 털렸는데
베 짜는 저 아가씬 언제 보나 석새삼베
그나마 너무 짧아 정강이도 채 못 가리누나.

『이계집』

사료 플러스 +

종이·화폐·야철·자기 등과 같이 소비 규모가 크고 막대한 원료를 필요로 하는 물품은 대자본을 가진 상인의 힘을 빌리지 않으면 안 되었다. 이 경우 대상인은 원료와 대금을 수공업자에게 선대(先貸)해 주고 생산된 물품을 사들였다. 그들을 물주(物主)라고 불렀는데, 이러한 물주의 등장은 17~18세기 수공업의 특징적인 현상이었다.

249 조선 후기 광산촌의 모습

황해도 관찰사의 보고에 의하면, 수안에는 본래 금광이 다섯 곳이 있었다. 두 곳은 금맥이 다하였고, 세 곳만 금맥이 풍성하였다. 그런데 지난해 장마가 심해 작업이 중지되어 광군들 대부분이 흩어졌다. 금년(1799, 정조 23년) 여름 새로이 29개소의 금혈을 팠는데, 550여 명의 광군들이 모여들었다. 이들은 일부가 도내의 무뢰배들이지만 대부분은 사방에서 이득을 쫓아 몰려온 무리들이다. 그리하여 금점 앞에는 700여 채의 초막이 세워졌고 광군과 그 가족, 좌고, 행상, 객주 등 인구도 1,500여 명에 이른다. 갑자기 많은 사람들이 모여들어 그곳에서는 생필품의 값이 폭등하는 사태가 종종 일어나고 있다고 한다.

『비변사등록』

사료 플러스 +

조선 후기 농민층의 계층 분화, 민영 수공업의 발달 등을 토대로 민영 광산이 성장하였다. 정부도 민간인들의 금광·은광 경영을 허가하고, 그 대가로 세금을 거둠으로써 국가 재정을 보충하고 중국과의 무역을 활성화하려 하였다. 이에 광산 개발이 활발해졌고 광산 노동자들이 증가하면서 새로운 사회 문제가 발생하기도 하였다.

- 부농층은 땅이 넓어서 빈민을 농업 노동에 고용함으로써 농사를 짓지 않고서도 향락을 누릴 수 있으며, 빈농층 가운데 어떤 농민은 지주의 농지를 빌려 경작함으로써 살아갈 수 있으며, 그들 가운데 어떤 자는 농지를 얻을 수가 없으므로 임노동자가 되어 타인에게 고용됨으로써 생계를 유지한다. 그리고 그것도 할 수 없는 농민들은 농촌을 떠나 유리걸식하게 된다. 「농포문답」

- 방짜 유기를 생산하는 제조장의 노동자 구성
  - 주물 공정: 곁대장(鑄物夫) 1명, 발풍구 1명
  - 압연 공정: 대장 1명, 앞망치(제1망치군) 1명, 곁망치(제2망치군) 1명, 제망치(제3망치군) 1명, 네핌가질(압연 선반군) 1명, 네핌앞망치(연연망치군) 1명, 안풍구(숙련 풍구 책임자) 1명
  - 선반 공정: 가질(선반공) 2명

- 조정에서 은이 나는 곳에 은점 설치를 허가만 내주면 돈 많은 장사꾼은 각자 재물을 내어 일꾼을 모집할 것입니다. 땅이 없어 농사짓지 못하는 백성들은 점민이 되기를 원하게 될 것입니다. 그곳에 모여 살며 은을 캐어 호조와 각 영·고을에 세를 바치고 남는 대로 물주에게 돌릴 것입니다. 땅 없는 백성들도 그것에 의지해서 살아갈 수 있으니 공사 간에 유익한 일입니다. 어찌 백성들에게 폐단이 되겠습니까. 「경제야언」

사료 플러스⁺

서양에서는 중세 사회가 근대 사회로 발전하면서 중세의 농업 중심 사회가 산업화에 의한 자본주의 사회로 전환되었다. 중세 말 상업과 무역이 발달하여 경제적으로 성장한 시민 계급은 시민 혁명을 일으켜 절대 왕정을 무너뜨리고 근대적 시민 국가를 수립하였으며, 산업 혁명을 통해 자본주의를 확립하였다. 우리나라도 조선 후기에 농업 생산력의 증대를 바탕으로 상공업이 크게 발달하였다. 특히 자본을 축적한 독점적 도매상인인 도고가 등장하여 수공업과 광산 경영에 자본을 제공하는 현상도 나타났다. 이렇듯 조선 후기에는 농업, 수공업, 광업, 상업 분야에 있어 자본주의적 요소가 나타나기 시작하였다.

▲ 대장간(김홍도)

▲ 장터길(김홍도)

▲ 보부상

251 조선 후기 사상의 활동

이현과 종루, 그리고 칠패는 도성의 3대 시장이라네.
온갖 수공업자가 다 모여 있고 사람들은 분주한데 수
많은 화물이 값을 다투며 수레가 줄을 이었네. 봉성의
털모자, 연경의 비단실, 함경도의 마포와 한산의 모시,
쌀, 콩, 기장, 조, 피, 보리 …… 소에 실은 나무를 사려
고 고삐를 끌고 가기도 하고 말 이빨을 보고 나이를
알려는 사람은 허리에 채찍을 꽂고 있으며 눈을 껌뻑
이며 말 중개인을 부르는 사람도 있네.

박제가, '한양성시전도가'

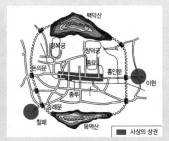

▲ 조선 후기 사상의 성장

사료 플러스+

17세기 후반 이후에 사상들은 보다 적극적으로 상행위를 벌여 종루(종로), 이현(동대문), 칠패(남대문) 등
에 근거지를 마련하고 종래의 시전과 대립하였다. 이에 일찍부터 상업을 독점해 왔던 시전 상인들은 금
난전권(禁亂廛權)을 이용하여 사상들의 활동을 억압하려 하였다. 그러나 18세기 말에는 정부로서도 더 이
상 사상의 성장을 막을 수가 없었기 때문에, 결국 육주비전(육의전)을 제외한 나머지 시전의 금난전권을
철폐하였다(⇨ 정조의 신해통공, 1791).

252 도고의 활동

그(허생)는 안성의 한 주막에 자리 잡고서 밤, 대추, 감, 배, 귤 등의 과일을 모두 사들였다.
허생이 과일을 도거리로 사 두자, 온 나라가 잔치나 제사를 치르지 못할 지경에 이르렀다.
따라서 과일 값은 크게 폭등하였다. 허생은 이에 10배의 값으로 과일을 되팔았다. 이어서 허
생은 그 돈으로 곧 칼, 호미, 삼베, 명주 등을 사가지고 제주도로 들어가서 말총을 모두 사들
였다. 말총은 망건의 재료였다. 얼마 되지 않아 망건 값이 10배나 올랐다. 이렇게 해서 허생
은 50만 냥에 이르는 큰돈을 벌었다.

「허생전」

사료 플러스+

조선 후기 상업 활동의 주역은 공인과 사상이었다. 이들은 조선 후기 장시의 발달을 통해 독점적 도매업
자인 도고로 성장할 수 있었다. 이러한 도고의 출현을 통해 우리나라에서도 상업 자본이 축적되고 있음
을 알 수 있다. 박지원의 한문 소설 「허생전」은 도고 상업의 출현을 잘 보여 주고 있다.

253 도고의 폐단

근래 소민이 견디기 힘든 폐단은 <u>도고</u>입니다. <u>도고라는 것은 물화를 모두 모아 그 이익을 독점하는 것</u>으로, 백 가지 물종이 다 한곳으로 귀속되니 다른 사람들은 손을 쓸 수가 없습니다.

『영조실록』

> **사료 플러스⁺**
>
> 독점적 도매업자인 도고는 조선 후기의 보편적인 상업 형태로, 유통 경제를 활성화시키고 상업 자본의 축적을 가져왔으며 그 자본의 일부가 정치 자금으로 이용되기도 하였다. 그러나 도고의 활동은 많은 영세 상인의 몰락을 초래하였고, 상품 판매의 독점 행위로 인해 물가를 상승시켰으며, 탈세 행위도 이루어지면서 사회적으로 논란이 되었다.

254 19세기 초 경강상인의 도고 행위

형조에서 아뢰기를 "이번에 난민의 무리가 불을 지르고 집을 들이부수며 파괴한 일은 진실로 하나의 변괴이니, 그날의 도당을 다 베어 죽인다 하여도 지나침은 없을 것입니다. …… (이번 민란의 근본 원인은) 대개 강상(江上)에 곡식을 모아 둔 것이 올해와 같이 많은 적이 없었던 까닭으로, 2월 10일부터 15일 사이에 쌀값이 조금 헐하여져서 백성이 이에 힘입어 편안하게 살 수 있었습니다. 그런데 <u>강가의 상인들은 쌓아 둔 곡식 값이 뛰어오르지 않는 것을 안타깝게 여겨 여각과 객주들을 지휘하여 곡식을 감추게 하고, 저잣거리의 백성들과 호응하여 값을 올리게 하였던 것입니다</u>."

『순조실록』, 순조 33년 3월

> **사료 플러스⁺**
>
> 경강상인의 도고 행위에 대한 내용으로, 1833년 경강상인 김제순이 시전 상인과 함께 유통을 조절하여 쌀값이 폭등하자, 서울 주민이 쌀가게와 한강변의 쌀창고에 불을 지르는 폭동이 일어나기도 하였다.

255 조선 후기 포구 상업

우리나라는 동·서·남의 3면이 모두 바다이므로 배가 통하지 않는 곳이 거의 없다. <u>배에 물건을 싣고 오가면서 장사하는 장사꾼은 반드시 강과 바다가 이어지는 곳에서 이득을 얻는다.</u> 전라도 나주의 영산포, 영광의 법성포, 흥덕의 사진포, 전주의 사탄은 비록 작은 강이나 모두 바닷물이 통하므로 장삿배가 모인다. 충청도 은진의 강경포는 육지와 바다 사이에 위치하여 바닷가 사람들과 내륙 사람들이 모두 여기에서 서로의 물건을 교역한다. 매년 봄, 여름 생선을 잡고 해초를 뜰 때는 비린내가 마을에 넘치고, 큰 배와 작은 배가 밤낮으로 포구에 줄을 서고 있다.

『택리지』

> **사료 플러스⁺**
>
> 포구는 조선 후기 새로운 상업 중심지로 부각되었는데, 장시에서보다 상거래의 규모가 더욱 컸다. 포구 상업이 발전한 이유는 당시 수레와 교통 시설이 발달하지 못하여 대부분의 물화가 육로보다 수로를 통하여 운송되었기 때문이다.

256 조선 후기 신분제의 동요(양반층의 분화)

- 옷차림은 신분의 귀천을 나타내는 것이다. 그런데 어찌된 까닭인지 근래 이것이 문란해져 <u>상민·천민들이 갓을 쓰고 도포를 입는 것이 마치 조정의 관리나 선비와 같이 한다.</u> 진실로 한심스럽기 짝이 없다. 심지어 시전 상인들이나 군역을 지는 상민들까지도 서로 양반이라 부른다.   『일성록』

- 근래 아전의 풍속이 나날이 변하여 하찮은 아전이 길에서 양반을 만나도 절을 하지 않으려 한다. 아전의 아들·손자로서 아전의 역을 맡지 않은 자가 고을 안의 양반을 대할 때 맞먹듯이 너 나하며 자(字)를 부르고 예의를 차리지 않는다.   『목민심서』

> **사료 플러스⁺**
>
> 조선 후기 양반 계층의 자기 도태 현상이 날로 심화되는 속에서도 양반의 수는 더욱 증가되었다. 이처럼 양반이 크게 늘어나면서 양반 중심의 신분 체제는 흔들렸고, 경제적 지위와 사회적 지위가 일치하지 않게 되었다.

257 서얼의 신분 상승 운동

> <u>서얼을 소통하면 명분이 문란해질 것이라고 합니다. 그러나 이는 그렇지 않습니다.</u> 적서의 구분은 명가집 가문에 국한되는 일입니다. <u>조정에서는 훌륭한 인재를 취하여 등용할 뿐입니다.</u> 이들이 비록 귀하게 된 후에라도 만일 명분에 범하는 일이 있으면 국법이 진실로 엄하니 문란해지는 것은 말할 바가 못됩니다.   『영조실록』
>
> **사료 플러스⁺**
>
> 조선 후기 납속 제도로 인해 서얼들은 양반으로의 신분 상승을 적극적으로 도모하였다. 특히 모계(母系)가 한미한 후궁의 아들이었던 영조가 즉위하면서 그 움직임은 활기를 띠었고, 이들은 집단적인 상소를 통해 청요직으로의 진출 허용을 요구하였다. 그 결과 정조 때 4명의 서얼(이덕무, 박제가, 서이수, 유득공)이 규장각 검서관에 임명되었고, 철종 때 모든 서얼들의 청요직 진출이 허용되었다(신해허통, 1851).

258 중인의 통청 운동

오래도록 막혀 있으면 반드시 터놓아야 한다. 원한은 쌓이면 반드시 풀어야 하는 것이 하늘의 이치이다. 중인, 서얼을 가로막는 것은 우리나라의 편벽된 일로 이제 몇백 년이 되었다. 서얼은 다행히 조정의 큰 성덕을 입어 문관은 승문원, 무관은 선전관에 임용되고 있다. 그런데도 우리 중인은 홀로 이 은혜를 알지 못하니 어찌 탄식조차 없겠는가? 이제 바야흐로 의논을 모아 글을 써서 원통함을 호소하고자 먼저 통문을 띄운다. 이달 29일 마동에 있는 홍현보의 집에 모여 상의코자 한다.
『상원과방』, 신해(1851) 4월 25일

> **사료 플러스+**
> 조선 후기에 중인은 서얼의 신분 상승 분위기에 자극받아 19세기 중엽(1851, 철종 3년)에 1,800여 명이 대규모의 소청 운동[통청(通淸) 운동]을 전개하였으나 실패하였다. 중인들의 신분 상승 노력은 비록 성공하지는 못하였으나, 이를 통하여 전문직으로서의 중인 역할이 부각되었다.

259 농민층의 신분 상승

근래 세상의 도리가 점점 썩어 가서 돈 있고 힘 있는 백성들이 군역을 피하고자, 간사한 아전, 임장(任掌)[1]과 한통속이 되어 뇌물을 쓰고 호적을 위조하여 유학(幼學)이라고 거짓으로 올리고 면역(免役)하거나, 다른 고을로 옮겨 가서 스스로 양반 행세를 한다. 호적이 밝지 못하고 명분이 문란함이 지금보다 심한 적이 없었다.
『일성록』

> **사료 플러스+**
> 부를 축적한 농민들은 그 재력을 바탕으로 양반의 족보를 사거나 위조하는 방법을 통해서도 양반의 신분을 얻었다. 부농층이 양반 신분을 얻게되면 자신과 자손이 군역 부담을 면할 수 있었고, 양반 지배층의 수탈을 피하고 부를 축적하는 과정에서 편의를 얻을 수 있었으며, 향촌 사회에서 나름대로 행세할 수 있었다. 따라서 환부역조(換父易祖, 조상의 신분을 위조), 모칭유학(冒稱幼學, 자신의 직업을 유학이라고 속임.) 등으로 신분을 속여 양반 행세를 하는 가짜 양반들이 증가하였다.
>
> 1) 호적을 담당하는 하급 임시직

260 노비종모법

판부사 송시열이 아뢰었다. "이경억이 충청감사로 있을 때 상소하여, 공·사노비가 처를 맞이하여 낳은 자녀는 한결같이 어미의 역을 따르도록 청했습니다. 이는 일찍이 이이가 주장한 것인데, 당시 조정에서 막아 시행하지 못했습니다. 지금 양민이 날로 줄어드는 것은 이 법을 시행하지 않기 때문입니다. 빨리 제도를 만들어 실시하소서."
『현종실록』

> **사료 플러스+**
> 현종 때 일천즉천의 법제가 폐지되고 노비종모법이 시행되면서 노비 신분이 세습될 때 모(母)의 신분만을 기준으로 삼게 되었다. 이 법은 그 후 여러 차례 변동을 거치다가(서인 집권 — 노비종모법 실시, 남인 집권 — 노비종모법 폐지) 영조 때 법(『속대전』)으로 확정되었다.

261 장자 중심 상속

우리 집안은 일찍이 제사의 기본 방침을 정한 지 오래되었고 사위와 외손자가 제사를 지내지 않는 것을 정식으로 삼아 따르게 하였다. 정으로 본다면 아들과 딸은 차이가 없으나 딸은 부모 봉양과 제사가 없으니 어찌 재산을 아들과 똑같이 나눌 수 있겠는가? 딸은 삼분지 일만 주어도 되니 ……

부안 김씨 우반고문서

사료 플러스⁺

조선 후기 『주자가례』가 백성에게 보급되면서 재산 상속 형태가 장자 상속으로 변화되었고, 장자가 없을 경우 양자를 들이기도 하였다.

262 사족들의 세력 유지 노력과 향전(鄉戰)

[사료1] 사족들의 세력 유지 노력
- 사대부가 수백 년 동안 관직에서 막혀 있어도 존부(尊富)를 잃지 않는 까닭은 집집마다 각기 한 조상을 떠받들고 넓은 농지를 점하여 종족이 흩어져 살지 않으므로 그 풍습이 견고하게 유지되고 근본이 뽑히지 않았기 때문이다. 『여유당전서』
- 퇴계 이황이 영남 예안에 역동사(易東祠)를 창건하고 족보를 손수 필사하여 그곳에 보관하였다. …… 산이 있으면 물이 있는 것이니 백파(百派)가 순류하여 끝내 한곳에 모이는 것인데 이는 종합(宗合)의 뜻이다. 『단양 우씨 족보서』

[사료2] 향전
- 근래 사족들이 향교에 모여 의논하여 수령을 쫓아내는 것이 고질적인 폐단입니다. 『비변사등록』
- 영덕의 구향(舊鄉)은 사족이며, 소위 신향(新鄉)은 모두 향리와 서리의 자식입니다. 근래 신향들이 향교를 주관하면서 구향들과 서로 마찰을 빚고 있습니다. 『승정원일기』

사료 플러스⁺

사료 1: 왜란과 호란을 겪으면서 경제적 기반이었던 많은 토지를 상실한 사족들은 중앙에서 정치를 주도한 양반 관료들이 지배층의 결속을 위해 붕당 정치를 조성한 것과 같이, 향촌 사회에서 약화되어 가고 있던 지배력을 회복하기 위한 조치를 강구해야 했다. 양반을 자처하는 이들은 족보를 만들어 가족 집단 전체가 양반 가문으로 행세하고 상민과 통혼하지 않았으며, 족적(族的) 결합을 강화하기 위해 동성 마을을 형성하였다.

사료 2: 납속 등의 방법으로 새롭게 양반이 된 부농층을 신향이라고 하고, 이들 신향과 기존의 향권을 장악하고 있던 사족인 구향의 기득권 싸움을 향전이라고 한다. 신향의 출현과 향전은 조선 후기 향촌 사회의 권력 구조가 변화하고 있음을 집약적으로 보여 주는 현상이다. 이러한 현상은 사족 중심의 향촌 지배 질서가 무너지고 지방관에 의한 향촌 사회의 통제책이 강화되던 18세기 영·정조 연간에 집중적으로 문제가 되었다.

263 『정감록』

정씨 성과 최씨 성의 두 진인(眞人)을 얻어 먼저 우리나라를 평정하여 정씨 성의 사람을 임금으로 세운 뒤에 중국을 공격하여 최씨 성의 사람을 황제로 세울 것이다.

사료 플러스+

조선 후기에 사회가 변동하고 기존 가치 질서가 무너지면서 백성들 사이에 예언 사상이 유행하여 민심은 더욱 불안해졌다. 즉, 말세의 도래, 왕조의 교체, 변란의 예고 등 근거 없는 낭설이 비기, 도참을 빌려 나돌았는데, 『정감록(鄭鑑錄)』은 이때 유행한 비기였다.

264 천주교의 전파와 유교 의례에 대한 대립

• 죽은 사람 앞에 술과 음식을 차려 놓는 것은 천주교에서 금하는 바입니다. 살아 있을 동안에도 영혼은 술과 밥을 받아먹을 수 없거늘 하물며 죽은 뒤에 영혼이 어떻게 하겠습니까? 먹고 마시는 것은 육신의 입에 공급하는 것이요, 도리와 덕행은 영혼의 양식입니다. 비록 지극한 효자라 할지라도 맛 좋은 것이라 하여 부모가 잠들어 있는 앞에 차려 드릴 수 없는 것은 잠들었을 동안에는 먹고 마시는 때가 아닌 까닭입니다. 잠시 잠들어 있을 동안에도 그러하거늘 하물며 영원히 잠들었을 때는 어떻겠습니까? 사람의 자식이 되어 어찌 허위와 가식의 예로써 이미 돌아간 부모를 섬기겠습니까? 『상재상서』

• 천지의 대세를 가지고 말한다면, 서역은 곤륜산 아래에 터를 잡고 있어서 천하의 중앙이 된다. 그래서 풍기가 돈후하고 인물의 체격이 크며 진기한 보물들이 생산된다. 이것은 사람의 배 안의 장부에 혈맥이 모여 있고 음식이 모여서 사람을 살게 하는 근본이 되는 것과 같다. 그런데 중국으로 말하면 천하의 동남쪽에 위치하여 양명함이 모여드는 곳이다. 그러므로 이런 기운을 받고 태어난 자는 과연 신성한 사람이니, 요(堯)·순(舜)·우(禹)·탕(湯)·문(文)·무(武)·주공(周公)·공자(孔子) 같은 분들이 이들이다. 이것은 사람의 심장이 가슴속에 있으면서 신명의 집이 되어 온갖 조화가 거기서 나오는 것과 같다. 이를 미루어 말한다면 중국의 성학은 올바른 것이며, 서국의 천학은 그들이 말하는 진도와 성교일지는 몰라도 우리가 말하는 바의 성학은 아닌 것이다." 하였다. 『순암집』

사료 플러스+

천주교는 17세기 초 광해군 때 베이징을 왕래하던 허균, 이수광 등 북인 출신의 사신들에 의해 우리나라에 소개되었다. 처음에는 서학이라 하여 서양 문물의 하나로 이해되었다가, 18세기 후반부터 학문적 대상이었던 천주교가 종교 신앙으로 수용되기 시작하였다. 당시 정치 사회의 모순을 해결하고자 고심하던 일부 남인 계열 실학자들이 천주교 서적을 읽고 신앙 운동을 전개하기 시작하였으며 18세기에 『천주실의』를 한글로 번역함으로써 여성들 사이에서 널리 신봉되기 시작하였다.
첫 번째 사료는 천주교에 대한 정부의 탄압이 심해져 기해박해가 일어나자, 천주교 신자였던 정하상이 체포되기 전에 천주교 교리의 정당함을 밝힌 내용이다.
두 번째 사료는 순암 안정복의 글로, 그는 『천학고』와 『천학문답』을 서술하여 천주교를 철저히 비판하였다.

- 서양의 간특한 설이 언제부터 나왔으며 누구를 통해 전해진 것인지 모르겠으나, 세상을 현혹시키고 백성을 속이며 윤리와 강상을 없애고 어지럽히는 것이 어찌 진산(珍山)의 권상연, 윤지충보다 더한 자가 있겠습니까. 제사를 폐지하는 것으로도 부족해서 위패를 불태우고, 조문을 거절하는 것으로도 그치지 않고 부모의 시신을 내버렸으니,[1] 그 죄악을 따져보자면 어찌 하루라도 하늘과 땅 사이에 그대로 용납해 둘 수 있겠습니까. 『정조실록』

- 오늘날 사설(邪說)의 폐단을 바로잡는 길은 더욱 정학(正學)을 밝히는 길밖에 없다. …… 연전에 서학(西學) 서적을 구입해 온 이승훈은 어떤 속셈이든지 간에 죄를 묻지 않을 수 없다. 이에 전 현감 이승훈을 예산현으로 귀양을 보내고, 이외 시골 백성에게도 상 줄 만한 백성은 상 주어야 할 관서가 있어야 하니 묘당(廟堂)에서는 소관 관서를 철저히 감독하라. …… 이렇게 교시한 뒤에도 다시 서학 때문에 문제가 생긴다면 어찌 정부가 있다고 말할 수 있겠는가? '척사학교'(1795)

사료 플러스⊕

천주교는 우리나라의 고유한 전례, 특히 제사 의식을 무시하였으므로 국가에서는 천주교 전파를 방치할 수가 없었다. 정조는 천주교를 사교(邪敎)로 규정하여 금령을 내리고, 베이징으로부터의 서적 수입을 금하는 한편, 어머니 제사에 신주를 없앤 윤지충을 사형에 처하고 최초 세례 교인인 이승훈을 유배 보냈다. 정조 때는 시파를 우대하였는데, 남인 시파들은 천주교에 대하여 관대한 정책을 썼기 때문에 이 외에 큰 탄압은 없었다. 그러나 정조가 죽고 순조가 즉위하여 노론 벽파가 득세하자 남인 시파를 제거할 목적으로 천주교를 크게 탄압하였다.

1) 일명 진산(전라도 진산) 사건

---

266 기해척사윤음

우리나라의 풍속은 4단(四端)을 넓히고 5륜(五倫)을 키우는 데 있으며, 선조들이 따라왔고, 스승과 벗들이 서로 도움을 주어온 바가 모두 여기에 있는 것인데, 어찌 우리나라가 따라온 넓은 길을 버리고 수만 리 밖 오랑캐의 그릇된 가르침에 빠져들어 스스로 나라의 벌을 받는가? 『헌종실록』

사료 플러스⊕

헌종 때 풍양 조씨가 집권하면서 벽파와 결속하여 천주교에 대한 대탄압(기해박해, 1839)이 있었다. 그 결과 프랑스 신부와 조신철, 정하상 등 80여 명의 교도가 죽임을 당하였다. 이때 천주교 탄압을 위해 5가 작통법을 강화하고, 척사윤음[斥邪倫音, 천주교를 배척하고 귀정(歸正)의 길을 밝힘]을 발표하였다.

- 사람이 곧 하늘이라. 그러므로 사람은 평등하며 차별이 없나니 사람이 마음대로 귀천을 나눔은 하늘을 거스르는 것이다. 우리 도인은 차별을 없애고 선사의 뜻을 받들어 생활하기를 바라노라. 　　　　　　　　　　　　　　　　　　　　　　　　　**최시형의 최초 설법**

- 때가 왔네 때가 왔네 다시 못 올 때가 왔네.
  뛰어난 장부에게 오랜만에 때가 왔네.
  용천검 드는 칼을 아니 쓰고 무엇하리.
  무수장삼 떨쳐입고 이 칼 저 칼 넌즛 들어
  호호망망 넓은 천지 한 몸으로 비켜서서
  칼 노래 한 곡조를 때여 때여 불러 내니
  용천검 날랜 칼은 해와 달을 놀리고
  게으른 무수장삼 우주에 덮여 있네.
  만고 명장 어디 있나 장부 앞에 장사 없네.
  좋을시고 좋을시고 이내 신명 좋을시고. 　　　　　　　　　　　　　　　　　　**『동경대전』**

- 서양은 싸우면 이기고 치면 빼앗아 이루지 못하는 일이 없으니 천하가 멸망하면 또한 입술이 떨어지는 탄식이 없지 않을 것이니 보국안민의 계책이 장차 어디서 나올 것인가. 　　　　　　　　　　　　　　　　　　　　　　　　　　　　　　　　　　**『동경대전』**

- 궁궁을을(弓弓乙乙)
  부적은 샤머니즘 및 음양오행 사상과 관련이 깊은 것으로 '궁궁을을(弓弓乙乙)'이라고 쓴 부적을 태워 마시면 병을 고치고 죽지 않고 영원히 산다고 하였다. 또한, 궁(弓)은 활이고 을(乙)은 새를 제압하는 것인데, 동(東)은 궁(弓)을 상징하고 서(西)는 을(乙)을 상징하므로, 동학이 서학을 제압한다고 하였다. 　　　　　　　　　　　　　　　　　　**『동경대전』**

- 내(최제우)가 또한 동방에서 태어나서 동방의 가르침을 받았으니, 도는 비록 천도이나 학은 동학이니라. 하물며 땅이 동과 서로 구분되어 있으니, 서쪽이 어찌 동쪽이 되고 동쪽이 어찌 서쪽이 될 수 있겠는가? …… 우리 도는 이 땅에서 받았으니 이 땅에서 먼저 펴 나가면 자연히 온 세계로 퍼져나갈 것이니, 어찌 이것을 서학의 이름으로 말할 수 있겠는가? 　　　　　　　　　　　　　　　　　　　　　　　　　　　　　　　　　　**『동경대전』**

사료 플러스+

동학이 창시될 당시(1860) 조선 사회는 세도 정치의 모순과 자연재해로 민생이 도탄에 빠졌으며 이양선이 출몰하는 등 위기의식이 고조되어 있었다. 이러한 시기에 동학은 인간 존중과 평등사상, 후천개벽, 보국안민 등을 내세워 농민들에게 적합한 사상적 대안을 제시하였다. 특히 '궁궁을을(弓弓乙乙)'은 동학을 포교하는 주요 방편이었다.

동학은 19세기 중엽을 왕조의 운이 다한 말세로 파악하여 조선 왕조를 부정하였고, 인내천의 평등사상을 주장함으로써 성리학적 신분 질서에 도전하였다. 이러한 성격을 띤 동학은 양반 사회의 해체기에 농민 대중에게 빠른 속도로 전파되었고, 당시 집권층은 동학의 교리 자체는 물론, 빠른 교세 확장에 위협을 느껴 동학을 사교로 규정하였다.

사료1 환곡의 문란

봄철에 좀먹은 것 한 말 받고 / 가을에 정미 두 말을 갚는데
더구나 좀먹은 쌀값 돈으로 내라니 / 정미 팔아 돈으로 낼 수밖에
남는 이윤은 교활한 관리 살찌워 / 환관 하나가 밭이 천 두락이고
백성들 차지는 고생뿐이어서 / 굶어 가고 벗겨 가고 걸핏하면 매질이라.

정약용, '여름날에 술을 마시며[夏日對酒]'

사료2 군정의 문란

시아버지 죽어서 이미 상복 입었고[1]
갓난아기 배냇물도 안 말랐는데[2] 삼대의 이름이 군적에 실리다니.
달려가서 억울함을 호소해도
범 같은 문지기 버티어 있고 이정이 호통하여 단벌 소만 끌려갔네.
남편 문득 칼을 갈아 방 안으로 뛰어들자 붉은 피 자리에 낭자하구나.
스스로 한탄하네. 아이 낳은 죄로구나.

정약용, '애절양(哀絶陽)'

사료 플러스⁺

19세기 세도 정치로 인해 정치가 혼란해지고 삼정이 크게 문란해지면서 농촌 사회가 극도로 피폐해졌다.
국가는 백성의 힘든 사정을 전혀 고려하지 않고 총액제에 의하여 각종 세금을 거두어들이고 있었다. 전
세에 있어서는 비총제(比摠制), 군포에 있어서는 군총제(軍摠制), 환곡에 있어서는 환총제(還摠制)를 실시
하여 각 면·리 단위로 세금의 총액을 미리 정해 놓았기 때문에 수령과 향리, 향임들은 무슨 방법을 써서
라도 그 액수를 채워야만 하였다.

1) 백골징포
2) 황구첨정

1810년 여름에는 쇠파리가 크게 들끓어 …… 이들 파리를 죽여서는 안 된다. 이들은 굶어 죽
은 사람이 변하여 된 것이다. 작년에 흉년이 들고 작년 겨울 몹시도 추웠고 또한 질병이 들
고 또 여기에 세금을 긁어 갔으므로, 쌓인 시체가 썩어 진물이 나오고 구더기가 생기고 구더
기가 변하여 파리가 된 것이니, 오호라 쇠파리가 바로 너희들 아니더냐.   정약용, 「산문집」

사료 플러스⁺

19세기에 빈번히 발생한 재난과 질병은 농민들의 고통을 더욱 가중시켰고, 전국 곳곳에서 기민(飢民)과
유민(流民)이 속출하였다.

사료1 도적의 횡행

사헌부가 아뢰기를, "근래에 도적이 벌떼처럼 일어나 공공연하게 노략질을 하며 양민을 학살합니다. 방자한 행동이 거리낌이 없는데도 주현에서 금하지 못하고 병사도 제대로 잡지 못합니다. 그들의 기세가 점점 뻗쳐 여러 곳에 널리 퍼져 있습니다. 심지어는 서울에서도 나라를 어지럽히는 간사한 무리가 떼로 일어나 빈 집에 진을 치고 밤이면 모였다가 새벽이면 흩어집니다. 간혹 칼로 사람을 다치게 하는데도 포도대장이란 자가 도적을 잡았다는 말은 한 번도 듣지 못했으니 매우 한심합니다. 『명종실록』

사료2 임꺽정

임꺽정은 양주의 백정으로 성품이 교활하고 또 날래고 용맹했으며 그 무리 10여 명이 모두 날래고 빨랐다. …… 적이 난동을 부린 3년 동안에 다섯 고을이 피해를 입었고 2도의 군사를 움직여 겨우 한 도적을 잡았는데 양민의 죽음은 이루 헤아릴 수가 없다. 사신(史臣)은 말한다. "도적이 성행하는 것은 수령의 가렴주구 탓이며 수령의 가렴주구는 재상이 청렴하지 못한 탓이다. …… 진실로 조정이 청명하여 재물만을 좋아하지 않고 어진 사람을 가려서 수령으로 임명한다면, 칼을 잡은 도적이 송아지를 사서 농촌으로 돌아갈 것이니 어찌 이토록 거리낌없이 사람을 죽이겠는가?" 『명종실록』

사료3 장길산

국적(國賊) 장길산은 날래고 사납기가 견줄 데가 없다. 여러 도로 왕래하여 그 무리들이 번성한 지 벌써 10년이 지났으나 아직 잡지 못하고 있다. 지난번 양덕에서 군사를 징발하여 체포하려고 포위하였지만 끝내 잡지 못하였으니 역시 그 음흉함을 알 만하다. 지금 이 영창의 초사를 관찰하니 더욱 통탄스럽다. 여러 도에 은밀히 신칙하여 있는 곳을 상세하게 정탐하게 하고 별도로 군사를 징발해서 체포하여 뒷날의 근심을 없애는 것도 의논하여 아뢰도록 하라. 『숙종실록』

사료 플러스⁺

사료 1: 16세기에 지주 전호제의 일반화, 공납 제도 중 방납의 폐단, 군적수포제 실시로 인한 군포의 부담 증가, 환곡의 고리대화 등으로 농민의 세금 부담이 더욱 증가되면서 유민이 발생하고 도적의 무리가 횡행하였다.

사료 2: 16세기 명종 때 임꺽정의 난에 대한 글로, 임꺽정은 황해도 구월산 일대와 경기도에서 활약하였다.

사료 3: 18세기 숙종 때 장길산에 대한 글이다. 18세기 농민들 역시 세금의 부담이 증가하였고 지주와 탐관오리에게 압박과 수탈을 당하였다. 그들은 현실의 어려움에 대처하기 위하여 공동으로 대응 방안을 모색하기도 하였고, 그 결과 농촌에서는 두레와 계가 성행하였다. 또한 18세기 중엽부터는 조직화된 무장 집단의 형태인 '단(團)'도 나타났다. 평양 중심의 폐사군단, 재인이나 화척으로 구성된 채단, 떠돌이 거지로 구성된 유단 등이 그러한 것이었는데, 숙종 때 장길산 일당도 이 부류의 하나였다.

참고 조선의 3대 의적
홍길동(연산군), 임꺽정(명종), 장길산(숙종)

> 평서 대원수는 급히 격문을 띄우노니 관서의 부로와 자제와 공·사 천민들은 모두 이 격문을 들으라. 무릇 관서[1]는 성인 기자의 옛 터요, 단군 시조의 옛 근거지로서 의관(衣冠)[2]이 급제하고 문물이 아울러 발달한 곳이다. 그러나 조정에서는 관서를 버림이 분토와 다름없다. 심지어 권문의 노비들도 서토의 사람을 보면 반드시 평안도 놈이라 한다. 서토에 있는 자 어찌 억울하고 원통하지 않은 자 있겠는가. …… 지금 임금이 나이가 어려 권세 있는 간신배가 그 세를 날로 떨치고 김조순·박종경의 무리가 국가 권력을 오로지 갖고 노니[3] 어진 하늘이 재앙을 내린다. …… 이제 격문을 띄워 먼저 열부군후에게 알리노니, 절대로 동요하지 말고 성문을 활짝 열어 우리 군대를 맞으라. 만약 어리석게 항거하는 자가 있으면 철기 5,000으로 남김없이 밟아 무찌르리니, 마땅히 속히 명을 받들어 거행함이 가하리라. 대원수.   『패림』

사료 플러스⁺

홍경래의 난(1811, 순조 11년)은 19세기 최초의 민란으로, 19세기에 들어와 농민들의 사회의식은 보다 강해져서 자신들이 나아가야 할 방향을 스스로의 노력에 의해 모색하게 되었다. 그리하여 소청이나 벽서 같은 소극적인 움직임에서 벗어나 항조 또는 거세 등의 방법을 통하여 지배 체제에 항거하였고 농민들의 집단적인 항거는 마침내 민란으로 발전하였다.

1) 평안도
2) 유교 문화를 생활화하는 사람
3) 19세기 외척 세도기(순조)

272 서북 지방에 대한 차별

> 태조가 나라를 창건하고는 '서북 지방 사람은 높은 벼슬에 임용하지 말라.'는 명을 내렸다. 그런 까닭으로 평안, 함경 두 도는 삼백 년 이래로 높은 벼슬을 한 사람이 없다. 혹 과거에 오른 자가 있다 하여도 벼슬이 수령 정도였고, 가끔 대간(臺諫)과 시종(侍從)에 오른 자가 있었으나 또한 드물었다. …… 또 나라 습속이 문벌을 중하게 여겨서 서울 사대부는 서북 지방 사람과 혼인하거나 벗하지 않았다. 서북 사람도 또한 감히 서울 사대부와 더불어 동등하게 여기지 못하였다. 그리하여 서북 양도에는 드디어 사대부가 없게 되었다.   이중환, 『택리지』

사료 플러스⁺

19세기 최초의 민란인 홍경래의 난(1811, 순조 11년)이 평안도에서 일어난 이유는 ① 세도 정치의 부패, ② 국초 이래로 서북 지방에 대한 차별, ③ 조선 후기 경제 발전으로 신흥 상공업자들이 성장한 곳이었으나 사족층(양반 사대부층)의 형성이 미흡한 곳이라 더욱더 세도가들의 수탈 대상이었던 점, ④ 평안도의 연속적인 가뭄으로 인한 민심의 동요 등이 맞물려 있었기 때문이었다.

- 임술년 2월 19일 진주민 수만 명이 머리에 흰 수건을 두르고 손에는 나무 몽둥이를 들고 무리를 지어 진주 읍내에 모여 서리들의 가옥 수십 호를 불사르고 부숴서 그 움직임이 결코 가볍지 않았다. 병사가 해산시키고자 장시에 나가니 흰 수건을 두른 백성들이 당 위에서 그를 빙 둘러싸고는 백성의 재물을 횡령한 죄목, 아전들이 세금을 포탈하고 강제로 징수한 일들을 면전에서 여러 번 문책하는데 그 능멸하고 핍박함이 조금도 거리낌이 없었다.
  『임술록』

- 철종 13년(1862) 4월 병진, 경상도 안핵사 박규수가 관리를 조사하고 옥사를 다스린 뒤 장계를 올렸다. "금번 진주 난민들이 소동을 일으킨 것은 오로지 전 우병사 백낙신이 탐욕을 부려 수탈하였기 때문입니다. 병영에서 포탈한 환곡과 전세 6만 냥을 시기를 틈타 집집마다 배정하여 억지로 받으려고 했습니다. 이 때문에 고을 인심이 들끓고 여러 사람의 노여움이 한꺼번에 폭발해서 전에 듣지 못하던 변란이 갑자기 일어난 것입니다." 『철종실록』

- 당시 공주부 농민들의 요구 사항
  1. 세미(稅米)는 항상 7량 5전으로 정하여 거둘 것
  2. 각종 군포를 농민들에게만 편중되게 부담시키지 말고, 각 호마다 균등하게 부담시킬 것
  3. 환곡의 폐단을 없앨 것
  4. 아전과 장교의 침탈을 금지할 것
  『용호한록』

사료 플러스 ⁺

평안도에서 일어난 19세기 최초의 민란인 홍경래의 난(1811) 이후, 1862년에는 전국적 민란인 임술 농민 봉기가 일어났다. 임술민란 당시 정부는 삼정 이정청을 설치하여 삼정의 문란을 시정한다고 약속하고 또 암행어사를 파견하였으나, 제대로 실현되지 못하였다. 비록 민란은 실패하였으나 농민들의 사회의식이 성장하였으며, 농민들의 항쟁으로 양반 중심의 통치 체제도 서서히 무너지게 되었다.

▲ 19세기의 농민 봉기

274 양반 지배층의 시대 상황 인식이 문화에 끼친 영향

- 조선 초기에는 평양에 단군 사당을 건립하고 국가에서 제사하였으며, 중국 사신이 조선에 올 때 이곳에서 참배하게 하였다. 『세종실록』

- 주화 두 글자가 신의 일평생에 허물이 될 줄 압니다. 그러나 신은 아직도 오늘날 화친하려는 일이 그르다고 생각하지 않습니다. …… 자기의 힘을 헤아리지 아니하고 경망하게 큰 소리를 쳐서 오랑캐의 노여움을 사고 끝내 백성을 도탄에 빠뜨리며 종묘와 사직에 제사 지내지 못하게 된다면 그 허물이 이보다 클 수 있겠습니까. 『지천집』

- 화의가 나라를 망친 것은 어제오늘의 일이 아닙니다. 옛날부터 그러하였으나 오늘날처럼 심한 적은 없었습니다. 명은 우리나라에게는 부모의 나라입니다. 형제의 의를 맺고 부모의 은혜를 저버릴 수 있겠습니까. 『인조실록』

> **사료 플러스⁺**
>
> - **조선 건국 세력의 문화 인식** : 첫 번째 사료를 통해 조선 초기 지배층은 우리 민족이 독립적인 개국시조를 가지고 있으며 중국과 동등한 역사 편년을 가진 국가로 인식하는 등 대외적인 자신감을 가지고 있었음을 알 수 있다.
> - **주화론과 척화론** : 17세기 호란 당시 지배층의 서로 다른 입장으로, 두 번째 사료는 청에 대한 주화론의 입장, 세 번째 사료는 청에 대한 척화론의 입장이다. 주화론을 강조한 최명길은 대의명분보다는 현실적 이해관계를 중시하였고, 학문에 있어서도 양명학을 수용하는 입장이었다. 이에 비해 척화론자들은 대의명분을 존중하였고, 오랑캐의 나라인 청과의 화의를 거부함으로써 두 차례의 호란을 야기하였으며, 이는 이후 북벌론으로 이어졌다.

275 정통 성리학 비판

사료1 윤휴의 주장

- 천하의 많은 이치를 어찌하여 주자만 알고 나는 모른단 말인가. 주자가 다시 태어난다면 내 학설을 인정하지 않겠지만 공자나 맹자가 다시 태어난다면 내 학설이 승리하게 될 것이다. 『백호집』

- 나의 저술 의도는 주자의 해석과 다른 이설(異說)을 제기하려는 것보다 의문점 몇 가지를 기록했을 뿐이다. 만약 내가 주자 당시에 태어나 제자의 예를 갖추었더라도 감히 구차하게 뇌동(雷同)하여 전혀 의문점을 해소하기를 구하지 못하고 찬탄만 하고 앉아 있지는 못했으리라. 반드시 반복하여 질문하고, 생각해서 분명하게 이해하기를 기대했을 것이다. 『도학원류속』

사료2 박세당의 탈성리학 사상

그러나 경전에 실린 말은 그 근본이 비록 하나이지만 그 가닥은 천 갈래 만 갈래이니, 이것은 이른바 '한 가지 이치인데도 백 가지 생각이 나오고 귀결은 같으면서도 길이 다르다.'는 것이다.

『사변록』

사료 플러스✛

17세기 후반에는 성리학을 상대화하고 6경과 제자백가 등에서 현실 사회의 모순 해결을 위한 사상적 기반을 찾으려는 경향이 일어났다. 그 대표적인 인물이 윤휴와 박세당이다. 남인 윤휴는 서인 송시열처럼 북벌론을 주장하였으나 주자학을 비판하는 입장을 취하여 송시열에 의해 제거되었다. 박세당은 성리학이 스승을 무비판적으로 답습하는 것이라 파악하고 자유로운 비판을 강조하였다. 또한 주자가 높고 원대한 형이상학적인 최고의 선(善)의 정신을 통하여 인식의 절대성을 강조하였던 데 반하여, 박세당은 일상적 일용 행사를 통한 인식의 타당성을 강조하여 인식의 상대성을 주장하였다.

276 호락논쟁

• 물(物)에도 인(仁)·의(義)·예(禮)·지(智)라는 도덕성이 있다. 다만, 인간은 그 전체를 가지고 있지만 물(物)은 일부분만 갖고 있다. <u>사람과 동물이 인(仁)·의(義)·예(禮)·지(智)·신(信)과 같은 고차적인 도덕성에서는 본질적인 차이를 갖는다.</u>[1]

한원진

• <u>모든 사물은 음양오행의 기(氣)로 이루어져 있으므로 이(理)인 오상(五常), 즉 인(仁)·의(義)·예(禮)·지(智)·신(信)의 도덕성을 균등하게 부여받았다.</u>[2]

이간

사료 플러스✛

호락논쟁은 '인간과 사물의 본성을 어떻게 볼 것인가' 하는 문제를 둘러싸고 조선 후기 노론 송시열의 직계 제자들 사이에 벌어진 사상 논쟁이다.

호론은 인간과 사물의 본성이 다르다[인물성이론(人物性異論)]고 주장하였는데, 이들은 이이의 이통기국론(理通氣局論)에서 기(氣)의 차별성을 강조하였다. 즉, 고차원적 사고를 하고 도덕심을 가진 인간은 생존 본능대로 살아가는 동물과는 근본적으로 다르다는 것이다. 이들 사상의 기저에는 조선을 중화(中華)로 보려는 대의명분이 깔려 있었기 때문에 조선은 오랑캐인 청과 결코 본성이 같을 수 없다는 논리로 이어져 북벌론으로 연결되었고, 개항을 전후하여 위정척사 사상으로 발전하였다.

낙론은 인간과 사물의 본성이 같다[인물성동론(人物性同論)]고 주장하였는데, 이들은 이이의 이통기국론에서 이(理)의 보편성을 강조하였다. 이들의 사상에는 사람과 모든 우주 만물의 보편적 이치를 추구하려는 자연 과학 정신이 담겨져 있었다. 낙론은 북학 사상으로 계승되어 중화(中華)와 오랑캐를 구별하는 중국 중심의 화이론(華夷論)을 비판하였고, 19세기에 개화사상으로 발전하였다.

1) 인물성이론(人物性異論)
2) 인물성동론(人物性同論)

▲ 양명학 계보

시비(是非)를 가리는 마음은 생각을 기다려서 아는 것이 아니고 학(學)을 기다려서 아는 것이 아니다. 그러므로 양지(良知)[1]라 한다. …… 심(心)이 없는 곳에 이(理)가 존재할 수 없다. 비록 이가 객관적이고 밖에 있다고 하더라도 그것은 공리(空理)일 뿐이다. 공리를 추구하는 것은 유가의 본래 영역이 아니다. …… 지(知)는 행(行)의 시작이고 행은 지의 완성이다. 성학(聖學=儒學)은 단지 이 하나의 공부이나 지와 행을 두 가지 일로 나눌 수 없다.[2] 대저 사람은 반드시 음식을 먹고 싶어하는 마음이 있은 뒤에야 먹는 것을 안다. 음식을 먹고 싶어하는 마음[心]은 곧 뜻이요, 곧 행(行)의 시작이다.[3] 먹는 맛의 아름다움과 싫어함은 반드시 입에 들어간 것을 기다린 뒤에 아는 것이니, 어찌 입에 들어가지도 않았는데 이미 먼저 먹는 맛의 아름다움과 싫어함을 알겠는가.

『전습록』

사료 플러스

『전습록』은 중국 명 대의 왕수인(호 : 양명)이 쓴 철학 어록으로 양명학의 주요 자료이다. 우리나라에서는 이황이 『전습록변』을 써서 양명학을 이단으로 규정하고 언급을 금지하였다.

1) 치양지(致良知): 인간이 상하존비(上下尊卑)의 차별이 없이 본래 타고난 천리(天理)로서의 양지(良知)를 실현하여 사물을 바로잡을 수 있다는 이론이다.

2) 지행합일(知行合一): 선지후행(先知後行)의 성리학과 달리 앎과 행함은 분리되거나 선후(先後)가 있는 것이 아니라 앎은 행함을 통해서 성립한다는 이론이다.

3) 심즉리(心卽理): 성즉리(性卽理)의 성리학과 달리 양명학은 심즉리(心卽理)를 강조하고 인간의 마음이 곧 이(理)라는 이론을 주장하였다.

278 정제두의 사상

나의 학문은 안에서만 구할 뿐이고 밖에서는 구하지 않는다. …… 주자(朱子)의 학문은 그 설이 또한 어찌 일찍이 선(善)하지 않았겠는가? 다만 치지(致知)의 학(學)만이 그 공부가 우직하고 완급한 구별이 있어서 그 체(體)에는 나뉘고 합해지는 간격이 있었을 뿐이나, 그 실은 다 같이 성인의 학을 하는 것이었으니, 어찌 일찍이 착하지 않았겠는가? 그러나 뒤에 와서 배우는 이는 허다히 그 근본은 잃고 오늘날의 학설만을 주장하기에 이르렀으니, 이것은 주자를 배우는 것이 아니라 곧 주자를 빌리는 것이요, 주자를 빌릴 뿐만 아니라 곧 주자를 부회(傅會)함으로써 그 뜻을 성취하고 주자를 끼고 위엄을 지어 사사로움을 이루는 것이다.　　　『하곡집』

사료 플러스⁺

『하곡집』은 하곡(霞谷) 정제두(1649~1736)의 문집이다. 조선 후기 양명학을 체계화시킨 정제두는 주자학(성리학)의 주자를 핑계로 사리사욕을 추구하는 권위적인 학풍을 비판하였다. 정제두는 주자의 신민설(新民說)을 반대한 양명학의 창시자인 왕수인(왕양명)의 친민설(親民說)을 지지하여, 백성을 주체로 인식하고 일반민을 도덕의 주체로 인정하였으며 양반 신분제 폐지를 주장하였다. 정제두는 강화도로 옮겨 살면서 『존언』, 『만물일체설』 등을 써서 양명학의 학문적 체계를 세웠고, 그의 영향하에 이른바 강화학파로 불리는 양명학자들이 배출되었다.

279 허균

대저 이루어진 것만을 함께 즐거워하느라, 항상 눈앞의 일들에 얽매이고, 그냥 따라서 법이나 지키면서 윗사람에게 부림을 당하는 사람들이란 항민(恒民)이다. 항민이란 두렵지 않다. 모질게 빼앗겨서, 살이 벗겨지고 뼈골이 부서지며, 집안의 수입과 땅의 소출을 다 바쳐서, 한없는 요구에 제공하느라 시름하고 탄식하면서 그들의 윗사람을 탓하는 사람들이란 원민(怨民)이다. 원민도 결코 두렵지 않다. 자취를 푸줏간 속에 숨기고 몰래 딴 마음을 품고서, 천지간(天地間)을 흘겨보다가 혹시 시대적인 변고라도 있다면 자기의 소원을 실현하고 싶어 하는 사람들이란 호민(豪民)이다. 대저 호민이란 몹시 두려워해야 할 사람이다. 『호민론(豪民論)』

사료 플러스⁺

명문 가문 출신인 허균(1569~1618)은 『유재론(遺才論)』에서 하늘이 인재를 태어나게 함은 본래 한 시대의 쓰임을 위한 것이므로 인재를 버리는 것은 하늘을 거역하는 것이라고 하면서, 당시 조선 사회에서 서얼이라서 인재를 버리고, 어머니가 개가했다고 해서 인재를 버리는 것을 개탄하였다. 또한 『호민론(豪民論)』에서는 위정자들은 호민을 두려워해야 한다고 하였는데, 이러한 그의 사고가 『홍길동전』으로 구체화되었다.

- **유형원의 균전제**

  옛날의 정전법(井田法)은 아주 이상적인 제도이다. …… 진실로 현재의 적절하고 마땅한 점을 바탕으로 하여 옛 정전 제도의 취지를 살려 행한다면 할 수 있는 방법도 있으니, 지형이 반드시 넓지 않고 공전을 두지 않아도 1/10세를 확립할 수 있을 것이다. …… 관리·선비·농민 등에게 차등 있게 토지를 재분배해야 한다. 그러면 농민이 자영농이 될 것이고, 군사 행정에도 도피자를 찾는 폐단이 없어질 것이고 ……

  『반계수록』

- **이익의 한전제**

  정전제(井田制)는 이미 회복할 수 없게 되었다. 그렇기 때문에 정치가 예전만 못하다. …… 부유한 사람은 농토가 두둑이 연결되어 수없이 많고, 가난한 사람은 송곳 하나 꽂을 땅도 없다. …… 국가에서는 마땅히 한 집의 생활에 맞추어 재산을 계산해서 한전(限田)의 영토 몇 부(負)를 한 집의 영업전(永業田)으로 만들어 주어 농토가 많은 사람도 빼앗지 않고, 모자라는 사람도 더 주지 아니하며, 돈이 있어 사려고 하는 사람은 비록 100결, 1000결이라도 모두 허락하고, 농토가 많아서 팔려고 하는 사람은 영업전 몇 부를 제외하고는 역시 허락하며 …… 이렇게 되면 가난한 집은 당장에 집이 없어지는 걱정이 없을 것이고, 부유한 가정은 비록 파산하는 지경에 이르더라도 영업전만은 남아 있을 것이다.

  『성호집』

- **정약용의 여전제**

  이제 농사짓는 사람은 토지를 갖고, 농사짓지 않는 사람은 토지를 갖지 못하게 하려면 여전제를 실시하여야 한다. 산골짜기와 시냇물의 지세를 기준으로 구역을 획정하여 경계를 삼고, 그 경계선 안에 포괄되어 있는 지역을 1여로 한다. …… 1여마다 여장을 두며 무릇 1여의 인민이 공동으로 경작하도록 한다. …… 여민들이 농경하는 경우 여장은 매일 개개인의 노동량을 장부에 기록하여 두었다가 가을이 되면 오곡의 수확물을 모두 여장의 집에 가져온 다음 분배한다. 이때 국가에 바치는 세와 여장의 봉급을 제하며, 그 나머지를 가지고 노동 일수에 따라 여민에게 분배한다.

  『경세유표』

- **정약용의 정전제**

  정전법은 시행할 수 없다. 정전은 모두 한전이었는데, 수리 시설이 갖춰지고 메벼와 찰벼가 맛이 좋으니 수전을 버리겠는가. 정전이란 평평한 농지인데 나무를 베어 내노라 힘을 들였고 산과 골짜기가 이미 개간되었으니, 이러한 밭을 버리겠는가.

  균전법은 시행할 수 없다. 균전은 농지와 인구를 계산하여 분배해 주는 것인데, 호구의 증감이 달마다 다르고 해마다 다르다. 금년에는 갑의 비율로 분배하였다가 명년에는 을의 비율로 분배해야 하므로 조그마한 차이는 산수에 능한 자라도 살필 수 없고 토지의 비옥도가 경마다 묘마다 달라 한정이 없으니, 어떻게 균등하게 하겠는가.

  한전법은 시행할 수가 없다. 한전이란 전지를 사되 몇 이랑까지에 이르면 더 이상 살 수 없으며, 전지를 팔되 몇 이랑까지에 이르면 더 이상 줄일 수 없는 것이다. 그런데 내가 남의 이름을 빌려 더 사서 보탠다면 그 누가 알겠으며, 남이 나의 이름을 빌려 더 팔아 줄인들 그 누가 이를 알겠는가. 그러므로 한전은 시행할 수가 없다.

  비록 그러나 사람들이 모두 정전(井田)은 회복할 수 없음을 알면서도 유독 균전과 한전에 대해서만은 사리에 밝고 시무를 아는 사람들도 또한 즐겨 말하니, 나는 의혹이 생긴다. ……

농사를 짓는 사람에게는 전지를 얻도록 하고 농사를 짓지 않는 사람에게는 전지를 얻지 못하도록 한다면 이는 옳은 일이다. 그러나 균전과 한전은 장차 농사를 짓는 사람에게도 전지를 얻도록 하고, 농사를 짓지 않는 사람에게도 또한 전지를 얻도록 하고, 공업과 상업을 하지 않는 사람에게도 또한 전지를 얻도록 하니, 대저 공업과 상업을 하지 않는 사람에게도 또한 전지를 얻도록 한다면, 이는 바로 온 천하 사람을 거느리고 놀기를 가르치는 일이다.

『경세유표』

- **홍대용의 균전제**
  아홉 도의 전답을 고루 나누어 3분의 1을 취해서 아내가 있는 남자에 한해서는 각각 2결(結)을 받도록 한다. (그 자신에 한하며 죽으면 8년 후에 다른 사람에게 옮겨 준다.) 전원(田園) 울타리 밑에 뽕나무와 삼[麻]을 심도록 하며, 심지 않는 자에게는 별로 베[布]를 받는데 부인이 3명이면 베 1필, 부인이 5명이면 명주 1필을 상례(常例)로 정한다. 『임하경륜』

- **박지원의 한전제**
  토지 소유를 제한하는 법령을 세우십시오. 모년 모월 이후부터 제한된 토지보다 많은 자는 더 가질 수 없고, 그 법령 이전부터 소유한 것은 비록 광대한 면적이라 해도 불문에 부치며, 그 자손으로 지자(支子)나 서자(庶子)가 있어 분급해 주는 것은 허락하고, 혹시 사실대로 하지 않고 숨기거나 법령 이후에 제한을 넘어 더 점유한 자는 백성이 적발하면 백성에게 주고, 관아에서 적발하면 관아에서 몰수하십시오. 이렇게 한다면 수십 년이 못가서 전국의 토지는 균등하게 될 것입니다.

『한민명전의』

사료 플러스+

16세기 이후 지주 전호제가 확산되면서 토지 소유의 불균형 현상이 나타났다. 조선 후기 중농학파 실학자들은 지주 전호제를 비판하고 자영농 육성을 위한 다양한 토지 개혁론을 주장하였으나 현실에 반영되지는 못하였다.

참고 조선 후기 실학자의 토지 개혁론

중농학파		중상학파	
유형원	균전제: 사·농·공·상의 차등 토지 분배	홍대용	균전제: 성인 남자에게 토지 2결 지급
이익	한전제: 농민에게 영업전 지급, 영업전 매매 금지, 기타 토지는 자유 매매	박지원	한전제: 토지 소유 상한선 설정
정약용	• 여전제: 노동량에 따라 분배 ⇨ 일종의 공동 농장 제도 • 정전제: 국가가 장기적으로 토지 매입 ⇨ 농민에게 지급, 지주의 토지는 골고루 소작	서유구	한전제: 대토지 소유의 폐단 해결 주장 ⇨ 둔전제: 19C 지주 전호제 인정, 일부 지역에 한정된 규모로 둔전(일종의 국영 협동 농장) 설치 주장

- 탕론(湯論)

  대체 천자는 어찌하여 있게 되었는가? …… 다섯 가(家)가 하나의 인(隣)이 되는데, 다섯 가의 추대를 받은 자가 인장(隣長)이 될 것이며, 다섯 인이 일 리(一里)가 되는데 다섯 인의 추대를 받은 자가 이장(里長)이 될 것이며, …… 여러 현 우두머리의 공동 추대를 받은 자가 제후가 될 것이며, 제후의 공동 추대를 받은 자가 천자가 될 것이므로, 천자란 무릇 군중이 밀어서 그 자리에 오른 것이다. 무릇 군중이 밀어서 이룬 것이라면 또한 군중이 밀지 아니하면 천자가 될 수 없는 것이다.

  『여유당전서』

- 원목(原牧)

  백성을 위해서 목(牧 : 지방관)이 존재하는가? 백성이 목(牧)을 위해서 태어났는가? 백성들은 곡식과 피륙을 내어 목(牧)을 섬기고, 백성들은 수레와 말을 내어 추종하면서 목(牧)을 보내고 맞이하며, 백성들은 고혈(膏血 : 기름과 피)과 진수(津髓 : 침과 골수)를 모두 짜내어 목(牧)을 살찌게 하니, 백성들이 목(牧)을 위해서 태어난 것인가? 아니다. 목(牧)이 백성을 위해서 존재하는 것이다. 옛적에는 백성만이 있었을 뿐이니 어찌 목(牧)이 존재하였을 것인가.

  『여유당전서』

- 수령의 업무

  수령이라는 직책은 관장하지 않는 것이 없으니, 여러 조목을 열거하여도 오히려 직책을 다하지 못할까 두려운데, 하물며 스스로 실행하기를 기대할 수 있겠는가? 이 책은 첫머리의 부임(赴任)과 맨 끝의 해관(解官) 2편을 제외한 나머지 10편에 들어 있는 것만 해도 60조나 되니, 진실로 어진 수령이 있어 제 직분을 다할 것을 생각한다면 아마도 방법에 어둡지는 않을 것이다.

  『목민심서』

사료 플러스+

중농학파 실학자 정약용은 『경세유표』에서 『주례』에 나타난 주(周)나라 제도를 모범으로 하여 중앙과 지방의 정치 제도를 개혁할 것을 제안하였다. 이에 의하면 정치적 실권을 군주에게 몰아주고, 군주가 수령을 매개로 백성을 직접 다스리도록 하되, 백성의 자주권을 최대로 보장하여 아랫사람이 통치자를 추대하는 형식에 의해서 권력이 짜여져야 한다고 하였다. 그리고 중앙의 행정 기구인 6조의 기능을 평등하게 재조정하고 이용감(利用監)을 새로 설치하여 과학 · 기술의 발전 등 북학(北學)을 수행할 수 있도록 바꾸며, 지방의 부유한 농민들에게 향촌 사회에서의 공헌도에 따라 관직을 주어야 한다고 하였다. 또한 정약용은 국가 재정과 농촌 경제의 안정을 위해 정전 제도(井田制度)를 우리나라 현실에 맞게 시행할 것을 주장하였다. 즉 국가가 장기적으로 토지를 사들여 가난한 농민에게 나누어 주어 자영농을 육성하고, 아직 국가가 사들이지 못한 지주의 토지는 농민에게 골고루 병작권을 주자는 것이었다.

282 유수원의 상공업관

지금 양반이 명분상으로 상공업에 종사하는 것을 부끄러워하지만, 그들의 비루한 행동은 상공업자보다 심한 자가 많다. …… 상공업을 말업(末業)이라 하지만 본래 부정한 것이거나 비루한 것이 아니다. 그것은 스스로 재간 없고 덕망 없음을 안 사람이 관직에 나가지 않고, 스스로의 노력으로 물품의 교역에 종사하며, 남에게 얻지 않고 자기의 힘으로 먹고 사는데, 그것이 어찌 천하거나 더러운 일이겠는가?

『우서』

> **사료 플러스⁺**
>
> 중상학파 실학자 유수원은 부국강병과 민생 안정을 위해서는 국가의 조정 아래 상공업을 진흥시켜야 하며, 그러기 위해서는 사·농·공·상의 직업적 평등화와 전문화가 이루어져야 한다고 주장하였다.

283 홍대용의 지전설

천체가 운행하는 것이나 지구가 자전하는 것은 그 세가 동일하니 분리해서 설명할 필요가 없다. 다만 9만 리의 둘레를 한 바퀴 도는데 이처럼 빠르며, 저 별들과 지구와의 거리는 겨우 반경밖에 되지 않는데도 몇 천만 억의 별들이 있는지 알 수 없는데, 하물며 천체들이 서로 의존하고 상호 작용하면서 이루고 있는 우주 공간의 세계 밖에도 또 다른 별들이 있다. …… 칠정(태양, 달, 화성, 수성, 목성, 금성, 토성을 통틀어 이르는 말)이 수레바퀴처럼 자전함과 동시에 맷돌을 돌리는 나귀처럼 둘러싸고 있다. 지구에서 가까이 보이는 것을 사람들은 해와 달이라 하고 지구에서 멀어 작게 보이는 것을 사람들은 오성(수성, 금성, 화성, 목성, 토성)이라 하지만 사실은 모두가 동일한 것이다.

『의산문답』

> **사료 플러스⁺**
>
> 청나라 기행문인 『담헌연기(湛軒燕記)』 중 『의산문답』에서는 실옹(實翁)과 허자(虛子)의 문답 형식을 빌려 지구의 1일 1회전설(지전설)을 주장하여 성리학적 세계관을 비판하였다. 또 인간은 다른 생명체보다 우월하지 않으며 다른 별에도 우주인이 있을 수 있다는 파격적인 우주관을 피력하였다.

사료1 박지원 전기

아버지는 어릴 적부터 말과 의론이 엄정하셨다. 겉으로만 근엄하고 속마음은 그렇지 못한 자나 권력의 부침에 따라 아첨하는 자들을 보면 참지 못하셨으니, 이 때문에 평생 남의 노여움을 사고 비방을 받는 일이 아주 많았다. …… 그리하여 여기에 붙었다 저기에 붙었다 하는 세태가 꼴불견이었는데, 아버지는 젊을 때부터 이런 세태를 미워하셨다. 그래서 <u>아홉 편의 전(傳)을 지어 세태를 풍자하셨는데, 그 속에는 왕왕 우스갯소리가 들어 있었다.</u>

「과정록」

사료2 「양반전」

정선 고을에 한 양반이 살고 있었는데, 그는 어질면서도 글 읽기를 좋아하였다. 그러나 그는 살림이 가난해서, 해마다 관가에서 환자(還子, 환곡)를 타 먹었다. 그렇게 여러 해가 쌓이고 보니, 천 석이나 되었다. 관찰사가 여러 고을을 돌아다니다가 이곳에 이르러 관청 쌀의 출납을 검열하고는 매우 노하여 그 양반을 가두게 하였다. …… 그 마을의 부자가 가족들과 서로 의논하였다. "양반은 아무리 가난해도 언제나 높고 영광스럽건만, 우리들은 아무리 부자가 되어도 언제나 낮고 천하거든. …… 마침 저 양반이 가난해서 환자를 갚지 못해 몹시 곤란해질 모양이야. 참으로 그 양반이라는 자리도 지닐 수 없는 형편이 되었지. 내가 그것을 사서 가져야겠어."

박지원, 「양반전」

사료3 상공업 진흥

옛날에 백성에는 네 가지 부류가 있었습니다. 이는 사농공상입니다. 사의 업은 오래되었습니다. 농공상의 일은 처음에 역시 성인의 견문과 생각에서 나왔고, 대로로 익힌 것을 전승하여 각기 자신의 학문이 있었습니다. …… 그러나 사의 학문은 실제로 농공상의 이치를 포괄하는 것이므로 세 가지 업은 반드시 사를 기다린 뒤에 완성됩니다. 일반적으로 이른바 농업에 힘쓰는 것이나, 상업을 유통시켜 공업에 혜택을 준다고 했을 때 그 힘쓰는 것이나, 상업을 유통시켜 공업에 혜택을 준다고 했을 때 그 힘쓰게 하고 유통시키고 혜택을 주게 하는 것이 사가 아니라면 누가 하겠습니까?

「과농소초」

사료 플러스⊕

사료 1: 연암 박지원의 둘째 아들 박종채가 쓴 박지원 전기『과정록(過庭錄)』의 일부이다. 박지원은 당시 홍대용·박제가 등과 함께 청나라의 문물을 받아들이고 배워야 한다는 북학파(北學派)의 중심에 있었다. 이용후생(利用厚生)의 실학을 강조하였다.

사료 2: 박지원은 자유롭고 재치 있는 문체로 당시의 사회상을 포착하여 「양반전」을 비롯한 여러 편의 한문 소설을 썼다. 그는 문체반정 때 정조에게 문체를 타락시켰다는 지적을 받기도 하였다.

사료 3: 박지원의『과농소초』는 우리 농업의 문제점을 시정하고 나아가 토지의 재분배를 통해 당시의 사회적·경제적 모순을 개혁하려는 그의 의지를 담은 농업서이다.

박제가의 소비론

비유하건대 재물은 대체로 샘과 같은 것이다. 퍼내면 차고, 버려두면 말라 버린다. 그러므로 비단옷을 입지 않아서 나라에 비단을 짜는 사람이 없게 되면 여공이 쇠퇴하고, 쭈그러진 그릇을 싫어하지 않고 기교를 숭상하지 않아서 공장[1]이 도야[2]하는 일이 없게 되면 기예가 망하게 되며, 농사가 황폐해져서 그 법을 잃게 되므로 사농공상의 사민이 모두 곤궁하며 서로 구제할 수 없게 된다.   『북학의』

사료 플러스+

중상학파 실학자 박제가는 생산과 소비의 관계를 우물물에 비유하면서 절약보다 소비를 권장하여 이를 통해 생산을 자극해야 한다는 경제관을 피력하였다.

1) 수공업자
2) 기술을 익힘

이익과 안정복의 중국 중심의 역사관 탈피 – 삼한 정통론

- 지금 사람들은 조선에서 나서 조선의 일은 전혀 모른다. 심지어는 『동국통감』이 있어도 "누가 읽는가?"라고 말하니 그 그릇됨이 이와 같다. 동국은 스스로 동국이니 그 역사의 규제와 처세도 스스로 중국사와는 다름이 있는 것이다.   『성호집』

- 예로부터 유학자들은 언제나 중화와 이적의 구분을 엄격히 하며, 중국 땅에서 태어나지 않으면 다 이(夷)라 하는데, 이것은 통할 수 없다. 하늘이 어찌 지역을 가지고 인간을 구별하겠는가?   『순암선생문집』

- 이에 나 정복은 이것을 읽고 개연히 바로잡아 볼 뜻이 있었다. 널리 우리나라 역사 및 중국의 역사 속에서 우리나라 일에 대해 말한 것들을 가져다가 깎고 다듬어서 책을 만들었는데, 한결같이 주자가 이루어 놓은 법을 따랐다. …… 대체로 역사가가 역사 서술하는 방법은 정통을 밝히는 것이다. 나라를 빼앗은 것이나 반역한 것을 엄격히 다루며, 옳고 그름을 바로잡고 충절을 드날리고 제도와 문물을 자세히 해야 한다. 여러 역사책에서 예전부터 문제가 되는 것은 약간 손질을 하고, 잘못이 심한 것은 따로 부록 2권을 만들어 아래에 붙였다.   『동사강목』

사료 플러스+

중농학파 실학자 이익은 체계적인 역사서를 남기지는 않았으나 중국 중심의 역사관을 비판하여 민족에 대한 주체성과 자각을 높이는 데 이바지하였다. 그의 객관적 역사 해석과 고조선, 삼한, 발해 등에 대한 실증적인 사실 고증은 안정복, 정약용 등에게 큰 영향을 주었는데, 특히 '단군 조선 ⇨ 기자 조선 ⇨ 삼한 (마한) ⇨ 삼국'으로 이어지는 그의 역사관은 이후 안정복에게 계승되었다.

사료1 안정복

• 정통은 단군·기자·마한·신라 문무왕(9년 이후)·고려 태조(19년 이후)를 말한다. 신라는 고구려에 대해 나라를 합병한 예를 썼으므로 통일한 이듬해에 정통을 이었다. 고려는 견훤에게 도적을 평정한 예를 썼으므로 통합한 해에 정통을 이었다. 무통(無統)은 삼국이 병립한 때를 말한다. 『구사(舊史)』에는 백제가 의자왕에서 그쳤으나, 의자왕 뒤에 왕자 풍(豊)이 3년 동안 즉위하였으므로 이제 풍으로 대를 이었다. 『동사강목』

• 삼국사에서 신라를 으뜸으로 한 것은 신라가 가장 먼저 건국되었고, 뒤에 고구려와 백제를 통합하였으며, 고려는 신라를 계승하였으므로 편찬한 것이 모두 신라의 남은 문적을 근거로 하였기 때문이다. 그러므로 편찬한 내용이 신라에 대하여는 약간 자세히 갖추어져 있고 백제에 대하여는 겨우 세대만을 기록했을 뿐 없는 것이 많다. …… <u>고구려의 강대하고 현저함은 백제에 비할 바가 아니며 신라가 차지한 땅의 일부는 남쪽에 불과할 뿐이다. 그러므로 김씨(김부식)는 신라사에 쓰인 고구려 땅을 근거로 했을 뿐이다.</u> 『동사강목』

사료2 유득공

<u>부여씨[1]</u>가 망하고 <u>고씨[2]</u>가 망한 다음, <u>김씨[3]</u>가 남방을 차지하고 <u>대씨[4]</u>가 북방을 차지하고는 발해라 하였으니, <u>이것을 남북국이라 한다.</u> 남북국에는 남북국의 사서가 있었을 텐데, 고려가 편찬하지 않은 것은 잘못이다. 저 대씨가 어떤 사람인가? 바로 고구려 사람이다. 그들이 차지하고 있던 땅은 어떤 땅인가? 바로 고구려 땅이다. 『발해고』

사료 플러스⊕

사료 1 : 이익의 역사의식을 계승한 근기 남인 학파인 안정복은 『동사강목』을 통해 고조선에서 고려 말까지의 역사를 편년체로 서술하였다. 단군 조선 – 기자 조선 – 삼한(마한) – (통일) 신라 – 고려를 정통으로 인식하고 삼국은 무통(無統)이라고 주장하였다. 나아가 역사적 사실들을 치밀하게 밝혀 고증 사학의 토대를 닦았다.

사료 2 : 유득공은 자주적인 입장에서 발해사를 체계화시켜 한반도 중심의 협소한 사관을 극복하고 요동과 만주를 민족사의 무대로 확대하였다. 발해를 우리 역사의 영역으로 끌어들여 신라와 발해가 병존하는 시대를 남북국 시대라고 하였다.

1) 백제, 2) 고구려, 3) 신라, 4) 발해

288 이중환의 지리관

우리나라는 산이 많고 들이 적어 다니기에는 불편하므로 온 나라의 장사꾼은 대부분 말에다 화물을 싣는다. 그런데 목적한 곳이 길이 멀면 노자는 많이 허비되면서 소득이 적다. 그러므로 물자를 실어 옮겨서 교역을 하는 이익보다 못하다.　　　　　　　　　　　　　『택리지』

사료 플러스

『택리지』는 조선 후기 1751년(영조 27)에 실학자 이중환이 쓴 인문 지리지이다. 책의 내용은 사민총론, 팔도총론, 복거총론, 총론 등으로 구성되어 있는데 팔도총론과 복거총론이 주를 이루고 있다. '팔도총론 (八道總論)'에서는 강원도, 경상도, 전라도, 평안도, 함경도, 황해도, 충청도, 경기도 등 우리나라 8도 전역 의 지리를 논하고 각 지방의 지역성을 출신 인물과 연관지어 서술하였다. '복거총론(卜居總論)'에서는 인 간이 살 만한 거주지의 조건인 지리(지형, 물길 등), 생리(경제적 이득), 인심(좋은 이웃 관계), 산수(아름 다운 경치)에 대해 서술하였다. 이를 통해 당시의 사람들이 가지고 있던 주거지 선호의 기준을 알 수 있다. 또한 '사민총론(四民總論)'에서는 선비(사), 농민(농), 수공업에 종사하는 장인(공), 상인(상) 즉, 사농공상 의 유래 및 사대부의 역할과 사명, 국가를 구성하는 백성들의 역할에 대해 기술하였다.

289 판소리와 사설시조, 한시

사료1 판소리

어사또 분부하되, "얼굴을 들어 나를 보라." 하시니, 춘향이 고개를 들어 대상(臺上)을 살 펴보니 걸객(乞客)으로 왔던 낭군, 어사또로 뚜렷이 앉았구나. 반 웃음 반 울음에 "얼씨구 나 좋을씨고. 어사 낭군 좋을씨고. 남원 읍내 추절(秋節) 들어 떨어지게 되었더니, 객사에 봄이 들어 이화 춘풍(李花春風) 날 살린다. 꿈이냐 생시냐, 꿈을 깰까 염려로다." 한참 이 리 즐길 적에 춘향 모 들어와서 가없이 즐겨하는 말을 어찌 다 설화(說話)하랴. 춘향의 높은 절개 광채 있게 되었으니 어찌 아니 좋을쏜가?　　　　　　　　　　　　　　「춘향가」

사료2 사설시조

두꺼비 파리를 물고　　작가 미상

두꺼비 파리를 물고 두엄 위에 치달아 앉아
건넛산 바라보니 백송골이 떠 있거늘
가슴이 선뜻하여 풀적 뛰어내리다가
두엄 아래 자빠져 버렸구나.
마침 나였기 망정이지 피멍들뻔하였도다.　　　　　　　　　　　　　　『청구영언』

사료 플러스

사료 1: 판소리는 조선 후기 사회에서 크게 환영을 받았으며, 광대들이 가창과 연극으로 연출하여 읽는 소설보다 훨씬 흥미를 돋우었다. 판소리는 한 편의 이야기를 창(소리)과 아니리(이야기)로 엮어 가면서 불렀던 것으로, 서민 문학과 사대부적 문학이 효과적으로 결합되어 있었다.

사료 2: 사설시조는 격식에 구애되지 않고 감정을 구체적으로 표현할 수 있는 형식으로, 주로 남녀 간의 사랑이나 현실에 대한 비판을 주제로 하였다.

사료3 한시

• 여름날에 술을 마시며

여름날에 술을 마시며

떵떵거리는 수십 집안이

대를 이어가며 국록을 먹는다.

서로들 돌아가며 싸우고 죽이면서

약한 이를 고기 삼아 힘센 놈이 먹어 치우네.

세력을 휘두르는 대여섯 집안

재상 자리 대감 자리 모두 다 차지하고

관찰사 절제사도 완전히 차지하네.　　　　　　　　　　　　　　　　　　　　정약용, 『여유당전서』

• 애절양(哀絶陽) ⓒ 사료 268 참고

갈밭 마을 젊은 여인 울음도 서러워라. 현문 향해 울부짖다 하늘 보고 호소하네.

군인 남편 못 돌아옴은 있을 법도 한 일이나 예로부터 남절양은 들어보지 못했노라.

<u>시아버지 죽어서 이미 상복 입었고 갓난아이 배냇물도 안 말랐는데 삼대의 이름이 군적</u>
<u>에 실리다니.</u>[1]

달려가서 억울함을 호소하려 해도 범 같은 문지기 버티어 있고

이정이 호통하여 단벌 소만 끌려갔네.

남편 문득 칼을 갈아 방 안으로 뛰어들자 붉은 피 자리에 낭자하구나. 스스로 한탄하네,

아이 낳은 죄로구나.　　　　　　　　　　　　　　　　　　　　　　　　　　정약용, 『여유당전서』

사료 플러스➕

사료 3 : 정약용은 당시의 정치 현실과 삼정의 문란을 고발하는 한시를 남겼다. 정약용은 『목민심서』에서
애절양을 쓰게 된 동기를 이렇게 적었다. "이 시는 1803년 가을 내가 강진에서 지은 것이다. 그
때 노전에 사는 백성이 아이를 낳은지 3일만에 군적에 올라 있어 이정(里正=관리)이 군포 대신
소를 빼앗아가니 남편은 칼을 뽑아 자신의 남근을 잘라버리면서 '나는 이 물건 때문에 이런 곤
액을 받는구나.' 하였다. 그 아내는 피가 뚝뚝 떨어지는 남근을 가지고 관가에 가서 울면서 호소
하였으나 문지기가 막아버렸다. 내가 이를 듣고 이 시를 지었다."

1) 군정의 문란

송석(松石, 천수경의 호)은 원래 가난하여 늙은 어머니를 봉양할 수 없었다. 그래서 동네 아이들을 모아 가르쳤는데, 자신의 한 달 생활비를 학생들의 수로 나누어 받았다. 얼마 안 있어 학생들이 점점 불어났고, 월사금은 점점 많이 들어왔다. 그래서 한 달에 60전만 내게 하니, 사람들이 "하루에 글을 읽는 값이 어찌 동전 두 잎밖에 안 된단 말인가?"라고 하였다. 이 때문에 학생들이 점점 더 불어나 많을 때는 300명이나 되었고, 좀 나이가 든 학생들이 어린 학생들을 다시 가르치니, 마치 군대에서 군법을 세운 것처럼 질서가 있었다.　이경민, 『희조일사』[1]

사료 플러스⁺

정조 때 중인 천수경은 생활의 한 방편으로 서당을 열었는데, 조선 후기에는 천수경처럼 양반이 아닌 중인이나 서리로서 아이들을 가르치는 훈장이 적지 않았다. 또한, 이곳 학생들도 양반이 아닌 서민의 자제들이었을 것으로 짐작된다. 이러한 서당 교육의 확대는 서민 의식의 각성으로 이어졌다.

1) 『희조일사』는 1866년(고종 3) 이경민이 발간한 95명의 위항인(중인)들의 집단 전기집이다.

선우빈 선우한국사

합격까지 박문각

근대 사회의 발전
(개화기)

제1장 근대 사회 발전기의 정치
제2장 근대 사회 발전기의 경제
제3장 근대 사회 발전기의 사회
제4장 근대 사회 발전기의 문화

CHAPTER 01 근대 사회 발전기의 정치

291 흥선 대원군

사료1 흥선 대원군의 인재 등용

대원군이 집권한 후 어느 공회 석상에서 음성을 높여 여러 재신을 향해 말하기를, "나는 천리를 끌어다 지척으로 삼겠으며, 태산을 깎아 내려 평지를 만들고, 또한 남대문을 3층으로 높이려 하는데 여러 공들은 어떠시오?"라고 물었다. …… 대개 천리지척이라는 말은 종친을 높인다는 뜻이요, 남대문 3층이란 말은 남인을 천거하겠다는 뜻이요, 태산을 평지로 만들겠다는 말은 노론을 억압하겠다는 의사이다.
황현, 『매천야록』

사료2 흥선 대원군의 서원 철폐

• 팔도의 선비들이 서원을 건립하여 명현을 제사하고 …… 무리를 모아 교육을 시키는데 그 폐단이 백성의 생활에 미쳤다. 대원군은 만동묘를 철폐하고 폐단이 큰 서원을 철폐하도록 명령을 내렸다. 선비들 수만 명이 대궐 앞에 모여 만동묘와 서원을 다시 설립할 것을 청하니 대원군이 크게 노하여 병졸들로 하여금 한강 밖으로 몰아내고 드디어 1천여 개소의 서원을 철폐하고 그 토지를 몰수하여 관에 속하게 하였다.
정교, 『대한계년사』

• 백성을 해치는 자는 공자가 다시 살아난다고 하여도 내가 용서 못한다. 하물며 서원은 우리나라의 선유(先儒)에 제사 지내는 곳인데 어찌 이런 곳이 도적이 숨는 곳이 되겠느냐?
서원 철폐 당시 흥선 대원군의 말

사료3 호포제의 시행

나라 제도로서 인정(人丁)에 대한 세를 신포라 하였는데 충신과 공신의 자손에게는 모두 신포가 면제되어 있었다. 대원군은 이를 수정하고자 동포라는 법을 제정하였다. …… 이 때문에 예전에는 면제되던 자라도 신포를 바치지 않을 수 없게 되었다. 조정의 관리들이 이 법의 시행을 저지하고자 하여 "만일 이와 같이 하면 국가에서 충신과 공신을 포상하고 장려하는 후한 뜻이 자연히 사라지게 됩니다."라고 하였다. 대원군이 이를 듣지 않으면서, "충신과 공신이 이룩한 사업도 종사와 백성을 위한 것이었다. 지금 그 후손이 면세를 받기 때문에 일반 평민이 법에 정한 세금보다 무거운 부담을 지게 된다면 충신의 본뜻이 아닐 것이다." 하여 단연 그 법을 시행하였다.
박제형, 『근세조선정감』

사료4 경복궁 타령

에-헤이야 얼널널거리고 방에 홍애로다.
을축년 4월 초 3일에 경복궁 새 대궐 짓는 데 헛방아 찧는 소리다.
조선의 여덟도 좋다는 나무는 경복궁 짓노라 다 들어간다.
도편수란 놈의 거동 보소 먹통 매고 갈팡질팡한다.
남문 밖에 떡장수들아 한 개를 베어도 큼직큼직 베어라.

남문 밖에 막걸리 장수야 한 잔을 걸러도 큰 애기 솜씨로 걸러라.

에-나 떠난다고 네가 통곡 말고 나 다녀올 동안 네가 수절을 하여라.

에-인생을 살면서 몇백 년 사나 생전 시절에 맘대로 노세.

남문 열고 바라 둥당치니 계명산천에 달이 살짝 밝았네.

경복궁 역사가 언제나 끝나 그리던 가족을 만나 볼까.

사료5 병인양요

병인년(1866) 9월, 구미 열강은 얼마 전에 중국이 화평을 허락한 뒤로 마구 설치고 날뛰는 방자함이 몇 갑절로 헤아릴 길이 없다. 곳곳에서 못된 짓을 하여 모두 해를 입었다. 오직 우리나라만 해를 입지 않았다. …… 괴로움을 참지 못하여 화친함은 나라를 팔아먹는 일이다. 독을 참지 못하여 교역을 허락함은 곧 나라를 망하게 하는 것이다. 적이 도성 가까이 닥쳤을 때 도성을 떠남은 바로 나라를 위태롭게 하는 것이다.
『고종실록』

사료6 오페르트 도굴 사건(1868)

너희 나라와 우리나라 사이에는 원래 왕래도 없었고, 은혜를 입거나 원수를 진 일도 없다. 이번 덕산 묘지에서 저지른 사건은 사람으로서 차마 할 수 있는 일이겠는가? 또한, 방비가 없는 것을 엿보아 몰래 들이닥쳐 소동을 일으키며, 무기를 빼앗고 백성들의 재물을 강탈하는 것도 사리로 볼 때, 어찌 할 수 있는 일이겠는가? 이런 사태에서 우리나라 신하와 백성들은 있는 힘을 다하여 한 마음으로 네놈들과 같은 하늘을 이고 살 수 없다는 것을 다짐할 뿐이다.
『고종실록』 1868. 4. 23.

사료 플러스➕

19C 중엽 조선 사회는 안으로는 세도 정치의 폐단이 극에 달하여 무능한 양반 지배 체제에 저항하는 민중 세력이 성장하고 있었고, 밖으로는 일본과 서양 열강이 밀려오는 등 위기를 맞이하게 되었다. 흥선 대원군은 이러한 위기를 극복하기 위해 안으로는 왕권 강화와 민생 안정책을, 밖으로는 통상 거부 정책을 실시하였다.

사료 1: 흥선 대원군은 외척의 세도로서 권세를 누려온 노론 계열인 안동 김씨 일족을 정계에서 몰아내고 당파와 신분을 가리지 않고 인재를 등용하였다.

사료 2: 조선 후기에 크게 증가한 서원은 국가 재정의 낭비를 초래하였을 뿐만 아니라 농민들에게 많은 고통을 주었다. 이에 대원군이 서원 철폐령을 내리자 양반 유생들은 크게 반발하였다.

사료 3: 호포제 실시로 종래 상민에게만 징수하던 군포를 양반에게도 징수하게 되면서 납부층 양반의 수가 증가하게 되었다.

  cf 흥선 대원군 정책에 대한 양반층의 불만 요인: 서원 철폐, 호포제 실시, 원납전의 강제 징수, 양반들의 묘지림 벌목

🔖**참고 호포제 실시로 나타난 부담층 변화(경상도 영천 지방)**

구분	호포제 실시 전(1792)	구분	호포제 실시 후(1872)
납부층 양인	15%	납부층 양반 · 양인	74%
면제층 양반	49%	면제층 관리	19%
면제층 노비	36%	면제층 노비	7%

사료 4: 대원군의 삼정 개혁은 백성의 생활을 안정시키는 데 기여하여 백성의 지지를 얻었다. 그러나 경복궁을 중건하는 과정에서 많은 백성들을 토목 공사장에 징발하여 백성들의 원성을 사기도 하였다.

사료 5: 병인양요(1866) 때 프랑스는 강화행궁에 보관된 외규장각 도서(『조선왕조의궤』 등)를 약탈해 갔고 2011년에 5년마다 계약을 갱신하는 영구 임대 형식으로 반환하였다.

사료 6: 독일 상인 오페르트(Oppert)는 충청남도 예산군 덕산에 있는 흥선 대원군의 아버지 남연군의 무덤을 도굴하려고 하였다. 남연군의 유해를 미끼로 통상 조약을 체결하려는 의도였으나 오히려 흥선 대원군의 쇄국 의지를 더욱 강화시키는 계기가 되었다.

사료7 **신미양요 당시 한 미군 병사의 보고**

그들 조선군은 비상한 용기를 가지고 응전하면서 성벽에 올라 미군에게 돌을 던졌다. 창칼로 상대하는데 창칼이 없는 병사들은 맨손으로 흙을 쥐어 적군 눈에 뿌렸다. 모든 것을 각오하고 한 걸음 한 걸음 다가드는 적군에게 죽기로 싸우다 마침내 총에 맞아 죽거나 물에 빠져 죽었다.

사료8 **척화비(斥和碑)**

洋夷侵犯 非戰則和 主和賣國 戒我萬年子孫 丙寅作辛未立

사료9 **최익현의 계유상소(1873)**

지금의 국사를 보건대, 폐단이 없는 것이 없으며 …… 다만 그중에 더욱 현저하고 큰 것을 든다면 화양동의 만동묘를 철거한 것은 군신의 윤리가 무너진 것이요, 서원의 혁파는 사제(師弟) 간의 의리가 끊어진 것이며, 죽은 자가 양자를 간 것은 부자(父子) 간의 윤리가 문란해진 것이며, 국적(國賊)들을 신원(伸冤)한 것은 충신과 역적의 분별이 혼동된 것이며, 호전(胡錢)을 사용함은 중화와 이적(夷狄)의 구별이 문란해진 것입니다. …… 거기에다가 토목 공사와 원납전 따위까지 덧붙여 서로 안팎이 되어서 백성의 재앙이 되고 나라의 화란이 되는 근본이 된 지 지금 몇 해가 되었으니, 이것이 선왕(先王)의 옛 법을 변경하고 천하의 윤리를 무너뜨린 것이 아니고 무엇이겠습니까?   최익현, 『면암집』

사료 플러스+

사료 7: 신미양요(1871) 당시 광성보 전투에 참여한 미군 병사가 전한 말이다.

사료 8: 대원군은 프랑스와 미국의 침공을 격퇴한 후 척화 의지를 높이기 위해 전국 각지에 척화비를 세웠다. 이러한 통상 수교 거부 정책은 위정척사 사상을 지닌 보수적인 유생들의 지지를 받았다.

사료 9: 최익현은 1868년 흥선 대원군의 실정을 비판하는 상소를 올린 이후 1873년 또다시 계유상소를 올렸다. 서원 철폐로 유림의 사회적 기반을 빼앗긴 것에 대한 자구책이기도 하였던 이 상소는 고종의 뜻과 어느 정도 일치하면서 흥선 대원군이 하야하는 계기가 되었다.

---

292 조·일 수호 조규, 조·일 수호 조규 부록, 조·일 통상 장정(조·일 무역 규칙)

사료1 **조·일 수호 조규(1876)**

제1관   조선은 자주의 나라로 일본과 평등한 권리를 가진다.[1]

제2관   양국은 15개월 뒤에 수시로 사신을 파견하여 교제 사무를 협의한다.

제5관   경기·충청·전라·경상·함경 5도 가운데 연해의 통상하기 편리한 항구 두 곳을 골라 지명을 지정한다.[2] 개항 시기는 일본력(日本曆) 메이지(明治) 9년 2월, 조선력 병자년(丙子年) 2월부터 계산하여 모두 20개월로 한다.

제7관   조선은 연안 항해의 안전을 위해 일본 항해자로 하여금 해안 측량을 허용한다.[3]

제10관 개항장에서 일어난 양국인 사이의 범죄 사건은 속인주의에 입각하여 자국의 법에 의하여 처리한다.[4]

제11관 양국 상인의 편의를 꾀하기 위해 추후 통상 장정을 체결한다.

사료2 조 · 일 수호 조규 부록(1876)

제1관 각 항구에 주재(駐在)하는 일본국 인민관리관(人民管理官)은 조선국 연해 지방에서 일본국 배가 파선되어 긴급할 경우, 지방관에게 알리고 해당 지역의 연로(沿路)를 통과할 수 있다.

제4관 이후 부산 항구에서 일본국 인민이 통행할 수 있는 도로의 이정(里程)은 부두에서부터 계산하여 동서남북 각 조선의 이법(里法)상 직경 10리로 정한다.[5] 동래부 중의 한 곳에 있어서는 특별히 이 이정 안에서 오갈 수 있다. 일본국 인민은 마음대로 통행하며 조선 토산물과 일본국 물품을 사고 팔 수 있다.

제7관 일본국 인민은 본국의 현행 여러 화폐로 조선국 인민이 소유한 물품과 교환할 수 있으며, 조선국 인민은 그 교환한 일본국의 여러 화폐로 일본국에서 생산한 여러 가지 상품을 살 수 있다. 그러므로 조선국의 지정된 여러 항구에서는 인민들 사이에 서로 통용할 수 있다.[6]

사료3 조 · 일 통상 장정(조 · 일 무역 규칙, 1876)

제6조 조선국 항구에 머무르는 일본인은 쌀과 잡곡을 수출입할 수 있다.

제7조 일본국 정부에 소속된 모든 선박은 항세(港稅)를 납부하지 않는다.[7]

제10조 아편과 담배의 판매를 엄격히 금지한다.

사료4 개정 조 · 일 통상 장정(개정 조 · 일 무역 규칙, 1883)

제37조 만약 조선국에 가뭄 · 수해 · 병란(兵亂) 등의 일이 있어 국내 식량 결핍을 우려하여 조선 정부가 잠정적으로 양미(糧米)의 수출을 금지하고자 할 때에는, 반드시 먼저 1개월 전에 지방관이 일본 영사관에 통고해야 한다.[8] 또한, 그러한 시기를 미리 항구의 일본 상민에게 예고하여 그대로 준수해야 한다.

사료 플러스⁺

메이지 유신(1868) 이후 근대 국가의 체제를 갖추고 자본주의화를 서두르면서 해외 진출을 시도하고 있던 일본은 자신들이 미국에게 당한 방법대로, 중무장한 군함 운요호를 강화도 초지진에 접근시켜 조선 측의 포격을 유도하였고, 영종도를 습격하여 파괴와 약탈을 자행한 후 일본으로 돌아갔다. 이후 일본은 계속해서 조선을 위협하며 운요호 사건에 대한 사죄, 조선 영해의 자유 항해, 강화 부근 지점의 개항 등을 요구하였다. 결국 1876년 불평등 조약인 조 · 일 수호 조약을 체결하였고, 일본은 조선 식민지화의 첫발을 내딛게 되었다.

1) 조선에 대한 청의 종주권 부정 목적
2) 부산(1876), 원산(1880), 인천(1883) 개항 ⇨ 통상 업무 이외에 정치적 · 군사적 침략 의도 내포
3) 조선 해안 측량권을 얻음으로써 군사 작전 시 상륙 지점을 정탐
4) 치외 법권 인정
5) 거류지 무역(일본 상인의 활동 범위를 거류지로부터 사방 1o리 이내로 설정)
6) 개항장에서의 일본 화폐 유통 허용
7) 무항세
8) 방곡령(쌀 수출 금지령) 조항

293 수신사

수신사 <u>김기수</u>가 나와 엎드리니 왕이 말하였다. "전선, 화륜과 농기계에 관하여 들은 것은 없는가? 저 나라에서 이 세 가지 일을 제일 급하게 힘쓰고 있다고 하는데, 그러하던가?" 김 기수가 "과연 그러하였습니다."라고 아뢰었다.

『고종실록』

사료 플러스⁺

1876년(고종 13) 강화도 조약 체결 이후 일본에 파견된 사신을 수신사라고 불렀는데, 이는 양국이 근대적 입장에서 사신을 교환한다는 뜻이다. 1차 수신사 일행 76명은 약 2개월간의 시찰을 마치고 고종에게 그동안의 일을 보고하였다. 1차 수신사(1876) 김기수는 귀국 후 『일동기유』와 『수신사일기』를 저술하였다.

294 조사 시찰단(신사 유람단)

<u>어윤중</u>이 동래부 암행어사로 임명되어 왕에게서 받은 봉해진 서신을 열어보았다. "일본 조정의 논의와 정국의 형세, 풍속·인물·교빙·통상 등의 대략을 염탐하는 것이 좋겠다. 그러니 너는 일본으로 건너가 크고 작은 일들을 보고 듣되 시간에 구애받지 말고 낱낱이 탐지해서 별도의 문서로 조용히 보고하라."라는 내용이었다.

『고종실록』

사료 플러스⁺

1876년에 일본과 강화도 조약을 체결한 이후 2차례에 걸쳐 수신사를 파견했으나 그것은 외교적인 교섭에 불과한 것이었으며, 1880년 12월 근대 문물을 수용하기 위한 기구로 통리기무아문을 설치한 후 서구 문물의 조사를 위해 조사 시찰단(신사 유람단)을 파견하였다. 이들은 위정척사파의 반대를 피하기 위해 비밀리에 암행어사 신분으로 파견되어 부산에 모인 뒤 도쿄로 향하였다. 이름도 여행하는 선비들이라는 뜻으로 '신사 유람단'이라고 하였다. 이들은 약 4개월 동안 일본에 머무르면서 일본의 각종 근대 시설 등을 시찰하고 귀국하였다.

빈출 사료

사료1 이항로의 중화론(中華論)

중국을 높이고 이적(夷狄)을 물리쳐야 하는 것은 천지가 다 될 때까지의 대원칙이다. …… 이적과 중화의 분별이 있는 것은 천하의 대세이다. ___이항로, 『화서아언』

사료2 최익현의 왜양일체론에 의한 5불가소

• 이 강화는 일본의 강요에 의해서 이루어지는 것이므로 이는 눈 앞의 고식일 뿐 그들의 탐욕을 당해낼 수 없을 것이다.

• 일단 강화를 맺으면 물자를 교역하게 되는데 저들의 상품은 모두 음사기완한 것이고 또 수공업품이므로 무한한 것이나, 우리의 물화는 필수품이며 땅에서 생산되는 유한한 것이므로 이내 우리는 황폐해질 것이다.

• 그들이 비록 왜인이나 기실은 바로 양적이므로 한번 강화가 이루어지면 사교의 서적들이 교역을 타고 끼어 들어와 온 나라에 퍼지고 인륜이 쇠퇴할 것이다.

• 일본인이 왕래하여 우리의 재산을 탈취하고 부녀자를 능욕하는 등 인간의 도리가 땅에 떨어지고 백성이 안주할 수 없을 것이다.

• 왜적들은 물욕만 높을 뿐 조금도 사람된 도리가 없는 금수와 마찬가지이니 인류가 금수와 더불어 같이 살 수는 없을 것이다. ___최익현, 『면암집』

사료3 『조선책략』

오늘날 조선의 급선무는 러시아를 막는 일보다 더 급한 것이 없다. 러시아를 막는 책략은 어떠한가. 중국과 친하고, 일본과 맺고, 미국과 이어짐으로써 자강을 도모할 따름이다. …… 미국의 강성함은 유럽의 여러 대지와 더불어 동서양 사이에 끼어 있기 때문에 항상 약소한 자를 돕고 공의(公義)를 유지하여 유럽 사람에게 함부로 악한 짓을 못하게 하고 있다.

사료4 이만손의 '영남 만인소'

일본은 이미 우리의 수륙 요충 지대를 점검하고 있는 나라입니다. 만약 그들이 우리의 허술함을 알고 충돌을 자행할 경우 이를 제지할 길이 없게 되는 것입니다.

미국은 우리가 본래 모르던 나라입니다. 갑자기 황준센의 종용을 받고 우리 스스로가 끌어들인다면, 그들이 풍랑을 헤치고 험한 바닷길을 건너와 우리를 괴롭히고 우리의 재산을 약탈하거나, 저들이 우리의 약점을 잡아 어려운 청을 강요한다면 이를 어찌 감당하겠습니까?

러시아는 본래 우리와는 혐의(嫌疑)가 없는 나라입니다. 공연히 남의 이간을 듣고 우리의 위신을 손상시키거나 원교를 핑계로 근린을 배척하다가 만의 하나 환란이 일어나면 장차 이를 어찌하겠습니까?

사학에 종사하여 재화를 이루고 농공을 일으킨다고 하지만, 원래 우리에게도 옛부터 재용과 농공에 대한 훌륭한 법규들이 있습니다. 그것은 결코 서학에 종사해야만 가능한 것이 아닙니다. 야소교 전래가 해롭지 않다고 하는 것은 사교를 조선에 유포시키려는 간계이니, 주공·공자·정자·주자의 가르침을 더욱 밝혀서 그 사람 귀류들을 물리쳐야만 하는 것입니다.

PART 06 근대 사회 발전기의 정치

홍재학의 '만언척사소'

대개 서양의 학문은 천리(天理)를 어지럽히고 기강을 소멸시킴이 심하다는 것을 다시 말할 필요도 없습니다. 서양의 물건은 대부분 음탕하고 욕심을 유도하며, 유교 윤리를 깨뜨리고 사람의 정신을 어지럽히며, 천지를 거역하는 것들입니다. 서양의 학문과 물건은 귀로 들으면 창자가 뒤틀리고 수컷이 다른 것으로 바뀌며 눈으로 보면 창자가 꼬이고 위가 뒤집히며, 코로 냄새를 맡고 입술로 그것에 닿게 하면 마음이 변하여 실성하게 되니 이는 곧 그림자가 서로 부딪치고 전염성이 서로 감염되는 것과 같으며, 그 사람의 좋고 싫음이 향배를 물을 필요가 없습니다. 또한, 십자가의 상을 받들지 않는다고 해도 예수교의 책을 읽게 되면 성인에게 죄를 얻는 시작입니다. 전하의 백성들은 과연 귀와 코와 입이 있습니까? 나라 안의 실정이 이미 달라졌습니다.

유인석의 창의문

원통함을 어찌하리. 이미 국모의 원수를 생각하며 이를 갈았는데, 참혹함이 더욱 심해져 임금께서는 또 머리를 깎으시는 지경에 이르렀다. …… 이에 감히 먼저 의병을 일으키고서 마침내 이 뜻을 세상에 포고하노니, 위로 공경에서 아래로 서민에 이르기까지, 어느 누가 애통하고 절박함이 없을 것인가.

사료 플러스

위정척사 운동은 주로 성리학을 신봉하는 보수적인 유생들이 주도하였는데, 그 논리 및 운동은 외세의 침투 상황에 따라 단계적으로 전개되었다.

사료 1: 1866년 병인양요 당시 이항로, 기정진 등은 서양과의 통상 반대 운동을 전개하였다.
사료 2: 1876년 강화도 조약 체결로 최익현은 '왜양일체론'을 내세워 개항에 반대하는 상소를 올리고 척사의 대상을 일본으로 확대하였다.
사료 3~5: 1880년 김홍집이 일본에서 들여온 『조선책략』(사료 3)을 보급시키자 각 지방의 유생들은 이를 격렬히 비판하는 상소(사료 4)를 올렸고 이는 정부의 개화 정책에 반대하는 정치적 움직임으로 확대(사료 5)되어 개화와 보수, 두 세력의 대립과 갈등을 야기하였다. 위정척사 운동은 주체적인 근대화를 위한 방법론을 제시한 것이 아니라 조선 왕조의 전통적인 정치 체제와 사회 경제 질서를 그대로 유지하고자 했다는 점에서 전근대적인 성격이 강하였다. 그러나 외세의 침략에 반대하는 반외세·반침략의 자주적 민족 운동으로, 제국주의의 침략성을 정확히 꿰뚫어 보았다는 점은 높이 평가할 수 있다.
사료 6: 을미사변과 단발령에 대한 반발로 일어난 을미의병(1895) 당시 유인석이 발표한 글이다.

참고 위정척사 사상

정치	전제주의적 정치 체제
경제	지주 전호제
사회	양반 중심의 신분 질서
사상	성리학적 유일 체제

> 처음부터 지금에 이르기까지 합하(閤下)[1]께서 깊이 걱정하는 것은 오로지 일본이 바야흐로 서양과 더불어 한데 합침에 있고, 오로지 이 서계(書契)를 받는 것은 곧 약점을 보인다는 것에 있으며, 소생이 깊이 걱정함은 또한 왜양의 합침에 있어 우리가 틈을 보여서는 안 된다고 말하는 것이며, 또한 약점을 보이는 것에 있으므로 서계를 받지 않아서는 안 된다고 하는 것입니다. …… 진실로 이와 같으니 서계를 받지 않는 것이 과연 강점을 보이는 것이 되겠습니까? 약점을 보이는 것이 되겠습니까? 강약은 서계의 받고, 안 받고에 달려 있는 것이 아니라, 저들이 구실을 잡아서 군사력을 동원하는 명분을 삼기에 족할 따름입니다. 무릇 강약의 세는 단지 사리의 옳고 그름에 있을 따름입니다. 우리의 처사가 남을 대접함에 예가 있고 이치가 옳으면 비록 약하더라도 반드시 강해지고, 우리의 처사가 남을 대접함에 예가 없고 이치가 그르면 비록 강하다고 하더라도 반드시 약해집니다.
>
> 박규수, 「환재집」

사료 플러스⁺

18세기 북학론은 19세기 초 통상 개화론으로 구체화되어 개항을 전후하여 개화사상으로 발전하였다. 특히 청의 위원이 쓴 「해국도지」, 청의 서계여가 쓴 「영환지략」 같은 세계 지리서의 도입과 함께 약육강식·생존 경쟁을 주장하는 사회 진화론은 개화사상에 큰 영향을 주었다.

1) 흥선 대원군

297 미국과의 통상론[박규수의 대미관(對美觀)]

> 미국의 강성함은 유럽의 강대국과 같으며, 동서 대양에 연결하고 있어서 늘 약소국을 도우며 공의(公議)를 유지하며, 유럽 사람들이 악한 일을 함부로 하지 못하게 한다. 영토가 광대 무변하여 욕심이 없으며, 다만 상업의 이해관계에서 동양의 평화를 바라고 있다. 최근에 사신을 파견하여 조선과 조약을 맺을 것을 원하고 있다. 그러므로 이들과 연결한다면 가히 막을 수 있을 것이다.
>
> 「환재집」

사료 플러스⁺

북학파 거두 박지원의 손자로서 인맥으로도 북학파에 직결되는 박규수가 사숙한 선배 중에는 실학 사상을 집대성한 정약용·서유구 등이 있었다. '실학'으로부터 '개화'로의 박규수의 사상적 전환은 1860년대부터 1870년대에 걸쳐서 대외적 위기에 대응한 활동과 깊은 관련이 있다.

1848년(헌종 14) 증광시에 병과로 급제한 그는 1861년 연행사절의 부사(副使)로서 처음으로 중국에 다녀왔다. 1862년에는 진주 민란 수습을 위한 안핵사에 임명되어 민란의 진상을 조사해 보고하였는데, 이는 박규수가 국내의 현실을 똑바로 직시할 수 있는 기회가 되었다. 그 뒤 대제학 재임 중 1872년 제2차 중국 사행을 통해 서양의 침략에 대응하는 청국의 양무운동을 목격하며 개국(開國)·개화(開化)의 확신을 가지게 되었다.

298 임오군란(1882)

군졸들은 먼저 교동 이최응의 집을 부수고 벌벌 떨고 있는 이최응을 죽였다. 군병들은 다시
살아날까 염려하여 긴 창으로 항문을 찔러 창날이 머리와 뺨에 나오는 것을 확인하고서야
멈추었다. 그리고 나서 '장안의 민가 놈은 다 죽이겠다.'고 호언하면서 민겸호, 민태호, 민규
호, 민두호, 민영익, 민치서, 민치상, 민영목, 민창식을 종루로 끌고 나와 난자하여 죽였다. 또
김보현의 큰집, 작은집과 신관호, 한성근, 윤흥렬, 홍완, 이태응, 내영집사 등속과 중인통왜자
(일어 통역관)의 집들을 모두 부수어 버렸다. 홍완을 포박해 죽이려 들자 살려 달라고 애걸
복걸하였다. 그밖에도 민가와 친근한 사람이나 궁궐에 출입하는 점쟁이 무당들 집까지도 모
두 파괴하여 이날 살해된 사람은 헤아릴 수 없이 많았다. 『저상일월』

사료 플러스[+]

1876년(고종 13)에 맺어진 강화도 조약으로 인해 흥선 대원군이 취한 통상 거부 정책이 무너지고, 개화파
(開化派)와 수구파(守舊派)의 대립이 날카롭게 일어나게 되었다. 개화 정책을 추진하면서 신식 군대인 별
기군을 우대하는 한편, 구식 군대인 무위영·장어영의 군졸들은 1년 넘게 급료를 받지 못해 불만이 높았
다. 그러던 차에 겨우 한달치의 급료를 받게 되었으나, 그것마저 선혜청 고지기의 농간으로 쌀의 양은 턱
없이 부족한데다 모래가 반 넘게 섞여 있었다. 이에 격분한 구식 군졸들이 고지기를 때려 부상을 입히고
선혜청 당상(堂上) 민겸호의 집으로 몰려가 저택을 파괴하면서 임오군란(1882)이 발생하게 되었다.

299 조·청 상민 수륙 무역 장정[1882. 8. 23.(음)·10. 14.(양)]

오직 이번에 체결하는 장정은 중국이 속방을 후대하는 뜻에서 나온 것인 만큼 다른 각국과
일체 균점(均霑)하는 예와 다르다.[1)]
제1조 청국 상무(商務)위원을 서울에 파견하고 조선 대관을 천진(天津)에 파견한다. 청의 북
　　　양 대신과 조선 국왕은 대등한 지위를 지닌다.
제2조 조선 상민(商民)이 이미 개항한 중국의 항구에서 소유한 일체의 재산 관계 범죄는 피
　　　고와 원고가 어느 나라 사람이든 간에 모두 중국 지방관이 법조문에 따라 심판하며,
　　　아울러 조선 (상무)위원에게 통지하여 문건을 남기도록 한다.
제4조 조선 상민(商民)은 베이징에 있는 자를 제외하고는 규정에 따라 교역을 할 수 있도록
　　　한다. 또한, 중국 상민이 조선의 양화진과 서울에 들어가 행상을 하거나 영업소를 차
　　　릴 수 있도록 하되, 여러 물건을 모아서 내륙 지방에 운반하여 점포를 차려 놓고 팔
　　　경우는 지방관의 허가를 받도록 한다.[2)]

사료 플러스[+]

임오군란(1882)을 계기로 청은 조선의 내정에 적극적으로 간섭하면서, 청나라의 경제적 특권을 인정한 조·청
상민 수륙 무역 장정을 체결하였다. 조약 맨 앞에 조선에 대한 청나라의 종주권[속방(屬邦)]을 명시한 이 장정
은 조선 정부의 비준조차 생략된 채 치외 법권은 물론, 개항장이 아닌 서울·양화진에 청국인이 점포를 개설
할 수 있는 권리와 호조(護照, 일종의 여행 증명)를 가진 자에게는 개항장 밖의 내륙 통상권과 연안 무역권까
지 인정하였다. 청나라에 의존한 민씨 정권에 의해 체결되는 이 장정은 이후에 체결되는 통상 조약, 특히 조선과
일본 및 영국과의 조약 개정에도 막대한 영향을 미쳐 불평등 조약의 체계 확립에 결정적 역할을 하였다.

1) 속방조회, 2) 내지 통상권

빈출
사료

사료1 제물포 조약[1882. 7. 17.(음)·8. 30.(양)]

제1관 지금부터 20일을 기한으로 조선국은 흉도들을 체포하여 그 수괴를 엄중히 심문하여 중죄에 처한다. 일본국이 파견한 인원은 공동으로 조사하여 다스린다. 기한 내에 체포하지 못할 경우 응당 일본국에서 처리한다.

제2관 해를 당한 일본 관리와 하급 직원은 조선국에서 후한 예로 매장하여 장례를 지낸다.

제3관 조선국은 5만 원(圓)을 내어 해를 당한 일본 관리와 하급 직원의 유족 및 부상자에게 지급하여 특별히 돌보아 준다.

제4관 흉도들의 포악한 행동으로 인하여 일본국이 입은 손해와 공사(公使)를 호위한 육해군의 비용 중에서 50만 원을 조선국에서 보충[塡補]한다(매년 10만 원씩 지불하여 5개년에 걸쳐 청산한다).

제5관 일본 공사관에 군사 약간을 두어 경비를 서게 한다(병영을 설치하거나 고치는 일은 조선국이 맡는다. 조선의 군사와 백성이 규약을 지킨 지 1년이 되어 일본 공사가 직접 경비가 필요치 않다고 할 때에는 군사를 철수해도 무방하다).

제6관 조선국 특파 대관이 국서를 가지고 일본국에 사과한다.

사료2 조·일 수호 조규 (부록) 속약[1882. 7. 17.(음)·8. 30.(양)]

제1조 부산, 원산, 인천 각 항구의 통행할 수 있는 거리[간행이정(間行里程)]를 이제부터 사방 각 50리(里)로 넓히고[조선의 리(里)], 2년이 지난 뒤(조약이 비준된 날부터 계산하여 만 1년을 1년으로 함.) 다시 각각 100리로 한다. 지금부터 1년 뒤에는 양화진(楊花津)을 개시(開市)로 한다.

제2조 일본국 공사와 영사 및 그 수행원과 가족은 조선의 내지 각 곳을 돌아다니는 것을 들어준다[돌아다닐 지방을 지정하면 예조(禮曹)가 호조(護照)를 발급하고, 지방 관청은 호조를 확인하고 이들을 보호하며 보내준다].

사료 플러스⁺

임오군란 결과 조선은 일본과 제물포 조약과 조·일 수호 조규 속약을 체결하게 되었다.

사료 1: 조선은 일본과 제물포 조약을 체결하여 배상금을 물고, 일본 공사관의 경비병 주둔을 인정하였다.

사료 2: 조·일 수호 조규 속약에서 일본은 부산·원산·인천항의 간행이정을 사방 50리로 하고, 2년 뒤에 100리로 확대하기로 하였다. 이를 계기로 일본 상인의 활동 구역이 보다 넓어지게 되었다.

301 온건 개화파와 급진 개화파

사료1 온건 개화파의 주장

- 단지 부강하다고 해서 자강이 되는 것은 아닙니다. 우리의 정교(政敎)[1]를 닦고 우리의 백성과 나라를 보호하여 외국과의 관계에 분쟁이 일어나지 않도록 하는 것, 이것이 실로 자강을 하는 데에 힘써야 할 일입니다. 수신사 김홍집이 귀국 후 고종에게 한 말(1880)
- 서양 나라들과 수호를 맺는 것을 점점 사교(邪敎)에 물드는 것이라고 말한다. …… 그러나 수호를 맺는 것은 수호를 맺는 것이고, 사교를 금하는 것은 사교를 금하는 것이다. …… <u>서양의 종교는 사교이므로 마땅히 음탕한 음악이나 미색(美色)처럼 여겨서 멀리해야겠지만, 서양의 기계는 이로워서 진실로 백성의 생활을 편리하게 할 수 있다.</u>
임오군란 후 김윤식이 기초한 교서, 『고종실록』(1882)

사료2 급진 개화파의 주장

오늘날의 급선무는 반드시 인재를 등용하며 국가 재정을 절약하고 사치를 억제하며, 문호를 개방하고 이웃국들과 친선을 도모하는 데 있다고 한다. 그러나 나의 생각에는 실사구시하는 것이 제일이라고 여겨진다. …… <u>일본은 법을 변경한 이후로 모든 것을 경장했다</u>고 들었다.
김옥균, '치도약론'(1883)

사료 플러스⊕

개화파는 1880년대에 정계에 진출하여 정부의 개화 정책을 뒷받침하고 개혁 운동을 전개하였다. 그런데 개화파는 개혁 운동을 추진하는 방법론에 따라 온건파와 급진파로 나뉘어졌다.
온건 개화파는 동양의 유교 도덕 같은 정신을 유지하고, 다만 서양의 기술 문명을 수용하여 부국강병을 이루자는 동도서기론을 추구하였다.
급진 개화파는 문명개화론을 기반으로 조선이 야만의 상태에서 벗어나기 위해서는 개화를 해야 한다고 생각하였다. 이들의 사상은 일본의 메이지 유신을 모델로 모든 제도와 문화를 서양식으로 바꾸자는 '변법 개화사상'으로 발전하였다.

1) 정치와 교화

🍀참고 김옥균(1851~1894)
- 박규수·유대치·오경석 등의 영향으로 개화사상을 가지게 됨.
- 1881년 조사 시찰단으로 일본 시찰, 1882년 수신사 박영효 일행 고문으로 일본 시찰, 1883년 고종의 명으로 일본에 가서 차관 교섭 ⇨ 실패 ⇨ 1884년 박영효, 홍영식, 서광범 등 급진 개화파와 갑신정변 주도 ⇨ 실패 후 일본 망명 ⇨ 1894년 상하이로 건너갔다가 자객 홍종우에게 살해됨.

사료1 후쿠자와 유키치의 문명개화론

외국의 문명을 취해서 미개한 나라에 퍼뜨릴 때는 모름지기 적절히 취사선택해야 한다. 그러나 문명에는 밖에서 드러나는 사물과 그 안에 담겨 있는 정신의 구별이 있는데, 밖으로 드러나는 문명은 취하기 쉽고 그 안에 담겨 있는 문명은 찾아내기 어렵다. 나라의 문명화를 꾀함에 있어서는 어려운 쪽을 먼저 하고 쉬운 쪽을 나중에 해야 한다.

후쿠자와 유키치, 『문명론의 개략』(1875)

사료2 갑신정변의 배경 - 차관 교섭 실패

(1883년 김옥균이 일본과의 차관 교섭에 실패한 후 귀국하기 직전 후쿠자와 유키치에게 이렇게 말하였다.) 우리는 돈 없이는 아무것도 할 수 없다. 지금 빈손으로 돌아가면 집권 사대당이 나를 비판하며 궁지에 몰아넣을 것이다. 어쨌든 우리 개화당이 심한 타격을 받을 것이며 우리 개혁안도 없어질 것이다. 조선은 청나라에게 영구히 속국이 될 수밖에 없다. 우리 당과 사대당은 공존할 수 없기 때문에 최후의 선택을 할지도 모르겠다. 『후쿠자와 유키치전』

사료3 갑신정변의 배경 - 국내외 정세

지금 천하대세는 나날이 변하고 있습니다. 나라 안의 상황은 날로 위급해지고 있으며, 청과 프랑스 사이에는 전쟁이 임박하였습니다. 청과 일본 역시 그러한 상황에 이르게 될지도 모르겠습니다. 그리고 십여 년 전부터 서양 여러 나라의 동양 각국에 대한 정책이 갑자기 변하였습니다. 만약 옛 법도만은 굳게 지킨다면 곧바로 위기가 닥쳐와 거의 망하게 될 것입니다. 정교, 『대한계년사』

사료 플러스

사료 1: 후쿠자와 유키치(1835~1901)는 19세기 일본 근대화 시기의 대표적 계몽 사상가로, 김옥균·박영효·유길준 등 우리나라의 개화사상가들에게 많은 영향을 주었다. 후에 그의 문명개화론은 탈아론(脫亞論)으로 발전하여 일본 정부의 대륙 침략을 지지하는 국가주의로 탈바꿈하였다.

사료 2: 김옥균 등 개화당은 정부의 근대적 개혁에 필요한 자본을 마련하기 위해 고종의 위임장을 얻어 일본 정부 측에 300만 원의 차관을 교섭하였으나 실패하였다. 이는 민씨 일파의 방해 공작도 있었지만, 개화파를 통해 조선에 진출하는 것보다 민씨 일파를 통해 진출하는 것이 더 쉽다고 판단한 일본 측의 정책 변화 때문이었다. 결국 차관 도입에 실패한 김옥균은 친청파의 압력을 받고 관직에서 물러나 칩거하였다.

사료 3: 김옥균이 고종에게 국내외 정세에 대해 자신의 의견을 제시하는 글이다. 그는 조선을 둘러싼 열강의 각축이 심해지고 서양의 정책이 급변하는 상황 속에서, 개혁을 추진하지 않을 경우 나라가 망하게 될지도 모른다고 역설하였다. 이로부터 며칠 후 김옥균을 비롯한 급진 개화파는 마침내 무력을 동원하여 갑신정변을 일으켰다.

사료1 한성 조약

제1조 조선국은 국서를 일본에 보내 사의를 표명한다.

제2조 해를 입은 일본인 유족과 부상자에게 보상금을 지불하고 상인의 재물이 훼손·약
탈된 것을 보전하여 조선국에서 11만 원을 지불한다.

제5조 일본 호위병의 영사는 공관 부지를 택하여 정하고, 임오속약(제물포 조약) 제5관
에 따라 시행한다.   「고종실록」

사료2 톈진 조약

제1조 청국은 조선에 주둔한 군대를 철수한다. 일본국은 공사관 호위를 위해 조선에 주
재한 병력을 철수한다.

제2조 양국은 함께 조선 국왕에게 권하여 병사를 교련하여 치안을 유지할 수 있게 한다.
제3국 무관 1명에서 수 명을 선발 고용하여 군사 교련을 위임한다. 이후, 청·일
양국은 사람을 파견하여 조선에 주재하면서 교련하는 일이 없도록 한다.

제3조 앞으로 만약 조선에 변란이나 중대 사건이 일어나 청·일 두 나라나 어떤 한 국가
가 파병을 하려고 할 때에는 마땅히 그에 앞서 쌍방이 문서로서 알려야 한다. 그 사건이
진정된 뒤에는 즉시 병력을 전부 철수시킨다.   국회도서관 입법조사국, 「구한말 조약 휘찬」

사료3 박은식의 개화사상

그들의 실패는 우리에게 무척 애석한 일이다. 내 친구 중에 이 사건을 잘 아는 이가 있는
데, 그는 어쩌다 조선의 최고 수재들이 일본인에게 이용당해서 그처럼 큰 잘못을 저질렀
는지 참으로 애석하다고 했다. 어찌 일본인이 조선의 운명과 그들의 성공을 위해 노력을
다했겠는가? 우리가 만약 국가 발전의 기미를 보였다면 일본인들은 백방으로 방해할 것
이 자명한데 어찌 그들을 원조했겠는가? 당시 일본은 청국의 위세를 꺾으려고 온갖 계략
을 세우고 있었는데, 우리 청년 수재들은 일본의 신풍조에 현혹되어 일본인들의 힘을 빌
려 청국으로부터 벗어나려고만 했으니 ……   박은식, 「한국통사」

사료4 김옥균의 개화사상

밖으로는 널리 구미 각국과 신의로써 친교하고, 안으로는 정치를 개혁하여 어리석은 인민
을 문명의 도(道)로써 가르쳐야 합니다. 또한, 상업을 일으켜서 재정(財政)을 확충하고 군
사를 길러야 합니다. …… 바야흐로 세계는 상업을 주로 하여 서로 산업의 크고 많음을
자랑하고 경쟁하는 때이거늘, 아직도 양반을 제거하고 그 뿌리를 뽑지 않는다면 국가의
패망을 기어코 앉아서 기다리는 꼴이 될 뿐입니다.   김옥균, 「갑신일록」

사료 플러스+

사료 1: 갑신정변 결과 조선은 일본의 강요로 배상금 지불과 공사관 신축비 부담 등을 내용으로 하는 한
성 조약(1885. 1.)을 체결하였다.

사료 2: 갑신정변 결과 청·일 양국은 조선에서 양국군의 철수와 장차 조선에 파병할 경우 상대국에 미
리 알릴 것을 내용으로 하는 톈진 조약(1885. 4.)을 체결하였다. 이로써 일본은 청국과 동등하게
조선에 대한 파병권을 얻었다.

사료 3: 갑신정변에 대한 박은식의 평가이다. 갑신정변의 개혁 의지는 근대적이었으나, 민중을 개혁의
주체로 인식하지 못하였기 때문에 민중의 지지를 받지 못하였으며, 지나치게 외세 의존적이었다
는 한계를 가지고 있다.

사료 4: 「갑신일록」은 김옥균이 일본 망명 후 갑신정변의 전말을 기록한 책으로, 김옥균의 제차 일본 방문
(1881. 12.)에서부터 갑신정변의 실패까지 약 3년간에 걸친 조선의 국내외적 정치 상황을 다루고 있다.

사료1 부들러의 중립화론

서양에 2, 3국의 소국이 있는데 대국들이 상호 보호함으로써 그 소국이 받는 이익은 실로 크다. 만약 서양 대국들이 교전을 한다 해도 소국은 단지 천여 명을 변경에 주둔시켜 자국을 지키게 하고 …… 지금 조선의 실정으로 말하면 청국이 군대를 파견하여 세비를 써 가며 이 나라에 주둔하고 있는데, 그 까닭은 경내(境內)를 지키지 못한 강한 인국(隣國)이 침입할 것을 두려워하고 있기 때문이라고 생각한다. 그러나 조선은 청국의 후정(後庭)이자 또한 러시아·일본 양국과 더불어 변계(邊界)를 연접하여 있어서 반드시 서로 다투는 곳으로 되어 있다. …… 서양에서 실시하고 있는 법에 따라 청, 러시아, 일본 3국이 서로 입약(立約)하여 영원히 조선을 보호하는 것이다. 설혹 뒷날 타국이 공격한다해도 조선에서 길을 빌려 주지 않으며, 국경선을 지키고, 한편 조약을 체결한 나라와 통상을 하면 조선은 영원히 큰 이익을 얻을 것이다.

사료2 유길준의 중립화론

우리의 지리적 위치는 벨기에와 같고, 중국에 조공하던 것은 터키에 조공하던 불가리아와 같다. …… 우리나라가 아시아의 중립국이 되는 것은 러시아를 막는 중요한 계기가 될 것이며, 또 아시아의 대국들이 서로 균형을 이루는 정략도 될 것이다. …… 오직 중립 한 가지만이 진실로 우리나라를 지키는 방책이지만, 이를 우리가 먼저 제창할 수 없으니, 중국이 이를 맡아서 처리해 주도록 청하는 것이 좋을 듯하다.

『유길준 전서』

사료 플러스➕

1880년대 임오군란과 갑신정변 이후 청과 일본의 대립이 격화되었고, 러시아의 한반도 침투에 대항하여 영국이 거문도를 불법 점령함으로써 조선을 둘러싼 국제 분쟁이 더욱 가열되었다. 이런 상황에서 독일인 부들러는 청·일본·러시아 3국이 조선의 중립을 승인·보호해야 한다는 '스위스식 영세 중립국안'을 외아문 독판 김윤식에게 건의하였으나 김윤식이 이 제안 자체를 거부하였다. 또한 유길준은 중국의 주재하에 영·프·러·일 등 강대국이 보장하는 한반도 중립론을 주장하였다.

- **삼례 집회(1892. 12.)**

  우리들의 뜻은 선사(최제우)의 지극한 억울함을 풀고자 함입니다. 선사의 가르침은 오직, 유·불·선이 도를 합하여 충군효친하며 지성사대함에 있습니다. 이러한 것을 이단이라고 하고 이와 반대되는 것을 정학이라고 하는 이유를 우리들은 모르겠습니다. 지금 각 지방에서 지목하는 병폐는 물보다 깊으며 불보다 사납습니다. 수령부터 이서, 군교, 향리, 토호까지 우리들의 가산을 탈취하여 자기 재산처럼 여기며 살상, 구타, 능멸, 학대함에 거리낌이 없습니다.

  『천도교 창건사』 제2편

- **보은 집회(1893. 3.)**

  지금 왜양의 도적 떼가 나라 한복판에 들어와 어지럽힘이 극에 이르렀다. 진실로 오늘날 서울을 보건대 결국은 오랑캐 소굴이다. 임진년의 원수요 병인년의 치욕을 차마 어찌 말로 할 수 있겠으며 어찌 잊을 수 있겠는가? 지금 우리나라 삼천리 강토가 전부 금수에 짓밟히고 5백 년 종묘사직이 장차 끊어지게 되었다. 인의·예지·효제·충신이 지금 어디에 있단 말인가? …… 무릇 왜양은 개나 양과 같다는 것은 비록 어린애라 할지라도 그것을 모르는 사람이 없다. 그런데 명석한 재상으로서 어찌하여 우리가 왜양을 배척하는 것을 도리어 사류라고 배척하는가? 그렇다면 개나 양에게 굴복하는 것이 정류인가? 왜양을 공격하는 선비들은 체포하여 벌을 주니 그렇다면 화친을 주장하면서 나라를 팔아먹는 자가 상을 받아야 한단 말인가? 아 슬프다. 운명인가 천명인가? 우리 명석한 재상이 어찌 이리도 헤아리지 못하는가?

  동학난 기록

사료 플러스⁺

동학의 교세가 확장되자 동학교도들은 삼례와 보은 등지에서 대중 집회를 열고, 교조 신원 운동(동학 교조 최제우의 억울함을 풀어 달라는 동학교도들의 운동)을 벌여 동학을 공인받으려 하였다. 특히 보은 집회(3차 교조 신원 운동)는 동학교도와 농민이 참여한 대규모 집회로 발전하여 탐관오리의 숙청, 일본과 서양 세력의 축출을 요구하는 정치적 구호[척왜양창의(斥倭洋倡義: 일본과 서양을 물리치고 대의를 세운다.)]를 내세웠으며, 동학 교단의 종교 운동을 농민 운동으로 전환시켜 갔다.

🏆 빈출 사료

• **전봉준의 격문(동학 농민 운동 제2기 백산 집회)**
  우리가 의(義)를 들어 여기에 이르렀음은 그 본의가 결코 다른 데 있지 아니하고, 창생을
  도탄 중에서 건지고 국가를 반석 위에다 두고자 함이다. 안으로는 탐학한 관리의 머리를
  베고, 밖으로는 횡포한 강적의 무리를 쫓아 내몰고자 함이다. 양반과 부호의 앞에서 고통
  을 받고 있는 소리(小吏)들은 우리와 같이 원한이 깊은 자이다. 조금도 주저하지 말고 이
  시각으로 일어서라. 만일 기회를 잃으면 후회해도 미치지 못하리라.   『동학사』

• **농민군의 4대 강령(동학 농민 운동 제2기 백산 집회)**
  1. 사람을 죽이지 말고 가축을 잡아먹지 말라.
  2. 충효를 다하고 세상을 구하고 백성을 평안하게 하라.
  3. 일본 오랑캐를 몰아내고 나라의 정치를 깨끗이 한다.
  4. 군대를 몰고 서울로 들어가 권세가와 귀족을 모두 없앤다.

• **전주성 점령 이후 동학 농민군이 제시한 폐정 개혁안 27개조(일부)**
  1. 전운소(조세 운반 기관)를 혁파할 것
  2. 국결(조세를 내는 토지)을 추가하지 않을 것
  3. 보부상의 작폐를 금지할 것
  4. 탐관오리는 모두 쫓아낼 것
  5. 임금의 눈을 가리고 매관매직하고 국권을 농간하는 자를 아울러 축출할 것
                                          전봉준 판결 선고서(1895. 3. 29.)

• **동학 농민군의 기율**
  1. 항복하는 자는 사랑으로 대한다.   2. 곤궁한 자는 구제한다.
  3. 탐학한 자는 추방한다.   4. 순종하는 자는 경복(복종)한다.
  5. 도주하는 자는 쫓지 않는다.   6. 굶주린 자는 먹인다.
  7. 간사하고 교활한 자는 없애 버린다.   8. 빈한한 자는 구해 준다.
  9. 불충한 자는 제거한다.   10. 거역하는 자는 효유(잘타이름)한다.
  11. 병든 자에게는 약을 준다.   12. 불효자는 죽인다.   김윤식, 『속음청사』

• **집강소의 향촌 통치**
  적당(농민군)은 모두 천민 노예이므로 양반, 사족을 가장 증오하였다. 그래서 양반을 나타
  내는 뾰족관을 쓴 자를 만나면 관을 벗기어 빼앗아 버리거나 자기가 쓰고 거리를 돌아다
  니면서 양반에게 모욕을 주었다. 무릇 집안 노비로서 농민군을 따르는 자는 물론이요, 비
  록 농민군을 따르지 않는 자라 할지라도 모두 주인을 협박하여 노비 문서를 불사르고 양
  인으로 인정해 줄 것을 강요하였다. 이들 중 일부는 그 주인을 결박하여 주리를 틀고 곤
  장과 매를 치기도 하였다. 이에 노비를 가진 자들은 스스로 노비 문서를 불살라서 그 화
  를 면하였다. 노비 중 착실한 자들은 노비 문서를 불사르지 말아 달라고 하였으나, 전체의
  기세가 워낙 강하여 주인이 더욱 이들을 두려워하였다. …… 혹은 노비와 사족 주인이 모
  두 함께 도적을 따르는 경우에는 서로 평등하게 접장이라 칭하면서 그들의 법을 따랐다.
  백정, 광대 등의 무리도 역시 평민, 사족과 평등하게 같이 예를 했으므로, 사람들이 더욱
  치를 떨었다.   황현, 『오하기문』[1]

- 전봉준에 대한 공초(供招) 기록

  다음의 문답은 "내 백성을 위해서 힘을 다하였는데 사형을 받을 이유가 있는가?"라고 큰 소리로 부르짖었던 녹두 장군 전봉준에 대한 공초(죄인이 범죄 사실을 진술한 것) 기록의 일부를 발췌한 것이다.

  문: 그대가 전라도 동학 괴수라 하니 과연 그러한가?

  답: 처음에 창의로 기포하였을 뿐 동학 괴수라 할 것은 없다.

  ……

  문: 고부에서 기포할 때에 동학이 많았느냐, 농민이 많았느냐?

  답: 기포할 때에 농민과 동학이 합하였으나 동학은 적고 농민은 많았다.

  문: 접주라는 것은 어떠한 이름인가?

  답: 영솔이라는 뜻으로 모든 일을 다 지휘하는 자이다.

  문: 고부 민란 때 동학이 많았는가, 원민(怨民, 원망하여 일어난 백성)이 많았는가?

  답: 원민과 동학이 비록 합세하였으나, 동학은 적었으며 원민이 많았다.

  ……

  문: 다시 봉기한 것은 무슨 이유인가?

  답: 그 후에 들으니, 귀국이 개화라 일컫고 처음부터 일언반구의 말도 없이 군대를 거느리고 우리의 서울로 쳐들어와 밤중에 왕궁을 공격하여 임금을 놀라게 하였다 하기로, 초야의 사민이 충군 애국지심으로 분개함을 이기지 못하여 의병을 규합하고 일본인과 접전하여 이 사실을 일차로 묻고자 함이었다.

- 전봉준의 절명시

  時來天地階同力　때가 이르러서는 천지와 함께 힘썼으나

  運去英雄下自謨　운이 가니 영웅도 스스로 꾀할 바 없다.

  愛民正義我無失　백성을 사랑한 정의에 내 잘못은 없노라.

  愛國丹心誰有知　나라를 사랑한 붉은 마음 누가 알아주겠나.

- 파랑새 민요 속에 담긴 뜻

  새야 새야 파랑새야,

  너 뭣하러 나왔느냐.

  솔잎 댓잎 푸릇푸릇

  하절인 줄 알았더니

  백설이 덜덜

  엄동설한이 되었구나.　　　'정읍 지방'

  새야 새야 파랑새[2]야

  녹두[3] 잎에 앉은 새야.

  녹두 잎이 간딱하면

  너 죽은 줄 왜 모르니.　　　'평양 지방'

사료 플러스+

동학 농민 운동은 열강의 침략과 농촌 경제의 몰락, 양반 지배층의 무능과 수탈의 심화, 민중의 불만 고조와 정치적 각성을 배경으로 일어났으며, 동학 조직을 통해 종래의 산발적인 민란 형태의 농민 운동을 대규모의 농민 전쟁 형태로 전환시켰다. 동학 농민 운동은 안으로는 봉건적 지배 체제에 반대하여 개혁 정치를 요구하였고, 밖으로는 외국의 침략 세력을 물리치고자 한 반봉건 · 반침략적 민족 운동이었다.

1) 황현의 『오하기문』은 유학자의 입장에서 바라본 동학 농민 운동의 발생과 경과에 대해 자세히 기술하였다.

2) 청 군사

3) 전봉준

🏅
빈출
사료

• **갑오개혁과 일본의 간섭**

조선 정부도 10년 이래 내정 개혁의 필요를 느끼고 점차적으로 개혁에 착수하여 왔다. 그렇지만 아직 그 실효를 거두지 못하던 차에 <u>남도에 민란이 발생하고, 그 밖의 지방에서도 민란이 잇따라 일어났다.</u>[1] 그러므로 이때에 조정 회의에서도 개혁을 단행하지 않으면 안 된다고 결정하고, 이를 위해 대군주 폐하로부터 엄중한 칙령도 내려졌으며 계속해서 교정청을 설치하고 위원들을 임명하였으므로 머지않아 일신(一新)된 정치를 바라볼 수 있을 것이다. 귀 공사가 지금 대군을 주둔시키고 기한을 정해서 개혁의 실행을 촉구하는 것은 자못 내치에 간여할 우려가 있다. 따라서 <u>조·일 수호 조규 제1조</u>[2]의 취지에 맞지 않는다.

조선 정부가 일본 공사에게 보낸 외교 문서

• **군국기무처**[3]

첫째, 군국의 근무 및 일체의 사무 개혁을 담당한다.

둘째, 군국의 기무는 본 처에서 의결한 후, 뜻을 품어 시행한다.

셋째, 의원의 수는 10인 이상 20인 이하로 정한다.

넷째, (직권에 대해서는) 군국(軍國)에 관한 사무는 일단 모두 회의에 올려 상의한다.

경장장정존안(更張章程存案), 개국 503년

• **(갑오개혁) 1차 개혁 법령**

1. 지금부터 국내외 공·사문서에 <u>개국 기원</u>을 사용할 것
2. 문벌과 계급을 타파하여 귀천을 가리지 않고 인재를 뽑아 쓸 것
4. 연좌율을 폐지할 것
6. 남녀의 조혼을 엄금할 것
7. 과부의 재혼은 자유에 맡길 것
8. 공·사노비법을 혁파하고 인신 판매를 금할 것
9. 평민도 국가에 이익이 되고 백성을 편하게 할 수 있는 의견이 있다면 군국기무처에 올려 토의에 부치게 할 것
19. 과거제로 실력 있는 인재를 뽑아 쓰기 어려우니 임금의 재가를 얻어 변통하되 따로 선용 조례를 제정할 것
20. 각 도의 부세·군보 등으로 상납하는 쌀·콩·면포는 금납제로 대치하도록 마련할 것

경장장정존안(更張章政存案)

• **갑오개혁! 자율이냐, 타율이냐?**

지금 조선의 개혁은 행하지 않을 수가 없지만, 조선인 된 자에게는 세 가지 치욕(삼치)이 있다. 삼치(三恥)란 스스로 개혁을 행하지 못해 귀국의 권박(勸迫)을 받았으므로 본국 인민에 대해 부끄러운 것이 그 하나요, 세계 만국에 대하여 부끄러운 것이 그 둘이요, 천하 후세에 대해 부끄러운 것이 그 셋이다.

지금 이 삼치를 무릅쓰고 세상에 나설 면목 없으나, 오직 개혁을 잘 이룸으로써 독립을 보존하고 남에게 굴욕을 당하지 않으면서 개화의 실효를 거두어 보국안민하게 되면, 오히려 허물을 벗어날 수 있다. 만일 다시 오래된 폐단을 그대로 행한다면, 장차 또 한번의 권박을 초래해 국가가 앞으로 어떤 지경에 이를지 알 수 없다.

유길준이 일본 방문 중 일본 외상을 만난 자리에서 한 말(1894. 10.)

유길준은 갑오개혁을 자주적으로 추진하지 못하고 일본의 강제적인 권유와 압박('권박')에 따라 하게 된 것은 조선 인민, 세계 만국, 후세 역사 앞에 수치라고 고백하였다. 그러나 그는 독립과 보국안민을 달성하면 자신의 행위를 용서받을 수 있을 것이라 생각하였다. 이를 볼 때 유길준 등 개화파는 갑오개혁 기간 중 일본의 후원 아래 개혁을 추진하고 있던 자신의 모습을 부끄러워함과 동시에 치욕을 빨리 씻고 자율적으로 개혁을 추진하기 위해 노력하였음을 알 수 있다.

1) 동학 농민 운동

2) 제1조, 조선국은 자주국으로서 일본국과 평등한 권리를 보유한다. 이후 양국은 화친의 실상을 표시하려면 모름지기 서로 동등한 예의로 대해야 하고, 조금이라도 상대방의 권리를 침범하거나 의심하지 말아야 한다. 우선 종전의 교제의 정을 막아서 우환이 되었던 여러 가지 규례들을 일제 혁파하고 너그럽고 융통성 있는 법규를 넓히는 데 힘써 영구히 서로 평안하기를 기약한다.

3) 갑오개혁을 추진한 중추 기관. 구성원은 총재 김홍집을 비롯하여 김윤식·어윤중·유길준 등 개화파와 대원군 계열의 인사 17명이었다. 과도적인 입법 기관의 성격을 띠고 3개월 사이에 208건의 신법령을 의결·공포하였다. 군국기무처는 1894년 11월 17일 제2차 김홍집 내각이 성립되면서 폐지되었고, 그 대신 중추원이 설치되었다.

참고 갑오년(1894) · 을미년(1895) 주요 사건 일지

1894. 1. 10.	고부 민란
3.~4.	동학군 1차 봉기 ⇨ 고부 ⇨ 백산(격문, 4대 강령 발표) ⇨ 태인 ⇨ 황토현 ⇨ 장성 황룡촌 ⇨ 전주 점령(4. 27.)
5. 5.~5. 7.	청군 상륙
5. 8.	전주 화약
5. 6.~5. 9.	일본군 상륙
6. 11.	조선 정부 교정청 설치 cf 농민군 : 전라도에 집강소 설치
6. 21.(양력 7. 23.)	일본군 경복궁 침입
6. 23.(양력 7. 25.)	청·일 전쟁 발발
6. 25.(양력 7. 27.)	1차 갑오개혁(군국기무처 설치)
9. 18.	동학 농민 재봉기
10.	남·북접군 논산 집결
11.	공주 우금치 전투
12.	2차 갑오개혁(군국기무처 폐지)
1895. 3. 23.(양력 4. 17.)	시모노세키 조약
3. 29.	삼국 간섭
8. 20.	을미사변, 을미개혁

※ 날짜 표기는 1895년까지는 음력으로 통일, 1896년부터는 양력으로 표기하였음.

사료1 「독립신문」 창간사

우리는 첫째, 편벽되지 아니한고로 무슨 당에도 상관이 없고, 상하 귀천을 달리 대접 아니하고, 모두 조선 사람으로만 알고, 조선만을 위하여, 공평히 인민에게 말할 터인데, …… 조선 전국 인민을 위하여 무슨 일이든지 대언하여 주려 함. …… 만일 백성이 정부 일을 자세히 알고, 정부에서 백성의 일을 자세히 아시면 피차에 유익한 일만 있을 터이요, 불평한 마음과 의심하는 생각이 없어질 터이옴. …… 정부 관원이라도 잘못하는 이 있으면 우리가 말할 터이요, 탐관오리들을 알면 세상에 그 사람의 행적을 펴일 터이요, 사사로운 백성이라도 무법한 일을 하는 사람은 우리가 찾아 신문을 설명할 터이옴.

사료2 독립 협회의 의회 설립 운동

• 중추원 관제

제1조 중추원은 의정부의 자문에 응하고 다음의 사항을 심사, 의정한다.

    (1) 법률, 칙령안

    (2) 의정부가 결의하여 상주하는 일체 사항

    (3) 중추원의 임시 건의 사항

    (4) 인민의 건의를 채용하는 사항

제2조 중추원은 다음의 직원으로 구성된다. 의장 1인, 부의장 1인, 의관 50명으로 선임하고, 그 반수는 독립 협회의 의회 투표로 선거하며, 나머지 반수는 국왕이 임명한다.

• 독립 협회의 국민 참정권 주장

육대주와 동등하여 만국과 나란히 하는 것은 폐하의 권리이고, 폐하의 백성이 되어 폐하의 강토를 지키고, 그 정치를 거슬리고 법률을 어지러이 하는 신하가 있어서 종사를 해롭게 하면 탄핵하여 성토하는 것은 저희들의 권리입니다. 어떤 자가 민권(民權)이 성하면 군권(君權)이 반드시 줄 것이라 말하니, 그 무식함이 이보다 심함이 있겠습니까? 만일 오늘날 국민의 의논이 없으면, 정치 · 법률이 따라서 무너져 어떠한 화가 일어날지 모르니 ……   윤치호 등의 상소문(1898)

• 하원 의원 설치 반대

우리나라 인민들은 몇백 년 동안 교육이 없어서 …… 자유니 민권이니 하는 말도 모르고 혹 말이나 들은 사람은 아무렇게나 하는 것을 자유로 알고 남을 해롭게 하여 자기를 이롭게 하는 것을 권리로 아니 이러한 백성에게 홀연히 민권을 주어서 하의원을 설치하는 것은 도리어 위태함을 빨리 하게 함이라.   「독립신문」(1898. 7. 28.)

사료 플러스⊕

사료 1 : 독립 협회는 갑신정변 · 갑오개혁 등의 개혁 운동이 민중의 지지 기반이 없어 실패한 사실을 거울삼아, 민중을 일깨우는 것을 최우선으로 삼았다.

사료 2 : 독립 협회는 군주권을 부정하는 단계에 이르지 못함과 동시에 국민의 참정 능력을 부인하고 하원 설치를 반대하였다.

[사료3] 동학 농민군과 의병 비판

조선 백성은 언제든지 원통한 일을 당하여 마음에 둔 미흡한 일이 있으면 기껏 한다는 것
이 반란을 일으킨다든지 다른 무뢰배의 일을 행하여 동학당과 의병의 행세를 하니 본래
일어난 까닭은 권(權)의 불법한 일을 분히 여겨 일어나서 고을 안에 불법한 일이 다시 생
기지 않도록 하자는 주의인데 불법한 일을 저희들이 행하니 그건 곧 도가 아니다. 도가 없
으면 난민인즉, 난민은 법률상에 큰 죄이며 나라에 점점 못할 일이 아닌가? 그러므로 남을
시비하겠으면 나는 법률을 더 밝혀 지키고 행실을 더 높여야 하는 것이다.   「독립신문」

[사료4] 만민 공동회 토론

- 재물정사(財物政事)는 비유컨대 사람의 온몸의 피와 맥과 같으니 그 혈맥을 보호하여
  기르는 것은 각각 자기들에게 있지 남이 보호하여 주고 길러주지 못한다는 것이다.
- 나라를 부유하게 하려면 금, 은, 동, 철, 석탄 등 광산을 확장하여야 한다. <u>국내에 금·
  은·석탄광이 있으면 마땅히 스스로 취하여 그 이익을 얻을 것이지, 하필 외국에 넘겨
  본국은 날로 가난케 하고 타인으로 하여금 부강케 하리오.</u>
- 대한 토지는 선왕의 크신 업이요 일천이백만 인구가 사는 땅이니 한 자 한 치라도 남의
  나라에 빌려주는 것은 선왕의 죄인이요, 일천이백만 동포의 원수이다. 우리 국토를 남
  에게 빌려주는 것은 온당치 못하다.

사료 플러스+

사료 3 : 독립 협회는 민중을 계몽하여 근대적인 민중 운동을 발생시키고, 민중을 기반으로 하여 개혁 운
동을 추진하고자 했기 때문에, 동학 농민 운동이나 의병 활동 등과 같은 무력 항쟁에 대해서는
비판적인 입장을 취하였다는 한계가 있다.

사료 4 : 독립 협회는 열강의 침략으로부터 자주독립하는 길은 외국에 의존하지 않으며, 스스로의 힘으로
국권을 지키는 것이라고 믿었다. 그리고 실제로 민중의 지지를 기반으로 정부에 압력을 가하여
열강의 내정 간섭과 러시아와 프랑스의 이권 요구를 물리치는 등 자주 국권 운동을 전개하였다.

📦 **참고 만민 공동회 토론회 주제 발췌**

개최 일자	발표 주제
1897. 8. 29.	조선의 급선무인 인민 교육을 하자.
1897. 9. 26.	부녀 교육을 해야 한다.
1897. 10. 17.	인민 교육을 위해 한글을 사용하자.
1898. 1. 2.	관민이 애국하자.
1898. 1. 23.	국가의 부강을 위해 광산을 확장하자.
1898. 2. 6.	수구파 탐관오리 비판
1898. 3. 6.	우리 국토를 남에게 나누어 주지 말자.
1898. 5. 8.	백성의 권리가 튼튼해야 나라가 부강해진다.

빈출사료

사료1 대한국 국제(大韓國 國制)

나라를 처음 세울 때에는 반드시 정치가 어떠하고, 군권(君權)이 어떠한가 하는 일정한 제도를 만들어 천하에 소상히 보인 뒤에야 신하와 백성들이 하여금 그대로 따르고 어김이 없게 할 수 있습니다. 옛날 우리 태조대왕(太祖大王)은 천명을 받들어 왕업을 창시하여 왕통을 전하였으나, 아직 이러한 법을 제정하여 반포하지 못한 것은 대개 거기까지 손을 쓸 겨를이 없었기 때문입니다. 우리 폐하는 뛰어난 성인의 자질로서 중흥의 업적을 이룩하여 이미 보위에 올랐고 계속해서 또 국호를 개정하였으니, '주나라는 비록 오래되었으나, 그 명령을 새롭게 한다(周雖舊邦, 其命維新).[1]'는 것입니다. 억만 년 끝없는 훌륭함이 실로 여기에서 기초하니 무릇 선왕조에서 미처 하지 못한 일이 오늘을 기다린 듯합니다. 이것이 이 법규교정소를 설치한 까닭입니다. ……

제1조 대한국은 세계 만국이 공인한 자주 독립한 제국(帝國)이다.

제2조 대한 제국의 정치는 과거 500년간 전래되었고, 앞으로 만세토록 불변할 전제 정치(專制政治)이다.

제3조 대한국 대황제는 무한한 군권(君權)을 향유하니 공법에서 말한 바 정체(政體)를 스스로 세우는 것이다.

제4조 대한국 신민이 대황제가 향유하는 군권을 침해하는 행위가 있으면 이미 하고 안하고를 막론하고 신민의 도리를 잃은 자로 인정한다.

제5조 대한국 대황제는 국내의 육해군을 통솔하고 편제(編制)를 정하며 계엄(戒嚴)과 그 해제를 명한다.

제6조 대한국 대황제는 법률을 제정하여 그 반포와 집행을 명령하고 만국 공통의 법률을 본받아 국내의 법률도 개정하고, 대사(大赦)·특사(特赦)·감형(減刑)·복권(復權)을 명령하니, 공법에서 말한 바 율례(律例)를 스스로 정하는 것이다.

제7조 대한국 대황제는 행정 각부와 각부의 관제와 문무 관리의 봉급을 제정 혹은 개정하며 행정상 필요한 각종 칙령을 발표하니, 공법에서 말한 바 치리(治理)를 스스로 행하는 것이다.

제8조 대한국 대황제는 문무관의 출척(黜陟)·임면(任免)을 행하고 작위(爵位)·훈장(勳章) 및 기타 영전(榮典)을 수여 혹은 박탈하니, 공법에서 말한 바 관리를 스스로 선발하는 것이다.

제9조 대한국 대황제는 각 조약국에 사신을 파견·주재하게 하고 선전 포고, 강화(講和) 및 제반의 조약을 체결하니, 공법에서 말한 바 사신을 스스로 파견하는 것이다.

『관보』, 1899년(광무 3) 8월 22일

사료 플러스⁺

사료 1: 대한 제국은 법률·칙령의 개정안을 마련하기 위한 황제 직속의 특별 입법 기구인 교정소를 설치하고 대한국 국제(1899)를 반포하였다. 대한국 국제는 광무 정권이 제정한 일종의 헌법으로, 『만국공법』에 준해 대한 제국이 전제 정치 국가이며 황제권이 무한함을 강조하고, 통수권·입법권·행정권·사법권·외교권 등을 모두 황제의 대표적 권한으로 규정하여 전제 군주 체제를 더욱 강화하였다. 반면 신민에 대해서는 복종할 의무만 규정하였다.

1) 주나라는 비록 오래되었으나, 그 명령을 새롭게 한다(周雖舊邦, 其命維新): 구습(舊習)을 탈피하여 참신하게 변모하여 발전한다는 뜻(『시경』)

고종의 편민리국(便民利國)의 조칙

민은 오직 나라의 근본이라. 근본이 굳어야 나라가 평안한 것이다. 근본을 굳게 하는 방도는 제산안업(制産安業)하여 항심(恒心)이 있게 하는 것이니 누가 그 직책을 맡는 것인가 하면 정부일 뿐이다. 오호라 승평(升平)하여 근심 없을 때도 오히려 마땅히 부지런히 하여 오직 편민리국을 강구할 것인데 하물며 지금 경장(更張)이 귀에 붙어 민의 뜻이 정해지지 못하였으니 정치를 담당한 신하가 마땅히 배나 힘을 기울일 것이어늘 ……　　1898년(광무 2) 10월 8일

대한 제국의 지계 발급(1901~1904)

제2조　전답·산림·천택·가옥을 매매·양도하는 경우 관계(官契)를 반납한다.

제3조　소유주가 관계를 받지 않거나, 저당 잡힐 때 관허가 없으면 모두 몰수한다.

제4조　대한 제국 인민 외 소유주가 될 권리가 없고, 외국인에게 명의를 빌려주거나 사사로이 매매·저당·양도할 경우 법에 따라 처벌한다.　　순창군훈령총등

▲ 지계

사료 플러스⁺

사료 2 : 대한 제국은 적극적으로 산업 진흥책을 폈고 그 일환으로 섬유, 철도, 운수, 광업, 금융 분야에서 근대적 공장과 회사가 설립되었다. 또한 실업 교육이 강조되었고, 근대 산업 기술의 습득을 위해 외국에 유학생이 파견되었으며, 각종 실업 학교와 기술 교육 기관이 설립되었다.

사료 3 : 대한 제국은 정부의 조세 수입을 늘리고 근대적인 토지 소유권 확립을 위해 양지아문(1898)과 지계아문(1901)을 설치하였다. 이러한 양전 사업은 1898년(광무 2)에 시작되어 1904년까지 실시되었다. 전국의 2/3를 조사하였고, 그 결과 강원과 충남 일부 지역에서는 근대적 토지 소유권 제도라 할 수 있는 전토지계(대한 제국 전답 관계라고도 함), 일명 지계(地契)를 지계아문에서 발급하였다. 개항장 이외에는 외국인의 토지 소유를 금지한다는 규제 조항을 명문화함으로써 외국 자본의 한국 농촌 침투를 막으려고 하였다.

310 독도

울릉도를 울도(鬱島)로 개칭하고 도감(島監)을 군수로 개정하는 건

제1조　울릉도를 울도라고 개칭하여 강원도에 부속하고, 도감을 군수로 개정하여 관제 중에 편입하고 군의 등급은 5등으로 할 것

제2조　군청의 위치는 태하동(台霞洞)으로 정하고 구역은 울릉전도(鬱陵全島)와 죽도(竹島)·석도(石島)를 관할할 것　　대한 제국 칙령 제41호(1900. 10. 25.)

동해에 있는 울릉도 외 일도(독도)를 지적 편찬에 넣을 것인가에 대한 품의

울릉도를 관할로 할 것인가에 대해 시마네 현으로부터 별지와 같은 질의가 있어서 조사해 본 결과, 울릉도는 1692년 조선인이 입도한 이후 별지 서류에서 요약 정리한바, 1696년 정월 제1호 구 정부(막부)의 평의, 제2호 역관에의 통보서, 제3호 조선에서 온 서한, 제4호 이에 대한 우리나라(일본)의 답서 및 보고서 등과 같이, 우리나라(일본)와 관계없는 곳이라고 들었습니다.　　일본 내무성이 태정관(일본 최고 권력 기관)에게 올린 품의서(1877. 3. 17.)

사료3 의정부 참정대신에게 올린 보고서와 답변

- 울릉군수 심흥택의 보고서는 다음과 같습니다. "본군 소속 독도가 본부 바깥 바다 100여 리 밖에 있는데, 본월(4월) 초 4일 진시(辰時) 가량에 윤선(輪船) 1척이 군내 도동포에 내박(來泊)하여 일본 관인 일행이 관사에 이르러 스스로 '독도가 지금 일본 영토가 되었으므로 시찰차 왔다.'라고 말하온바 …… 이에 보고하오니 살펴 헤아리시기를 엎드려 바라옵니다."라고 하였습니다.　　　　　　강원도 관찰사 서리 춘천 군수 이명래(1906. 4. 29.)
- 보고는 잘 받아 보았다. 독도의 일본 영토설은 전혀 사실무근이니, 그 섬의 형편과 일인이 어떻게 행동하는지를 다시 조사해서 보고하라.　　　참정대신 박제순의 지령(1906. 5. 20.)

사료 플러스⁺

울릉도에 대한 일본인의 불법 침입과 산림 벌채가 문제되자, 대한 제국은 1900년 10월 25일 울릉도를 군으로 승격시키고 독도를 편입시켜 관리하게 하였다. 1905년 2월 일본이 독도를 일본의 시마네 현에 편입시킬 당시 의정부 참정대신 박제순은 독도가 대한 제국의 영토임을 지령(指令) 제3호(1906. 5. 20.)로 분명히 밝혀 놓았다.

311 간도 관리사 파견

내부대신 임시 대리 의정부 참정 김규홍이 제의하였다. "북간도는 우리나라와 청 사이에 끼인 지역입니다. 지금까지 수백 년 동안 그대로 비어있었습니다. 수십 년 전부터 북쪽 변경의 고을 백성들이 이주하여 농사를 지어먹고 살고 있는 사람이 이제 수만 호에 수십만 명이나 됩니다. …… 간도 백성들이 바라는 대로 시찰관 이범윤을 그대로 관리로 임명하여 간도에 머물며 사무를 맡아보게 하십시오. 그들의 생명과 재산을 보호하여, 조정에서 간도 백성들을 염려하며 보살펴 주려는 뜻이 있음을 보여 주는 것이 어떻겠습니까." 고종이 승인하였다.

『고종실록』

사료 플러스⁺

19세기 청이 간도 개간 사업을 구실로 한민족의 철수를 요구하면서 백두산정계비(1712)의 토문강 해석을 둘러싸고 조선과 청 사이에 간도 귀속 문제가 일어났다. 1900년 러시아가 간도를 점령하자, 1902년 대한 제국 정부는 이범윤을 간도 시찰원으로 파견하였고, 1903년 간도 관리사로 임명하여 현지에서 포병을 양성하고 조세를 받도록 하였으며, 간도를 함경도의 행정 구역으로 포함시켜 관리하게 하였다.

312 간도 협약(1909)

대일본국 정부와 대청국 정부는 선린 관계와 상호 우의에 비추어 토문강(圖們江)이 청국과 한국 양국의 국경으로 된 것을 서로 확인하고, 아울러 타협의 정신으로 일체 처리법을 논의해 정함으로써 청국과 한국의 변경민들로 하여금 영원히 치안의 행복을 누리도록 하기 위해 다음의 조관(條款)을 체결한다.

제1조 일·청 양국 정부는 <u>도문강[1]</u>을 청국과 한국의 국경으로 하고, 강의 발원지는 정계비(定界碑)를 기점으로 하여 <u>석을수(石乙水)[2]</u>를 두 나라의 경계로 할 것을 성명한다.

사료 플러스⁺

1909년 일제는 청과 간도 협약을 체결하여 만주의 안봉선 철도 부설권과 푸순 광산 채굴권을 얻는 대가로 간도를 청의 영토로 인정하였다. 간도 협약은 을사조약에 그 근거를 둔 것인데, 을사조약이 고종 황제에 의해 무효임이 선언된 이상 이 조약을 근거로 맺은 간도 협약도 무효라고 할 수 있다.

1) 두만강의 중국식 명칭
2) 두만강 지류의 하나

313 일본의 한국 지배 인정

[사료1] 가쓰라·태프트 밀약(1905. 7.)
1. 일본은 필리핀에 대하여 하등의 침략적 의도를 품지 않으며, <u>미국의 필리핀 지배를 확인한다.</u>
2. 극동의 평화를 위해 미·영·일 삼국은 실질적인 동맹 관계를 확보한다.
3. 러·일 전쟁의 원인이 된 <u>한국은 일본이 지배할 것을 승인한다.</u>

[사료2] 제2차 영·일 동맹(1905. 8.)
<u>영국은 일본이 한국에서 가지고 있는 이익을 옹호·증진하기 위해 필요하다고 인정하는 지도·통제 및 보호의 조치를 한국에서 행하는 권리로 승인한다.</u>

[사료3] 포츠머스 강화 조약(1905. 9.)
1. <u>한국은 오로지 일본의 자유 처분에 맡길 것</u>
2. 일정 기한 내에 러시아 군대를 만주로부터 철수시킬 것
3. 요동반도 조차, 장춘·여순 간의 철도를 일본에 이양할 것

사료 플러스⁺

만주와 한반도에 대한 러·일 간의 분할 협상이 결렬되자, 일본은 1904년 2월 9일 인천 앞바다에 있던 두 척의 러시아 군함을 격침시키고 다음날인 10일에 선전을 포고하였다(cf 러·일 전쟁 직전, 대한 제국의 중립국 선언). 전쟁은 미리 준비한 일본에게 유리하게 전개되었고, 1905년 5월에는 러시아가 전세를 뒤집기 위해 파견한 발틱 함대마저 비참하게 패배하였다. 그 후 미국 루스벨트 대통령의 중재로 포츠머스 강화 조약이 체결(1905. 9.)됨으로써 일본이 완전히 승리하게 되었다. 한국을 식민지화하는 데 대한 영국·미국·러시아의 승인을 얻은 일본은 이후 본격적으로 식민지 정책을 펴게 되었다.

빈출 사료

사료1 한·일 의정서(1904. 2.)

제1조 한국 정부는 일본을 신임하고 일본의 시정 개선에 관한 충고를 받아들여야 한다.

제2조 일본 정부는 한국 황실을 친의로써 안전하게 한다.

제4조 제3국이나 내란에 의하여 한국 황제와 영토에 안녕이 위험해질 경우 일본 정부는 이에 필요한 조치를 취하고, 이 목적을 위하여 <u>군사 전략상 필요한 요충지를 사용할 수 있다.</u>

제5조 한국 정부는 일본의 승인(동의) 없이는 제3국과 자유로이 조약을 맺을 수 없다.

사료2 대한 시설 강령(1904. 5.)

1. 군사적으로 일본군의 영구 주둔과 군략상 필요한 지점을 신속히 수용할 것
2. 외정을 감독하여 외교권을 장악할 것
3. 재정을 감독하여 징세법과 화폐 제도 개량을 일본 고문관 주도로 진행할 것
4. 교통 기관 특히 경의선, 경부선을 장악할 것
5. 통신 기관 특히 전신선을 장악할 것
6. 척식을 실시하여 일본인 농민들을 이주시킬 것

사료3 을사늑약(조약)(1905. 11.)

제1조 일본 정부는 도쿄의 일본 외무성을 통하여 한국의 외교 사무실을 일체 감독·지도할 것이며, 일본의 대표자·영사는 외국에 있는 한국인 및 그들의 이익을 보호한다.

제2조 <u>일본 정부는 한국과 타국 간에 맺어진 조약의 실행을 완수할 것이며, 한국 정부는 앞으로 일본 정부의 중개 없이 어떤 조약·약속도 체결할 수 없다.</u>

제3조 일본 정부는 그 대표자로서 황제 밑에 1명의 통감을 두고, 통감은 외교에 관한 사무를 관리하기 위해서 서울에 주재한다.

제4조 한국·일본과의 사이에 현존하는 조약·약속은 본 협약에 저촉되지 않는 한 그 효력을 계속한다.

제5조 일본 정부는 한국 황실의 안녕·존엄을 유지할 것을 보증한다.

사료 플러스⁺

사료 1: 러시아와 일본 간에 전운(戰雲)이 감돌 무렵, 대한 제국은 국외 중립을 선언하였다(1904. 1. 21.). 그러나 러·일 전쟁 발발(1904. 2. 10.)과 함께 전략적 교두보를 점령하고자 하는 일제의 강요에 의해 한·일 의정서가 체결되었다(1904. 2. 23.). 그 결과 한국의 국외 중립이 무너지고 러시아와 체결한 모든 조약이 파기되었으며, 일본은 한반도에서 군사 기지를 확보하였다.

사료 2: 대한 시설 강령(1904. 5.)은 일본 제국이 대한 제국으로부터 획득한 이권을 더욱 강화하기 위해 일본 정부가 작성한 문서이다. 이는 한·일 의정서(1904. 2.)에서 획득한 일제의 이권을 더욱 강화하고 대한 제국을 식민지화하기 위한 6개항의 구체적인 방침을 담고 있다. 대한 방침(對韓方針)이라고도 불린다.

사료 3: 이토 히로부미는 일본 군대를 거느리고 경운궁(덕수궁) 중명전에 들어가 고종 황제와 대신들을 위협하면서 보호 조약에 서명할 것을 강요하였다. 그러나 황제와 수상 등이 끝내 서명에 반대하자 외부대신 박제순의 직인을 가져다가 날인하였다(1905. 11.). 을사늑약 결과 대한 제국의 외교권을 박탈하고 통감부를 설치(1906년 남산 기슭)하여 조선의 모든 내정을 간섭하였다.

PART 06 근대 사회 발전기의 정치

사료4-1 한·일 신협약(1907. 7.)

제1조 한국 정부는 시정 개선에 있어서 통감의 지휘를 받는다.

제2조 한국 정부의 법령 제정과 중요한 행정상의 처분은 미리 통감의 승인을 받는다.

제3조 한국의 사법 사무는 일반 행정 사무와 구별한다.

제4조 한국 고등 관리의 임명은 통감의 동의에 의한다.

제5조 한국 정부는 통감이 추천하는 일인(日人)을 한국 관리로 채용한다.

제6조 한국 정부는 통감의 승인 없이 외국인을 한국 관리로 채용하지 않는다.

제7조 1904년 8월 27일에 조인된 한·일 협약의 제1항을 폐지한다.

사료4-2 군대 해산 조칙(1907)

조령을 내리기를 "짐이 생각하건대 국사가 다난한 때를 만났으므로 쓸데없는 비용을 극히 절약해서 이용후생의 일에 응용함이 오늘의 급선무이다. 가만히 생각하면 현재 우리 군대는 용병으로 조직되었으므로 상하가 일치하여 나라의 완전한 방위를 하기에는 부족하다. 짐은 이제부터 군사 제도를 쇄신할 생각 아래 사관을 양성하는 데에 전력하고 뒷날에 징병법을 발포하여 공고한 병력을 구비하려고 한다. 짐은 이제 유사에게 명하여 황실을 호위하는 데에 필요한 사람들을 뽑아 두고 그 밖에는 일시 해산시킨다. 짐은 너희들 장수와 군졸의 오랫동안 쌓인 노고를 생각하여 특히 계급에 따라 은금을 나누어 주니 너희들 장교, 하사, 군졸들은 짐의 뜻을 잘 본받아 각기 자기 업무에 나아가 허물이 없도록 꾀하라." 하였다. 또 조령을 내리기를 "군대를 해산할 때 인심이 동요되지 않도록 예방하고 혹시 칙령을 어기고 폭동을 일으킨 자는 진압할 것을 통감에게 의뢰하라." 하였다. 『순종실록』

사료5 한·일 병합 조약(1910. 8.)

제1조 한국 황제 폐하는 한국 전부에 관한 모든 통치권을 완전 또는 영구히 일본 황제 폐하에게 양여한다.

제2조 일본국 황제 폐하는 전조에 기재한 양여를 수락하고 완전히 한국을 일본 제국에 병합함을 승낙한다.

제5조 일본국 황제 폐하는 훈공 있는 한국인으로서 특히 표창에 적당하다고 인정된 자에게 영작(주)을 수여하고 또 은급(주)을 부여한다.

제7조 일본국 정부는 성의로써 충실하게 신제도를 존중하는 한국인으로서 상당한 자격을 가진 자를 사정이 허락하는 한 한국에서의 일본 제국 관리로 등용한다.

제8조 본 조약은 일본국 황제 폐하 및 한국 황제 폐하의 재가를 받은 것으로서 공포일로부터 시행한다.

사료 플러스➕

사료 4-1: 헤이그 특사 파견을 구실로 고종 황제가 강제로 퇴위당하고 순종 황제가 즉위하였다. 이후 일본은 한·일 신협약(정미 7조약, 1907. 7.)을 체결하여 한국 정부 각 부의 차관을 일본인으로 하는 차관 정치를 실시하고, 국가의 법령 제정, 중요 행정 처분, 고등 관리 임명에 대한 사전 승인을 통감으로부터 받도록 함으로써 통감이 행정권·인사권을 담당하여 내정에 본격 간섭하기 시작하였다.

사료 4-2 : 1907년 7월 31일 순종은 군대 해산을 명하는 조칙을 내렸는데, 비용 절감이 표면적인 이유였지만 실은 일주일 전에 체결된 한·일 신협약(정미 7조약) 비밀 각서에 의해 이미 예고된 것이었다. 이튿날 8월 1일 오전 10시, 서울 지역의 대한 제국 군대가 영문도 모른 채 동대문 밖 훈련원에 소집되었고, 순종의 조칙이라며 군대를 해산한다는 발표와 함께 어느새 일본군은 우리 군대의 군모를 벗기고 계급장을 뜯어낸 뒤 해산을 종용하였다. 이때 서대문 1연대 1대대장 박승환이 울분을 참지 못하고 자결하였고, 이에 군봉기가 일어나 진위대의 해산 계획에 차질을 빚게 하는 등 군대 항전의 도화선이 되었다.

사료 5 : 1910년 5월 새 통감으로 육군 대신 데라우치 마사타케(3대 통감)를 임명하고, 순종 황제로 하여금 양위 조서를 내리도록 강요하였다. 결국 총리대신 이완용과 통감 데라우치 사이에서 조약을 체결하여 국권을 강탈하고 총독부를 설치하였다. 이 조약에는 순종 황제의 최종 승인 절차에 대한 결정적인 결함이 있었다. 즉 이완용에게 전권을 위임한다는 순종의 위임장은 강제로 받아낼 수 있었으나 가장 중요한 최종 비준을 받는 절차가 생략되었으며, 병합을 최종적으로 알리는 조칙에 옥새는 찍혀 있지만 순종의 서명이 빠졌다는 점이다. 조칙이 성립하려면 옥새와 함께 서명이 들어가야 하는데, 8월 29일 공포된 황제 칙유에는 대한 국새가 아닌 1907년 7월 고종 황제 강제 퇴위 때 일본이 빼앗아간 칙명지보(행정결제용 옥새)가 찍혀 있으며, 1907년 11월 이후 황제의 조칙문에 날인해 온 황제의 서명 '척(拓)'(순종의 이름)이 빠져 있다.

사료1 장지연의 '시일야방성대곡'(1905)

천만 뜻밖에 5조약이 어떤 연유로 제출되었는가. 이 조약은 우리 대한뿐만 아니라 동양의 3국의 분열하는 조짐을 만들어낸 것인즉, 이토 후작의 원래 의도가 어디에 있었던가. …… 저 돼지와 개만도 못한 우리 정부의 대신들이 영리를 바라고 덧없는 위협에 겁을 먹어 4천년 강토와 5백년 사직을 다른 나라에 갖다 바치고 2천만 국민을 타국의 노예로 만들었다. 「황성신문」

사료2 민영환의 유서(1905)

오호라! 국민 치욕이 이에 이르나 우리 인민은 장차 경쟁에서 진멸될 것이로다. 무릇 살려고 하는 자는 반드시 죽고 죽음을 기약하는 자는 삶을 얻으리니 여러분 이를 양해하라. 영환은 한번 죽음으로써 황제의 은혜에 보답하고 2,000만 동포에게 사죄하노니 영환은 죽어도 죽지 않음이라.

사료3 안중근의 내가 이토를 죽인 이유(1909)

나는 의병의 참모 총장이지 폭도가 아니다. 일본군이야말로 폭도이다. 적장은 그 우두머리니, 내가 적장을 공격한 이유는 다음과 같다.

1. 명성 황후를 시해한 죄
2. 고종 황제를 폐위한 죄
3. 을사 5조약과 정미 7조약을 강제 체결한 죄
4. 무고한 한국인을 학살한 죄
5. 정권을 강제로 빼앗은 죄
6. 철도, 광산, 산림, 천택을 강제로 빼앗은 죄
7. 제일 은행권 지폐를 강제로 사용한 죄
8. 군대를 해산시킨 죄
9. 교육을 방해한 죄
10. 한국인들의 외국 유학을 금지한 죄
11. 교과서를 압수하여 불태워 버린 죄
12. 한국인이 일본인의 보호를 받으려 한다고 세계에 거짓말을 퍼뜨린 죄
13. 현재 한국과 일본 사이에 경쟁이 쉬지 않고 살육이 끊이지 않는데, 태평 무사한 것처럼 위로 천황을 속인 죄
14. 동양 평화를 깨뜨린 죄
15. 일본 천황 폐하의 아버지 태황제를 죽인 죄

▲ 안중근 의사와 단지 혈서 엽서

그(이토 히로부미)가 동양의 평화를 어지럽게 하고 한·일 양국을 격리시키므로 주살한 것이다. …… 이번 거사는 나 개인을 위한 것이 아니라 한국의 독립과 동양의 평화를 위한 것이다.

사료4 안중근의 마지막 유언(1910)

내가 죽은 뒤에 나의 뼈를 하얼빈 공원 곁에 묻어 두었다가 우리 국권이 회복되거든 고국으로 반장(返葬)해다오. 나는 천국에 가서도 또한 마땅히 우리나라 회복을 위해 힘쓸 것이다. 너희들은 돌아가서 동포들에게 각각 모두 나라의 책임을 지고 국민된 의무를 다하며 마음을 같이 하고 힘을 합하여 공로를 세우고 업을 이르도록 일러다오. 대한 독립의 소리가 천국에 들려 오면 나는 마땅히 춤추며 만세를 부를 것이다.   『안중근 전기 전집』

사료5 황현의 절명시(1910)

妖氣掩翳帝星移	요망한 기운이 가려서 제성(帝星)이 옮겨지니
九闕沈沈畫漏遲	구궐(九闕)은 침침하여 주루(晝漏)가 더디구나.
詔勅從今無復有	이제부터 조칙을 받을 길이 없으니
琳琅一紙淚千絲	구슬 같은 눈물이 주룩주룩 조칙에 얽히는구나.
鳥獸哀鳴海岳嚬	새 짐승도 슬피 울고 강산도 찡그리네.
槿花世界已沈淪	무궁화 온 세상이 이젠 망해 버렸어라.
秋燈掩卷懷千古	가을 등불 아래 책 덮고 지난날 생각하니,
難作人間識字人	인간 세상에 글 아는 사람 노릇하기 어렵기만 하구나.

사료6 이근주의 자결(1910)

국운이 다하였으며 성인의 도가 끊어져 살아갈 마음이 없다. 일본한테 나라를 빼앗긴 것은 너무나 분통하고 부끄럽고 또 싫어서 죽을 수밖에 없다.

사료 플러스⁺

사료 1: 을사늑약(1905)에 대하여 장지연은 격렬한 항일 언론 활동을 전개하여 일제를 규탄하고 민족적 항쟁을 호소하였다. 그는 「황성신문」에 '시일야방성대곡(是日也放聲大哭)'이라는 논설을 실어 을사조약의 전말을 폭로하고 민족의 울분을 토로하였다.

사료 2: 민영환은 을사늑약이 체결되자 원임의정대신(原任議政大臣) 조병세와 함께 조약에 찬동한 5적을 성토하고 조약의 파기를 주장했으나 조병세의 체포로 실패하였다. 이어 2차 상소를 전개했으나 나라의 운이 이미 다했음을 깨닫고 죽음으로 항거해 국민을 각성시킬 목적으로 그해 11월 30일 2,000만 동포와 고종 및 주한 외국 사절에게 보내는 3통의 유서를 남기고 자결하였다. 그의 자결 소식이 알려지자 조병세·김봉학·홍만식·이상철 등이 그의 뒤를 따라 스스로 목숨을 끊음으로써 일제에 항거하였다.

사료 3, 4: 안중근(1879~1910)
- 1895년 아버지를 따라 가톨릭교에 입교 후 신학문을 접함. 1906년 삼흥 학교를 설립
- 1907년 대구에서 시작된 국채 보상 운동을 평양에서 주도하다 연해주로 망명하여 의병 활동 전개
- 1909년 3월 동지 11명과 단지회 결성, 1909년 만주 하얼빈 역에서 이토 히로부미 사살 후 현장 체포, 뤼순 감옥에 수감 중 이듬해 3월 26일 사형, 『동양평화론』 집필(미완성)

사료 5: 유학자 황현은 1910년 8월 일제에 의해 강제로 나라를 빼앗기자 통분하여 절명시 4수를 남기고 자결하였다.

사료 6: 유학자 이근주는 1895년 명성 왕후 시해 사건과 단발령에 항거하여 홍주 의병에 참여하였으며, 1910년 경술국치의 비보를 접하자 자결로 항거하였다.

사료1 **을미의병(1895)**

아! 왜놈들의 소위 신의나 법리는 말할 것도 없거니와 저 왜적 놈들의 몸뚱이는 누구를 힘입어 살아왔던가. 원통함을 어찌하리오. 국모의 원수를 생각하며 이를 갈았는데, 참혹함이 더욱 심해져 임금께서는 또 머리를 깎으시는 지경에 이르렀다. …… 우리 부모에게 받은 몸을 금수로 만드니 무슨 일이며, 우리 부모에게 받은 머리카락을 풀 베듯이 베어 버리니 이 무슨 변고란 말인가. …… 무릇 우리 각 도 충의의 인사들은 모두가 임금의 보살핌을 받은 몸이니 환난을 회피하기란 죽음보다 더 괴로우며, 멸망을 앉아서 기다릴진대 싸워 보는 것만 같지 못하다.

유인석의 창의문(1895)

사료2 **고종의 의병 해산 권유에 대한 의병장의 개탄**

선비와는 함께 일을 할 수 없구나. 장수가 밖에 있을 때에는 임금의 명령도 받지 아니하는 수가 있거늘, 이는 적의 협박을 받은 것으로 우리 임금의 본심이 아니에랴. 이 군사가 한번 파하면 우리 무리는 모두 왜놈이 될 뿐이다.

사료3 **을사의병(1905)**

작년 10월에 저들이 한 행위는 오랜 옛날에도 일찍이 없던 일로서, 억압으로써 한 조각의 종이에 조인하여 500년 전해 오던 종묘사직이 드디어 하룻밤에 망하였으니, 천지신명도 놀라고 조종(祖宗)의 영혼도 슬퍼하였다. …… 자기 나라 임금을 죽이고 다른 나라 임금까지 침범한 이등박문은 마땅히 세계 여러 나라가 함께 토벌해야 할 역적이다. …… 우리 의병 군사의 올바름을 믿고, 적의 강대함을 두려워하지 말자. 이에 격문을 돌리니 도와 일어나라.

최익현의 격문

사료4 **서울 진공 작전 - 해외 동포에게 드리는 격문**

동포들이여! 우리는 함께 뭉쳐 우리의 조국을 위해 헌신하여 우리의 독립을 되찾아야 한다. 우리는 야만 일본 제국의 잘못과 광란에 대해서 전 세계에 호소해야 한다. 간교하고 잔인한 일본 제국주의자들은 인류의 적이요, 진보의 적이다. 우리는 모두 일본놈들과 그들의 첩자, 그들의 동맹인과 야만스런 제국주의 군인을 모조리 죽이는 데 힘을 다해야 한다.

대한 관동 창의대장 이인영

사료5 **대한 사민 논설 13조(1900)**

1. 요순 공맹의 효제안민(孝悌安民)의 대법을 행할 것을 간언할 것
2. 어지럽지도 사치하지도 않은 선왕의 의제(衣制)를 사용할 것
3. 개화법을 행할 때는 흥국안민의 법이라 양언하면서도 이에 맞지 않는 뜻밖의 황후의 변을 보고 후에는 충신이 죽고 의사(義士)가 죽고 백성이 죽는 흉변이 계속 일어나니 정법(正法) 시행을 간언할 것
4. 백성이 바라는 문권(文卷)을 폐하게 받들어 올려 일국의 흥인(興仁)을 꾀할 것
5. 시급히 방곡령을 실시하고 구민법을 채용할 것
6. 시장에 외국 상인의 출입을 엄금할 것
7. 행상인에게 징세하는 폐단을 금할 것
8. 금광의 채굴을 금지하고 인민의 방책을 꾀할 것

9. 사전(私田)을 혁파하고 균전(均田)으로 하는 구민법을 채택할 것
10. 곡가의 앙등을 막기 위해 곡가를 저렴하게 안정시킬 법을 세워 구민법을 꾀할 것
11. 만민의 바람을 받아들여 악형의 여러 법을 혁파할 것
12. 도우(屠牛)를 엄금하여 농사를 못 짓게 하는 폐해를 제거할 것
13. 다른 나라에 철도 부설권을 허용하지 말 것

사료 플러스⁺

사료 1: 최초의 항일 의병인 을미의병은 을미사변과 친일 내각에 의해 자행된 단발령을 계기로 전국 각지에서 일어났다.

사료 2: 단발령 후 1896년 2월 장성에서 봉기한 의병장 기삼연이 정부의 명령으로 의병 해산을 선언한 기우만의 행동을 개탄하면서 한 말이다.

사료 3: 을사늑약 체결 이후 유생 최익현은 전라도 태인에서 유생을 모아 의병을 편성하고 순창에 입성하였으나 관군과 대치하게 되자, "너희들이 왜군이라면 즉각 결전을 하겠으나, 동족끼리 죽이는 일은 차마 못하겠다."라고 하여 싸움을 중단하고 포로가 되었다. 이후 일본군에 의하여 쓰시마 섬에 끌려갔으나 일본인이 주는 음식을 거절하다가 마침내 순절하였다.

📎 참고 위정척사 사상을 민족주의 사상으로 체계화한 최익현(1833~1906)
• 1873년 흥선 대원군의 서원 철폐에 대한 항의 상소 올림.
• 1876년 강화도 조약 당시 개항 반대 5불가소 올림. ⇨ 흑산도 유배
• 1895년 을미사변 당시 청토역복의제소(請討逆復衣制疏) 올림.
• 1905년 을사조약 당시 을사오적 처단을 주장한 청토오적소(請討五賊疏)를 올리고 의병 봉기
  ⇨ 대마도 감금·순국

사료 4: 1907년 전국의 의병 부대가 서울 진공을 위한 연합 부대인 13도 창의군을 형성하였다. 1907년 12월 이인영과 허위가 지휘하는 13도 창의군은 경기도 양주에 집결하여 그 선발대가 서울 근교까지 진격하였으나, 일본군의 반격이 심하여 더이상 전진하지 못하고 후퇴하였다(1908. 1.).

사료 5: 동학 농민 운동 이후에 남아 있던 농민군은 1895~1896년 의병 운동에 가담한 후, 흩어져 화적(火賊)으로 지냈다. 이들은 독립 협회와 만민 공동회에 희망을 걸었으나 상황이 여의치 않자, 1899년부터는 영학당, 남학당, 북대, 남대 등의 이름으로 활약하였다. 이들 중 활빈당은 「홍길동전」을 사상 배경으로 삼고, 각지에 출몰하여 부호의 재물을 빼앗아 빈민에게 나누어 주는 활빈(活貧) 활동을 벌였다. 이들은 평등의 실현, 빈부 격차의 타파, 국정 혁신을 목표로 하였고, 구국 안민책으로 1900년 10월 「황성신문」에 '황도유회소(皇都儒會所)'의 이름으로 '황도유회소 선언'과 '대한 사민 논설 13조'를 발표하였다.

📎 참고 위정척사 운동의 전개 과정

1860년대	통상 반대 운동, 척화주전론(이항로)
1870년대	최익현의 왜양일체론(개항 반대 5불가소)
1880년대	• 정부의 개화 정책 부정(홍재학의 만언척사소, 1881) • 『조선책략』 유포 반발(이만손의 영남 만인소, 1881)
1890년대	항일 의병 운동

사료1 대한 자강회 취지문

우리 대한이 종전에 자강의 방도를 강구치 아니하여 인민이 스스로 우매함에 굳어지고 국력이 쇠퇴하게 되어 드디어 오늘의 험난한 지경에 이르러 다른 나라의 보호를 받기까지 되었다. 이것은 모두 자강의 방도에 뜻을 두지 않았기 때문이었다. 그러나 자강의 방도를 강구하려 할 것 같으면 다른 곳에 있지 않고, 교육을 진작하고 산업을 일으키는 데 있으니 무릇 교육이 일어나지 않으면 인민의 지식이 열리지 않고, 산업이 일어나지 않으면 나라의 부가 강해지지 못하는 것이다. 그러한즉 인민의 지식을 열고 국력을 기르는 길은 교육과 산업의 발달에 달려 있다고 아니할 수 있겠는가! 교육과 산업의 발달이 곧 자강의 방도임을 알 수 있는 것이다.

『대한 자강회 월보』

사료2 신민회 취지서

신민회는 무엇을 위해 일어남이뇨? 민습(民習)의 완고 부패에 신사상이 시급하며, 민습의 우미(愚迷)에 신교육이 시급하며, 열심의 냉각에 신제창이 시급하며, 원기의 쇠퇴에 신수양(新修養)이 시급하며, 도덕의 타락에 신윤리가 시급하며, 문화의 쇠퇴에 신학술이 시급하며, 실업의 초췌에 신모범이 시급하며, 정치의 부패에 신개혁이 시급이라. 천만 가지 일에 신(新)을 기다리지 않은 바가 없도다. 무릇 대한인은 내외를 막론하고 통일 연합으로써 그 진로를 정하고, 독립 자유로써 그 목적을 세움이니, 이것이 신민회가 원하는 바이며, 신민회가 품어 생각하는 소이니, 간단히 말하면 오직 신정신을 불러 깨우쳐서 신단체를 조직한 후에 신국을 건설할 뿐이다.

사료3 신민회의 활동 목표(4대 강령)

1. 국민에게 민족의식과 독립사상을 고취할 것
2. 동지를 찾아 단합하여 민족 운동의 역량을 축적할 것
3. 교육 기관을 각지에 설치하여 청소년 교육을 진흥할 것
4. 각종 상공업 기관을 만들어 단체의 재정과 국민의 부력(富力)을 증진할 것

사료4 신민회의 독립 전쟁 전략

1. 독립군 기지는 일제의 통치력이 미치지 않고 국내 진입이 가장 편리한 만주 일대에 설치한다.
2. 최적지가 선정되면 자금을 모아 토지를 구입한다. 자금은 신민회의 조직을 통해 비밀리에 모금한다.
3. 토지가 매입되면 애국적인 인사들과 청년들을 단체 이주시켜 신한민촌을 건설하고, 농업을 통해 경제 자립을 실현한다.
4. 신한민촌에는 민단을 조직하고, 교육·문화 시설을 세우는 한편, 특히 무관 학교를 설립하여 사관을 양성한다.
5. 무관 학교 졸업생과 이주 청년들을 중심으로 독립군을 창건한다. 병사는 현대적 군사 훈련과 현대적 무기로 무장시켜 일본과의 정규전에서 승리할 수 있는 강력한 군대를 만든다.
6. 독립군이 양성되면 기회를 보아 독립 전쟁을 일으켜서 국내로 진공한다. 이에 맞추어 국내에서는 신민회가 주체가 되어 각계각층의 국민과 단체를 통일·연합하여 일거에 일본 제국주의를 물리치고 국권을 회복한다.

주요한, 『안도산 전서』

이회영 형제들의 '노블레스 오블리주'

8월 초에 여러 형제분이 같이 모여서 같이 만주로 갈 준비를 하였다. 비밀리에 땅과 집을 파는데, 여러 집을 한꺼번에 처분하니 얼마나 어려우리요. 그때만 해도 여러 형제분 집은 예전 대갓집이 그렇듯이 종살이를 하는 사람이 수없이 많았고, …… 우리 집 어른(이회영)은 옛날 범절을 따지지 않고 위아래 구분 없이 뜻만 같으면 악수하여 동지로 대접하였다. …… 1만여 석의 재산과 가옥을 모두 팔고 경술년(1910) 12월 30일에 큰집, 작은집이 함께 압록강을 건너 떠났다. 　　　　　　　　　이은숙, 『민족 운동가 아내의 수기, 서간도 시종기』
　　　　　　　　　　　　　　　　　　　　　　　　　　↳이회영의 부인

사료 플러스⁺

사료 1: 애국 계몽 단체의 하나인 대한 자강회는 교육과 산업을 진작시켜 독립의 기초를 만들 것을 목표로 전국에 지회를 설치하고 국권 회복을 위한 실력 양성 운동을 전개하였다. 이 단체는 고종의 강제 퇴위 반대 운동을 주도하다가 해체되었다.

사료 2, 3: 신민회는 통감부 치하에서 조직된 최대 규모의 비밀 결사 단체로, 국내에서의 문화적·경제적 실력 양성과 더불어 국외 무장 독립군 기지 건설에 의한 군사력 양성을 당면의 목표로 삼아 민족 독립운동의 전략을 제시하였다.

사료 4: 신민회는 표면적으로는 문화적·경제적 실력 양성 운동을 전개하면서, 내면적으로는 독립군 기지 건설을 통한 군사적 실력 양성을 기도하였다.

사료 5: 신민회 회원인 이시영, 이회영, 이상룡, 이동녕 등은 서간도 삼원보에 경학사(1911)라는 자치 기관을 모체로 신흥 강습소(1911)를 세웠다.

📖참고 우당(友堂) 이회영(1867~1932)
- 1907년 신민회 조직
- 간도 용정촌에 서전서숙을 설립, 이상설에게 책임을 맡김. **cf** 1907년 이상설 헤이그 특사 파견
- 1910년 만주로 가 독립군 기지 건설에 매진(경학사, 신흥 강습소 설립)
- 1918년 고종의 국외 망명 시도
- 1919년 상하이 임시 정부 참여
- 1924년 재중국 조선 무정부주의자 연맹 결성
- 1931년 상하이 항일 구국 연맹 조직
- 1932년 주만 일본군 사령관 암살 목표로 다롄에 가던 중 체포, 옥사

318 메가타의 화폐 정리 사업(1905)

> 제1조 광무 5년 2월 2일 칙령 제4호 화폐 조례를 준거(遵據)하여 본위 화폐를 금으로 하고, 기왕 발생한 화폐는 신화폐와 교환 혹은 환수할 것
> 제3조 구 백동 화폐의 교환 및 환수는 광무 9년 7월 1일부터 개시할 것
> 제4조 구 백동 화폐의 교환 만료 시한은 만 1년 이상으로 탁지부 대신이 정할 것
> 제5조 구 백동 화폐의 교환 시기 만료 이후에는 그 통용을 금지할 것

사료 플러스⁺

1878년 일제가 부산에 설치한 일본 제일 은행은 은행 업무 이외에 조선 정부의 세관 업무를 위탁받아 관리하고, 청·일 전쟁 때는 군자금을 관리하는 등 일제 침략의 핵심 역할을 하였다. 1902년 제일 은행은 불법으로 은행권을 발행하였고, 1905년 메가타의 화폐 정리 사업을 계기로 제일 은행권이 법정 통화가 되면서 한국의 금융권을 장악하였다.

319 황국 중앙 총상회의 상권 수호 운동(1898)

> 황국 중앙 총상회의 장정을 다음에 기재한다.
> 우리 황성 중앙의 각 점포는 성조께서 결정하신 처음에 그 터를 허락하셔서 나라의 기초를 세우셨고, 500년 동안 상업을 진작하여 열심히 받들었다. 요새 외국 상인은 발전하고 우리나라 상인의 생업은 쇠락하여 심지어 점포 자리를 외국 사람에게 팔아 버리는 지경에 이르렀다. 이렇게 되면 중앙의 점포 터도 보호하기 어렵게 되며, 이것은 다만 상인들의 실업일 뿐만 아니라 국고와 민생이 어려움에 처할 것이다. 우리가 충심으로 본회를 설치하고 규칙을 만들었으니 우리와 뜻이 같은 이는 서로 권하여 충애하는 마음으로 상업을 일으킬 기초를 튼튼하게 하고 국가를 부강하게 할 방침을 찾아 억만년 이어지길 바란다. 「독립신문」, 1898. 9. 30.

사료 플러스⁺

「독립신문」에 기재된 황국 중앙 총상회의 장정이다. 개항 초기에는 외국 상인의 활동 범위가 개항장으로부터 10리 이내로 제한되었으나, 1880년대에는 개항장으로부터 100리까지 확대되어 서울을 비롯한 조선 각지에서 청국 상인과 일본 상인의 상권 침탈 경쟁이 치열해졌다. 이에 시전 상인들은 황국 중앙 총상회(1898)를 조직하여 외국인의 불법적인 내륙 상업 활동을 엄단할 것을 요구하며 상권 수호 운동을 전개하였다. 이들의 상권 수호 운동은 관민 공동회를 통해 경제 투쟁의 차원에서 정치적 차원으로 발전되었고 결국 독립 협회와 함께 해체되었다.

● 러시아 절영도 조차 요구 반대

부산 절영도에다 정부에서 몇 해 전에 각국 거류지를 만들려고 조계를 정하였다. 근일에 아라사(러시아)가 조계를 정한 안에 팔만 미터를 석탄고로 만들려고 정부에 달라하여, 그동안 공문 왕래가 여러번 되었다. …… 또 그뿐 아니라 목포와 증남포에 외국 거류지로 작정한 속에서 아라사가 28만 미터씩을 영사관 짓게 달라 하였다. …… 우리 생각에는 대신은 누구든지 간에 대황제 폐하를 사랑하고 종묘사직을 보존하려 하며 전국 인민을 조금이라도 생각하는 사람이니, 차마 어찌 이 땅을 경계 없고 의리 없이 내줄 수 있으며, 또 이땅은 대한 땅이지만 외국과 벌써 약조하여 어떻게 쓸 일을 작정하였는데 대한 정부에서 임의로 한 나라에게 줄 수가 없는 사정이다.　　　　　　　　　　　　　「독립신문」

● 미국의 철도 부설 지지

정부에서 미국 사람과 서울~인천 사이에 철도를 약조하여 미국 돈 이백만 원 가량이 들어올 터인즉, 이 일에 인연하여 벌어먹고 살 사람이 조선 안에 여러 천 명이 될 터이요, 철도가 된 후에는 농민과 상민들이 철도로 인연하여 직업들이 흥왕할 터이요.　　　　　　　　　　　「독립신문」 1896년 7월 2일 논설

● 미국의 이권 침탈 지지

근일에 우리 시골서 앉아 듣기에 광산과 철도를 타국 사람에게 몇 해씩 작정하고 합동하여 주었다니 듣기에 놀라우나, 다시 생각하면 그 일로 하여 하필 나라가 망할 것은 없다. …… 유식하고 유지하고 충군 애국하는 여러 군자들은 철도나 광산 때문에 세월을 보내지 말고, 정치가 일신하야 백성들이 내 나라를 사랑할 마음이 나도록 주선을 하시기를 바라노라.　　　　　　　　　　　　　「독립신문」

사료 플러스

독립 협회는 아관 파천 당시 외세의 경제적 침략에 대항하여 적극적인 이권 수호 운동을 전개하였는데, 러시아와 프랑스의 이권 침탈은 철저히 반대하였으나, 친일·친미·친영적 성향으로 일본·미국·영국의 이권 침략은 긍정적으로 보았다. 또한, 사회 진화론의 영향으로 미국의 철도 부설권 획득을 이권 침략으로 보지 않고 자원 개발이라는 측면으로 이해하였다.

사료1 보안회의 황무지 개간 반대 운동(1904)

어제 보안회에서 각 관청에 다음과 같이 호소했다고 한다.

삼가 아룁니다. 모든 나라는 한집안이며 세상은 모두 형제입니다. 함께 태어나 자라며 같은 윤리를 행하고 피차 고락을 함께합니다. 진정 마땅히 한마음으로 서로 돕고 이웃의 화목함을 지키는 것이 마땅합니다. 우리나라는 일본의 옆 나라로서 근래 맹약을 맺은 지 자못 오래되었습니다. 마땅히 사랑하고 아껴야 하며 이를 표현할 겨를이 없었을 뿐입니다. 그런데 지금 일본 공사 하기와라[萩原]가 나가모리 도키치로[長森藤吉郎]의 청원에 따라 우리 외부(外部)에 공문을 보내어 산림, 강, 평지, 황무지에 대한 권리를 청구했습니다. 우리나라는 땅이 좁고 척박하여 현재 국가의 토지 대장에 있는 농토는 100 중에 1, 2도 채워져 있지 않습니다. 사람들은 산림, 강, 평지, 황무지를 이용해 2~3년 걸러 윤작을 해야만 먹고 살 수 있습니다. 그런데 만일 이를 외국인에게 줘 버린다면 전국의 강토를 모두 빼앗기게 되며 수많은 사람이 참혹한 빈곤에 빠져 구제할 수 없게 될 것입니다.

「황성신문」 1904년 6월 20일 논설

사료2 농광 회사 규칙

• 본사의 자본은 주식 금액으로 성립할 것
• 주주는 본국인만으로 허용할 것
• 주가는 1주에 50원으로 정하고, 5년간에 걸쳐 5원씩 총 10회 나누어 낼 것
• 본사는 국내의 진황지 개간·관개 사무와 산림·천택·식양·채벌 등 사무 외에 금·은·동·철·석유 등의 각종 채굴 사무에 종사할 것

사료 플러스+

사료 1: 일본이 우리 땅인 황무지를 강제로 차용하려 하자 이에 대해 항의하고 황무지 개간을 저지하기 위해 전의관 정기조, 전참봉 최동식, 유생 김기우, 정동시 등이 조선 13도에 통문을 돌려 모두 서울에 모이도록 하였다. 그 후 보안회를 조직하고 재상으로 있는 이건하, 박기양 등을 앞세워 상소하였다. 그리하여 서울과 지방에서 모인 자가 수만 명에 이르고, 일본 공사관에 항의하는 횟수도 늘어나자 일본은 황무지 개간을 포기하였다.

사료 2: 농광 회사(1904)는 일본의 토지 침탈 시도에 맞서, 개간 사업을 목적으로 박용화, 이도재 등이 설립한 근대적 농업 회사이다. 총 18조로 된 회사 규칙에 의하면, 50원액의 주 20만주로 총 1천만 원을 자본금으로 삼으려 하였다. 또, 회사의 권익과 권한을 확보하여 내·외국인의 방해가 있을 때 정부가 보호해 줄 것도 규정하였다.

국채 보상 운동(1907) 참 국채 보상 운동 기록물 – 유네스코 세계 기록 문화유산 등재

빈출
사료

• **국채 보상 국민 대회의 취지문**

지금은 우리들이 정신을 새로이 하고 충의를 떨칠 때이니, 국채 1,300만 원은 바로 우리
한(韓) 제국의 존망에 직결된 것이라. 이것을 갚으면 나라가 존재하고, 갚지 못하면 나라
가 망할 것은 필연적인 사실이나, 지금 국고는 도저히 상환할 능력이 없으며, 만일 나라에
서 갚는다면 그때는 이미 삼천리강토는 내 나라, 내 민족의 소유가 못 될 것이다. 국토란
한번 잃어버리면 다시는 찾을 길이 없는 것이다. 일반 국민들은 의무라는 점에서 보더라
도 이 국채를 모르겠다고는 할 수 없는 것이다. 그러므로 이 국채를 갚는 방법으론 2,000만
인민들이 3개월 동안 흡연을 금하고, 그 대금으로 한 사람이 매달 20전씩 거둔다면 1,300만
원을 모을 수 있으며, 만일 그 액수가 미달할 때에는 1환, 10환, 100환의 특별 모금을 해도
될 것이다.
「대한매일신보」(1907. 2. 21.)

• **국채 보상 운동의 전개**

음력 정월 초 9일에 서상돈 씨 등 달구벌 안팎의 뜻있는 신사 수백 명이 북후정에서 대회
를 여니 모인 사람이 남녀노소 무릇 수만 명이라. 신사 박정동 씨가 연단에 올라 통론하
기를 "채주(빚쟁이)가 독촉하면 필경 강토를 보존할 수 없을 것이니 우리 백성은 장차 어
디서 기거하여 생활할 것인가. …… 우리가 일용에 무익한 연초를 3개월 기한으로 끊고
그 비용으로 각자 1원씩만 모으면 전국 인구에 담배 피우지 않는 부녀자를 제하여도 1천
2백만 원이 될 것이니 국채를 갚음이 어찌 걱정이랴." 하니 이에 만장일치로 박수갈채하
고 각자 주머니를 풀어 의연금을 내니, 고취하는 소리 소나기에 물이 넘쳐흐르듯 하더라.
장지연, 『대한 자강회 월보』 제9호

사료 플러스➕

대한 제국은 일본에 의해 강제로 체결한 1차 한·일 협약(1904. 8.)에 의해 일본이 추천하는 재정, 외교
고문을 맞아들이게 되었다. 이에 따라 메가타 다네타로[目賀田種太郎]가 재정 고문으로 임명되어 대한
제국의 재정, 금융, 화폐 제도를 재편하는 등 식민 지배의 경제적 토대를 마련해 갔다. 일본의 경제 침탈
은 1906년 통감 정치가 본격적으로 이루어지면서 더욱 노골적으로 진행되었다. 1906년 말 1,300만 원이
던 대일 국채는 1907년 6월 말 1,840만 원으로 늘어났다. 담배와 술을 끊고 부녀자들이 패물을 팔아가면
서 국채 보상 운동을 벌인 것은 이처럼 일본의 식민 지배 야욕에 맞서 주권을 수호하려는 민족 운동의
일환이었던 것이다. 대구 광문사(廣文社) 사장 김광제와 부사장 서상돈 등에 의해 시작된 국채 보상 운동
은 전국으로 급속히 확산되어 노동자, 농민, 부녀자, 군인, 인력거꾼, 기생, 백정, 영세 상인, 학생, 승려
등 모든 계층이 자발적으로 참여했으며, 특히 가난한 하층민이 주축을 이룬 가운데 1년 정도 지속되었다.
대구에서 시작된 국채 보상 운동이 짧은 기간에 범국민 운동으로 전개된 데는 신문사들의 힘이 컸다. 대
한매일신보, 황성신문, 제국신문, 만세보 등은 국채 보상에 동참할 것을 호소하고, 의연금을 받아 그 명단
과 금액을 게재했으며, 각종 미담을 소개하기도 하였다. 이에 일본은 국채 보상 운동을 '국권 회복을 꾀하
는 배일(排日) 운동'으로 인식하고, 이를 방해하기 위해 회계를 맡은 대한매일신보사 총무 양기탁을 1908년
7월 국채 보상금 횡령 혐의로 구속하는 등 방해하였고 결국 국채 보상 운동은 좌절되었다.

323 갑오개혁 때 추진된 사회 개혁(1894)

빈출사료

1. 문벌에 따른 차별과 양반, 상민 등의 계급을 타파하고, 귀천의 구별 없이 인재를 뽑아 등용한다.
2. 지금까지 내려온 문존무비(文尊武卑)의 차별을 폐지한다.
3. 공·사노비 제도를 모두 폐지하고, 인신매매를 금지한다.
4. 연좌법을 모두 폐지하여 죄인 자신 외에는 처벌하지 않는다.
5. 남녀의 조혼을 엄금하여 남자는 20세, 여자는 16세에 혼인을 허락한다.
6. 과부의 재혼은 귀천을 막론하고 그 자유에 맡긴다. 『일성록』, 갑오년(1894) 6월 29일

> **사료 플러스⁺**
>
> 근대적 평등 사회로의 기틀을 마련한 갑오개혁은 일본의 영향하에서 시행되어 침략을 위한 체제 개편의 성격을 가졌음을 부인할 수 없다. 그러나 이 개혁은 실제로 조선의 개화 관료들에 의하여 이루어졌고, 갑신정변과 동학 농민 운동의 기반 위에서 추진되었기 때문에 민족 근대화 운동의 연장이라고 할 수 있다. 갑오개혁은 정치·경제·사회 등 국정의 모든 분야에 걸친 개혁이었는데, 그중 양반 중심의 신분 제도를 폐지한 사회 개혁은 획기적인 것이었다. 양반·평민의 계급을 타파하고 공·사노비 제도, 백정·광대 등 모든 천민 신분을 폐지하였으며, 봉건적 악습인 인신매매 금지, 조혼의 금지, 과부의 개가 허용, 고문과 연좌법의 폐지 등을 실시하였다.

324 독립 협회(1896~1898)

> **사료1** 「독립신문」 창간사
>
> 우리 신문은 <u>빈부귀천에 구별없이</u> 신문을 보고, 외국 물정과 내지 사정을 알게 하려는 뜻이니, <u>남녀노소, 상하귀천 간</u>에 우리 신문을 하루 걸러 몇 달 동안 보면 <u>새 지각과 새 학문이 생길 것을 미리 아노라.</u>

> **사료2** 독립 협회의 사회 인식
>
> 나는 대한의 가장 천한 사람이고 무지몰각합니다. 그러나 충군애국의 뜻은 대강 알고 있습니다. 이에 이국편민(利國便民)의 길인즉, 관민이 합심한 연후에야 가하다고 생각합니다. 저 차일에 비유하건대, 한 개의 장대로 받친즉 역부족이나, 많은 장대를 합한즉 그 힘이 공고합니다. 원컨대, 관민이 합심하여 우리 황제의 성덕에 보답하고, 국운(國運)이 만만세 이어지게 합시다. 백정 박성춘, 관민 공동회 연설문

> **사료3** 윤치호 등의 인권 옹호 상소
>
> 어떤 자는 말하기를 백성의 권한이 성하면 임금의 권한이 반드시 줄어들리라 하니, 사람의 무식함이 …… 이보다 심하겠습니까. 만일 오늘날에 이와 같은 민의가 없다면, 정치와 법률은 따라서 무너져서 어떤 모양의 재앙의 기미가 어디에서 일어날지 모르는데, 폐하께서는 홀로 생각이 여기에 미치지 아니하십니까. 신 등의 충성된 분노가 격하여 품고 있는 생각을 진술하였지만 대단히 황송하여 조처할 바를 알지 못하겠습니다. 엎드려 바라옵건대 폐하께서는 재량하여 살펴 주십시오. 『승정원일기』

325 여성 교육 강조

하나님이 세계 인생을 낳으실 때에 사나이나 여편네나 사람은 다 한가지라. <u>여자도 남자의
학문을 교육받고 여자도 남자와 동등권을 가져 인생에 당한 사업을 다 각기 하는 것이 당연
한 도리거늘,</u> …… 총명이 한갓 남자에게만 있는 것이 아니라 여자도 또한 총명한 재질인즉,
여자도 학문과 동등권을 가져 남자를 더욱 이롭게 도울지라. 그리한다면, 남녀 간에 고락을
한가지로 하고 사업을 같이 하며 생애를 고르게 하여 나라가 더 부강하고 집안이 태평할 터
이니, 그럴 지경이면 어찌 아름답지 아니하리오.   「독립신문」(1898. 1. 4.)

326 최초의 여성 선언문 – '여성 통문'(1898)

북촌의 어떤 여자 중에서 군자(君子) 수 삼 인이 개명(開明)에 뜻이 있어 여학교를 설시하라
는 통문(通文)이 있기에 놀랍고 신기하여 우리 논설을 삭제하고 다음에 기재한다.
첫째, 여성은 장애인이 아닌, 남성과 평등한 권리를 갖는 온전한 인간이어야 한다. 여성은 먼
   저 의식의 장애로부터 해방되어야 한다.
둘째, 여성도 남성이 벌어다 주는 것에만 의지하여 사는 경제적으로 무능력한 장애에서 벗
   어나 경제적 능력을 가져야만 평등한 인간 권리를 누릴 수 있다.
셋째, 여성 의식을 깨우치고 사회 진출 능력을 갖기 위해서는 무엇보다 여성들이 남성과 동
   등한 교육을 받아야 한다.   「황성신문」(1898. 9. 1.)

327 동도서기론

- 군신(君臣), 부자(父子), 부부(夫婦), 붕우(朋友), 장유(長幼)의 윤리는 천(天)에서 얻은 것이고 인간의 본성에서 부여된 것으로서 천지를 통하는 만고불변의 이(理)입니다. 그리고 그 위에 존재하는 것으로서 도(道)가 됩니다. 이에 대해 선박, 차, 군대, 농사, 기계 등 편민리국(便民利國)하는 것은 기이지 도가 아닙니다. 『승정원일기』, 윤선학의 상소
- 외국의 교(敎), 즉 사(邪)로서 마땅히 멀리해야 하지만, 그 기(器)는, 즉 리(利)로서 가히 이용후생의 바탕이 될 것인즉, 농, 상, 의약, 갑병(甲兵), 주차(舟車) 등의 종류는 어찌 이를 꺼려서 멀리하겠는가? 『일성록』, 곽기락의 상소

사료 플러스⁺

조선의 일부 지식인들 사이에서 일찍부터 표면화된 통상 개화론은 문호 개방을 전후하여 사회 전반에 걸친 개혁론, 곧 개화사상(동도서기론)으로 발전하였다. 동도서기론은 서양 과학 기술의 우월성이 인정됨에 따라 우리의 정신문화는 지키되, 서양의 과학 기술은 받아들이자는 입장이다.

328 원산 학사 설립

의정부에서 아뢰기를, "방금 덕원 부사 정현석(鄭顯奭)의 장계를 보니, '덕원부는 해안의 요충지에 위치하고 아울러 개항지입니다. 이를 빈틈없이 잘 운영해 나가는 방도는 인재를 선발하여 쓰는 데 달려 있으며, 선발하여 쓰는 요령은 그들을 가르치고 기르는 데 달려 있습니다.'……" 『덕원부계록』

사료 플러스⁺

원산 학사는 1883년 원산 지방민의 요청으로 덕원 부사 정현석이 원산에 설립한 우리나라 최초의 근대적 사립 학교로, 산수, 물리, 양잠, 외국어, 법률, 지리, 국제법 등 재래의 유교 과목과는 전혀 다른 근대 학문과 무술을 가르쳤다. 원산 학사는 갑오개혁 때 원산 소학교가 되어 공립 학교로 전환되었다.

329 교육 입국 조서(1895)

교육은 그 길이 있는 것이니, 헛된 이름과 실용을 먼저 분별하여야 할지로다. 독서나 습자로 고인의 찌꺼기나 줍기에 몰두하여 시세대국(時勢大局)에 어두운 자는 비록 그 문장이 고금을 능할지라도 쓸모없는 서생(書生)에 지나지 못하리라. 이제 짐은 정부에 명하여 널리 학교를 세우고 인재를 양성하여 너희들 신민(臣民)의 학식으로 국가 중흥의 큰 공을 세우고자 하노니, 너희들 신민은 충군(忠君)하고 위국(爲國)하는 마음으로 너희의 덕(德)과 몸과 지(知)를 기를지어다. 왕실의 안전이 너희들 신민의 교육에 있고, 또 국가의 부강도 너희들 신민의 교육에 있도다.

사료 플러스⁺

갑오개혁에 의해 근대적 교육 제도가 마련되었고, 이어 교육 입국 조서가 반포되었다. 교육 입국 정신에 따라 정부는 소학교, 중학교, 사범 학교, 외국어 학교 등 각종 관립 학교를 세웠다. 1900년에는 중등 교육 기관인 한성 중학교가 세워지고 의학교, 상공 학교, 광무 학교 등이 설립되었다.

330 소학교령(1895)

제1조 소학교는 아동의 신체 발달에 맞추어 인민 교육의 기초와 생활상 필요한 보통 지식과 기능을 가르치는 것을 목적으로 한다.
제2조 소학교는 관립 소학교·공립 소학교·사립 소학교 등의 3종이며, 관립 소학교는 정부 설립, 공립 소학교는 부 혹은 군 설립, 사립 소학교는 사립 학교 설립과 관련된 것을 말한다.
제6조 소학교를 나누어 심상·고등 2과로 한다.
제7조 소학교 수업연한은 심상과는 3개년, 고등과는 2개년으로 한다.

사료 플러스⁺

구한말 신학제의 제정에 따라 학부(學部 : 學務衙門)는 1895년 7월 「소학교령」을 공포하여 초등 교육의 제도적 기반을 마련하였다.

📦 참고 소학교 명칭 변경사
소학교(1895) ⇨ 보통학교(1906) ⇨ 심상소학교(1938) ⇨ 국민학교(1941) ⇨ 초등학교(1996)

사료1 「한성순보」 창간사

우리 조정에서도 박문국(博文局)을 설치하고 관리를 두어 외국의 신문을 폭넓게 번역하고 아울러 국내의 일까지 기재하여 나라 안에 알리는 동시에 다른 나라에까지 공포하기로 하고, 이름을 순보(旬報)라 하여 견문을 넓히고, 여러 가지 의문점을 풀어 주고, 상업에도 도움을 주고자 하였다. 중국, 서양의 관보(官報), 신보(申報)를 우편으로 교신하는 것도 그런 뜻에서이다.

사료2 「독립신문」 창간 논설

우리가 독립신문을 오늘 처음으로 출판함을 맞아 조선 속에 있는 내외국 인민에게 우리 주의를 미리 말씀드린다. 우리는 첫째 편벽되지 아니하므로 어떤 당에도 상관이 없고 상하 귀천을 차별하지 않고 모두 조선 사람으로만 알고 조선만 위하며 공평히 인민에게 말할 것이다. 한국 정부에서 하시는 일을 백성에게 전할 것이요 백성의 정세를 한국 정부에 전할 것이니 우리가 이 신문을 출판하는 것은 이익을 보려 하는 것이 아니므로 가격을 저렴하게 했고 모두 한글로 써서 남녀 상하 귀천이 모두 보게 했으며, 또 구절을 띄어 써서 알아보기 쉽도록 하였다. …… 우리는 조선 대군주 폐하와 조선 정부와 조선 인민을 위하는 사람들이므로 편파적인 의논이나 한쪽의 의견만을 게재하지 않을 것이다. 또 한쪽에 영문으로 기록하는 것은 외국의 인민이 조선 사정을 자세히 모르므로 혹 편파적인 말만 듣고 조선을 잘못 생각할까 봐 실제 사정을 알게 하고자 영문으로 조금 기록한 것이다. 이로써 이 신문은 조선만 위하는 것임을 알 수 있을 것이다.

사료3 「황성신문」 창간사

대황제 폐하께서 갑오년(1894) 중흥의 기회를 맞아 자주독립의 기초를 확정하시고 새로이 경장하는 정령을 반포하실 때에 특히 한문과 한글을 같이 사용하여 공사 문서를 국한문으로 섞어 쓰라는 칙교를 내리셨다. 모든 관리가 이를 받들어 근래에 관보와 각 부군의 훈령, 지령과 각 군의 청원서, 보고서가 국한문으로 쓰였다. 이제 본사에서도 신문을 확장하려는 때를 맞아 국한문을 함께 쓰는 것은, 무엇보다도 대황제 폐하의 성칙을 따르기 위해서이며, 또한 옛글과 현재의 글을 함께 전하고 많은 사람들에 읽히기 위함이다.

사료 플러스+

언론 기관도 국민 계몽과 애국심 고취에 한몫을 담당하였고, 본격화된 일본의 국권 침탈에 항거하였다. 특히 「황성신문」은 주필 장지연이 을사조약에 분개하여 쓴 논설 '시일야방성대곡'으로 유명하다. 국외 동포들도 신문을 발행하여 민족의식을 고취시켰는데, 미국에서는 「신한민보」(1909), 연해주에서는 「해조신문」(1908), 「대동공보」(1908) 등이 발간되었다.

사료1 신문지법(1907. 7.)

제1조 신문지를 발행하려는 자는 발행지를 관할하는 관찰사(경성에서는 관무사)를 경유
하여 내부대신에게 청원하여 허가를 받아야 한다.

제21조 내부대신은 신문지가 안녕 질서를 방해하거나 풍속을 어지럽힌다고 인정될 때는
그 발매 반포를 금지하고 압수하여 발행을 정지하거나 금지할 수 있다.

사료2 보안법(1907. 7.)

제1조 내부대신은 안녕 질서를 지키기 위해 필요한 경우에 결사의 해산을 명할 수 있다.

제2조 경찰관은 안녕 질서를 지키기 위해 필요한 경우에 집회 또는 다중의 운동 또는 군
집을 제한 금지하거나 해산시킬 수 있다.

사료3 학회령(1908. 9.)

제2조 학회를 설립하고자 하는 자는 그 청원서에 설립자의 이력서 및 아래 사항(목적,
명칭, 사업, 사무소의 위치, 회원의 자격, 경비 수지 및 자산에 관한 사항 등)을 기
재한 회칙을 첨가하여 학부대신의 인가를 받아야 한다.

제8조 학회에서 본령 또는 설립 인가의 조건을 위배하거나 기타 공익을 해한다고 인정
되는 행위를 할 때는 학부대신은 그 인가를 취소할 수 있다.

사료4 출판법(1909. 2.)

제2조 문서·도서를 출판하고자 하는 때는 저작자 또는 그 상속자 및 발행자가 날인하
고 원고를 첨가하여 지방 장관을 경유하여 내부대신에게 허가를 신청해야 한다.

제12조 외국에서 발행한 문서나 도서 또는 외국인이 국내에서 발행한 문서나 도서로서
안녕 질서를 방해하거나 풍속을 어지럽힌다고 인정되는 때는 내부대신은 그 문서
나 도서를 국내에서 발매 또는 반포함을 금지하고 그 인본을 압수할 수 있다.

사료 플러스 ⊕

통감부는 조선 강점을 앞두고 조선인의 저항을 원천적으로 막기 위해 4대 악법을 제정하였다. 일제는 각
종 결사와 정치 집회를 해산할 수 있도록 규정한 보안법을 적용하여 대한 자강회와 같은 애국 계몽 단체
뿐만 아니라 친일 단체인 일진회조차 해산시켰다. 또한, 출판법을 통해 현채의 『유년필독』, 안국선의 『금
수회의록』 같은 교과서와 문학 작품 등을 대량 압수하였다.

333 근대 계몽주의 사학

• 지금 이태리를 본다면 …… 삼걸이 출현하면서부터 사납고 세차며 세계에 떨치게 되었고, 수십 년 미만에 발흥하여 이 마음을 가진 자가 많아졌으니 이 마음이란 무엇인가? 즉, 애국심이란 것이다. 우리 동포는 흥기하지 않을 것인가?

신채호, 『이태리 건국 삼걸전』

• 오호라, 어떻게 하면 내가 2천만 동포의 피와 눈물이 항상 나라를 위하여 뜨겁게 방울 맺히게 할까? 오직 역사로 할 수 있을 것이다. 역사가 무엇이기에 그 효능이 이처럼 신성하단 말인가. 가로되 역사라는 것은 그 나라 그 국민의 변천 성쇠의 실적이니, 역사가 있으면 그 나라가 반드시 흥하게 되는 것이다. …… 그러하니 애국심이 없는 사람도 역사를 반드시 읽어야 하고, 애국심이 있는 자도 반드시 역사를 읽어야 하느니라.

신채호, 『대한 협회 월보』 제3호

> **사료 플러스⁺**
>
> 대한 제국 시기에 장지연, 신채호, 박은식 등이 근대 계몽 사학을 성립시켰다. 계몽 사학자들은 『을지문덕전』, 『강감찬전』, 『이순신전』 등 우리 역사상 외국의 침략에 대항하여 승리한 영웅들의 전기를 써서 널리 보급시킴으로써 일본의 침략에 직면한 국민들의 사기를 북돋우고 애국심을 불러일으켰다. 또 『미국 독립사』, 『월남망국사』 등 외국의 건국이나 망국의 역사를 번역·소개하여 국민들의 독립 의지와 역사의식을 높이려고 노력하였다.

334 「독사신론」 서문(1908)

내가 지금 각 학교 교과용의 역사를 보건대, 가치가 있는 역사가 거의 없다. 제1장을 펴보면 우리 민족이 중국 민족의 일부분인 듯하며, 제2장을 펴보면 우리 민족이 선비족의 일부분인 듯하며, 끝까지 전편을 다 읽어 보면 때로는 말갈족의 일부분인 듯하고, 때로는 몽골족의 일부분인 듯하고, 때로는 여진족의 일부분인 듯하고, 때로는 일본족의 일부분인 듯하다. 오호라, 과연 이 같을진대 우리 수만 리의 토지가 이들 남만북적(南蠻北狄)의 수라장이며, 우리 4천여 년의 산업이 이들 조량모초(朝梁暮楚)의 경매물이라 할지니, 어찌 그렇다고 할 것인가. 즉, <u>고대의 불완전한 역사라도 이를 상세히 살피면, 동국주족(東國主族) 단군 후예의 발달한 실제 자취가 뚜렷하거늘 무슨 까닭으로 우리 선조들을 헐뜯음이 이에 이르렀는가.</u>

> **사료 플러스⁺**
>
> 신채호는 대한매일신보에 「독사신론(讀史新論)」(1908)을 연재하여 근대 역사학의 탈을 쓰고 왜곡되어 가고 있던 일부 국사 교과서를 비판하였고, 만주와 부여족을 중심으로 우리 고대사를 서술하여 민족주의 사학의 연구 방향을 제시하였다. 그는 시간·공간·인간을 역사의 3요소로 보았다.

335 주시경의 국어 보급 운동

나라를 빼앗고자 하는 자는 그 나라의 글과 말을 먼저 없이 하고, 자기 나라의 말과 글을 전
파하며, 자기 나라를 흥성케 하고자 하거나 나라를 보전하고자 하는 자는 자국의 글과 말을
먼저 닦고, 백성의 지혜로움을 발달케 하고, 단합을 공고케 한다.   『주시경 선생 유고』

> **사료 플러스⁺**
>
> 한글 사용이 늘어남에 따라 언문일치 원칙에 따른 우리말 표기법의 통일 필요성이 제기되면서 대한 제국
> 은 주시경, 지석영 등을 중심으로 국문 연구소(1907)를 설치하였고 특히 주시경은 국어를 통해 민족의식
> 을 고취하려 하였다.

336 안국선의 『금수회의록』(1908)

제2석 호가호위(狐假虎威 : 여우)
사람들이 옛적부터 우리 여우를 가리켜 말하기를, 요망한 것이라 간사한 것이라 하여 저희
들 중에도 요망하든지 간사한 자를 보면 여우같은 사람이라 하니, 우리가 그 더럽고 괴악한
이름을 듣고 있으나 우리는 참 요망하고 간사한 것이 아니요, 참 요망하고 간사한 것은 사람
이오. …… 지금 세상 사람들은 당당한 하느님의 위엄을 빌려야 할 터인데, 외국의 세력을
빌려 의뢰하여 몸을 보전하고 벼슬을 얻어 하려 하며, 타국 사람을 부동하여 제 나라를 망하
고 제 동포를 압박하니, 그것이 우리 여우보다 나은 일이오? 결단코 우리 여우만 못한 물건
들이라 하옵네다.

> **사료 플러스⁺**
>
> 안국선의 『금수회의록』은 우리나라 최초로 판매 금지 처분을 받은 소설로, 동물들의 연설을 통하여 개화
> 기에 있어서 가장 시급한 문제인 정치적 자립, 민권 사상 및 도덕의 정화와 정치적 개조를 주장하고 있다.
> 제1석 반포지효(反哺之孝 : 까마귀) − 효도가 사라지고 있음을 비판
> 제2석 호가호위(狐假虎威 : 여우) − 매국노와 남의 나라를 침략하는 제국주의자를 꾸짖음.
> 제3석 정와어해(井蛙語海 : 개구리) − 외국의 형편을 모르고 대세도 잘 모르면서 아는 체 하는 사람들을 비판
> 제4석 구밀복검(口蜜腹劍 : 벌) − 마음과 말이 달라 서로를 미워하며 속이는 인간들을 비판
> 제5석 무장공자(無腸公子 : 게) − 지조와 절개가 없는 인간들의 행태를 비판
> 제6석 영영지극(營營之極 : 파리) − 마음속의 물욕 및 간신배와 소인배를 쫓아내라 충고
> 제7석 가정맹어호(苛政猛於虎 : 호랑이) − 관리의 가렴주구와 인간들의 잔인함을 개탄
> 제8석 쌍거쌍래(雙去雙來 : 원앙) − 축첩 제도의 부당성을 지적

337 박은식의 「유교구신론」(1909)

무릇 수천 년 동안 이어진 우리 교화계(敎化界)에 올바르고 순수하며 광대하고 정밀하여 뭇 성현들이 전해주고 밝혀 준 유교가, 끝내 인도의 불교와 서양의 기독교와 같이 세계에 큰 발전을 얻지 못한 까닭은 무엇이며, 근세에 이르러 침체가 극도에 달해 부흥의 가망이 거의 없게 된 것은 또 무엇 때문인가. …… <u>유교계에 3대 문제가 있는지라. 그 문제에 관해 개량하고 구신(求新)하지 않으면 우리 유교는 결코 흥왕할 수 없으리라.</u> …… 소위 3대 문제는 무엇인가. 하나는 유교파의 정신이 오로지 제왕 측에 있고 인민 사회에 보급할 정신이 부족한 것이다. 하나는 열국을 돌아다니면서 천하를 바꾸려는 주의를 따르지 않고, "내가 학생을 구하는 것이 아니라, 학생이 나를 찾아야 한다."라는 주의를 고수한 것이다. 하나는 우리 한국의 유가는 간소하고 적절한 가르침을 요구하지 않고 지리하고 산만한 공부만 해 온 것이다.

> **사료 플러스+**
>
> 박은식은 유교의 문제점을 비판하면서 국민의 지식과 권리를 계발하고 새로운 정신을 강조하였으며, 교화 활동의 전개와 간결하고 실천적인 유교 정신의 회복을 주장하였다. 그리하여 양명학에 관심을 갖고 진취적이고 실천적인 유교 정신을 되살리려 하였다.

338 천도교의 자주독립 선언문(1922)

존경하는 천도교인 및 민중 여러분! 우리 대한은 당당한 자주독립국이며 평화를 애호하는 세계의 으뜸 국민임을 재차 선언합니다. <u>지난 기미년의 독립 만세 운동</u>은 곧 우리의 전통적인 독립의 의지를 만방에 천명한 것이고, 국제 정세의 순리에 병진하는 자유·정의·진리의 함성이었습니다. 그럼에도 불구하고 일본의 무력적인 압박으로 말미암아 우리의 자유와 평등을 주장한 이 자주독립운동은 몹시 가슴 아프게도 꺾이었습니다. …… 우리의 독립을 위한 투쟁은 이제부터가 더욱 의미가 있고 중요합니다. <u>뜻 맞는 동지끼리 다시 모여 기미년의 감격을 재현하기 위해 천도교의 보성사 사원 일동은 재차 봉기하여 끝까지 조국의 독립을 위해 신명을 바칠 것을 결의하고 선언하는 바입니다.</u>

> **사료 플러스+**
>
> 동학을 계승한 천도교는 민족 운동에도 앞장서 3·1 운동(1919)을 주도하였고, 제2의 3·1 운동(1922)을 계획하기도 하였다.

339 소년 운동 선언(1923)

첫째, 어린이를 재래의 압박으로부터 해방하여 그들에게 완전한 인격적 대우를 허하게 하라.
둘째, 어린이를 재래의 경제적 압박으로부터 해방하여 만 14세 이하의 그들에 대한 무상, 유
　　상의 노동을 폐하게 하라.
셋째, 어린이 그들이 고요히 배우고 즐거이 놀기에 족한 각양의 가정, 사회적 시설을 행하게 하라.

사료 플러스⁺

일제 식민지 시기 아이들의 처지는 매우 열악하였으며 온전한 인격체로 대접받지 못하였다. 대부분의 아
이들이 교육받을 기회를 가지지 못하였고 공장이나 농촌에서 고된 노동에 시달렸다. 이에 '아이'를 '어린
이'로 고쳐 부르고, 소중히 기르자는 소년 운동이 시작되었다. 1921년 방정환의 주도로 창립된 천도교 소
년회는 이듬해 5월 1일을 '어린이날'로 정하여 여러 행사를 개최하였다.

340 한용운의 「조선불교유신론」(1910년 탈고, 1913년 발행)

불교의 유신은 마땅히 먼저 파괴를 해야 한다. 유신이란 무엇인가? 파괴의 자손이다. 파괴란
무엇인가? 유신의 어머니이다. 세상에 어머니 없는 자식이 없다는 것은 대개 말로써는 할 줄
알지만, 파괴 없는 유신이 없다는 점에 이르러서는 아는 사람이 없다. 어찌 비례의 학문에
있어서 추리해 이해함이 이리도 멀지 못한 것일까? 그러나 파괴라고 해서 모든 것을 무너뜨
려 없애 버리는 것을 뜻하지는 않는다. 다만, 구습 중에서 시대에 맞지 않는 것을 고쳐서 이
를 새로운 방향으로 나아가게 한다는 것뿐이다.

사료 플러스⁺

「조선불교유신론」은 한용운이 일제 강점이라는 민족적 위기 속에서 불교가 대응해야 할 시대적 사명을
깊이 인식하고 그 구체적인 방안으로 불교의 개혁을 주장한 책이다.

선우빈 선우한국사

민족 독립운동기
(일제 강점기)

제1장 민족의 수난과 항일 독립운동
제2장 민족 독립운동기의 경제
제3장 민족 독립운동기의 사회
제4장 민족 독립운동기의 문화

CHAPTER **01** 민족의 수난과 항일 독립운동

341 윌슨의 민족 자결주의

> 제5조 모든 식민지의 요구에 대한 자유롭고 편견 없는 절대 공평한 조정을 위해, 식민지 주권과
> 같은 모든 문제를 결정하는 데에는 해당 식민지 주민의 이해가 그 지배권에 대해 결정
> 권을 가지는 정부의 정당한 요구와 대등한 비중을 가진다. 윌슨의 14개조 평화 원칙(1918)

> **사료 플러스⁺**
>
> 한 민족이 자국의 독립 문제를 스스로 결정짓게 하자는 원칙으로, 미국 제28대 대통령인 윌슨이 제1차
> 세계 대전 중에 제창하였다. 그러나 윌슨의 민족 자결주의 원칙은 전승국의 식민지에는 적용되지 않았고,
> 패전국이나 러시아의 지배하에 있었던 일부 약소민족에게만 적용되었다.

342 조선 태형령과 태형 시행 세칙(1912), 경찰범 처벌 규칙(1912)

> 사료1 태형령
> 제2조 100원 이하의 벌금 또는 과료에 처할 자 중 다음 각 호에 해당할 때는 그 정상에
> 따라 태형에 처할 수 있다.
> 1. 조선 내에 일정한 주소를 가지고 있지 않을 때
> 2. 무산자라고 인정될 때
> 제11조 태형은 감옥 또는 즉결 관서에서 비밀리에 집행한다.
> 제13조 본령은 조선인에 한하여 적용한다.
>
> 사료2 태형 시행 세칙
> 제1조 태형은 수형자의 양팔을 좌우로 벌려 형틀 위에 거적을 펴고 엎드리게 하고, 양손
> 관절 및 양 다리에 수갑을 채우고 옷을 벗겨 둔부 부분을 노출시켜 태로 친다.
> 제10조 태형은 태 30 이하일 경우 이를 한 번에 집행하되, 30을 넘을 때마다 횟수를 증가
> 시킨다. 태형의 집행은 하루 한 회를 넘길 수 없다.
> 제11조 형장에 물을 준비하여 수시 수형자에게 물을 먹일 수 있게 한다.
> 제12조 집행 중 수형자가 비명을 지를 우려가 있을 때는 물로 적신 천으로 입을 막는다.
> 『조선 총독부 관보』(1912)

경찰범 처벌 규칙(1912)

다음의 각호에 해당하는 자는 구류 또는 과료에 처한다.

14. 신청하지 않은 신문, 잡지, 기타의 출판물을 배부하고 그 대금을 요구하거나 또는 억지로 그 구독 신청을 요구하는 자

20. 불온한 연설을 하거나 또는 불온 문서, 도서, 시가(詩歌)를 게시, 반포, 낭독하거나 큰 소리로 읊는 자

21. 남을 유혹하는 유언비어 또는 허위 보도를 하는 자

『조선 총독부 관보』(1912)

사료 플러스+

사료 1, 2 : 태형은 갑오개혁 때 폐지되었으나 일제는 이를 다시 부활시켜서 한국인에게만 차별적으로 적용하였다. 주로 일제의 식민 통치에 불만을 나타내거나 세금을 체납하는 사람들을 태형으로 다스렸는데 3·1 운동 이후 1920년에 폐지하였다.

사료 3 : 일제는 무고한 한국인에게 벌금·태형·구류 등의 억압을 행사할 수 있는 즉결 심판권[범죄 즉결례 제정(1910)]을 경찰서장 또는 헌병 분대장에게 부여하였다. 이후 통감부 시기에 발표한 경찰범 처벌령(1908)을 강화하여 경찰범 처벌 규칙(1912)을 발표하였다.

343 문화 통치의 기만성

• 핵심적 친일 인물을 골라 그 인물로 하여금 귀족, 양반, 부호, 교육가, 종교가에 침투하여 계급과 사정을 참작하여 각종 친일 단체를 조직하게 한다.

• 각종 종교 단체도 중앙 집권화해서 그 최고 지도자에 친일파를 앉히고 고문을 붙여 어용화시킨다.

• 조선 문제 해결의 성공 여부는 친일 인물을 많이 얻는 데 있으므로 친일 민간인에게 편의와 원조를 주어 수재 교육의 이름 아래 많은 친일 지식인을 긴 안목으로 키운다.

사이토 마코토 총독, '조선 민족 운동[1]'에 대한 대책'(1920)

사료 플러스+

거족적인 반일 민족 해방 운동인 3·1 운동이 일어나자, 한민족의 단결력과 악화된 국제 여론에 밀린 일제는 동화 정책을 통하여 민족의 독립 의식을 약화시키고 식민지 착취를 극대화하려고 하였다. 그 결과 3대 총독인 사이토 총독은 '조선에서 문화의 창달과 민력의 충실'이라는 시정 방침을 내걸고 문화 통치라는 회유책을 통해 우리 민족 자체의 분열을 구상하였다.

1) 3·1 운동(1919)

344 치안 유지법(1925~1945, 일본법 확대 적용)

제1조 <u>국체를 변혁하는 것을 목적으로 결사를 조직하는 자</u> 또는 결사의 임원, 그 외 지도자로서 임무에 종사하는 자는 사형, 무기, 또는 5년 이상의 징역 또는 금고에 처한다. 사정을 알고서 결사에 가입하는 자 또는 결사의 목적 수행을 위한 행위를 돕는 자는 2년 이상의 유기 징역 또는 금고에 처한다. <u>사유 재산 제도를 부인</u>하는 것을 목적으로 결사를 조직하는 자, 결사에 가입하는 자, 또는 결사의 목적 수행을 위한 행위를 돕는 자는 10년 이하의 징역 또는 금고에 처한다.　　　　　조선 총독부, 『개정 조선 제재 법규』

> **사료 플러스+**
>
> 3·1 운동 이후 전래된 사회주의가 급격히 보급되자 일제는 무정부주의자와 사회주의자를 단속한다는 구실로 치안 유지법을 공포하였다. 그러나 이 법의 시행으로 사회주의자들뿐만 아니라 민족주의 사상을 지닌 독립운동가들도 탄압당하였다. 치안 유지법 체제하에서 일제는 조선 사상범 보호 관찰법(1936) 및 조선 사상범 예방 구금령(1941)을 제정하였다. 조선 사상범 보호 관찰법은 치안 유지법 위반자 중 집행 유예, 기소 유예, 형 집행 완료 및 가출옥자를 대상으로 '보호 관찰'이란 명목하에 활동을 제약하기 위해 제정하였다. 1938년에는 보호 관찰소의 외곽 단체로서 시국 대응 전선 사상 보국 연맹을 결성(1938~1941)하였고, 1941년 주요 지역에 대화숙을 조직하여 관리하였다. 또 독립운동가들을 재판 없이 구금할 수 있는 조선 사상범 예방 구금령을 만들어 잡혀온 이들에게 친일을 강요하였다.

345 민족 말살 통치

사료1 내선일체론

　　내선일체는 반도 통치의 최고 지도 목표이다. 내가 항상 역설하는 내선일체는 서로 손을 잡는다든가, 형태가 융합한다든가 하는 그런 미적지근한 것이 아니다. 손을 잡은 것은 떨어지면 또한 별개가 된다. 물과 기름도 무리하게 혼합하면 융합된 형태로 되지만 그것으로도 안 된다. 형태도, 마음도, 피도, 육체도 모두 일체가 되지 않으면 안 된다. 내선일체의 강화 구현이야말로 동아 신건설의 핵심을 이루는 것이고, 그것이 아니고서는 만주국을 형제국이니, 중국과 제휴한다는 것과 같은 말을 할 수 없다. <u>내선은 융합이 아니라, 악수가 아니라, 심신 모두 참으로 일체가 되지 아니하면 아니 된다.</u>　　미나미 총독, 『내선일체론』

사료2 황국 신민 서사(성인용)

• 우리들은 황국 신민이다. 충성으로 군국(君國)에 보답한다.
• 우리들 황국 신민은 서로 신애 협력하여 단결을 굳게 한다.
• 우리들 황국 신민은 인고 단련의 힘을 길러 황도(皇道)를 선양한다.

사료3 씨(氏) 실정에 관한 제령(창씨개명, 1940)

　　씨(氏)는 호주(법정 대리인이 있는 경우는 법정 대리인)가 이를 정한다. 조선인 호주는 본령이 시행된 후 6개월 이내에 새로 씨를 정하여 부윤 또는 읍·면장에 신고할 것을 요한다.

[사료4] 일본식 성명 강요를 위한 방침

1. 창씨를 안 한 자들의 자녀에 대해서는 각급 학교의 입학과 진학을 거부한다.
2. 창씨를 안 한 어린이들은 일본인 교사들이 구타·질책을 하는 등 그를 증오함으로써 어린이들로 하여금 애소로써 부모들에게 창씨하게 한다.
4. 창씨를 안 한 자는 공사를 불문하고 총독부 관계 기관에 일절 채용하지 않는다.
5. 창씨를 안 한 자는 '비국민(非國民)' 또는 '불령선인'[1]으로 단정하고 경찰수첩에 기록하여 사찰·미행 등을 철저히 하고, 혹은 우선적인 노무 징용 대상자로 만들고, 혹은 식량, 기타 물자의 배급 대상에서 제외한다.

사료 플러스+

중·일 전쟁이 일어나 국가 총동원령(1938)이 내려지면서 우리 민족을 전쟁 수행에 필요한 인적·물적 공급지로 삼으려 하였고, 이를 위해 우리 민족의 문화와 전통을 완전히 말살시켜 한국인을 일본인으로 동화시키고자 온갖 수단과 방법을 동원하였다. 일제는 황국 신민화 정책을 내세워 일선동조론(日鮮同祖論, 일본인과 조선인은 조상이 같다는 이론), 내선일체(內鮮一體, '내'는 내지인 일본을, '선'은 조선을 가리키는 것으로, 일본과 조선은 한 몸이라는 뜻), 황국 신민 서사(성인용, 아동용) 제정, 궁성 요배 및 신사 참배를 강요하였다.

1) 불령선인(不逞鮮人): 일제가 자기네 말을 따르지 않는 한국 사람을 이르던 말

346 국가 총동원령(1938. 5.)

제4조 정부는 전시에 국가 총동원상 필요한 때에는 칙령이 정하는 바에 따라 제국 신민을 징용하여 총동원 업무에 종사하게 할 수 있다.
제7조 정부는 전시에 국가 총동원상 필요한 때에는 칙령이 정하는 바에 따라 노동 쟁의의 예방 혹은 해결에 관하여 필요한 명령을 내리거나 작업소의 폐쇄, 작업 혹은 노무의 중지, 기타의 노동 쟁의에 관한 행위의 제한 혹은 금지를 행할 수 있다.
제14조 정부는 전시에 국가 총동원상 필요한 때에는 칙령이 정하는 바에 따라 물자의 생산·수리·배급·양도 및 기타의 처분, 사용·소비·소지 및 이동에 관하여 필요한 명령을 내릴 수 있다.

사료 플러스+

중·일 전쟁이 일어나 국가 총동원령(1938. 5.)이 내려지면서 우리 민족을 전쟁 수행에 필요한 인적·물적 공급지로 삼으려고 하였다.

🔖 참고 일제의 인적·물적 수탈

- 지원병(1938. 2.)
- 총동원 물자 사용 수용령(1939)
- 징병제(1943)
- 국가 총동원령(1938. 5.)
- 근로 보국령(1941)
- 정신대 근무령(1944)
- 징용령(1939)
- 학도 특별 지원병(1943)

PART 07 민족의 수난과 항일 독립운동

347 화물차 가는 소리(신고산 타령 개작 민요)

신고산이 우루루 화물차 가는 소리에
지원병 보낸 어머니 가슴만 쥐어 뜯고요.
어랑어랑 어허야
양곡 배급 적어서 콩껫묵만 먹고 사누나.
신고산이 우루루 화물차 가는 소리에
정신대 보낸 어머니 딸이 가엾어 울고요.
어랑어랑 어허야
풀만 씹는 어미 소 배가 고파서 우누나.

신고산이 우루루 화물차 가는 소리에
금붙이 쇠붙이 밥그릇마저 모조리 긁어 갔
고요.
어랑어랑 어허야
이름 석 자 잃고서 족보만 들고 우누나.

사료 플러스+

이 노래에 나오는 신고산은 서울과 원산 사이에 있는 한 기차역의 이름으로, 노랫말에는 자식들을 지원병
과 정신대로 보내고 속앓이 하는 조선인 부모의 마음이 들어 있다. 또한 먹을 것이 없어 고생하던 당시의
생활 모습과 태평양 전쟁 말기에 모든 귀금속과 쇠붙이를 전쟁 물자로 빼앗기던 상황이 잘 나타나 있다.

348 독립 의군부(1912~1914)의 국권 반환 요구서(1914)

어떤 자들은 말하기를 한국인은 이미 동화하였다고 합니다. 그러나 진정으로 기쁘게 복종한
자는 몇백 명을 넘지 못하였으며, 이들은 모두 간사로운 자들이며 백성들이 원수처럼 생각하
는 자들입니다. …… 우리 한국이 윤리의 근원에 밝고 효제충신한 행실을 닦으며 임금을 사랑
하는 정성은 골수에 깊이 들어 결코 무력으로 굴복시키거나 화복으로 두렵게 할 수는 없을
것입니다. …… 지금 천의로서 헤아려 인사(人事)로서 따져 보건대 만약 한국을 돌려주고 정
족지세로 서서히 천하에 대의를 펴고 동아의 백성들을 보전하면 일본의 광명이 클 것입니다.

사료 플러스+

1906년 최익현의 지휘 아래 의병 활동을 하다 일본 대마도에 유배되었던 임병찬은, 귀양에서 돌아온 뒤
인 1912년 고종의 밀칙을 받고 독립 의군부 전라남도 순무대장의 이름으로 비밀리에 동지를 모으기 시작
하였다. 독립 의군부의 활동 목표는 일본의 내각 총리대신과 조선 총독 및 주요 관리들에게 국권 반환
요구서를 보내 한국 강점의 부당함을 깨우치고, 대규모 의병 전쟁을 준비하는 것이었다. 그리하여 1914년
5월 국권 반환 요구서를 전국의 조직을 통해 일제히 발송하고, 360여 곳에서 동시에 총독부로 국권 반환
과 일본군의 철병을 요구하는 전화를 하기로 하였다.

- 비밀 서약문

  오인은 대한 독립 광복을 위하여 오인의 생명을 희생에 이바지함은 물론 오인이 일생의 목적을 달성치 못할 시는 자자손손이 계승하여 수적(讐敵) 일본을 온전 구축하고 국권을 광복하기까지 절대 불변하고 일심육력(一心戮力)할 것을 천지신명에게 맹서해 고함.

- 강령

  − 부호의 의연 및 일본인이 불법 징수하는 세금을 압수하여 무장을 준비한다.

  − 남북 만주에 사관 학교를 설치하여 독립 전사를 양성한다.

  − 종래의 의병 및 만주 이주민을 소집하여 훈련한다.

  − 중국과 러시아에 의뢰하여 무기를 구입한다.

  − 일인(日人) 고관 및 한인 반역자를 수시·수처에서 처단하는 행형부를 둔다.

- 일제의 탄압

  1917년 10월 이래 안둥현·우룽베이·신의주·평양·금천·경주 등에서 경상남북도·충청남도·경성 등지의 부호들에게 광복회 명의로 국권 회복 운동 자금을 제공하라는 불온한 통고문이 빈번하게 우송되었다. 관계 도에서 내수사하던 중 1918년 1월 충청남도 경무부에서 관계자를 체포하여 취조한 결과 경상북도 내 칠곡군의 부호 장승원 및 충청남도 아산군 도고면 면장 살해 사건도 광복단원의 소행이라는 점이 판명되었다.

  경상북도경찰부, 『폭도사편집자료 고등경찰요사』

사료 플러스+

대한 광복회는 1915년 7월 대구에서 박상진, 이석대 등이 결성한 독립운동 단체이다. 대한 광복회가 처음에 계획한 것은 군자금을 모아 무기를 구입하여 장비를 갖추고 독립군을 길러 중국의 신해혁명처럼 일제히 봉기하여 공화주의 독립 국가를 건설하는 것이었다. 이들은 만주에 있던 이상룡의 부민단이나 그밖에 양기탁, 신채호 등과도 연락하고 국내의 거점을 확대하고 있었다. 이들은 '비밀, 폭력, 암살' 등을 행동 강령으로 하였으며, 무기를 구입하기 위한 군자금은 의연금을 모으는 방법 외에 일본인 광산이나 우편차를 습격하는 등 일제의 재산을 탈취하기도 하였다. 그러나 군자금 모금에 부호들이 호응하지 않아 뜻과 같이 진행되지 않자 식민 통치에 안주하는 부호들을 상대로 강제 모금을 계획하였고, 친일성이 강한 대표적 부호는 처단하였다. 대한 광복회는 1917년 말부터 의열 투쟁 단체로 전환해 갔다.

350 대동단결 선언서(1917)

융희 황제가 삼보(토지, 인민, 정치)를 포기한 8월 29일은 바로 우리 동지가 삼보를 계승한 8월 29일이요, 그간에 한순간도 멈춘 적이 없음이라. 우리 동지는 완전한 상속자니 저 황제 권이 소멸한 때가 곧 민권이 발생할 때요, 구한국 최후의 날은 곧 신한국 최초의 날이다. 무슨 까닭이요. 우리 한국은 처음부터 한국인의 한(韓)이오, 비한국인의 한이 아니라 한국인 간의 주권 수수(授受)는 역사상 불문법의 국헌이오, 비한국인에게 주권을 양여하는 것은 근본적으로 무효요, 한국의 국민성이 절대 불허하는 바이라. 따라서 경술년 융희 황제의 주권 포기는 곧 우리 국민 동지에 대한 묵시적 선위니, 우리 동지는 당연히 삼보를 계승하여 통치할 특권이 있고, 대통을 상소할 의무가 있도다.

> **사료 플러스⁺**
>
> 대동단결 선언서는 1917년 임시 정부 수립을 위해 신규식·박은식·신채호·조소앙 등 14명이 발기하여 작성한 것이다. 이들은 주권 행사의 의무·권리는 국민에게 있다는 국민 주권설을 주장하였고, 일제에 구속되어 있는 국내의 동포 대신 해외의 동지가 이 주권을 행사하여야 한다고 하였다. 군주제 망명 정부가 아닌, 공화제 임시 정부를 수립해야 한다는 이 주장은 많은 독립운동가에게 영향을 미쳤다.

351 대한 독립 선언서(무오 독립 선언서, 1918 or 1919)

우리 대한 동족 남매와 온 세계 우방 동포여! 우리 대한은 완전한 자주독립과 신성한 평등복리로 우리 자손들에게 대대로 전하게 하기 위하여, 여기 이민족 전제의 학대와 억압을 벗어나서 대한 민주의 자립을 선포하노라. …… 우리 강토의 한 뼘이라도 이민족이 점령할 권한이 없으며, 한 사람의 한인이라도 이민족이 간섭할 조건이 없는 것이어서 우리 민족의 땅은 완전한 한국인의 땅이다. …… 2천만 형제자매여, 궐기하라. 독립군! 독립군은 일제히 천지를 바르게 한다. 한 번 죽음은 사람이 피할 수 없는 것이나, 개·돼지와도 같은 삶을 누가 바라겠는가. 살신성인하면 2천만 동포는 같이 부활할 것이다.

> **사료 플러스⁺**
>
> 1918년 무오년(음력, 양력-1919. 2.)에 선포되었다고 하여 '무오 독립 선언서'라고도 한다. 작성한 사람은 조소앙으로 알려져 있고 서명한 사람은 당시 해외에 나가 있던 한국의 저명인사가 모두 망라되어 있다. 이 독립 선언서는 최초의 독립 선언서라는 데 큰 의의가 있다. 이들은 한국이 완전한 자주독립국이며 민주 자립국이라는 것을 선언하고, 외교 독립론이 아닌 '전쟁'으로 대한의 독립을 쟁취할 것을 주장하였다.

352 2·8 독립 선언 결의문(1919)

1. 우리는 한·일 합병이 우리 민족의 자유의사에서 비롯되지 않았으며 그것이 우리 민족의 생존 발전을 위협하고 동양의 평화를 저해하는 원인이 된다고 생각하므로 독립을 주장하는 것이다.
2. 우리는 일본 의회 및 정부에 대해 조선 민족 대회를 소집하고 대회의 결의에 따라 우리 민족의 운명을 결정할 기회를 부여할 것을 요구한다.
3. 우리는 만국 평화 회의에 대해 민족 자결주의를 우리 민족에게 적용할 것을 청구한다.
4. 앞의 세 가지 요구가 실현되지 않을 경우, 우리 민족은 일본에 대하여 영원히 혈전(血戰)을 벌일 것을 선언한다.

사료 플러스➕

최팔용이 중심이 된 조선 청년 독립단은 동경의 기독교 청년 회관에 모여 독립 선언서(이광수 기초)와 결의문을 발표하였다. 이 2·8 독립 선언은 국내 민족 지도자와 학생층 등을 자극하여 3·1 운동의 촉진제 역할을 하였다.

353 기미 독립 선언서(1919)

오등(吾等)은 이에 아(我) 조선의 독립국임과 조선인의 자주민임을 선언하노라. 차(此)로써 세계만방에 고(告)하야 인류 평등의 대의(大義)를 극명하며, 차(此)로써 자손만대에 고(誥)하야 민족자존의 정권을 영유(永有)케 하노라. 반만년 역사의 권위를 장(仗)하야 이를 선언함이며, 이천만 민중의 성충(誠忠)을 합(合)하야 이를 포명(佈明)함이며, 민족의 항구여일(恒久如一)한 자유 발전을 위하야 차(此)를 주장함이며, 인류적 양심의 발로에 기인한 세계 개조의 대기운에 순응 병진(順應并進)하기 위하야 이를 제기함이니, 시(是)는 천(天)의 명명(明命)이며, 시대의 대세이며, 전 인류 공존동생권의 정당한 발동이라, 천하하물(天下何物)이던지 차(此)를 저지 억제치 못할지니라.

공약 3장

1. 금일 오인의 차거(此擧)는 정의, 인도, 생존, 존영을 위하는 민족의 요구이니, 오직 자유적 정신을 발휘할 것이요, 결코 배타적 감정으로 일주(逸走)하지 말라.
1. 최후의 일인까지, 최후의 일각까지 민족의 정당한 요구를 쾌히 발표하라.
1. 일체의 행동은 가장 질서를 존중하야, 오인의 주장과 태도로 하여금 어디까지든지 광명정대하게 하라.

조선 건국 4252년 3월 조선 민족 대표

사료 플러스➕

3·1 운동은 종교계 인사들을 중심으로 준비되었다. 천도교에서 손병희·권동진·오세창 등 15명, 기독교에서 이승훈·박희도·이갑성 등 16명, 불교에서 한용운·백용성 2명이 참여하여 민족 대표 33인이 확정되었다. 민족 자존의 정통과 인류 평화의 대의를 천명한 독립 선언서는 최남선에 의하여 작성되었고, 공약 3장은 한용운이 작성하였다.

만세 시위가 확산되자 일제는 헌병 경찰은 물론 군인까지 긴급 출동시켜 시위 군중을 무차별 살상하였다. 정주, 사천, 맹산, 수안, 남원, 합천 등지에서는 일본 군경의 총격으로 수십 명의 사상자를 내었으며, 화성 제암리에서는 전 주민을 교회에 집합, 감금하고 불을 질러 학살하였다. …… 당시 만세 시위에 참가한 인원은 총 200여만 명이며, 일본 군경에게 피살당한 사람은 7,509여 명, 부상자는 15,850명, 체포된 사람은 45,306여 명이었고, 헐리고 불탄 민가가 715호, 교회가 47개소, 학교가 2개소였다. 박은식, 『한국독립운동지혈사』

사료 플러스+

온 국민의 뜨거운 독립 시위에 당황한 일본은 헌병 경찰, 군대, 소방대, 재향 군인회 등을 동원하여 총칼로 진압하였고, 전국 곳곳에서 화성 제암리 학살 사건(1919. 4.) 같은 만행이 자행되었다. 3·1 운동은 비록 일본의 폭력적인 진압으로 막을 내렸지만, 제1차 세계 대전의 승전국으로 국제적 위상이 높아져 한층 자만해있던 일본이 초기의 평화적 시위대에게 학살을 가한 사실이 국제적으로 폭로되어 위상이 추락하였다. 일본 내부에서는 무단 통치만으로는 한계가 있다고 여겨 조선 식민 통치의 기조를 무단 통치에서 기만적 문화 통치로 전환하게 되는 계기가 되었다.

'고요한 아침의 나라'라는 뜻을 지닌 조선은 일본의 총칼 아래 민족정신을 무참하게 유린당했다. 일본은 처음 얼마간 근대적인 개혁을 실시했으나 곧이어 마각을 드러냈고 조선 민족은 독립의 항쟁을 줄기차게 계속했다. 그중에서도 중요한 것은 1919년의 독립 만세 운동이었다. 조선의 청년들은 맨주먹으로 적에 항거하여 용감히 투쟁했다. 3·1 운동은 조선 민족이 단결하여 자유와 독립을 찾으려고 수없이 죽어가고, 일본 경찰에 잡혀가서 모진 고문을 당하면서도 굴하지 않았던 숭고한 독립운동이었다. 그들은 이러한 이상을 위해 희생하고 순국했다. 일본인에 억압당한 조선 민족의 역사는 실로 쓰라린 암흑의 시대였다. 조선에서 학생의 신분으로 곧장 대학을 나온 젊은 여성과 소녀가 투쟁에 중요한 역할을 했다는 것을 듣는다면 너도 틀림없이 깊은 감동을 받을 것이다. 네루, 『세계사편력』[1]

사료 플러스+

3·1 운동은 1차 세계 대전 후 전승국 식민지에서 일어난 최초의 반제 민족 운동으로서 중국의 5·4 운동, 인도의 비폭력·무저항 운동, 중동 지방·필리핀·베트남의 민족 해방 운동에 영향을 주었다.

1) 인도 독립운동 중 아홉 차례나 투옥된 네루가 딸 인디라 간디에게 쓴 편지를 모아 엮은 세계 역사에 관한 책이다.

사료1 대한민국 임시 헌장(1919)

1조 대한민국은 민주 공화제로 한다.

2조 대한민국은 임시 정부가 임시 의정원의 결의에 의하여 이를 통치한다.

3조 대한민국의 인민은 남녀·귀천 및 빈부의 계급이 없고 일체 평등하다.

4조 대한민국의 인민은 종교·언론·출판·집회·결사·통신·주소 이전·신체 및 소유의 자유를 향유한다.

사료2 선서문

존경하고 열애하는 우리 2,000만 동포 국민이어.

민국 원년(1919) 3월 1일 우리 대한민족이 독립을 선언한 뒤부터 남녀노소와 모든 계급과 모든 종파를 물론하고 일치단결하여 동양의 독일인 일본의 비인도적 폭행하에 극히 공명하게, 극히 인욕(忍辱)하게 우리 민족의 독립과 자유를 갈망하는 실사(實思)와 정의와 인도를 애호하는 국민성을 표현한지라. 지금에 세계의 동정(同情)이 흡연(翕然)하게 우리 국민에 집중하였다. 이때를 당하여 본 정부가 전 국민의 위임을 받아 조직되었으니 본 정부가 전 국민과 더불어 전심으로 서로 힘을 모아 임시 헌법과 국제 도덕의 명한 바를 준수하여 국토 광복과 방기확국(邦基確國)의 대사명(大使命)을 이루기를 이에 선서하노라. 동포 국민이어, 분기할지어라. 우리가 흘리는 한 방울의 피가 자손만대의 자유와 복영(福榮)의 값이요, 신국(神國) 건설의 귀한 기초이라. 우리의 인도가 마침내 일본의 야만을 교화(敎化)할지오, 우리의 정의가 마침내 일본의 폭력을 이길 것이니 동포여 일어나 최후의 1인까지 싸울지어라.

사료3 정강

1. 민족 평등·국가 평등 및 인류 평등의 대의(大義)를 선전함.

2. 외국인의 생명 재산을 보호함.

3. 일절 정치범을 특별히 석방함.

4. 외국에 대한 권리 의무는 민국 정부와 체결하는 조약에 따름.

5. 절대 독립을 맹세코 도모함.

6. 임시 정부의 법령을 위반하는 것은 적으로 인정함.

대한민국 원년 4월

『대한민국 임시 정부 자료집』 1(국사 편찬 위원회, 2005)

사료 플러스⁺

1919년 4월 한인 대표자 29명이 모여 임시 의정원을 구성한 뒤 '대한민국'이라는 국호를 정하고 민주 공화정을 표명하였다. 대한민국 임시 정부의 헌정 체제를 입법 기관인 임시 의정원, 사법 기관인 법원, 행정 기관인 국무원으로 구성하였다.

🔖 참고 정치 체제의 변화

구분	내용	구분	내용
갑신정변	입헌 군주제 주장	독립 의군부	왕정 주장
독립 협회	입헌 군주제+의회제 주장	대한 광복회	공화정 주장
헌정 연구회	입헌 군주제 주장	대한민국 임시 정부	공화정 시행
신민회	공화정 주장		

357 국민 대표 회의 소집(1923)

베이징 방면의 인사는 분열을 통탄하며 통일을 촉진하는 단체를 출현시키고 상하이 일대의 인사는 이를 고려하여 개혁을 제창하고 있다. …… 국민의 대단결, 이것은 오늘날 독립운동의 성패의 갈림길이며, 우리 운동의 절실한 문제는 오직 여기에서 해결할 것이다. 이에 본 주비회(籌備會)는 시세의 움직임과 민중의 요구에 따라 과거의 모든 착잡한 문제를 해결하고 미래의 완전하고 확실한 방침을 세워서, 우리들의 독립운동이 다시 통일되어 조직적으로 진행되도록 하고자 한다. 이에 국민 대표 회의 소집 사항도 주비하여 책임을 지고 성립시킨 것이다.

국민 대표 회의 준비 위원회 선언서

사료 플러스⊕

임시 정부는 초기부터 국무총리 이동휘의 무장 투쟁론과 대통령 이승만의 외교론의 갈등으로 진통을 겪었다. 당시 이승만이 미국에 머물면서 미국 대통령에게 국제 연맹에 의한 위임 통치를 청원하는 등 외교 활동에만 주력하자, 이승만에 대한 불신임 등으로 혼란에 빠지게 되었다. 국민 대표 회의는 독립운동 단체들의 대표들이 한자리에 모여 독립운동 계획, 나아가서 독립운동이 나아갈 방향 등에 대해 심도 있는 토의를 가졌다는 데 역사적 의의를 갖는다. 그러나 창조파와 개조파의 대립과 운동 노선 차이 등으로 폐회되고 말았다.

358 독립운동의 방향

[사료1] 이승만의 위임 통치론

우리는 자유를 사랑하는 2천만의 이름으로 각하에게 청원하니 각하도 평화 회의에서 우리의 자유를 주창하여 참석한 열강이 먼저 한국을 일본의 학정으로부터 벗어나게 하여 장래 완전히 독립을 보증하고 당분간은 한국을 국제 연맹 통치 밑에 두게 할 것을 빌며, 이렇게 될 경우 대한 반도는 만국 통상지가 될 것이며, 그리하여 한국을 극동의 완충국 혹은 1개 국가로 인정하게 하면 동아시아 대륙에서의 침략 정책이 없게 될 것이며, 그렇게 되면 동양 평화는 영원히 보전될 것입니다. 공식적으로 세계 대전으로 참가할 수 없었던 국가를 위해서 이와 같이 해주는 것이 어려운 일인 것을 우리도 모르는 바는 아닙니다. 그러나 우리나라 인민도 전쟁 시에 수천 명의 청년이 러시아의 의용군으로서 연합군을 위해 종군 출전하고, 또 미국에 재류하는 한인 등도 자기의 적성과 역량에 따라 공화 원리를 위하여 인력과 재력을 바쳤던 것입니다. 독립운동 당사 편찬 위원회, 「독립운동사 자료집」

[사료2] 안창호의 준비론(개조파)

독립을 위해서 우선적으로 필요한 것은 우리 민족의 실력을 길러야 하는 것입니다. 우리 모두 애써 만든 임시 정부를 잘 이끌어 봅시다.

[사료3] 신채호의 무장 투쟁론(창조파)

• 이완용은 있는 정부를 팔아먹었지만, 이승만은 없는 정부까지 팔아먹은 사람입니다. 임시 정부도 이승만도 우리에게는 필요하지 않습니다.
• 우리는 '외교', '준비' 등의 미몽을 버리고 민중 직접 혁명의 수단을 취함을 선언하노라.

[사료4] 김구의 현상 유지론

국민 대표 회의는 임시 정부의 분열만 일으키므로 애초부터 불필요하였다. 서로의 갈등만 증폭시키고 있는 국민 대표 회의를 즉각 해산해야 한다.

임시 정부 내부의 갈등을 조정하기 위해 국민 대표 회의가 소집되었으나, 임시 정부를 해체하고 연해주에서 새로운 정부를 수립하자는 창조파(신채호, 박용만 등)와 임시 정부의 조직만 개조하자는 개조파(안창호, 여운형 등)가 맞선 상태에서 결렬되었다. 이후 임시 정부를 그대로 유지하자는 이동녕, 김구 등의 현상 유지파는 1925년 이승만을 해임시키고 박은식을 제2대 대통령으로 추대한 뒤 곧이어 헌법을 개정하였다(2차 개헌).

359 6·10 만세 운동

사료1 6·10 만세 운동 때의 격문

조선 민중아!

우리의 철천지원수는 자본·제국주의 일본이다.

이천만 동포야! 죽음을 각오하고 싸우자.

만세 만세 조선 독립 만세

- 조선은 조선인의 조선이다.
- 학교의 용어는 조선어로
- 학교장은 조선 사람이어야 한다.
- 동양 척식 회사를 철폐하자.
- 일본인 물품을 배격하자.
- 8시간 노동제를 실시하라.
- 동일 노동·동일 임금
- 소작제를 4·6제로 하고 공과금을 지주가 납부한다.
- 소작권은 이동하지 못한다.
- 일본인 지주의 소작료는 주지 말자.

사료2 이념의 차이를 극복하다

우리들의 국권과 자유를 회복하려 함에 있다. 우리는 결코 일본 전 민족에 대한 적대가 아니요, 다만 일본 제국주의의 야만적 통치로부터 탈퇴코자 함에 있다. …… 식민지에 있어서는 민족 해방이 곧 계급 해방이고 정치적 해방이 곧 경제적 해방이라는 것을 알지 않으면 안 된다. 즉, 식민지 민족이 모두가 무산 계급이며 제국주의가 곧 자본주의이기 때문이다. 그러므로 현재 우리는 당면한 적인 정복국의 지배 계급으로부터 정치적 또는 경제적인 모든 권리를 탈환하지 않으면 사선에서 탈출하는 것은 불가능하다. 형제여! 자매여! 눈물을 그치고 절규하자!

6·10 만세 운동은 1926년 6월 10일 순종의 인산일(因山日)을 기해 발생한 만세 운동으로, 학생 중심의 조직(조선 학생 과학 연구회)과 사회주의 계열에서 사전에 각각 준비하였는데, 사회주의 계열이 거사 전에 검거되면서 학생들이 주도하게 되었다. 6·10 만세 운동은 3·1 운동에 비해서는 작은 규모였으나, 운동 규모와 상관없이 이후 민족 유일당 운동의 계기가 된 점, 학생이 독립운동의 주체가 된 점에 그 역사적 의의가 있다.

360 광주 학생 항일 운동 때의 격문

학생 대중이여, 궐기하라!
검거된 학생은 우리 손으로 탈환하자.
언론·결사·집회·출판의 자유를 획득하라.
식민지 교육 제도를 철폐하라.
조선인 본위의 교육 제도를 확립하라.
용감한 학생, 대중이여!
최후까지 우리의 슬로건을 지지하라.
그리고 궐기하라.
전사여, 힘차게 싸워라.

▲ 광주 학생 항일 운동
기념탑(광주 북구)

사료 플러스+

1929년 광주 통학 열차 안에서 일본 남학생의 한국인 여학생 희롱 사건을 계기로 한·일 학생 간의 민족 감정이 폭발하여 일어난 사건으로, 일본 경찰의 편파적 수사에 대한 반발로 광주에서 시작되었다(1929. 11. 3.). 광주 학생 항일 운동은 광주 지역의 민족 학교뿐만 아니라 일본에서 유학 중인 한국인 학생들도 궐기하였고 일반 국민들도 가담하면서 전국적인 규모의 항일 투쟁으로 확대되었다. 신간회의 광주 지회장은 자금을 지원하여 학생들을 도왔고, 중앙 본부에 보고하는 등 광주 학생 항일 운동을 적극적으로 후원하였다. 신간회는 광주 학생 항일 운동의 진상 보고를 위한 민중 대회를 개최하려 하였으나 일제의 탄압으로 무산되었다.

361 신채호의 '조선 혁명 선언'(1923)

강도 일본이 우리의 국호를 없애며 우리의 정권을 빼앗으며, 우리 생존의 필요조건을 다 박탈했다. …… 기타 각종 잡세가 매일 증가하여 피를 있는 대로 다 빨아가고 어지간한 상업가들은 일본의 제조품을 조선인에게 중개하는 중간상인이 되어 차차 자본 중심의 원칙 하에서 멸망할 뿐이다. …… 우리 민족은 발 디딜 땅이 없어 산으로, 물로, 서간도로, 북간도로, 시베리아의 황야로 몰려가 아귀부터 떠돌이 귀신까지 될 뿐이며 강도 일본이 헌병 정치, 경찰 정치를 힘써 행하여 …… 언론·출판·결사·집회의 모든 자유가 없어 고통과 울분과 원한이 있어도 벙어리의 가슴이나 만질 뿐이요 …… 자녀가 나면 "일본어를 국어라, 일문을 국문이라." 하는 노예 양성소 ― 학교로 보내고 …… 삼천리가 하나의 큰 감옥이 되어 우리 민족은 아주 인류로서의 자각을 잃을 뿐 아니라 곧 스스로 움직이는 본능까지 잃어 노예부터 기계가 되어 강도 수중의 사용품이 되고 말 뿐이며 …… 이상의 사실에 근거하여 <u>우리는 일본 강도 정치 곧 이민족 정치가 우리 조선 민족 생존의 적임을 선언하는 동시에 우리는 혁명 수단으로 우리 생존의 적인 강도 일본을 멸망시키는 것이 곧 우리의 정당한 수단임을 선언하노라. 내정 독립이나 참정권이나 자치를 운동하는 자가 누구냐?</u> 너희들이 '동양 평화', '한국 독립 보전' 등을 담보한 맹약[1]이 먹도 마르지 않은 채 삼천리강토를 집어먹던 역사를 잊었느냐? …… 설혹 강도 일본이 과연 관대한 도량이 있어 이러한 요구를 허락한다 하자. 소위 내정 독립을 찾고 각종 이권을 찾지 못하면 조선 민족은 온통 굶주린 귀신이 될 뿐이 아니냐? ……

강도 일본을 쫓아낼 것을 주장하는 가운데 또 다음과 같은 논자들이 있으니, 첫째는 <u>외교론</u>[2]이다. 조선 500년 동안 문약한 정치가 '외교'를 나라를 지키는 으뜸의 계책으로 삼아 그 말세에 더욱 심하여, 갑신정변 이래 유신당·수구당의 성쇠가 거의 외국의 원조 유무에서 판결되며 …… 탄원서나 일본 정부에 보내어 국가 정세의 외롭고 약함을 슬피 호소하여 국가존망, 민족사활의 큰 문제를 외국인 심지어 적국인의 처분으로 결정하기만 기다렸다. …… 최근 3·1 운동에 일반 인사의 '평화 회의', '국제 연맹'에 대한 과신의 선전이 도리어 2천만 민중의 용기 있게 분발하여 전진하는 의기를 쳐 없애는 매개가 될 뿐이었다.

둘째는 <u>준비론</u>이다. …… "오늘 이 시간에 곧 일본과 전쟁한다는 것은 망발이다. 총도 장만하고 돈도 장만하고 …… 다 장만한 뒤에야 일본과 전쟁한다." 함이니, …… 강도 일본이 정치, 경제 양 방면으로 압박하여 경제가 날로 곤란하고 생산기관을 전부 빼앗겨 입고 먹을 방법도 단절되는 때에 무엇으로 …… 군인을 양성하며, 양성한들 일본 전투력의 백분의 일에 비교되게라도 할 수 있느냐? …… <u>이상의 이유에 의하여 우리는 '외교'·'준비' 등의 미몽을 버리고 민중 직접 혁명의 수단을 취함을 선언하노라.</u>

조선 민족의 생존을 유지하자면 강도 일본을 쫓아낼 것이며, 강도 일본을 쫓아내자면 오직 혁명으로써 할 뿐이니, 혁명이 아니고는 강도 일본을 쫓아낼 방법이 없는 바이다. …… 구시대의 혁명으로 말하면, 인민은 국가의 노예가 되고 그 위에 인민을 지배하는 상전 곧 특수세력이 있어 이른바 혁명이란 것은 특수세력의 이름을 바꾸는 것에 불과하였다. …… 그러나 오늘날 혁명으로 말하면 민중이 곧 자신을 위하여 하는 혁명이기에 '민중 혁명', '직접 혁명'이라 부르며, …… 이제 폭력 − 암살·파괴·폭동 − 의 목적물을 대략 열거하면, 1. 조선 총독 및 각 관공리(官公吏), 2. 일본 천황 및 각 관공리(官公吏), 3. 정찰꾼·매국노, 4. 적의 모든 시설물 ……

<u>혁명의 길을 파괴부터 개척할지니라. …… 우리가 일본 세력을 파괴하려는 것의 첫째는 이민족의 통치를 파괴하자 함이다. 둘째는 특권 계급을 파괴하자 함이다. 셋째는 경제 약탈 제도를 파괴하자 함이다. 넷째는 사회적 불평등을 파괴하자 함이다. 다섯째는 노예적 문화 사상을 파괴하자 함이다.</u> 다시 말하자면 '고유한 조선의', '자유로운 조선 민중의', '민중적 경제의', '민중적 사회의', '민중적 문화의' 조선을 '건설'하기 위하여 '이민족 통치의', '약탈 제도의', '사회적 불평등의', '노예적 문화 사상의' 현상을 타파하는 것이다. 그런즉 파괴적 정신이 곧 건설적 주장이다.

사료 플러스⁺

일명 의열단 선언이라고도 한다. 1919년 11월 만주 길림성에서 김원봉, 윤세주 등에 의해 조직된 항일 무력 독립운동 단체인 의열단은 활발한 활동으로 큰 성과를 거두었으나, 곧 구체적인 행동 강령 및 투쟁 목표가 필요하다는 것을 깨닫고 신채호에게 선언문을 청하였다. 5개 부분, 6,400여 자로 쓰여진 이 선언문은 일제의 침략과 압제를 경험하면서 성장한 민중 세력을, 일제의 식민 통치뿐만 아니라 당시 세계를 지배하고 있는 약탈적·불평등적인 제국주의 체제를 타파하는 주인공으로 부각시켰다는 점에서 신채호의 민족주의 이념의 폭과 질을 구체적으로 보여 준다. 선언에 표명된 민족 해방 운동 방략의 핵심은 '민중 직접 폭력 혁명론'으로, 민족주의 우파 세력에 의해 주창되던 외교론·준비론·문화 운동론·자치론 등을 신랄하게 비판하고 민중 중심의 철저한 반일 민족 해방 투쟁의 전개를 강조하였다.

1) **을사늑약**(19o5)
2) 이승만의 **외교론**

사료1 공약 10조

1. 천하의 정의(正義)의 사(事)를 맹렬히 실천하기로 함.
2. 조선의 독립과 세계의 평등을 위하여 신명을 희생하기로 함.
3. 충의의 기백과 희생의 정신이 확고한 자여야 단원이 됨.
4. 단의(團義)를 앞세우고 단원의 의(義)를 급히 함.
5. 의백(義伯) 1인을 선출하여 단체를 대표함.
6. 하시하지(何時何地)에서나 매월 한 차례씩 사정을 보고함.
7. 하시하지에서나 부르면 반드시 응함.
8. 피사(避死)치 아니하며 단의에 진(盡)함.
9. 하나가 아홉을 위하여, 아홉이 하나를 위하여 헌신함.
10. 단의를 배반하는 자는 처단하여 죽임.

사료2 행동 강령

세계에 우리 조선 민족처럼 온갖 압박과 모든 고통에서 신음하는 자가 또 있을까? ……
우리는 빨리 해방되어 자유를 찾지 못하면 영구히 멸망의 함정에 빠지고 말 것이다. ……
아, 우리가 자살하지 않으면 곧 학살을 당할 것이다. 만일 여기에서 벗어나려면 다만 급격
한 혁명의 길밖에는 없다. …… 우리는 자유를 찾지 못하면 영구히 멸망될 것을 알았다.
그러면 자유를 위하여 몸 바칠 뿐이다. 자유의 값은 오직 피와 눈물이다. 자유는 은혜로써
받을 것이 아니오, 힘으로써 싸워서 취할 것이다. 우리에게 얽매인 쇠줄은 우리의 손으로
끊어버려야 한다. 우리의 생활은 오직 자유를 위하는 싸움뿐이다.
오라! 온갖 수단과 모든 무기로 싸우자. 완전한 독립과 자유가 올 때까지 싸우자! 싸우는
날에 자유는 온다.

사료 플러스⁺

의열단은 창단 직후 '공약 10조'와 뒤에 '5파괴', '7가살(可殺)'이라는 행동 목표를 독립운동의 지침으로 채
택하였다. 파괴 대상으로는 조선 총독부·동양 척식 주식회사·매일신보사·각 경찰서·기타 왜적의 중
요 기관을 선정하고 이 시설에 대한 폭파를 시도하였다. 한편, 암살 대상으로는 조선 총독 이하 고관·군
부 수뇌·타이완 총독·매국노·친일파 거두·적탐(밀정)·반민족적 토호열신(土豪劣紳)을 선정하고 이
를 위해 폭탄 제조법을 배우기도 하였다.

363 한인 애국단(1931)과 김구

사료1 한인 애국단

• 이렇게 하여 정부는 자리가 잡혔으나 경제 곤란으로 정부의 이름을 유지하기가 막연하
였다. …… 정부의 집세가 30원, 심부름꾼 월급이 20원 미만이었으나 이것도 지불할 여력
이 없어서 집주인에게 여러 번 송사를 겪었다. …… 나는 임시 정부의 정청에서 자고, 밥은
돈벌이 직업을 가진 동포의 집으로 이 집 저 집 돌아다니면서 얻어먹었다. 『백범일지』

- 지금 한국이 망하고 중화가 동북(만주)을 잃어버렸으니 동북을 잃고는 한국의 광복이 더욱 어렵다는 것도 명백히 증명되는 바이다. …… 오호! 대세는 분명하다. 불행히도 중화는 일본의 입제를 받게 되었으니 …… 중국이 멸망한다면 우리 한국은 영원히 광복할 수 없는 아픔을 가져야 할 것이다. 그러므로 우리 한국은 한국을 위하여 광복을 꾀하려 해도 반드시 먼저 중국을 구해야 하고, 중국을 위해 광복을 꾀함에도 한국은 또한 중국을 구해야 할 것이다. 이것이 바로 내가 입이 닳도록 애원하며 우리 한·중 양국 동지에게 다 같이 각성해 새 전장에 목숨을 바치자는 까닭이다. 『도왜실기』(1932)[1]

사료2 김구의 소원

- **민족 국가**

▲ 김구

네 소원이 무엇이냐 하고 하느님이 내게 물으시면, 나는 서슴지않고 "내 소원은 대한 독립이오." 하고 대답할 것이다. 그 다음 소원은 무엇이냐 하면, 나는 또 "우리나라의 독립이오." 할 것이요, 또 그 다음 소원이 무엇이냐 하는 세 번째 물음에도, 나는 더욱 소리를 높여서 "나의 소원은 우리나라 대한의 완전한 자주 독립이오." 하고 대답할 것이다.

동포 여러분!

나 김구의 소원은 이것 하나밖에는 없다. 내 과거의 70평생을 이 소원을 위하여 살아왔고, 현재에도 이 소원 때문에 살고 있고, 미래에도 나는 이 소원을 달하려고 살 것이다. 독립이 없는 백성으로 70평생에 설움과 부끄러움과 애탐을 받은 나에게는 세상에서 가장 좋은 것이 완전하게 자주 독립한 나라의 백성으로 살아보다가 죽는 일이다. 나는 일찍 우리 독립 정부의 문지기가 되기를 원하였거니와, 그것은 우리나라가 독립국만 되면 나는 그 나라의 가장 미천한 자가 되어도 좋다는 뜻이다. 왜 그런고 하면 독립한 제 나라의 빈천이 남의 밑에 사는 부귀보다 기쁘고 영광스럽고 희망이 많기 때문이다. 이렇게 완전 자주 독립의 나라를 세운 뒤에는 둘째로, 이 지구상의 인류가 진정한 평화와 복락을 누릴 수 있는 사상을 낳아 그것을 먼저 우리나라에 실현하는 것이다. 나는 오늘날의 인류의 문화가 불안전함을 안다. 나라마다 안으로는 정치상, 경제상, 사회상으로 불평등 불합리가 있고, 밖으로 국제적으로는 나라와 나라의, 민족과 민족의 시기, 알력, 침략, 그리고 침략에 대한 보복으로 크고 작은 전쟁이 그칠 사이가 없어서 많은 생명과 재물을 희생하고도 좋은 일이 오는 것이 아니라 인심의 불안과 도덕의 타락은 갈수록 더하니, 이래 가지고는 전쟁이 그칠 날이 없어 인류는 마침내 멸망하고 말 것이다. 그러므로 인류 세계에는 새로운 생활 원리의 발견과 실천이 필요하게 되었다. 이야말로 우리 민족이 담당한 천직이라고 믿는다. 이러하므로 우리 민족의 독립이란 결코 삼천리 삼천만의 일이 아니라 진실로 세계 전체의 운명에 관한 일이요, 그러므로 우리나라의 독립을 위하여 일하는 것이 곧 인류를 위하여 일하는 것이다. 만일 우리의 오늘날 형편이 초라한 것을 보고 자굴지심을 발하여 우리가 세우는 나라가 그처럼 위대한 일을 할 것을 의심한다면, 그것은 스스로 모욕하는 일이다. 우리 민족의 지나간 역사가 빛나지 아니함이 아니나 그것은 아직 서곡이었다. 우리가 주연 배우로 세계 역사의 무대에 나서는 것은 오늘 이후다. 삼천만의 우리 민족이 옛날의 그리스 민족이나 로마 민족이 한 일을 못한다고 생각할 수 있겠는가. 『백범일지』

• 내가 원하는 우리나라

나는 우리나라가 세계에서 가장 아름다운 나라가 되기를 원한다. 가장 부강한 나라가 되기를 원하는 것은 아니다. 내가 남의 침략에 가슴이 아팠으니 내 나라가 남을 침략하는 것을 원치 아니한다. 우리의 부력(富力)은 우리의 생활을 풍족히 할 만하고 우리의 강력(強力)은 남의 침략을 막을 만하면 족하다. 오직 한없이 가지고 싶은 것은 높은 문화의 힘이다. 문화의 힘은 우리 자신을 행복하게 하고 나아가서 남에게 행복을 주겠기 때문이다. …… 민족의 행복은 결코 계급 투쟁에서 오는 것도 아니요, 개인의 행복이 이기심에서 오는 것이 아니다. 계급 투쟁은 끝없는 계급 투쟁을 낳아서 국토에 피가 마를 날이 없고, 내가 이기심으로 나를 해하면 천하가 이기심으로 나를 해할 것이니, 이것은 조금 얻고 많이 빼앗기는 법이다. 일본이 이번에 당한 보복은 국제적, 민족적으로도 그러함을 증명하는 가장 좋은 실례다.

이상에서 말한 것은 내가 바라는 새 나라의 용모의 일단을 그린 것이거니와, 동포 여러분! 이러한 나라가 될진대 얼마나 좋겠는가. 일단 우리네 자손을 이러한 나라에 남기고 가면 얼마나 만족하겠는가. 옛날 한토(漢土)의 기자(箕子)가 우리나라를 사모하여 왔고, 공자께서도 우리 민족이 사는 데 오고 싶다고 하였으며 우리 민족을 인(仁)을 좋아하는 민족이라 하였으니, 옛날에도 그러하였거니와 앞으로도 세계 인류가 모두 우리 민족의 문화를 이렇게 사모하도록 하지 아니하려는가.

단기 4280년 11월 15일 개천절 날 / 1947년 음력 10월 3일 / 김구
『백범일지』

사료 플러스

사료 1: 대한민국 임시 정부는 1920년대 후반부터 일제의 집요한 감시와 탄압, 자금과 인력의 부족으로 점차 활동이 침체되어 갔다. 더욱이 일제의 만주 침략으로 사기가 극도로 저하되자 이 난국을 타개하기 위하여 김구는 강력한 무력 단체인 한인 애국단(1931)을 조직하고, 한민족에게 희망과 용기를 불어넣을 방안을 실행에 옮겼다.

사료 2: 김구 선생은 1876년 황해도 해주에서 태어났다. 일찍부터 가난과 양반들의 횡포를 경험했기에 모든 사람이 평등하다는 동학에 들어가 새로운 세상을 꿈꾸었다. 1905년 을사늑약이 체결되자 무지에서 깨어나야 새로운 세상을 만들 수 있다고 생각하고 근대적 교육 사업과 항일 운동에 매진하였다. 그러나 1911년 일제에 체포되어 15년형을 받고 온갖 고문을 당하였는데, 이때 백정, 범부들(평범한 사람들)의 애국심이 역사를 바꾼다는 의미에서 백범(白凡)이라는 호를 썼다. 3·1 운동 후에는 상하이에 대한민국 임시 정부를 세우고 한인 애국단을 조직하여 이봉창, 윤봉길 등의 의거를 지원하였고, 광복군 창설 등 항일 투쟁에 박차를 가하였다. 1945년 일제의 패망으로 조국에 돌아온 그는 남북 분단을 우려해 신탁 통치를 반대하고 통일 정부 수립에 힘쓰다가 1949년 6월 26일 안두희가 쏜 총탄에 맞아 경교장에서 숨을 거두었다. 김구 자서전 『백범일지』는 두 아들에게 자신의 지난날을 알리려 쓴 것으로 오늘날 많은 사람들에게 사랑받고 있다.

1) 김구가 한인 애국단의 투쟁 활동을 중국인에게 알리고 한국인과 힘을 합쳐 항일 투쟁을 벌일 것을 촉구하기 위해 중국어로 간행한 책이다.

- 그 길로 함께 안공근의 집에 가서 선서식을 하고 폭탄 두 개와 300원을 주면서 "선생[1]은 마지막 가시는 길이니 이 돈을 아끼지 말고 동경(東京) 가시기까지 다 쓰시오. 동경에 도착하여 전보를 치면 다시 돈을 보내드리리다."라고 말했다. 그리고 기념사진을 찍기 위해 사진관으로 갔는데, 사진을 찍을 때 내 얼굴에 자연 슬픈 기색이 있었던지 그가 나를 위로하면서 "저는 영원한 쾌락을 누리고자 이 길을 떠나는 것이니 서로 기쁜 얼굴로 사진을 찍으십시다."라고 하였다. 나 역시 미소를 띠고 사진을 찍었다.

『백범일지』

▲ 한인 애국단원이었던 이봉창 의사가 거사를 앞두고 찍은 사진으로, 가슴의 선서문에는 "조국의 독립과 자유를 위해 적의 우두머리를 처단하겠다."라는 글이 쓰여 있다.

- 그들의 충의는 해와 달을 다툴 정도로 빛나 천지에 드높일 만한 것이다. …… 우리나라 사람이 일본 사람을 저격한 것은 이제까지 무수히 많다고 할 수 있다. 그러나 그 황제를 향해서 폭탄을 투척한 것은 이봉창·박열이 처음이다. 한 명의 평범한 사내가 만승의 황제를 죽일 것을 도모한 것은, 옛날부터 지금까지 창해역사와 이봉창뿐이다. 이미 거사가 실패로 돌아가 적중하지 못했다. 비록 거사가 통쾌하게 성공한 것만은 못하지만, 그러나 필부로서 만승의 황제를 한번 놀라게 했으니, 창해역사와 이봉창은 모두 대장부이다. 어찌 적중하고 적중하지 못한 것으로 그 우열을 논할 수 있겠는가.

『기려수필』[2]

사료 플러스

한인 애국단 이봉창은 일본 동경에서 일본 국왕의 폭살을 기도하였다. 이 의거는 비록 실패하였으나 우리 민족에게는 희망을, 일본에게는 두려움을 안겨 주었다. 이 사건을 계기로 일제는 상하이 사변을 일으켰다.

1) 이봉창
2) 송상도가 대한 제국 말기부터 광복까지 민족 운동가들의 사적을 기록한 책이다. 가장 대표적인 내용은 한말 의병장의 사적과 일제 강점기에 일본의 요인 및 친일파들을 저격했던 안중근, 강우규, 이봉창, 윤봉길의 사적으로, 이 책에서 송상도는 이봉창을 박랑사에서 진시황을 저격했던 창해역사에 버금간다며 높이 평가하였다.

365 윤봉길 의사가 어린 두 아들에게 남긴 유언

너희도 만일 피가 있고 / 뼈가 있다면 /
반드시 조선을 위해 / 용감한 투사가 되어라. /
태극의 깃발을 높이 드날리고 /
나의 빈 무덤 앞에 찾아와 / 한 잔의 술을 부어 놓아라. /
그리고 너희들은 아비 없음을 슬퍼하지 마라. /
사랑하는 어머니가 있으니 ……

▲ 윤봉길 의사가 한인 애국 단장 김구와 찍은 사진

사료 플러스

1932년 상하이 훙커우 공원에서는 일왕의 생일과 상하이 사변 전승을 축하하는 기념식이 열렸다. 윤봉길 의사는 기념식이 열리고 있는 단상에 폭탄을 던져 일본 육군 대장 시라카와 등을 살해하였다.

PART 07 민족의 수난과 항일 독립운동

366 청산리 대첩(1920) 이후 북로 군정서군 총재 서일이 임시 정부에 보고한 내용

1. 생명을 돌보지 않고 용전분투하는 독립에 대한 군인 정신이 먼저 적의 사기를 압도하였다.
2. 양호한 진지를 미리 차지하고, 완전한 준비를 하여 사격 성능을 극도로 발휘할 수 있었다.
3. 임기응변의 전술과 예민 신속한 활동이 모두 적의 의표를 찔렀다.

오호라, 3일간 전투에 식량 길이 막히어 5~6개의 감자로 배고픔을 달래고, 하룻낮 하룻밤에 능히 1백 50여 리의 험한 밀림을 통행하거나 전투 후 수백 리의 긴 숲과 눈밭을 걸어 동상에 걸림이 적지 않으나, 이를 조금도 탓함이 없었으니, 참으로 독립의 장래를 위하여 희망한 바이더라.

> **사료 플러스⁺**
>
> 우리 독립군이 열악한 무기와 장비에도 불구하고 봉오동 전투와 청산리 대첩에서 승리할 수 있었던 이유는 독립에 대한 강렬한 의지와 지리적 이점을 이용한 뛰어난 유격 전술로 일본군을 효율적으로 제압하였기 때문이다. 또한, 간도 지역 동포들의 독립군에 대한 헌신적 지원도 승리의 밑바탕이 되었다.

367 미쓰야 협정(1925. 6.)

만주에 있는 한국 독립군을 근절시키기 위하여 중국의 봉천성 경무처장 우진과 조선 총독부 경무국장 미쓰야 사이에 맺어진 협정이다. 그 주요 내용은 다음과 같다.
• 한국인의 무기 휴대와 한국 내 침입을 엄금하며 위반자는 검거하여 일본 경찰에 인도한다.
• 재만 한인 단체를 해산시키고 무장을 해제하며 무기와 탄약을 몰수한다.
• 일제가 지명하는 독립운동 지도자를 체포하여 일본 경찰에 인도한다.
• 한국인 취체의 실황을 상호 통보한다.

> **사료 플러스⁺**
>
> 독립군의 탄압을 위해서 일제 총독부 경무국장 미쓰야와 만주 군벌 장쭤린 사이에 체결된 이른바 미쓰야 협정[三矢協定]에 의해 독립군이 큰 타격을 받았다. 이어서 일제가 만주 사변을 일으키고 괴뢰 정권인 만주국을 수립한 이후 만주 일대를 장악함으로써, 이곳을 근거지로 활동하던 독립군은 보다 큰 위협을 받게 되었다.

사료1 한국 독립군과 항일 중국군(중국 호로군)의 합의 내용(1931)
- 한·중 양군은 최악의 상황이 오는 경우에도 장기간 항전할 것을 맹세한다.
- 중동 철도를 경계선으로 서부 전선은 중국이 맡고, 동부 전선은 한국이 맡는다.
- 전시의 후방 전투 훈련은 한국 장교가 맡고, 한국군에 필요한 군수품 등은 중국군이 공급한다.
한국 광복군 사령부, 『광복』 제2권

사료2 한국 독립군
- 대전자령의 공격은 이천만 대한 인민을 위하여 원수를 갚는 것이다. 총알 한 개 한 개가 우리 조상 수천 수만의 영혼이 보우하여 주는 피의 사자이니 제군은 단군의 아들로 굳세게 용감히 모든 것을 희생하고 만대 자손을 위하여 최후까지 싸우라.
지청천, 1933년 중국 대전자령 전투에 앞서서
- 아군은 사도하자에 주둔 병력을 증강시키면서 훈련에 여념이 없었다. 새벽에 적군은 황가둔에서 이도하 방면을 거쳐 사도하로 진격하여 왔다. 그런데 적군은 아군이 세운 작전대로 함정에 들어왔고, 이에 일제히 포문을 열어 급습함으로써 적군은 응전할 사이도 없이 격파되었다.

사료3 조선 혁명군과 항일 중국군(중국 의용군)의 합의 내용(1932)
중국과 한국 양국의 군민은 한마음 한뜻으로 일제에 대항하여 싸우고, 인력과 물자는 서로 나누어 쓰며, 합작의 원칙하에 국적에 관계없이 그 능력에 따라 항일 공작을 나누어 맡는다.
한국 광복군 사령부, 『광복』 제4권

사료4 조선 혁명군의 활동
얼음이 풀린 소자강은 수심이 깊었다. 게다가 얼음 덩어리가 뗏목처럼 흘러내렸다. 하지만 이 강을 건너지 못하면 영릉가로 쳐들어갈 수 없었다. 밤 12시 정각까지 영릉가에 들어가 공격을 알리는 신호탄을 올려야만 했다. 양세봉 사령관은 전사들에게 소자강을 건너라고 명령하고 나서 자기부터 먼저 강물에 뛰어들었다.
『봉화』(중국 조선족 발자취 총서)

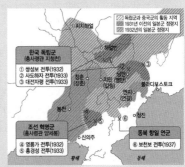

▲ 1930년대 무장 독립 전쟁

사료 플러스⁺

1931년 일제는 만보산 사건을 배후 조종하고 만주 사변을 일으켜 만주를 점령하였다. 그 이듬해 일제가 괴뢰 만주국을 수립하자, 독립군은 항일 의식이 고조된 중국군과 연합하여 항일전을 전개함으로써 난국을 타개하려 하였다.

369 민족 혁명당과 조선 민족 전선 연맹

사료1 **민족 혁명당 강령(1935)**
- 원수 일본의 침략 세력을 박멸하여 우리 민족의 자주독립을 완성한다.
- 봉건 세력 및 일체 반혁명 세력을 숙청함으로써 민주 집권제 정권을 수립한다.
- 국민은 언론·출판·집회·결사·신앙의 자유를 갖는다.
- 토지는 국유로 하고 농민에게 분배한다.
- 대규모 생산 기관 및 독점 기업은 국영으로 한다.
- 노동 운동의 자유를 보장한다.
- 국적(國賊)의 일체의 재산과 국내에 있는 적 일본의 공·사유 재산을 몰수한다.

사료2 **조선 민족 전선 연맹 창립 선언문(1937)**
조선 민족의 유일한 활로는 단결된 전 민족의 역량에 의해 일본 제국주의를 타도하고 조선 민족의 자주독립을 완성하는 데 있다. 그러므로 조선 혁명은 민족 혁명이며, 우리의 전선은 민족 전선이다. 계급 전선도 아니고, 프랑스·스페인 등의 국민 전선과도 엄격히 구별된다.

사료 플러스➕

김원봉, 조소앙 등이 민족 운동 단체들의 대동단결을 모색하면서 중국 난징에서 5개의 단체(의열단·조선 혁명당·한국 독립당·신한 독립당·대한 독립당)를 연합하였다. 이로써 1932년에 한국 대일 전선 통일 동맹을 결성하였고 1935년 민족 혁명당으로 발전하였다. 이는 단순히 여러 단체를 연합한 것이 아니라 민족 독립운동의 단일 정당을 목표로 결성되었기 때문에 임시 정부까지 해체하려 하였다. 이에 임시 정부 유지를 고수하는 김구, 이동녕 등이 불참(1935년 한국 국민당 창당)하고, 한국 독립당(조소앙) 및 민족 혁명당의 일부 세력(지청천)이 반발하여 떠나면서 1937년 좌파 중심의 조선 민족 혁명당으로 재정비하였다. 조선 민족 혁명당은 통합에 찬성하는 단체들과 연합하여 조선 민족 전선 연맹을 결성하고, 1938년 우한(한커우)에서 군사 조직인 조선 의용대를 만들어 일본과의 전쟁을 준비하였다.

370 전국 연합 진선 협회(1939)

종래 범한 종종의 오류 착오를 통감하여 이에 두 사람(김구, 김원봉)은 신성한 조선 민족 해방의 대업을 완성하기 위하여 장차 동심협력할 것을 동지·동포 제군 앞에서 고백함과 동시에 목전의 내외 정세 및 현 단계에서의 우리의 정치적 주장을 아래에 진술하기로 했다.

공동의 정치 강령 10개조
1. 일본 제국주의의 통치를 전복하고 조선 민족의 자주독립 국가를 건설한다.
2. 봉건 세력과 일체의 반혁명 세력을 숙청하고 민주 공화제를 건설한다.
3. 국내에 있는 일본 제국주의자의 재산과 친일파의 재산을 몰수한다.
4. 공업·운수·은행 및 기타 산업 부문에 있어서 국가적 위기일 경우는 각 기업을 국유로 한다.
5. 토지는 농민에 분배하도록 하고 매매는 금지한다.
6. 노동 시간을 감소하고 노동자에게는 보험 사업을 실시한다.
7. 정치·경제·사회상의 남녀평등이 되어야 한다.
8. 언론·출판·집회·결사·신앙의 자유를 갖는다.
9. 국민의 의무 교육과 직업 교육은 국가의 경비로 실시한다.
10. 자유·평등·상호부조의 원칙에 기초하여 인류의 평화와 행복을 촉진한다.

김구·김원봉, '동지·동포 제군에게 보내는 공개 통신'(1939)

264 선우빈 선우한국사

371 한국 국민당(1935)과 한국 독립당(1940)

사료1 한국 국민당

5당 통일이 형성될 당시부터 동지들은 단체 조직을 주장하였으나 나는 극히 만류하였다. 이유는 타인들은 통일을 하는데 그 통일 내용의 복잡으로 인하여 아직 참가는 아니하였으나 내가 어찌 차마 딴 단체를 조직하겠느냐 하는 것이었으나 지금은 조소앙의 한국 독립당 재건설이 출현한다. 이제는 내가 단체를 조직하여도 통일 파괴자는 아니다. 임시 정부가 종종의 위험을 당하는 것은 튼튼한 배경이 없음이니, 이제 임시 정부를 형성하였으니 정부 옹호를 목적한 단체가 하나 필요타 하고 <u>한국 국민당을 조직하였다</u>. 『백범일지』

사료2 한국 독립당

나[1]는 3당 동지들과 미포 각 단체에게 사과하고 원동 3당 통일 회의를 계속 열어 한국 독립당이 새로 탄생되었다. 7당·5당의 통일은 실패하였지만, 3당 통일이 완성될 때 하와이 애국단과 하와이 단합회가 자기 단체를 해체하고 한국 독립당 하와이 지부가 성립되니, 실은 3당이 아니고 5당이 통일된 것이다. 『백범일지』

사료 플러스⁺

김구·이동녕 등 임시 정부 고수파들은 한국 독립당(1930)을 조직하고 우익 노선을 견지해 왔는데, 1935년 민족 혁명당이 구성되고 임시 정부의 해체를 요구하자, 임시 정부는 이에 불참하고 한국 국민당(1935)을 결성하였다. 이후 한국 독립당(조소앙)과 조선 혁명당의 일부 세력(지청천)이 민족 혁명당을 탈퇴하자, 한국 독립당·한국 국민당·조선 혁명당 3당은 1940년 충칭에서 한국 독립당으로 통합되었다.

1) 김구

372 대한민국 임시 정부의 군사적 노력

빈출
사료

사료1 **한국 광복군의 창설과 활동**

- 대한민국 임시 정부는 대한민국 원년(1919) 정부가 공포한 군사 조직법에 의거하여 중화민국 총통 장개석 원수의 특별 허락으로 중화민국 영토 내에 광복군을 조직하고, 대한민국 22년(1940) 9월 17일 한국 광복군 총사령부를 창설함을 이에 선언한다. ……우리들은 한·중 연합 전선에서 우리 스스로의 계속 부단한 투쟁을 강행하여 극동 및 아시아 인민 중에서 자유·평등을 쟁취할 것을 약속하는 바이다.   한국 광복군 창설 선언문
- 한국 광복군은 임시 정부 직속하에 조직된 정부의 국군이다. 본 군은 한국의 국군인 만큼 모든 한인은 누구나 참가할 권리와 의무를 갖는 것이다. 본 군의 가치가 선명하게 날리는 곳에 한국의 건아들은 쇄도하고 있다.   광복군의 선전 전단(1944)

사료2 **대한민국 임시 정부의 대일 선전 포고문(1941. 12.)**

우리는 삼천만 한국 인민과 정부를 대표하여 삼가 중, 영, 미, 소, 캐나다, 기타 제국의 대일 선전이 일본을 격패케 하고 동아를 재건하는 가장 유효한 수단이 됨을 축하하며, 이에 특히 다음과 같이 성명한다.

1. 한국 전 인민은 현재 이미 반침략 전선에 참가하였으니 한 개의 전투 단위로서 추축국에 선전한다.
2. 1910년 합병 조약과 일체의 불평등 조약의 무효를 거듭 선포하며 아울러 반침략 국가인 한국에 있어서의 합리적 기득권익을 존중한다.
3. 한국, 중국 및 서태평양으로부터 왜구를 완전히 구축하기 위하여 최후 승리를 거둘 때까지 혈전한다.
4. 일본 세력하에 조성된 창춘 및 난징 정권을 절대로 승인하지 않는다.
5. 루스벨트, 처칠 선언의 각 조를 견결히 주장하며 한국 독립을 실현하기 위하여 이것을 적용하여 민주 진영의 최후 승리를 축원한다.   대한민국 임시 정부 주석 김구, 외무부장 조소앙

사료 플러스➕

대한민국 임시 정부는 김구·김규식 등을 중심으로 정부 체제를 본토 수복을 위한 임전 태세로 재정비하고, 각지의 무장 세력을 임시 정부 산하의 한국 광복군(1940)으로 통합하면서 군사력을 강화하였다. 1942년 좌익 계열인 김원봉의 조선 의용대를 통합하여, 김원봉을 광복군 부총사령에 임명하면서 군사 면에서 좌우의 통일을 시도하였다. 광복군은 중국 국민당의 적극적인 협력하에 연합군의 일원으로 대일 전쟁에 참전하려고 노력하였다. 또한 일본군에 학병으로 끌려갔던 한국 청년들이 대거 탈출하여 광복군에 편입되면서 광복군의 전력은 더욱 보강되었다.

373 "왜적이 항복한다" 하였다.

"아! 왜적이 항복!" 이것은 내게는 기쁜 소식이라기보다는 하늘이 무너지는 듯한 일이었다.
천신만고로 수년간 애를 써서 참전할 준비를 한 것도 다 허사다. 서안과 부양에서 훈련을 받은
우리 청년들에게 각종 비밀한 무기를 주어 산동에서 미국 잠수함을 태워 본국으로 들여보내어
국내의 요소를 혹은 파괴하고 혹은 점령한 후에 미국 비행기로 무기를 운반할 계획까지도 미
육군성과 다 약속이 되었던 것을 한번 해 보지 못하고 왜적이 항복하였으니 …… 『백범일지』

사료 플러스⁺

1941년 태평양 전쟁이 일어나자 임시 정부는 '대일·대독 선전 포고문'을 발표하고 연합군의 일원이 되어
인도·미얀마 전선에 참전하였고, 1945년 미국 O.S.S.와 협력하여 국내 진입 작전을 계획하였으나 일본
이 항복함으로써 실현하지 못한 채 광복을 맞이하였다.

---

374 토지 조사령(1912)

제1관 토지의 조사 및 측량은 본령에 의한다.
제4관 토지 소유자는 조선 총독이 정하는 기간 내에 주소·씨명, 명칭 및 소유지의 소재,
지목, 자번호(字番號), 사표(四標), 등급, 지적, 결수(結數)를 임시 토지 조사국장에게
신고해야 한다. 단, 국유지는 보관 관청이 임시 토지 조사국장에게 통지해야 한다.
제6관 토지의 조사 및 측량을 할 때, 조사 및 측량 지역 내의 2인 이상의 지주로 총대를
선정하고, 조사 및 측량에 관한 사무에 종사하게 할 수 있다.
제17관 임시 토지 조사국은 토지 대장 및 지도를 작성하고, 토지의 조사 및 측량에 대해 사
정(査定)으로 확정한 사항 또는 재결을 거친 사항을 이에 등록한다.

『조선 총독부 관보』(1912. 8. 13.)

사료 플러스⁺

일제는 임시 토지 조사국을 설치하고(1910) 토지 조사령(1912)을 발표하여 전국의 토지 조사를 단행(1912~1918)하
였다. 토지 조사령은 토지 소유권 조사, 토지 가격의 조사, 지형·지도의 조사를 내용으로 한 기한부 신고제였다.
까다로운 기한부 신고제에 익숙하지 않은 농민들이 신고 절차를 밟지 않아서 토지를 빼앗기는 사례가 많았다.

제1조 토지의 지목은 그 종류에 따라 다음과 같이 구별한다.
1. 밭, 논, 대지(垈地), 못과 늪, 잡종지(雜種地)
2. 임야, 신사 및 사찰 부지, 분묘지, 공원지, 철도 용지, 수도 용지, 도로, 하천, 인공 수로, 저수지, 제방, 성곽, 철도 선로, 수도 선로 ……
제2조 세무서에 토지 대장을 비치하고 <u>지세</u>에 관한 사항을 등록한다.
제3조 지세는 토지 대장에 등록한 지가(地價)의 1000분의 15를 1년 세액으로 한다. ……
제8조 국가·도·부·읍·면 또는 조선 총독이 지정한 공공단체에서 공용 또는 공공의 필요를 위해 공급하는 토지에서는 지세를 면제한다. 단, 유료로 임차한 토지는 해당되지 않는다.

조선 총독부, 『조선법령집람』

사료 플러스

본래 조선 시대 지세는 세종 때 정해진 연분 9등법과 전분 6등법에서 시작해 조선 후기에 들어서 결총제(結總制)로 바뀌어 유지되었다. 조선의 농토를 산정하는 단위인 결(結)은 고정된 면적이 아니라 일정 수준의 농산물을 수확할 수 있는 면적을 상정한 것으로, 토질의 비옥도와 농사의 풍흉에 따라 변화될 수밖에 없었다. 반면 조선 총독부가 1914년 발표한 조선 지세령은 지세 산정 기준으로 '토지 대장에 등록한 지가(地價)의 1000분의 15를 1년 세액'으로 제시하였다. 즉 조선의 지세 징수는 '토지에서 생산한 곡물의 가격'을 기준으로 한 데 반해, 조선 지세령은 '토지 가격' 자체를 기준으로 하였다. 이를 위해서는 정확한 토지 측량, 개인의 토지 소유권에 대한 명확한 보장, 토지 거래 시장의 활성화 등 다양한 전제 조건이 필요하였다. 그러므로 조선 지세령은 전통적인 조선의 농업 경제 구조 및 그 관념적 기반인 왕토 사상(王土思想)을 해체하고, 철저하게 개인의 사적 토지 소유에 기반한 근대 산업 경제를 창출하기 위한 조치라고 할 수 있다.

376 회사령(1910)

1. <u>회사의 설립은 조선 총독의 허가를 받아야 한다.</u>
2. 조선 외에 설립한 회사가 본점이나 지점을 설립하고자 할 때에는 조선 총독의 허가를 받아야 한다.
3. 허가 없이 회사를 경영한 자는 5년 이하의 체형이나 5천 원 이하의 벌금을 과한다.

사료 플러스

1910년에 발표한 회사령은 한국에서의 기업 설립을 허가제로 하였고, 허가 조건을 위배했을 경우에는 총독이 사업의 금지와 기업의 해산을 명할 수 있게 규정하였다.

377 조선 산미 증식 계획 요강

일본에서 쌀 소비는 연간 약 6천 5백만 석이다. 일본 내 생산고는 약 5천 8백만 석을 넘지 못한다. 해마다 부족분을 다른 제국 반도 및 외국에 의지해야 한다. 일본 인구는 해마다 70만 명씩 늘어나고, 국민 생활이 향상되면 1인당 소비량도 점차 늘어나게 될 것이므로 앞으로 쌀은 계속 모자랄 것이다. 따라서 지금 미곡 증식 계획을 수립하여 일본 제국의 식량 문제를 해결하는 데 도움을 주는 것은 진실로 국책상 급무라고 믿는다. 　　　　조선 총독부 농림국, 「조선 산미 증식 계획 요강」(1926)

사료 플러스⁺

제1차 세계 대전에 참전하여 자본주의 기반을 급속히 키울 수 있었던 일제는 공업화 추진에 따라 부족한 식량을 한국에서 착취하려는 산미 증식 계획(1920~1935)을 세워 우리 농촌에 강요하였다. 일제의 산미 증식 계획으로 쌀 증산은 목표에 도달하지 못하였으나, 일본으로의 수탈은 계획대로 시행되어 농업 구조가 쌀 중심의 단작형으로 변화하게 되었다. 또한 한국 내 식량 사정이 극도로 악화되자, 일제는 만주에서 잡곡을 수입하여 식량 부족 문제를 해결하려 하였다. 산미 증식 계획으로 한국 농민은 쌀 수탈뿐만 아니라 증산에 투입된 수리 조합비, 비료 대금, 곡물 운반비 등도 부담해야 하는 이중의 고통을 겪어야 했다.

378 조선 농지령(1934)

제1조 본령은 경작을 목적으로 하는 토지의 임대차에 적용한다. 본령에서 소작지라고 부르는 것은 전항의 임대차를 목적으로 하는 토지를 말한다.
제2조 토지의 경작을 목적으로 하는 청부나 기타 계약은 임대차로 간주한다. 단, 본령의 적용을 면하기 위한 목적으로 제출된 것은 이에 적용되지 않는다.
제3조 임대인이 마름이나 기타 소작지의 관리자를 둘 때에는 조선 총독이 정한 바에 따르며, 이를 부윤·군수 또는 도사(島司)에 신고해야 한다.
제4조 부윤·군수 또는 도사가 마름이나 기타 소작지의 관리자를 부적당하다고 인정할 때에는 부군도(府郡島) 소작 위원회의 의견을 듣고 임대인에 대해 그 변경을 명령할 수 있다.
제16조 불가항력으로 수확량이 현저히 감소했을 때에 임차인은 임대인에게 소작료의 경감 또는 면제를 요청할 수 있다.

사료 플러스⁺

일제 강점 이후 식민지 지주제가 형성됨에 따라 1920년 이후 소작 쟁의가 자주 일어났다. 소작 쟁의는 시간이 지남에 따라 확산되었고 발생 지역 역시 폭넓게 확대되었다. 이에 조선 총독부는 소작 제도 개선에 필요한 사항을 조사하고 소작 관행의 폐해를 제거하면서 효과적으로 농민 수탈 체제를 유지하고자 조선 농지령을 공포하였다. 조선 농지령 법규 내용은 소작농의 안정적인 소작을 위한 것으로 보이지만 실상은 여전히 지주를 옹호하는 경향이 강하게 나타났기 때문에 이후로도 소작 쟁의는 활발히 전개되었다.

- **물산 장려회 궐기문**

  <u>내 살림 내 것으로.</u>

  보아라, 우리의 먹고 입고 쓰는 것이 거의 다 우리의 손으로 만든 것이 아니었다.

  이것이 제일 세상에 무섭고 위태한 일인 줄을 오늘에야 우리는 깨달았다.

  피가 있고 눈물이 있는 형제자매들아,

  우리가 서로 붙잡고 서로 의지하여 살고서 볼 일이다.

  <u>입어라, 조선 사람이 짠 것을,</u>

  <u>먹어라, 조선 사람이 만든 것을,</u>

  <u>써라, 조선 사람이 지은 것을,</u>

  <u>조선 사람, 조선 것</u>

- **물산 장려 운동은 중산 계급의 이기적 운동이다.**

  <u>물산 장려 운동의 사상적 도화수가 된 것이 누구인가? 저들의 사회적 지위로 보나 계급적 의식으로 보나 결국 중산 계급임을 벗어나지 못하였으며, 적어도 중산 계급의 이익에 충실한 대변인인 지식 계급이 아닌가. 또, 솔선하여 물산 장려의 실행적 선봉이 된 것도 중산 계급이 아닌가? 실상을 말하면, 노동자에게는 이제 새삼스럽게 물산 장려를 말할 필요가 없는 것이다. 그네는 벌써 오랜 옛날부터 훌륭한 물산 장려 계급이다. 그네는 자본가 중산 계급이 양복이나 비단옷을 입는 대신 무명과 베옷을 입었고, 저들 자본가가 위스키나 브랜디나 정종을 마시는 대신 소주나 막걸리를 먹지 않았는가? …… 이리하여 저들은 민족적·애국적 하는 감상적 미사로써 눈물을 흘리며 저들과 이해가 전연 상반한 노동 계급의 후원을 갈구하는 것이다.</u> 이성태, 「동아일보」(1923. 3. 20.)

사료 플러스 +

1920년 조만식 등이 중심이 되어 서북 지방의 사회계·종교계·교육계 인사 등을 규합하여 조선 물산 장려회 발기인 대회를 가진 데서 시작되었다. 1923년 조선 물산 장려회가 서울에서 창립되면서 전국적인 운동으로 발전하였다. 물산 장려 운동은 한때 상당한 기세를 올려 '국산품 애용'이라는 측면에서는 어느 정도 성과를 거두어 1923년 초에 절정을 이루었다. 그러나 민족 자본은 늘어난 수요를 뒷받침해 줄 수 있는 생산력을 갖추고 있지 못했고, 새로운 회사나 공장의 설립도 별로 이루어지지 않았기 때문에 토산물 가격만 올려놓는 결과를 초래하였다. 결국 일제의 탄압으로 큰 성과를 거둘 수 없었고, 사회주의 계열은 조선 물산 장려 운동에 대해 민족 기업을 경영하는 부르주아 계급의 이익만을 옹호하는 것이라고 비난하였다.

📖 참고 국채 보상 운동과 물산 장려 운동

국채 보상 운동	물산 장려 운동
1907(통감부)	1920년대(총독부)
대구(서상돈, 김광제) ⇨ 전국	평양(조만식) ⇨ 서울 ⇨ 전국
소비 절약	소비 절약 + 국산품 애용
• 국채 보상 기성회 주도 • 신민회 지원	• 조선 물산 장려회 주도 • 신간회와 사회주의자 비판

사료1 암태도 소작 쟁의 확대

오랫동안 문제 중이었던 전남 무안군의 암태소작회 간부 13명은 현재 광주 지방 법원 목포 지청에서 예심 중으로 목포 형무소에 수감되어 있다. 이 소작회의 회원 400명이 목포에 수감되어 있는 간부들의 방면 운동을 하고 있는데 만일 방면되지 않으면 이 사건이 해결되기까지 계속 운동을 할 결심이라고 한다. 목포에 온 소작회원 400명은 지금 목포 경비소에 억류되어 경관이 감시하는 중이다. 계속하여 면민(面民)들도 이 사건에 대해 수감된 소작 간부의 방면 운동을 할 것이라는데 이 사건은 문재철과의 소작료 쟁의 관계로 생긴 일이다.
『동아일보』, 1924년 6월 6일

사료2 평원 고무 직공의 고공농성[체공녀(滯空女) 강주룡의 파업(1931)]

평양의 명승인 을밀대(乙密臺) 옥상에 체공녀(滯空女)가 출현하였다. ……

▲ 강주룡의 고공농성

'우리는 49명 우리 파업단의 임금 삭감을 중요하게 생각하는 것이 아닙니다. 이것이 결국은 평양의 2,300명 고무 직공의 임금 삭감의 원인이 될 것이므로 죽기로써 반대하는 것입니다. …… 이래서 나는 죽음을 각오하고 이 지붕 위에 올라왔습니다. 나는 평원 고무 사장이 이 앞에 와서 임금 삭감의 선언을 취소하기까지는 결코 내려가지 않겠습니다. …… 누구든지 이 지붕 위에 사다리를 대 놓기만 하면 나는 곧 떨어져 죽을 뿐입니다.'

이것은 강주룡이 5월 28일 밤 12시 을밀대 지붕 위에서 밤을 밝히고 이튿날 새벽에 산보를 왔다가 이 희한한 광경을 보고 모여든 100여 명의 산보객 앞에서 한 일장연설이다.
『동광』 제23호, 1931. 7. 5.

사료 플러스

사료 1: 전라남도 무안군(현 신안군)의 암태도 소작 쟁의(1923~1924)는 농민들이 지주와 그들을 비호하는 일본 경찰에 맞서 1년 가까이 싸운 결과 기존의 70~80%였던 소작료를 40%로 낮추는 데 성공하였다.

사료 2: 평북 강계에서 태어난 강주룡은 서간도에서 무장 독립운동을 하던 남편이 숨진 뒤, 평양에서 평원 고무 공장 여공으로 일하며 가장 역할을 하였다. 1929년 대공황으로 고무 공업이 타격을 입자, 공장주들은 임금 인하를 결의하였다. 1930년 8월 1일 평양 고무 공업 조합이 임금 17% 삭감을 노동자들에게 일방적으로 통고하자, 노동자들은 일제와 그에 결탁한 자본가들을 비판하며 반대 투쟁을 일으켰다. 파업을 주도했던 강주룡은 일제 경찰의 간섭으로 공장에서 쫓겨나자 을밀대에서 노동 생활의 참상을 호소하며 고공농성을 벌였고, 이로 인해 1주일의 구류 처분을 받자 54시간 단식을 결행하였다. 강주룡은 투옥 중 건강이 악화되어 보석 출감되었지만 병세가 더욱 악화되어 출감 두 달 만에 서른두 살의 나이로 숨을 거두었다.

381 형평 운동(1923)

공평(公平)은 사회의 근본이고 애정은 인류의 본령이다. 지금까지 조선의 백정은 어떠한 지위와 압박을 받아 왔던가? 과거를 회상하자면 종일 통곡하고도 피눈물을 금할 수 없다. 여기에 지위와 조선 문제 등을 제기할 여유도 없이 목전의 압박에 절규하는 것이 우리의 실정이다. 따라서 이 문제를 선결하는 것이 우리들의 임무라고 설정함은 당연한 것이다. 천하고 가난하고 영약해서 비천하게 굴종하였던 자는 누구였는가? 아아, 그것은 우리 백정이 아니었던가? 그러나 이러한 비극에 대한 사회의 태도는 어떠했던가? 소위 지식 계층에 의한 압박과 멸시만이 있지 않았던가? 직업의 구별이 있다고 한다면 금수의 생명을 빼앗는 자는 우리들만이 아니다. 그러한 까닭으로 우리는 계급을 타파하고 모욕적 칭호를 폐지하여 우리도 참다운 인간이 되는 것을 기하자는 것이 우리의 주장이다.

사료 플러스⁺

일제의 조선 호적령(1922)에 의한 호적 제도에서 호주의 자격을 남성으로 제한하였고 또 직업란을 두어 백정에 대한 차별의 빌미를 두었다. 이에 1923년 4월 백정 이학찬이 진주에서 형평사를 설립하고 사회주의 영향하에 백정들의 신분 해방과 민족 해방을 주장하며 형평 운동을 전개하였으나 성공하지 못하였다.

참고 백정의 시대별 변화
1. 고려 : 직역이 없는 일반 농민
2. 조선 : 도살업자(천민)
3. 동학 농민 운동(1894) : 백정의 차별 폐지 주장
4. 갑오개혁(1894) : 백정 및 모든 신분제 폐지
5. 관민 공동회(1898) : 백정 박성춘의 연설 ⇨ 민권 의식 성장
6. 형평 운동(1923) : 조선 형평사 조직하여 백정 차별 및 민족 해방 주장(⇦ 사회주의 영향)

382 일본이 허용하는 범위 안에서 자치를 하자.

조선 민족은 지금 정치적 생활이 없다. 왜 지금의 조선 민족에게는 정치적 생활이 없나? 그 대답은 간단하다. 일본이 한국을 병합한 이래로 조선인에게는 모든 정치적 활동을 금지한 것이 제1의 원인이요, 병합 이래로 조선인은 일본의 통치권을 승인하는 조건 밑에서 하는 모든 정치적 활동, 즉 참정권·자치권 운동 같은 것은 물론, 일본 정부를 상대로 하는 독립운동조차도 원치 아니하는 극렬한 절개 의식이 있었던 것이 제2의 원인이다. 그러나 우리는 무슨 방법으로나 조선 내에서 전 민족적인 정치 운동을 하도록 신생면(新生面)을 타개할 필요가 있다. 우리는 조선 내에서 허하는 범위 내에서 일대 정치적 결사를 조직하여야 한다는 것이 우리의 주장이다.

이광수, 『민족적 경륜』(동아일보, 1924)

사료 플러스⁺

1920년대 중반 민족주의 진영은 한말의 실력 양성 운동을 계승하여 일제와 타협하면서 실력을 양성하자는 타협적 민족주의자와 일제에 대한 타협을 거부하면서 적극적인 항일 운동을 전개하려는 비타협적 민족주의자로 나뉘어졌다. 타협적 민족주의자들은 민족 개조론과 자치론을 주장하면서 우리 민족의 좋지 않은 민족성을 개조하고 민족 산업을 키워 근대 서구 시민으로 다시 태어날 것을 역설하였고, 지방 행정에 적극적으로 참여할 것을 주장하였다. 이 부류의 대표적인 인물은 최남선·김성수·이광수·최린 등이었다.

383 조선 민흥회 창설 취지문(1926)

민족적 통합의 목적은 '조선의 해방'에 있다. …… 과거의 운동은 계급 의식이 내연되어 있었고, 국가 전체적으로 볼 때 분열되어 있었다. 그러나 최근의 운동에서는 계급 운동의 참여자라 할지라도 연합 민족 운동을 강렬히 요구하고 있다. …… 유럽의 프롤레타리아 계급이 봉건주의와 독재주의를 타파할 목적으로 자본가들과 뭉쳤던 것처럼, 조선의 사회주의자들도 반제국주의 운동에서 공동 권익을 지향하는 계급들의 일체적 동원에 대한 필요성을 절감하고 있다. …… 각 계층 간의 권익은 궁극에 가서는 불가피하게 상충할 것이다. 그러므로 조선민 전체의 결속도 영원히 지속될 수 없다. 그러나 그렇다고 해서 현재의 당면 문제점을 해결하기 위한 양 진영의 연합의 필요성을 어느 누구도 간과해서는 안 된다. …… 우리는 중국의 국민당을 본보기로 하여 이 운동을 발전시키고자 한다.

「조선일보」(1926. 7.)

사료 플러스⁺

1920년대 민족주의자들 안에 일제와 타협하자는 자치론자들의 대두[이광수의 『민족적 경륜』(1924)]로 민족주의 내부에 갈등이 일어났다. 그 결과 비타협적 민족주의자들은 조선 민흥회(1926)를 조직하여 타협적 민족주의를 배격하고 사회주의 세력과의 연대를 모색하였다.

384 사회주의자들의 방향 전환론(정우회 선언, 1926)

민주주의적 노력의 집결로 인하여 전개되는 정치적 운동의 방향에 대하여는 그것이 필요한 과정의 형세인 이상 우리는 차갑게 강 건너 볼 보듯 할 수 없다. 아니 그것보다도 먼저 우리 운동 자체가 벌써 종래에 국한되어 있던 경제적 투쟁의 형태에서 보다 더 계급적·대중적· 의식적 정치 형태로 비약하지 아니하면 아니 될 전환기에 달한 것이다. 따라서 민족주의적 세력에 대하여는 그 부르주아 민족주의적 성질을 명백하게 인식하는 동시에 또 과정적·동 맹자적 성질도 충분히 승인하여 그것이 타락하는 형태로 출현되지 아니하는 것에 한하여는 적극적으로 제휴하여 대중의 개량적 이익을 위하여서도 종래의 소극적 태도를 버리고 분연 히 싸워야 할 것이다.

1. 과거의 분열에서 벗어나 사상 단체를 통일하고 구체적으로 전위적 운동을 하여야 한다.
2. 교육을 통하여 대중을 조직화하고 질적·양적으로 그 영역을 확대하여 그것을 기초로 일 상 투쟁을 하여야 한다.
3. 종래에 국한되었던 경제적 투쟁에서 계급적·대중적·의식적 정치 형태로 전환하여야 한다. 이 과정에서 비타협적 민족주의자와 일시적인 공동 전선이 필요하다.
4. 이론 투쟁으로 운동의 진로를 제시하여야 한다. 「조선일보」(1926. 11.)

사료 플러스⁺

1925년 비밀리에 조선 공산당을 결성하였으나, 일제가 치안 유지법(1925)을 제정하여 탄압하자, 조선 공 산당이 와해되면서 사회주의 세력은 위축되었다. 어려운 처지에 놓인 사회주의자들은 일제의 탄압을 약 화시키기 위한 합법적 투쟁을 전개할 필요성이 증대되면서 비타협적 민족주의 세력과의 연합을 모색하게 되었다. 사회주의 사상 단체인 정우회가 1926년에 '비타협적 민족주의 세력과의 협동 전선 구축'을 선언 한 것이 결정적인 계기가 되어 1927년 신간회가 조직되었다.

385 신간회 강령(1927)

사료1 신간회 창립 당시 강령(1927. 2.)
- 우리는 정치·경제적 각성을 촉진함.
- 우리는 단결을 공고히 함.
- 우리는 기회주의를 일체 부인함.

사료2 1927년 12월 동경 지회의 대회에서 제안된 강령 수정안
- 우리는 조선 민족의 정치적·경제적 해방의 실현을 기함.
- 우리는 전 민족의 총역량을 집중하여 민족적 대표 기관이 되기를 기함.
- 우리는 일체 개량주의 운동을 배척하여 전 민족의 현실적 공동 이익을 위하여 투쟁하기를 기함.

사료3 신간회 행동 강령

• 조선 농민의 교양에 적극적으로 노력한다.
• 조선 농민의 경작권을 확보하고 일본인 이민을 방지한다.
• 조선인 본위의 교육을 확보한다.
• 언론·출판·결사의 자유를 확보한다.
• 협동조합 운동을 지지·지도한다.
• 염색된 옷을 입고 단발을 실시하고, 흰옷과 망건을 폐지한다.

사료 플러스⊕

신간회는 한국인 본위의 교육 실시, 착취 기관 철폐 등을 주장하였고, 여성의 법률적·사회적 차별 폐지, 수재민 구호 운동, 재만 동포 옹호 운동 등 사회 운동을 전개하였으며, 전국 순회강연을 통하여 민족의식을 고취하며 일제 식민 통치의 잔학상을 규탄하였다. 또한 원산 노동자 총파업(1929)의 지원, 갑산 화전민 학살 사건(1929)과 광주 학생 항일 운동(1929)에 대한 진상 규명 운동을 전개하기도 하였다.

386 신간회의 해체

사료1 신간회 해소론

창립 당시는 소위 민족적 단일한 정치 투쟁 단체로 이 회가 필요했지만 그 후 본회의 통일적 운동의 발자취를 돌아보면 너무나 막연하여 종잡을 수 없음을 통감하지 않을 수 없다. 따라서 최근 본 회의 근본정신인 비타협주의를 무시하고 합법 운동으로 방향을 전환하려는 민족적 개량주의자가 발호해 온 것이 심히 유감된 일이며, 이는 본 회의 근본적 모순으로부터 온 당연한 귀결이라고 할 수 있지 않겠는가. 그렇다면 우리들은 이 같은 불순한 도정을 따라온 회의 존립을 그대로 용인할 수 없으므로 첨예한 계급 단체를 조직하고 본회를 해소하는 것은 당연하다고 생각한다.   『상천리』

사료2 신간회 해소 반대

약자의 단결은 힘이다. 단결은 특수한 정치적 지위에 있는 조선인이 민족적으로 부르짖는 소리이고, 그 요구가 결실을 맺어 단체가 만들어졌던 것이다. …… 그러나 이 깃발 아래에서 공고한 단결을 이루기가 힘들다고 근심할망정 조급하게 해소하자는 뜻을 내비쳐 역량의 분산을 불러오니 이 얼마나 중대한 과오인가?   안재홍, 『비판』(1931)

사료 플러스⊕

광주 학생 항일 운동(1929)의 진상 보고를 위한 민중 대회가 일제의 탄압으로 무산된 이후 신간회의 본부와 지회 사이에 투쟁 노선의 차이가 벌어지게 되었다. 본부는 민족주의자들이 우세한 상태에서 자치론자들마저 포용하려는 입장을 보인 반면, 사회주의 사상이 우세한 군 단위 지회들은 새 집행부의 온건 노선에 반발하여 신간회 해소(解消)를 주장하게 되었다.

- 근우회 창립 취지문(1927)

인류 사회는 많은 불합리를 생산하는 동시에 그 해결을 우리에게 요구해 마지않는다. 여성 문제는 그중의 하나이다. 세계는 이 요구에 응하여 분연하게 활동하고 있다. 세계 자매는 수천 년래의 악몽에서 깨어나 우리 앞에 가로막고 있는 모든 질곡을 분쇄하기 위하여 싸워온 지 이미 오래이다. …… 우리는 운동상 실천에서 배운 것이 있으니 우리가 실지로 우리 자체를 위하여 우리 사회를 위하여 분투하려면, 우선 조선 자매 전체의 역량을 공고히 단결하여 운동을 전반적으로 전개하지 아니하면 아니 된다. 일어나라! 오너라! 단결하자! 분투하자! 조선 자매들아! 미래는 우리의 것이다.　　　　　　　　　　　　　「근우」 창간호(1929)

- 근우회 행동 강령
  1. 여성에 대한 사회적·법률적 일체 차별 철폐
  2. 일체 봉건적 인습과 미신 타파
  3. 조혼 폐지 및 결혼의 자유
  4. 인신매매 및 공창(公娼) 폐지
  5. 농민 부인의 경제적 이익 옹호
  6. 부인 노동의 임금 차별 철폐 및 산전·산후 임금 지불
  7. 부인 및 소년공의 위험 노동 및 야업 폐지　　　　　　　　　「동아일보」(1929)

사료 플러스+

신간회의 출범과 더불어 탄생한 것이 근우회(1927~1931)였다. 김활란 등이 중심이 되어 여성 계몽을 강조하는 민족주의 계열과 여성 해방·계급 투쟁을 강조하는 사회주의 계열의 단체를 통합하여 여성계 민족 유일당으로 조직되었다.

신년에 신여성의 새로운 신호요? 참 어떻든 신여성이란 이름이 퍽 높이 알려진 모양인가 봐요. 왜 신남성은 없고 하필 신여성인가요. 좌우간 고맙습니다. 훌륭한 신(新)자를 여성에게만 붙여 주다니요. 그런데 내가 보는 신여성이나 새로운 신호는 당신들(신여성 신여성 하는 분들)이 보는 신여성과 좀 다릅니다. 요사이 종로 네거리에서 흔히 볼 수 있는 유행 화장, 유행 의복을 내세우며 다투어 경쟁하는 신여성분들, 이 중에는 예수님 덕분으로 멀리 미국에서 유학한 분도 계시고, 훌륭한 학교를 마치고 부자이면 첩도 좋다는 분도 있으며, 자본주의 말기의 대표적 표현인 카페와 여러 신여성들, 이들 신여성들은 신년의 새로운 신호에 대해서 거울을 보며 정짜옥, 삼월을 연상하여 가면서 연구 중일 것입니다. <u>그런데 내가 보는 바 신년에 신호를 울리며 앞날의 거룩한 신생활의 힘찬 신호를 울릴 진정한 신여성은 오직 연초, 제사, 방직 공장 등 흑탄 굴뚝 속에서만 볼 수 있는 것입니다.</u> 생명을 재촉하는 새벽 5시 고동 소리와 함께 피곤한 다리를 옮겨 놓는 그들! 여기에 그들의 걸음이야말로 앞으로의 신생활을 개척할 행군의 조련이며, 그들의 눈물과 고역의 피와 땀은 앞날의 약속을 신호하는 것입니다. 그밖에 로자 룩셈부르크, 알렉산드라 콜론타이, 클라라 체트킨, 사로지니 나이두 등 여러 훌륭한 혁명 부인이 걷는 걸음을 따라 걷지 않으면 아니 될 우리 조선 부인들, 한 발 자칫하면 멸망이 올 것이 보입니다. 우리는 이것을 목표로 신호를 올려야 될 줄 압니다.

『동광』 제29호, 1932. 1. 신여성의 신년 새 신호

사료 플러스[+]

1920년대 들어 도시 중심의 근대적 소비문화가 신문이나 잡지와 같은 언론 매체를 통해 전파되었는데, 그 중심에는 신여성이 있었다. 신여성들은 화려한 의상을 입고 서구식 화장에 화려한 장신구로 치장한 채 백화점, 카페, 영화관, 공연장과 같은 도시 소비 공간을 누볐다. 이렇게 소비문화를 유행시키는 근대 여성들은 소수에 불과했지만, 이들의 출현은 교육받은 신여성들의 사회 진출과 직업적 성취를 배경으로 하고 있었다. 따라서 당시에는 이런 여성들의 소비 행태를 따가운 눈초리로 바라보며 비난하는 사람이 많았다. 이 사료는 1920년대 중반 이후 사회주의 사상이 우리 민족의 해방 운동에 강하게 영향을 미치는 가운데 사회주의 계열에 속해 있던 여성 운동 인사들이 신년맞이 인터뷰를 한 내용이다. 일제 식민지 시기 근대 교육을 받으며 출현한 신여성들은 자신의 전통과 사회에 대한 관심 속에서 근대적인 것을 수용하고 식민지라는 현실 속에서 이를 실천하고자 하였다. 식민성과 근대성이 복합되어 있던 근대 교육을 받으며 자기 의식을 획득한 신여성은 가부장적 지배와 근대적 형태의 여성에 대한 억압, 제국주의적 지배와 민족주의적 저항이 뒤엉킨 복잡한 현실에 다양한 방식으로 반응하였다. 사회주의 여성들은 도시 중심의 자유주의 여성들이 추구하는 근대가 한계를 지니고 있다고 비판하고 근대에 대한 대안적 전망을 내놓았다.

389 일제의 식민지 교육

> 사료1 제1차 조선 교육령(1911)
>
> 제1조 조선에서의 조선인의 교육은 본령에 따른다.
> 제2조 교육은 교육에 관한 칙어(勅語)의 취지에 터하여 충량한 국민을 육성하는 것을 본의로 한다.
> 제4조 교육은 보통 교육·실업 교육 및 전문 교육으로 대별한다.
> 제5조 보통 교육은 보통의 지식·기능을 부여하고, 특히 국민된 성격을 함양하며 국어[日語]를 보급함을 목적으로 한다.
> 제7조 전문 교육은 고등 학술과 기예를 가르치는 것을 목적으로 한다.
>
> 사료2 제2차 조선 교육령(1922)
>
> 1. 보통학교의 수업 연한을 4년에서 6년으로, 고등 보통학교는 4년에서 5년으로 연장한다.
> 2. 조선인과 일본인의 공학을 원칙으로 한다.
>
> 사료3 제3차 조선 교육령에 의한 소학교 규정(1938)
>
> 제1조 　소학교는 국민 도덕의 함양과 보통의 지능을 갖게 함으로써 충량한 황국 신민을 육성하는 데 있다.
> 제2조 　국어를 상용하는 자의 보통 교육은 소학교령, 중학교령 및 고등 여학교령에 의한다.
> 제13조 심상소학교 교과목은 수신·국어(일어)·산술·국사·지리·이과·직업·도화이다. 조선어는 수의(隨意) 과목으로 한다.
>
> > **사료 플러스⁺**
> >
> > 일제의 식민지 교육 목표는 우민화 교육을 통하여 한국인의 황국 신민화를 꾀하였다. 일제는 네 차례에 걸쳐서 교육령을 공포하여 교과 과정을 식민지 정책에 맞추어 바꾸었다.

390 서당 규칙(1918)

> 1. 서당을 개설하려고 할 때에는 도지사의 인가를 받아야 한다.
> 2. 서당에서의 교과서는 조선 총독부 편찬의 교과서를 사용하여야 한다.
> 3. 조선 총독부가 적격자로 인정하지 않는 자는 서당의 개설자 또는 교사가 될 수 없다.
> 4. 도 장관은 서당의 폐쇄 또는 교사의 변경, 기타 필요한 조치를 명령할 수 있다.
>
> > **사료 플러스⁺**
> >
> > 1908년 제정되었던 사립 학교령이 1911년 사립 학교 규칙으로 바뀌면서 사립 학교 폐쇄를 강요당했고, 이에 새로운 민족 교육의 대안으로 개량 서당이 등장하였다. 개량 서당은 기존의 서당이 가르쳐 왔던 내용뿐만 아니라, 사립 학교에서 가르치던 근대적 교육도 실시하였다. 이에 일제는 이를 탄압하기 위해 1918년 서당 규칙을 만들어 개량 서당 설립을 방해하였다.

사료1 **식민 사관**

한국인에게 더욱 결핍한 용감한 무사적 정신의 대표자인 우리 일본 민족은 …… 봉건적 교육과 이를 바탕으로 하는 경제 단위의 발전을 갖추지 못한 한국과 한국인에 대해서는 그 부패 쇠망의 극에 달한 '민족적 특성'을 밑바닥에서부터 소멸시킴으로써 이를 동화시켜야 할 자연적 운명과 의무를 가지는 '유력 우세한 문화'의 사명을 자임해야 하지 않을까.

후쿠다 도쿠조, 『한국의 경제 조직과 경제 단위』(1914)

사료2 **타율성 이론 – 지정학적 숙명론**

아시아 대륙의 중심에 가까이 부착된 이 반도는 정치적으로도 문화적으로도 반드시 대륙의 여파를 받음과 동시에, 또 주변 위치 때문에 항상 그 본류로부터 벗어나 있었다. 여기서 한국사의 두드러진 특징인 부수성이 말미암은 바가 이해될 것이다.

미시나 쇼에이, 『조선사 개설』(1940)

사료3 **정체성 이론**

개항 당시 조선에는 자본의 축적도 없었고, 기업적 정신에 충만한 계급도 없었다. 대규모 생산을 감당할 수 있는 기계도 기술도 없었다. 아니, 이러한 것들의 존재를 희망하는 사정도, 필연케 하는 조건도 구비되어 있지 아니하였다. 거기에 있었던 것은 오직 쌀·보리의 생산자인 농민, 여가 노동에 가까운 수공업자, 잉여 생산물, 사치품의 거래자인 상인, 이들 위에서 모든 권리를 향유하고 모든 잉여를 흡수하는 관리·양반들뿐이었다. 자본주의 생성의 조건과 거의 정반대의 요소뿐이라고 평할 수밖에 없을 것이다.

시가타, 『조선사회경제사 연구』

사료4 **당파성 이론**

타율적 권위에 의존하여 자기를 주장하는 정신은 독립성이 없고, 그곳에서 사람들이 서로 의존하는 당파적 성격이 길러지는 것은 자연스런 일이다. 유력한 권위 아래 모이고, 혹은 특수한 사회 결합에 의존하여 당파를 맺는 것은 조선의 두드러진 국민성으로서 정치, 사회의 대립에서부터 다 같이 두드러지게 나타나고 있다. 붕당의 다툼은 스스로의 생활 의식의 대립에서부터 일어나는 것이 아니다. 주자학의 원리, 특히 예론에 따른 일종의 의존적 대립인 까닭에 종합되어 앞으로 나아가는 때는 없고, 언제까지나 의미 없는 대립으로서 성과 없는 항쟁을 계속한다. 그 항쟁의 길이에 있어서는 세계적 기록이라고 하여도 과언이 아니다.

미시나 쇼에이, 『조선사 개설』

사료 플러스⁺

제시된 사료는 일제 강점기에 일본인 학자에 의해 조작된 식민 사관 중 일부이다. 특히 사료 4의 목적은 우리 민족의 당파성을 강조하고 단결력 부족을 부각시켜 한국사를 부정적인 시각으로 해석하도록 유도하였다. 이런 시각은 역사 해석의 객관성을 유지하지 못한 채 한반도의 식민 통치를 뒷받침하기 위한 주관적인 해석 또는 역사 왜곡으로 평가될 수 있다. 정치 세력 간의 분열과 대립은 어느 나라, 어느 시대를 막론하고 나타나는 현상일 뿐이며, 결코 한국사에서만 나타나는 고질적인 문제가 아니다. 또한, 붕당 정치가 특정 세력의 권력 독점을 막고 정치의 활성화에 기여하였다는 측면도 인정되어야 한다.

392 『조선사』 편찬 요지

조선인은 다른 식민지의 야만적이고 반개화적인 민족과 달라서 문자 해독에 있어서는 문명
인에 떨어지지 않는다. 따라서 예로부터 전해오는 책도 많고, 또 새로운 저술도 적지 않다.
…… 헛되어 독립군의 옛 공을 떠올리게 하는 폐단이 있다. ……『한국통사』라고 하는 재외
조선인의 저서는 진상을 깊이 밝히지 않고 함부로 망령된 주장을 펴고 있다. 이들 역사책이
인심을 어지럽히는 해독은 헤아릴 수 없다.

사료 플러스
> 일제는 1925년 총독부 산하 연구 기관으로 조선사 편수회를 설치하여 한국사를 왜곡·서술하였고 그 결
> 과『조선사』(37권),『조선사료총간』,『조선사료집』(3권)을 간행하였다.

393 박은식의 역사 인식

- 지금 우리 대동 민족은 세력으로 승리를 도모할 수 없는데다가, 종교와 역사 정신도 사람
  들 마음속 깊이 뿌리내리지 않았다. 그렇다면 시간이 오래 지나 다른 민족에 기어이 동화
  될 것이며, 세계 역사에서 우리 민족의 명칭이 사라지고 말 것이니 이 얼마나 두려운 일인가?
  이것이 내가 근원을 미루어 헤아리고, 근본을 거슬러 생각하며『대동고대사론』을 펴내는
  까닭이다. 오직 우리 동족 형제들은 생각하고 힘쓸지어다.　　　　　　　『대동고대사론』(1911)
- 나라는 형체이고 역사는 정신이다. 지금 한국의 형체는 무너졌으나 정신이 멸하지 않으면
  형체는 부활할 때가 있을 것이다. …… 대개 국교(國敎)·국학·국어·국문·국사는 혼
  (魂)에 속하는 것이요, 전곡·군대·성지·함선·기계 등은 백(魄)에 속하는 것이므로 혼
  의 됨됨은 백에 따라 죽고 사는 것이 아니다. 그러므로 국교와 국사가 망하지 않으면 그
  나라도 망하지 않는 것이다.　　　　　　　　　　　　　　　　　　　『한국통사』(1915)

사료 플러스
> **참고 민족 사학자 박은식(1859~1925)**
>
> - 호는 겸곡(謙谷), 백암(白巖), 필명으로 박기정, 태백광노(太白狂奴), 무치
>   생(無恥生), 창해노방실(滄海老紡室), 백산포민(白山浦民)을 씀.
> - 민족 사학자, 독립운동가, 황성신문·대한매일신보·서북 학회보(신민회)
>   의 주필, 대한 자강회·신민회 가입
> - 1909년『유교구신론』발표(주자 중심의 유학을 비판, 양명학의 지행합일과
>   사회 진화론의 진보 원리를 조화시킨 대동사상과 대동교 주창), 1912년
>   상하이에서 신규식 등과 동제사 조직, 박달 학원 운영, 1915년 이상설·
>   신규식 등과 신한 혁명당 조직, 신규식과 대동 보국단 조직, 1919년 대한
>   국민 노인 동맹단 조직
> - 『한국통사』(1915)에서 근대 이후 일본의 한국 침략 과정 서술, 서문에 '역
>   사는 신(神)이요, 나라는 형(形)이다.'−민족 혼 강조
> - 『한국독립운동지혈사』(1920)에서 일제 침략에 대항하여 투쟁한 한민족의 독립운동 서술
> - 1924년 임시 정부 국무총리 겸 대통령 대리 ⇨ 1925년 임시 정부 2대 대통령에 취임
> - 기타 저서:『천개소문전』,『안중근전』등

▲ 박은식

빈출사료

사료 1 민족주의 역사학의 기반

역사를 집필하는 자는 반드시 그 나라의 주인공으로 되는 한민족을 선명히 내놓고 그를 주제로 삼아야 한다. 그리하여 그 정치가 어떻게 긴장되고, 해이되었으며, 그 실업은 어떻게 발전하고 정체되었으며, 그 무력이 어떻게 변하였으며, 기타 다른 나라들과 어떻게 외교하고 무역하였는가를 서술하여야 한다. 이렇게 해야 역사라고 말할 수 있다. 만일 그렇지 못하면 그것은 무정신(無精神)의 역사이다. 무정신의 역사는 무정신의 민족을 낳으며 무정신의 국가를 만들어낼 것이니 어찌 두려워하지 않을 수 있겠는가? 「독사신론」(1908)

사료 2 『조선상고사』(1931) 서문

역사란 무엇인가? 인류 사회의 '아(我)'와 '비아(非我)'의 투쟁이 시간으로 발전하고 공간으로 확대되는 심적(心的) 활동 상태의 기록이니, 세계사라 하면 세계 인류가 그렇게 되어온 상태의 기록이요, 조선사라 하면 조선 민족이 이렇게 되어온 상태의 기록이다.

무엇을 '아'라 하며 무엇을 '비아'라 하는가? 깊이 팔 것 없이 얕이 말하자면, 무릇 주관적 위치에 서 있는 자를 아라 하고, 그 밖의 것은 비아라 한다. 이를테면 조선인은 조선을 아라 하고 영(英)·로(露: 러시아)·법(法: 프랑스)·미(美) 등을 비아라고 하지마는 영·로·법·미 등은 저마다 제 나라를 아라 하고 조선을 비아라고 하며, 무산(無産) 계급은 무산 계급을 아라 하고 지주나 자본가를 비아라고 하지마는, 지주나 자본가는 저마다 제 붙이를 아라 하고 무산 계급을 비아라 한다. 이뿐 아니라, 학문에나 기술에나 직업에나 의견에나, 그 밖의 무엇에든지 반드시 본위(本位)인 아가 있으면 따라서 아와 대치되는 비아가 있고, 이 가운데 아와 비아가 있으면 비아 가운데에도 아와 비아가 있다. 그리하여 아에 대한 비아의 접촉이 잦을수록 비아에 대한 아의 분투가 더욱 맹렬하여 인류 사회의 활동이 쉴 사이 없으며, 역사의 전도가 완결된 날이 없다. 그러므로 역사는 아와 비아의 투쟁의 기록인 것이다.

사료 플러스⁺

🔖 참고 민족 사학자 신채호(1880~1936)

• 신숙주의 후예, 독립운동가, 민족 사학자, 언론인
• 호는 일편단생(一片丹生)·단생(丹生) 혹은 단재(丹齋), 필명은 금협산인(錦頰山人)·무애생(無涯生)·열혈생(熱血生)·한놈 등을 씀.
• 독립 협회 활동, 황성신문 기자, 대한매일신보 주필, 신민회 활동, 국채 보상 운동 참여
• 1910년 연해주 권업회 기관지 「권업신문」 창간, 1913년 중국에서 박달 학원 건립
• 1919년 상하이 임시 정부에 참여, 전원위원회 위원장 겸 의정원 의원에 선출 ⇨ 이승만의 노선에 반대하여 사임
• 임시 정부 기관지 「독립신문」에 맞서 『신대한』 창간
• 1923년 상하이에서 개최된 국민 대표 회의에서 창조파로 활동, 이후 한국 고대사 연구에 주력하여 단군-부여-고구려 중심으로 고대사 체계화
• 의열단의 '조선 혁명 선언'(1923) 작성(민중에 의한 직접 무장 투쟁 강조), 다물단 선언 작성, 북경 대한 독립 청년단(1919) 조직
• 1928년 무정부주의 동방 연맹 대회 창설 ⇨ 대만에서 위조지폐 사건에 연루되어 체포되었고, 결국 뤼순 감옥에서 복역 중 1936년 뇌일혈로 순국
• 「독사신론」(1908)에서 민족주의 사학으로의 방향 제시, 시간·공간·인간을 역사의 3요소로 지적
• 『조선사연구초』(1925)에서 묘청의 난을 '조선 일천년래 제일대사건'으로 평가(낭가사상 강조)
• 『조선상고사』(1931)에서 역사를 '아(我)와 비아(非我)의 투쟁의 기록'으로 정의
• 기타 저서: 『을지문덕전』, 『이태리건국삼걸전』, 『최도통(최영)전』 등

▲ 신채호

조선의 시조는 단군이시니, 단군은 신이 아니요 사람이시라. 백두의 높은 산과 송화의 장강을 터전으로 하여 조선을 만드시매, 조선 민족은 단군으로부터 생기고, 조선은 정교 단군으로부터 열리었다. …… 얼은 남이 빼앗아가지 못한다. 얼을 잃었다면 스스로 자실(自失)한 것이지 누가 가져간 것이 아니다.

'5천 년간 조선의 얼'

사료 플러스⁺

정인보는 중국에서 독립운동을 하다가 1919년에 귀국하여 신채호의 민족 사관을 계승·발전시켜 고대사 연구에 주력하였으며, 광개토 대왕릉비문을 연구하여 일본의 잘못된 고대사 연구를 바로잡는 데 기여하였다. '5천 년간 조선의 얼'을 동아일보에 연재하였는데, 이것은 뒤에 『조선사연구』라 하여 단행본으로 간행되었다. 또한 그는 얼 사상을 강조하여 한국사에 나타난 얼로서 단군, 세종 대왕, 이순신의 정신 등을 들었다.

조선글은 조선심(朝鮮心)에서 생겨난 결정인 동시에 조선학을 길러 주는 비료라 하려니와 조선글이 된 이래 9세기 동안에 조선의 사상계는 자는 듯 조는 듯 조선학의 수립에 대하여 각별한 진전을 보지 못하였다. 그러나 오늘날은 차차 구사상에서 벗어나 신사상의 자극을 받게 된 조선인은 조선을 재인식할 때가 왔다. 한편으로 신문화를 받아들임과 동시에 한편으로 조선학을 잘 만들어 세계 문화에 기여가 있어야만 할 것이니 이는 문화 민족으로서 조선인에게 부과된 대사명인가 한다.

『사안(史眼)으로 본 조선』

사료 플러스⁺

문일평은 조선 시대 민중을 위하여 노력한 인물들을 드러내고, 세종과 실학자들의 민족 지향·민중 지향·실용 지향을 높이 평가하는 사론을 발표하였으며, 민족 문화의 근본으로 세종을 대표자로 하는 조선심(朝鮮心) 또는 조선 사상(朝鮮思想)을 강조하였다.

397 실증주의 사학

그러므로 개개가 전체에 관련하는 것은 그 개개를 조금도 변경함이 없이 전체에 관련할 수가 있다. 일개의 사건이 그 시간과 장소의 제약을 받으면서 넓게 그 시대 전체에 관련하고, 또 국민, 민족의 전반에 관련하여 이해되고, 다시 인간 전체의 관련에 있어서 고찰할 수 있는 것은 이 때문이다. …… 또, 실증주의적인 사건 개개의 정밀 탐구라는 것도 시간, 장소, 인물에 대한 개별적인 탐색으로써 역사의 사실이 명백하게 되는 것은 그대로 전체 관련에서 보는 데 조금도 지장될 바가 아니다. 오히려 <u>인간 생활 전체의 이해에 있어서는 개개의 인간 행위가 정밀하고 정확하게 알려질 것이 필요하다.</u>

이상백, 『조선문화사연구논고』

> **사료 플러스⁺**
>
> 청구 학회(1930)를 중심으로 한 일본 어용 학자들의 왜곡된 한국학 연구에 반발하여 이윤재, 이병도, 손진태, 신석호 등이 진단 학회(1934)를 조직하였다. 이들은 문헌 고증을 통해 사실 그대로를 밝혀내려는 실증주의 사학을 표방하였다. 그러나 1942년 진단 학회 사건으로 해산되었다.

398 백남운의 사회 경제 사학

우리 조선의 역사적 발전의 전 과정은 지리적인 조건, 인종적인 골상, 문화 형태의 외형적 특징 등 다소의 차이를 인정한다 하더라도, 외관상 특수성이 다른 문화 민족의 역사적인 발전 법칙과 구별되어야 할 독자적인 것은 아니며, <u>세계사적인 일원적 역법칙에 의해 다른 제 민족과 거의 같은 발전 과정을 거쳐 왔던 것이다.</u> …… 여기서 내 조선 경제사의 시도는 사회의 경제적 구성을 기축으로 대략 다음의 여러 문제를 취급하고 있다.
제1, 원시 씨족 공산체의 상태
제2, 삼국 정립 시대에서의 노예 경제
제3, 삼국 시대 말기부터 최근세에 이르기까지의 아시아적 봉건 사회의 특질
제4, 아시아적 봉건 국가의 붕괴 과정과 자본주의의 맹아 형태
제5, 외래 자본주의 발전의 일정과 국제적 관계
제6, 이데올로기 발전의 총 과정

백남운, 『조선사회경제사』

> **사료 플러스⁺**
>
> 사회 경제 사학은 역사 발전의 핵심을 물질로 보는 마르크스의 유물 사관(唯物史觀)에 입각하여, 한국사의 역사 발전을 세계사적인 역사 발전 법칙과 동일한 범주에서 파악함으로써 일제의 정체성 이론을 반박하는 성과를 거두었다. 백남운은 『조선사회경제사』·『조선봉건사회경제사』에서 한국사도 고대 노예 사회와 중세 봉건 사회를 거쳐 발전해 왔음을 주장하였다. 또한 그는 좌익 역사가 중에는 비교적 온건한 인물로, 해방 후 양심적 지주·자본가들과 손잡고 새 나라를 건설해야 한다는 '연합성 신민주주의'를 제창하였다.

나는 신민족주의 입지에서 이 민족사를 썼다. …… 민족의 단합이 없이 민족의 완전한 자주 독립이 있을 수 없고, 따라서 민족 문화의 세계사적 발전도 있을 수 없다. …… 조선 민족사는 결국 우리 민족이 과거에 민족으로서 어떻게 생활하느냐 하는 사실(史實)을 민족적 입지에서 엄정하게 비판하여 앞으로 우리 민족의 나아갈 진정한 노선을 발견하는 데 그 연구 가치와 의의가 있다. …… 지금 세계는 모든 민족의 자유 독립과 공동 번영을 지향하고 움직이고 있다. 지금 우리는 자본주의적 지배를 꿈꿀 때도 아니요, 계급 투쟁만을 일삼을 때도 아니다.

『조선민족사개론』

사료 플러스➕

손진태는 1934년 진단 학회의 창설에 참여하였고, 1930년대 후반 "현실 문제를 해결할 수 있고, 민족이 살아나갈 길을 명시하는 학문"을 찾아 민속학에서 한국 사학으로 전환하였다. 8·15 광복 이후 '신민족주의 사관'을 제창하여 민족 내부의 균등과 단결, 그리고 그에 기반을 둔 민족 국가의 건설을 목표로 한국사를 서술하였다.

400 조선 민립 대학 설립 운동

우리의 운명을 어떻게 개혁할까? 정치냐, 외교냐, 산업이냐? 물론 이와 같은 일이 모두 필요하도다. 그러나 그 기초가 되고 요건이 되며, 가장 시급한 일이 되고 가장 먼저 해결할 필요가 있으며, 가장 힘 있고, 필요한 수단은 교육이 아니면 아니 된다. …… 민중의 보편적 지식은 보통 교육으로도 가능하지만 심오한 지식과 학문은 고등 교육이 아니면 불가하며, 사회 최고의 비판을 구하며 유능한 인물을 양성하려면 …… 오늘날 조선인이 세계 문화 민족의 일원으로 남과 어깨를 겨주고 우리의 생존을 유지하며 문화의 창조와 향상을 기도하려면, 대학의 설립이 아니고는 다른 방도가 없도다.

사료 플러스➕

일제가 2차 조선 교육령(1922)에서 대학 교육을 허용하자, 우리 민족은 조선 총독부에 대학 설립을 요구하였으나 묵살되었다. 이에 우리 민족의 손으로 대학 설립을 도모하자는 민립 대학(民立大學) 설립 운동이 일어났다. 모금 운동은 '한민족 1,000만이 한 사람 1원씩'이라는 구호 아래 순조롭게 진행되었으나, 일제의 방해 공작으로 중도에 좌절되었다. 일제는 이를 대신하여 경성 제국 대학을 설립하면서 한국인의 불만을 무마하려 하였다.

• 빼앗긴 들에도 봄은 오는가(1926)

이상화

지금은 남의 땅─빼앗긴 들에도 봄은 오는가.

나는 온몸에 햇살을 받고,
푸른 하늘 푸른 들이 맞붙은 곳으로,
가르마 같은 논길을 따라 꿈속을 가듯 걸어
만 간다.

입술을 다문 하늘아, 들아,
내 맘에는 내 혼자 온 것 같지를 않구나!
네가 끌었느냐, 누가 부르더냐, 답답워라, 말
을 해 다오.
……

그러나 지금은 들을 빼앗겨 봄조차 빼앗기
겠네.

• 그날이 오면(1930)

심훈

그날이 오면, 그날이 오면은
삼각산이 일어나 더덩실 춤이라도 추고,
한강물이 뒤집혀 용솟음칠 그날이
이 목숨 끊기기 전에 와 주기만 할 양이면,
나는 밤하늘에 날으는 까마귀와 같이
종로의 인경을 머리로 들이받아 울리오
리다.
두개골은 깨어져 산산조각이 나도
기뻐서 죽사오매 무슨 한이 남으오리까.
……

• 광야(1945)

이육사

까마득한 날에
하늘이 처음 열리고
어데 닭 우는 소리 들렸으랴.

모든 산맥들이
바다를 연모해 휘달릴 때에도
차마 이곳을 범하던 못하였으리라.

끊임없는 광음을
부지런한 세월이 피어선 지고
큰 강물이 비로소 길을 열었다.

지금 눈 내리고
매화 향기 홀로 아득하니
내 여기 가난한 노래의 씨를 뿌려라.

다시 천고(千古)의 뒤에
백마 타고 오는 초인(超人)이 있어
이 광야(曠野)에서 목 놓아 부르게 하리라.

사료 플러스 ⊕

일제는 중·일 전쟁을 도발하고 본격적인 대륙 침략을 시작한 후 문학 작품에서 간접적이고 우회적인 항
일의 표현을 일체 허용하지 않았고, 더 나아가 일제의 군국주의를 찬양할 것을 요구하였다. 이러한 상황
에서 문인들은 작품 활동을 중단하거나, 일본 제국주의의 식민 통치에 저항하는 글을 썼다.

402 친일에 앞장선 사람

- **최린 : 민족 대표 33인 중 한 명**

  우리들 반도 민중은 창씨도 하였고, 기쁜 낮으로 제국 군인이 되어 무엇으로 보나 황국 신민이 된 것이다. 이제부터는 있는 힘을 다하여 연성을 쌓아서 군국의 방패로서 부끄럽지 않은 심신을 만들어 두지 않으면 안된다.　　　　　　　　　　　　매일신보(1942. 5. 10.)

- **김성수 : 동아일보 사장, 한국 민주당 수석 총무, 대한민국 2대 부통령**

  오직 한결같은 충순의 마음으로서 군문에 들어간 우리 학병들의 전도는 승리와 광명이 있을 뿐이다. 이제 대망의 징병이 실시됨에 따라 우리는 학생이 없는 가정이라도 적령기의 청년 남아를 가진 집에서는 모두 이 며칠 동안 반도 전역이 감격으로 환송하는 장쾌한 병역의 성사를 맛보게 될 것이다.

- **김활란 : 여성 박사 1호, 이화 여자 전문학교 교장, 이화여대 총장, 공보처장**

  이제야 기다리고 기다리던 징병제라는 커다란 감격이 왔다. …… 우리는 아름다운 웃음으로 내 아들이나 내 남편을 전장으로 보낼 각오를 가져야 한다. 따라서 만일의 경우에 남편이나 아들의 유골을 조용히 눈물 안 내고 맞아들일 마음의 준비를 가져야 한다.　　　　　　　　　　　　　　　　　　　　　　　　『신세대』(1942)

> **사료 플러스⁺**
>
> 📖 **참고 대표적 친일 단체와 인물**
>
> | 단체 | 대표 인물 | 단체 | 대표 인물 |
> |---|---|---|---|
> | 임전보국단 | 김동환, 주요한, 최린 | 조선 미술가 협회 | 김은호, 김기창 |
> | 국민 정신 총동원 조선 연맹 | 고원훈, 김성수, 윤치호, 김활란 | 국민 총력 조선 연맹 | 윤덕영, 김성수, 박흥식 |
> | 조선 문인 협회 | 최재서, 박영희, 이광수 | 조선 음악가 협회 | 현제명 |

403 모던 걸, 모던 보이

혈색 좋은 흰 피부가 드러날 만큼 반짝거리는 엷은 양말에, 금방 발목이나 삐지 않을까 보기에도 조마조마한 구두 뒤로 몸을 고이고, 스커트 자락이 비칠 듯 말 듯한 정강이를 지나는 외투에 단발 혹은 미미가쿠시(당시 유행하던 머리모양)에다가 모자를 푹 눌러 쓴 모양 …… 분길 같은 손에 경복궁 기둥 같은 단장을 휘두르면서 두툼한 각테 안경, 펑퍼짐한 모자, 코 높은 구두를 신고 ……　　　　　　　　　　　　　　　　　『별건곤』, 모년 12월호

> **사료 플러스⁺**
>
> 1920년대 들어 공업화와 도시화가 진행되면서 도시를 중심으로 소비문화가 확산되었고 대중문화가 형성되기 시작하였다. 도시에는 백화점을 비롯하여 식당, 카페와 다방, 극장과 댄스홀 등 대형 상업 건축물이 들어섰고, 대중교통으로 전차와 버스가 각광받았다. 또한, 쇼핑과 외식을 즐기는 '모던 걸'와 '모던 보이'가 등장하고, 신여성의 상징으로 단발이 유행하였다.

PART

08

선우빈 선우한국사

현대 사회의 발전

제1장 현대의 정치
제2장 현대의 경제
제3장 현대의 사회
제4장 현대의 문화

합격까지 **박문각**

CHAPTER 01 현대의 정치

404 광복 이전 여러 독립운동 단체의 건국 강령

사료1 대한민국 임시 정부의 건국 강령(1941. 11.)

제1장 강령

1. 우리나라는 우리 민족이 반만년 이래로 공통한 말과 글과 국토와 주권과 경제와 문화를 가지고 공통한 민족정기를 길러온 우리끼리 형성하고 단결한 고정적 집단의 최고 조직임.

2. 우리나라의 건국 정신은 삼균 제도에 역사적 근거를 두었으니, 선민의 명명한 바 '수미균평위(首尾均平位)'하면 '홍방보태평(興邦保泰平)'이라 하였다. 이는 사회 각 층의 지력과 권력과 부력의 가짐을 고르게 하여 국가를 진흥하며 태평을 보전, 유지하려 함이니 홍익인간과 이화세계하자는 우리 민족의 지킬 바 최고의 공리임.

6. 임시 정부는 13년 4월에 대외 선언을 발표하고 삼균 제도의 건국 원칙을 천명하였으니, 이른바 "보통 선거 제도를 실시하여 정권을 균(均)히 하고 국유 제도를 채용하여 이권을 균(均)히 하고 공비 교육으로써 학권을 균(均)히 하며, 국내외에 대하여 민족자결의 권리를 보장하여서 민족과 국가의 불평등을 고쳐버릴 것이니, 이로써 국내에 실현하면 특권 계급이 곧 없어지고 소수 민족의 침몰을 면하고, 정치와 경제와 교육 권리를 균(均)히 하여 고저를 없이하고 동족과 이족에 대하여 또한 이렇게 한다."고 하였다. 이는 삼균 제도의 제1차 선언이니 이 제도를 발양 확대할 것임.

제3장 건국

1. 적의 일체 통치 기구를 국내에서 완전히 박멸하고 국도를 정하고 중앙 정부와 중앙 의회의 정식 활동으로 주권을 행사하여 선거와 입법과 임관과 군사, 외교, 경제 등에 관한 국가정령이 자유로 행사되어 삼균 제도의 강령과 정책을 국내에 추행하되 시작하는 과정을 건국의 제1기라 함.

2. 삼균 제도를 골자로 한 헌법을 시행하여 정치, 경제, 교육의 민주적 시설로 실제상 균형을 도모하며 전국의 토지와 대생산 기관의 국유화가 완성되고 전국 학령 아동의 전수가 고등 교육의 면비수학이 완성되고 보통 선거 제도가 구속 없이 완전히 실시되어 ……

사료2 조선 독립 동맹의 강령

본 동맹은 조선에 대한 일본 제국주의의 지배를 전복하고 독립 자유의 조선 민주 공화국을 수립할 목적으로 다음 임무를 실현하기 위하여 싸운다.

1. 전 국민의 보통 선거에 의한 민주 정권의 수립
2. 조선에 있는 일본 제국주의자의 일체 자산과 토지를 몰수하고, 일본 제국주의와 밀접한 관계가 있는 대기업을 국영으로 귀속하며, 토지 분배를 실행한다.
3. 국민 의무 교육 제도를 실시하고, 이에 필요한 경비는 국가가 부담한다.

사료3 조선 건국 동맹의 강령

1. 각인 각파를 대동단결하여 거국 일치로 일본 제국주의 제 세력을 구축하고 조선 민족의 자유와 독립을 회복할 것
2. 반추축 제국(연합국)과 협력하여 대일 연합 전선을 형성하고 조선의 완전한 독립을 저해하는 일체 반동 세력을 박멸할 것
3. 건설부면에 있어서 일체 시위를 민주주의 원칙에 의거하고, 특히 노동 대중의 해방에 치중할 것

사료 플러스⁺

광복 이전 국내외에서 독립운동을 추진하였던 민족 지도자들은 일제의 패망 후 새로운 정부의 형태를 민주 공화국으로 하는 데 뜻을 같이 하였다.

사료 1: 충칭의 대한민국 임시 정부는 1940년 민족주의 계열의 독립운동 단체들을 한국 독립당으로 통합하여 대한민국 건국 강령을 발표(1941. 11.)하였다. 조소앙의 삼균주의를 받아들인 건국 강령은 '보통 선거를 통한 민주 공화국의 수립, 정치·경제·교육의 균등' 등을 주창하였고, 국가 건설의 과정은 '독립 선포 ➡ 정부 수립 ➡ 국토 수복 ➡ 건국'으로 정하였다. 민족주의 계열인 한국 독립당이 조소앙의 삼균주의, 토지와 대생산 시설의 국유화 등을 채택한 부분에서 사회주의적 가치를 일부 수용한 민족 통일 운동 전선의 성격을 볼 수 있다.

사료 2: 중국 화북 지방에서는 사회주의 계열의 독립운동가들이 김두봉, 김무정을 중심으로 조선 독립 동맹(1942)을 결성하였고, 전 국민의 보통 선거에 의한 민주 공화국의 수립을 건국 강령으로 제시하였다.

사료 3: 일제의 가혹한 탄압 속에서 중도 좌파인 여운형이 중심이 되어 조선 건국 동맹(1944)을 조직하였고, 일제 타도와 민주주의 국가 건설을 주요 내용으로 하는 건국 강령을 제정하였다.

> **사료1 카이로 선언(1943)**
>
> 루스벨트 대통령, 장제스 대원수 및 처칠 총리대신은 각자의 군사 및 외교 고문과 더불어 북아프리카에서 회의를 종료하고, 다음과 같은 일반적 성명을 발표하였다. …… 동맹국의 목적은 일본국으로부터 1914년의 제1차 대전의 개시 이후에 있어서 일본군이 탈취 또는 점령한 태평양에 있는 일체의 도서를 박탈하는 것과 아울러 만주, 대만 등 일본국이 청나라로부터 빼앗은 일체 지역을 중화민국에 반환하는 데 있다. …… 전기 3대국은 한국 인민의 노예 상태에 유의하고, 적절한 절차를 거쳐 한국을 자주독립시킬 것을 결의한다.
>
> **사료2 얄타 회담(1945. 2.)**
>
> 루스벨트 대통령은 신탁 통치 문제를 스탈린과 토의하고 싶다는 의사를 표명하였다. 그는 한국을 미·소·중 3국의 대표로 구성된 신탁 통치 위원회의 관리 아래에 둘 의사를 갖고 있다고 말했다. 루스벨트 대통령은 신탁 통치의 유일한 경험이 필리핀의 경우였는데, 필리핀인은 자치 준비에 50년이 걸렸다고 설명한 다음, 한국은 불과 20년에서 30년밖에 필요치 않을 것이라고 덧붙였다. 스탈린은 그 기간이 짧을수록 좋다고 말하며 한국에 외국군을 주둔시킬 것인지를 질문했다. 루스벨트는 이에 대해 부정적인 답변을 하고 스탈린도 그 답변에 동의하였다. 합동통신사 조사부, 얄타 비밀 회담 협정, 미 국무성 발표 전문
>
> **사료3 포츠담 선언(1945. 7.)**
>
> 1. 미합중국 대통령, 중화민국 정부 주석, 대영 제국 총리대신은 우리들의 수억 국민을 대표하여 협의한 결과 일본국에 대하여 지금의 전쟁을 종결할 기회를 주기로 의견을 일치하였다.
> 6. 우리들은 무책임한 군국주의가 세계로부터 구축될 때까지 평화, 안전 및 정의의 신질서가 발생할 수 없다고 주장하는 것이므로 일본 국민을 기만하여 이로 하여금 세계 정복의 폭거에 나서는 과오를 범케 한 권력 및 세력은 영구히 제거되지 않으면 안된다.
> 8. 카이로 선언의 조항은 이행되어야 하며, 또 일본국의 주권은 혼슈, 홋카이도, 큐슈, 시코쿠 및 우리들이 결정하는 여러 작은 섬에 국한될 것이다.
>
> 국회 도서관 입법조사국, 『입법참고자료, 190-199』
제193호 한국 외교 관계 자료집, 1964

사료 플러스⁺

- **사료 1**: 제2차 세계 대전 중에 미국(루스벨트)·영국(처칠)·중국(장제스)의 수뇌들이 이집트의 수도 카이로에서 회담을 갖고 한국의 독립을 처음으로 약속하였다. 이들은 적당한 시기에 적절한 방법으로 일정한 절차를 밟아서 한국을 독립시킬 것을 결의하였다.
- **사료 2**: 소련 남부의 얄타에서 미국(루스벨트)·영국(처칠)·소련(스탈린)의 수뇌들이 맺은 비밀 조약으로, 소련의 대일전(對日戰) 참가 결정과 독일에 대한 분할 점령 등 전후 처리 문제를 논의하였다.
- **사료 3**: 미국(트루먼)·영국(처칠)·중국(장제스)의 수뇌들이 독일의 포츠담에서 모여 일본의 무조건 항복과 전후 처리 문제를 논의하였다. 이 회담 이후 8월 8일에 소련(스탈린)이 대일전 참전과 동시에 이 선언에 서명하였다. 회담 이후 발표한 포츠담 선언에서 카이로 선언의 실행과 일본의 영토를 혼슈, 홋카이도, 규슈, 시코쿠와 연합국이 결정하는 작은 섬으로 국한한다고 결의함으로써, 카이로 선언에서 결정한 한국의 독립을 재확인하였다.

406 조선 건국 준비 위원회 선언과 강령

우리의 당면 임무는 완전한 독립과 진정한 민주주의의 확립을 위해 노력하는 데 있다. 한때 국제 세력이 우리를 지배할 것이나, 그것은 우리의 민주주의적 요구를 도와줄지언정 방해하지는 않을 것이다. 봉건적 잔재를 일소하고 자유 발전의 길을 열기 위한 모든 진보적 투쟁은 전국적으로 전개되었고, 국내의 진보적·민주주의적 여러 세력은 통일 전선의 결성을 갈망하고 있나니, 이러한 사회적 요구로 우리 건국 준비 위원회는 결성된 것이다. …… <u>새 정권이 확립되기까지의 일시적 과도기에서 본 위원회는 조선의 치안을 자주적으로 유지하며, 한 걸음 더 나아가 조선의 완전한 독립 국가 조직을 실현하기 위해 새 정권을 수립하는 한 개의 잠정적 임무를 다하려는 의도에서</u> 아래와 같은 강령을 내세운다.

• 우리는 완전한 독립 국가의 건설을 기함.
• 우리는 전 민족의 정치적, 사회적 기본 요구를 실현할 수 있는 민주주의 정권의 수립을 기함.
• 우리는 일시적 과도기에 있어서 국내 질서를 자주적으로 유지하며 대중생활의 확보를 기함.

사료 플러스➕

미군정 실시에 앞서 중도 좌파 여운형은 민족주의자 안재홍 등과 함께 친일 세력을 배제한 각계각층을 총망라하여 좌우 합작 연합의 조선 건국 준비 위원회를 조직하고 국내 정국을 주도하였다. 그러나 송진우, 김성수 등의 민족주의 우익 세력은 불참하였다.

407 맥아더 사령부 포고 제1호(1945. 9. 9.)

조선 인민에게 고함

본관(本官)은 본관에게 부여된 태평양 방면 미 육군 총사령관의 권한으로써 이에 북위 38도 이남의 조선과 조선 주민에 대하여 군정을 세우고 다음과 같은 점령에 관한 조건을 포고한다.

제1조 북위 38도 이남의 조선 영토와 조선 인민에 대한 통치의 전 권한은 당분간 본관의 권한 하에서 시행된다.

제2조 정부 공공단체 및 기타의 명예직원들과 고용인 또는 공익사업 공중위생을 포함한 전 공공사업 기관에 종사하는 유급 혹은 무급 직원과 고용인 또 기타 제반 중요한 사업에 종사하는 자는 별도의 명령이 있을 때까지 종래의 정상적인 기능과 의무를 수행하고 모든 기록과 재산을 보존·보호하여야 한다.

제4조 주민의 재산 소유권은 이를 존중한다. 주민은 본관의 별도의 명령이 있을 때까지 일상의 업무에 종사하라.

제5조 군정 기간에는 영어를 모든 목적에 사용하는 공용어로 한다. 영어 원문과 조선어 또는 일본어 원문 간에 해석 또는 정의가 명확하지 않거나 같지 않을 때에는 영어 원문을 기본으로 한다. 　　　　　　　　　　　　　미 육군 태평양 방면 육군 총사령관
미국 원수 더글러스 맥아더(Douglas MacArthur)

사료 플러스➕

1945년 9월 7일 인천에 상륙한 미군은 군정을 선포하고 직접 통치의 방식을 취하였다. 즉, 미군은 조선 건국 준비 위원회와 조선 인민 공화국 수립을 부정하고, 충칭의 대한민국 임시 정부마저 인정하지 않은 상태에서 패망 후에도 남한에서 통치권을 행사하고 있었던 총독부의 기구와 관리를 그대로 유지하여 군정을 실시하였다.

27년간 꿈에도 잊지 못하던 조국 강산을 다시 밟을 때 나의 흥분되는 정서는 말로 다 표현할 수 없습니다. 나는 먼저 경건한 마음으로, 우리 조국의 독립을 싸워 얻기 위하여 희생되신 유명 무명의 무수한 선열과 아울러 우리 조국의 해방을 위하여 피를 흘린 수많은 동맹국 용사에게 조의를 표합니다. 다음으로는 충성을 다하여, 3천만 부모 형제 자매와 우리나라에 주둔해 있는 미국·소련 등 동맹군에게 위로의 뜻을 보냅니다. 나와 나의 동료들은 과거 2~30년간을 중국의 원조 하에서 생명을 부지하고 우리의 공작을 전개해 왔습니다. 더욱이 이번의 귀국에는 중국의 장개석(蔣介石) 장군 이하 각계각층의 도움을 받았습니다. 그리고 또 한국에 있는 미군 당국의 성대한 성의도 입었습니다. 그러므로 나와 나의 동료는 중·미 양군에 대하여 큰 존경의 뜻을 표하는 바입니다. 또 우리는 우리 조국의 북부를 해방해 준 소련에 대해서도 함께 존경의 뜻을 표합니다. 이번 전쟁은 민주를 옹호하기 위하여 파시스트를 타도하는 전쟁이었습니다. 그런데 이 전쟁이 승리하게 된 오직 하나의 원인은 동맹이라는 약속을 통하여 상호 단결 협조함에 있었습니다. …… 나와 나의 동료는 오직 완전히 통일된 독립 자주의 민주국가를 완성하기 위하여 여생을 바칠 결심을 가지고 귀국했습니다. 여러분은 조금이라도 가림 없이 심부름을 시켜 주시기 바랍니다. 조국의 통일과 독립에 도움이 되는 일이라면 불구덩이나 물속에라도 들어가겠습니다. 우리는 미국과 중국의 도움을 받아 여러분과 기쁘게 만나게 되었습니다. 그러나 우리는 오래지 않아 또 소련의 도움으로 북쪽의 동포도 기쁘게 대면할 것을 확신합니다. 여러분도 우리와 함께 이 날을 기다립시다. 그리고 완전히 독립 자주할 통일된 신민주국가를 건설하기 위하여 함께 노력합시다.

「자유신문」, 1945년 11월 24일 '김구 주석의 성명'

사료 플러스⁺

미군정으로부터 승인받지 못한 임시 정부 요인들은 결국 1945년 11월에 개인 자격으로 귀국하였다. 임시 정부의 김구는 한국 독립당을 조직하여 남·북한 통일 정부 수립을 위한 운동을 전개하였다.

영국, 소련, 미국 외상의 모스크바 회의 결정서(1945. 12.)

1. 조선을 독립국으로 부흥시키고 조선이 민주주의 원칙 위에서 발전하게 하며 장기간에 걸친 일본 통치의 악독한 결과를 신속히 청산할 조건들을 창조할 목적으로 '조선 민주주의 임시 정부'를 창설한다. 임시 정부는 조선의 산업, 운수, 농촌 경제 및 조선 인민의 민족문화의 발전을 위하여 모든 필요한 방책을 강구할 것이다.

2. 조선 임시 정부 조직에 협력하며 이에 적응한 방책들을 예비 작성하기 위하여 남조선 미군 사령부 대표들과 북조선 소련군 사령부 대표들로써 공동 위원회를 조직한다. 위원회는 자기의 제안을 작성할 때에 조선의 민주주의 정당들, 사회단체들과 반드시 협의할 것이다. 위원회가 작성한 건의문은 공동 위원회 대표로 되어 있는 양국 정부의 최종적 결정이 있기 전에 미·소·영·중 각국 정부의 심의를 받아야 된다.

3. 공동 위원회는 조선 민주주의 임시 정부를 참가시키고 조선 민주주의 단체들을 끌어들여 조선 인민의 정치적, 경제적, 사회적 진보와 민주주의적 자치 발전과 또는 조선 국가 독립의 확립을 원조 협력(후견)하는 방책들도 작성할 것이다. 공동 위원회의 제안은 조선 임시 정부와 협의 후 5년 이내를 기한으로 하는 조선에 대한 4개국 신탁 통치(후견)의 협정을 작성하기 위하여 미·소·영·중 각국 정부의 공동 심의를 받아야 한다.

4. 남북 조선과 관련된 긴급한 여러 문제를 심의하기 위하여 또는 남조선 미군 사령부와 북조선 소련군 사령부의 행정·경제 부문에 있어서의 일상적 조정을 확립하는 제방안을 작성하기 위하여 2주일 이내에 조선에 주둔하는 미·소 양국 사령부 대표로서 회의를 소집할 것이다.

『한국현대사 자료 총서』

사료 플러스➕

1945년 12월 미·영·소의 3국 외상 회의에서 최고 5년간 한국을 미·영·중·소 4개국의 신탁 통치 아래 두는 것을 기본 전제로 하고, 임시 민주 정부를 수립하기 위한 미·소 공동 위원회를 설치하기로 결정하였다.

◈ 참고 모스크바 3국 외상 회의와 국내의 잘못된 보도

모스크바 3국 외상 회의는 카이로 선언의 원칙을 구체적으로 실행에 옮기기 위한 방안을 마련하기 위한 것이었다. 회의에서 미국과 소련은 각각 서로 다른 신탁 통치안을 내세웠는데, 미 국무 장관 번스는 한국인 참여가 제한된 5년 동안의 신탁 통치안을 핵심으로 한국 문제 해결 방안을 제시하였다. 이에 소련은 12월 20일 한국에 독립을 부여하기 위한 민주주의적 임시 정부 수립과 신탁 통치를 5년 이내로 한정할 것을 핵심으로 하는 수정안을 제안하였다. 12월 28일 소련 측 수정안에 미국 측이 약간 수정을 가해 발표한 것이 '모스크바 3국 외상 회의 결정서'이다. 그 내용은 회의의 결과가 공식적으로 발표되기 전에 미국발 소식으로 일부 국내 신문에 보도되었는데, 이는 소련이 38도선 분할을 구실로 신탁 통치를 주장한 반면, 미국은 즉시 독립을 주장하였다는 잘못된 보도였다.

사료1 신탁 통치 반대 국민 총동원 위원회의 반탁 시위 선언문

카이로, 포츠담 선언과 국제 헌장으로 세계에 공약한 한국의 독립 부여는 금번 모스크바에서 개최한 3상 회의의 신탁 관리 결의로서 수포로 돌아갔으니 다시 우리 3천만은 영예로운 피로써 자주독립을 획득치 아니하면 아니 될 단계에 들어섰다. 동포여! 8·15 이전과 이후 피차의 과오와 마찰을 청산하고서 우리 정부 밑에 뭉치자. 그리하여 그 지도하에 3천만의 총역량을 발휘하여서 신탁 관리제를 배격하는 국민 운동을 전개하여 자주독립을 완전히 획득하기까지 3천만 전민족의 최후의 피 한방울까지라도 흘려서 싸우는 항쟁 개시를 선언함.

선서문
1. 우리 3천만 전 민족은 좌·우 양익을 들어서 해외에서 과거 37년간 투쟁하고 환국한 대한민국 임시 정부를 진정한 우리 정부로써 절대지지하는 동시에 그 지도하에 그 국민된 응분의 충성을 다할 것을 맹서함.
2. 금번 신탁 관리제를 배격하기 위한 국민 총동원령에 의한 전민족의 항쟁 행동은 각층 각계의 각 지역과 직장에서 질서 있는 규율을 엄수하여 최대의 성과를 내도록 일치한 행동을 전개할 것을 이에 맹서함.

사료2 조선 공산당 중앙 위원회의 모스크바 3국 회담 지지 담화문

모스크바 삼상 회의의 결정을 신중히 검토한 결과, 우리는 다음의 태도를 표명한다. …… 이번 삼상 회담에서 여러 나라에 대한 민주주의 발전의 구체적 결정이 나오게 된 것이다. 예컨대 조선 문제에 있어서 '조선을 독립 국가로 부흥하고 민주주의 기초 위에서 나라가 발전될 조건을 만들기 위하여 또는 장구한 일본 지배의 해독 있는 잔인한 자취를 신속히 청산할 목적으로 조선에서 공업·농업·교통·민족 문화의 발전의 방책을 진행할 수 있는 정부와 조선 민주주의 정부를 조직한다.'는 동 결정문의 이러한 국제적 결정을 오늘날 조선을 위하는 가장 정당한 것이라고 우리는 인정한다. 이것은 조선으로 하여금 민주주의 국가로 발전시키자는 것이다. 조선의 독립은 민주주의 국가로서만 해결되어야 한다는 것을 의미하는 것이다. 문제의 5년 기한은 그 책임이 삼국 회의에 있는 것이 아니라, 우리 민족 자체의 결점(장구한 일본 지배의 해독과 민족적 분열 등)에 있다고 우리는 반성하지 않으면 안 된다. …… 이에 대하여 우리는 이번 삼국 회의의 본질적 진보성을 널리 해석·설명하여 조선 민족의 나갈 길을 옳게 보여주어야 한다. 세계 평화와 민주주의와 국제 협동의 정신 하에서만 조선 문제가 해결되어야 한다. 카이로 회담은 조선 독립을 적당한 시기에 준다는 것인데 이 적당한 시기라는 것이 이번 회담에서 5년 이내로 결정된 것이다. 이것을 우리가 5년 이내에 통일이 되고 우리 발전이 상당한 때에는 그 기한은 단축될 수 있는 것이니 이것은 오직 우리 역량 발전 여하에 있는 것이다.

411 미·소 공동 위원회 공동 성명 제5호(1946. 4. 18.)

공동 위원회는 목적과 방법에 있어서 진실로 민주주의적이며, 또 아래 선언서를 인정하는 조선 민주주의 제 정당 및 사회단체와 협의하기로 한다. 우리는 모스크바 3상 회의 결의문 중 조선에 관한 제1절에 진술한 바와 같이 그 결의의 목적을 지지하기로 선언한다. 즉, 조선의 독립 국가로서의 재건설, 조선의 민주주의적 원칙으로 발전함에 대한 조건의 설치와 조선에서 일본이 오랫동안 통치함으로 생긴 참담한 결과를 가급적 속히 청산한다. 다음으로 우리는 조선 민주주의 임시 정부 조직에 관한 3상 회의 결의문 제2절 실현에 대한 공동 위원회의 결의를 고수하기로 한다. 다음으로 우리는 공동 위원회가 조선 민주주의 임시 정부와 같이 3상 회의 결의문 제3절에 표시한 방책에 관한 제안을 작성함에 협력하기로 한다.

412 이승만의 정읍 발언(1946. 6. 3.)

이제 우리는 무기 휴회된 미·소 공동 위원회가 재개될 기색도 보이지 않으며, 통일 정부를 고대하나 여의케 되지 않으니, 우리는 남방만이라도 임시 정부, 혹은 위원회 같은 것을 조직하여 38 이북에서 소련이 철퇴하도록 세계 공론에 호소하여야 될 것이니 여러분도 결심하여야 할 것입니다. 국사 편찬 위원회, 『자료 대한민국사 II』

사료1 여운형의 좌우 합작 운동

단독 정부가 출현한다면 나쁜 아니라 전 민족이 반대할 것이다. 나는 민전이나 민주의원을 초월한 기관의 필요를 적극적으로 제창한다. …… 현재 좌우익은 악화된 감정과 경제적 이해에 관한 문제로 대립되어 있다. 감정은 피차에 풀고 좌우익이 합작해 우리 민족 전체의 의사를 대표하는 통일 기관을 만들어야 할 것이다.　　여운형, 「중외신보」 1946년 6월 12일자

사료2 김규식의 좌우 합작 운동

금일의 국내외 정세는 바야흐로 복잡 미묘하게 전개되어가고 있으며, 우리 민족의 통일 여하는 민족 자존상 절대 영향을 주는 시간이니, 일국 편향으로 흘러 일국 세력에 의지해 일국 세력을 배제하려는 망상을 버리고, 우리는 일제로부터 우리를 해방시킨 위대한 미, 소 양 우방에 대해 동등 동일적 선린우호정신으로 국제적 협조를 추진시키고, 역사적 현단계에 있어 미·소 공위 속개와 통일 자주 정부 수립을 실현하는 선결 요항으로 절대적인 좌우의 행동 통일을 요청하는 바다.　　김규식, 「동아일보」 1946년 9월 10일자

사료3 미군정의 좌우 합작 운동 지지

나는 김규식 박사와 여운형 씨가 남조선에 있는 중요한 정당 간에 배전의 협동과 통일을 위해 진력하시는 것과 그 노력의 진전이 있다는 보고를 흥미있게 보고 있습니다. 진정한 통일과 성실한 협력은 외계에서 부과될 것이 아니고 조선 지도자들이 인류 4대 자유의 윤곽 내에서 활동 노력하는 그것으로만 완성되리라고 믿습니다. 이런 의미에 있어 췌언을 불요하고 나는 미군사령관으로 김 박사와 여씨의 노력을 할 수 있는 데까지 전적으로 시인하고 지지합니다.　　하지의 성명, 「서울신문」 1946년 7월 2일자

사료 플러스⁺

사료 1, 2 : 이승만의 단독 정부 발언(정읍 발언)에 여운형은 격노했다. 여운형은 좌우익이 서로를 증오하는 것을 멈추고 좌우 합작의 통일 기관이 필요하다고 외쳤다. 이는 김규식도 마찬가지였다. 중도 좌파 여운형과 중도 우파 김규식이 손을 잡은 이유였다. 여운형과 김규식은 좌우 남북을 포괄하는 협의체를 구성하고 미·소 공동 위원회와 함께 임시 정부 수립으로 나아가자고 생각했다. 이것이 좌우 합작 운동의 시작이었다.

사료 3 : 미군정이 좌우 합작 운동을 지지한 것에는 이유가 있었다. 미국은 신탁 통치를 통한 한반도 문제 해결을 생각하고 있었다. 이를 위해선 먼저 임시 정부가 수립되어야 했다. 미국은 남한의 대표 기구와 북한의 대표 기구가 협의해 임시 정부를 구성한다는 생각을 가지고 있었다. 그래서 1차 미·소 공동 위원회 직전에 만든 것이 민주의원이었다. 그러나 민주의원이 남측의 대표 기구로 인정을 못받자 중도파를 활용해 과도 정부를 수립하고 소련과의 협상을 통해 과도 정부를 북한 지역까지 확대한다는 계획을 세웠다. 즉 소련과의 협상력을 높일 목적으로 좌우 합작 운동을 지지한 것이었다.

414 좌우 합작 7원칙(1946. 10.)

1. 조선의 민주 독립을 보장한 모스크바 3국 외상 회의 결정에 의하여 남북을 통한 좌우 합작으로 민주주의 임시 정부를 수립할 것
2. 미·소 공동 위원회의 속개를 요청하는 공동 성명을 발표할 것
3. 토지 개혁에 있어 몰수, 유(有)조건 몰수, 체감 매상 등으로 토지를 농민에게 무상으로 나누어 주며 시가지의 기지 및 대건물을 적정 처리하며, 중요 산업을 국유화하며, 사회 노동법령 및 정치적 자유를 기본으로 지방 자치제의 확립을 속히 실시하며, 통화 및 민생 문제 등을 급속히 처리하며, 민주주의 건국 과업 완수에 매진할 것
4. 친일파 및 민족 반역자를 처리할 조례를 본 합작 위원회의 입법 기구에 제안하여 입법 기구로 하여금 심의·결정하여 실시케 할 것
5. 남북을 통하여 현 정권하에 검거된 정치 운동자의 석방에 노력하고, 아울러 남북 좌우의 테러적 행동을 일체 즉시로 제지토록 노력할 것
6. 입법 기구에 있어서는 일체 그 권능과 구성 방법, 운영 등에 관한 대안을 본 합작 위원회에서 작성하여 전국적으로 실행을 기도할 것
   - cf 남조선 과도 입법 의원, 친일 민족 반역자 처벌을 위한 특별 조례 제정
7. 전국적으로 언론, 집회, 결사, 출판, 교통, 투표 등의 자유가 절대 보장되도록 노력할 것

사료 플러스+

미·소 공동 위원회의 휴회로 남북에 구애되지 않은 조선 임시 정부의 구성이 난관에 봉착한 가운데 이승만의 정읍 발언은 남북 분단의 가능성이 커지고 있음을 의미하였다. 이에 신탁 통치에 대한 좌·우익의 극한 대립에 그 파국을 막기 위한 노력으로 중도적 정치 세력이 폭넓게 형성되었다. 중도 우파 김규식과 중도 좌파 여운형을 중심으로 하는 좌우 합작 위원회(1946. 7.)가 구성되어 좌우 합작 7원칙을 발표(1946. 10.)하고 좌우 합작 운동을 적극 추진하였다. 미군정의 지원 아래 합작 회담을 열어 1946년 10월 합작의 원칙에 합의하고 합작 추진 위원회를 결성하였다. 그러나 이 합의는 좌익, 우익 양측에 의해 모두 거부되었으며 좌우 합작의 노력도 수포로 돌아가게 되었다.

참고 7원칙에 대한 각 정치 세력의 반응
- 김구의 한국 독립당 ⇨ 찬성
- 이승만 ⇨ 조건부 찬성(또는 반대)
- 한국 민주당, 조선 공산당 ⇨ 반대

<u>415</u> **남조선 과도 입법 의원 의장**(김규식)**의 개회사**(1946. 12.)

이 입법 의원은 명실상부한 과도 입법 의원인데도 초보적 과도 입법 의원인 것을 본원의 현재 의원으로서는 명확히 인식하여야 할 것이다. 왜 그러냐 하면, 이 초보적 입법 의원의 사명은 최속(最速)한 기간 내에 남북이 통일한 총선거식으로 피선된 확대된 입법 의원을 산출하는 제1계단으로 들어가야 할 것이고, 그 확대 입법 의원은 미·소 공동 위원회의 계속 개회가 되면 더욱 좋거니와, 혹 어떠한 변환으로 급히 속개되지 아니하더라도 최소한 기간 내에 우리의 손으로 우리를 위한 우리의 임시 정부를 산출하여, 안으로는 완전 자주독립의 국가를 건설해야 하며, 우리의 주인인 한국 3천만 민중의 복리를 도모할 것이며, 밖으로는 국제적 지위를 획득하여 동아 및 전 세계 평화와 행복을 위하여 모든 민주주의 연합국과 협력·매진할 것이다.

사료 플러스+

모스크바 3국 외상 회의에 대하여 이승만과 한국 민주당 등의 우익 진영이 적극적으로 반탁 운동을 전개하자, 미군정은 이승만 등을 소외시키고 중도 세력을 중심으로 좌우 합작 위원회를 구성하였다. 이는 좌우 합작 위원회를 미국에 우호적인 정부의 모태로 삼으려는 구상에 의한 것이었다. 그 결과 남조선 과도 입법 의원(1946. 12.)을 구성하고 김규식을 의장으로 한 입법 의원은 미군 사령관 하지가 임명한 관선 의원(45명)과 간접 선거로 선출한 민선 의원(45명)으로 선발하였다. 이어서 미국인 군정 장관 밑으로 민정 장관에 안재홍을, 대법원장에 김용무를 임명하여 남조선 과도 정부(1947. 6.)를 발족시켰다.

<u>416</u> **남조선 과도 입법 의원, 친일 민족 반역자 처벌을 위한 특별 조례 제정**(초안, 1947)

「민족 반역자·부일 협력자·간상배에 대한 특별 조례」 재수정안(초안)

제1장 민족 반역자

　제1조 아래의 각 항 각 호의 하나에 해당한 자를 민족 반역자로 함.

　　1) 한·일 보호 조약, 한·일 합병 조약 기타 한국의 주권을 침해하는 각 조약 또는 문서에 조인한 자 및 모의한 자

　　2) 일본 정부로부터 작위를 받은 자

　　3) 일본 제국 의회의 의원이 되었던 자

　　4) 자주독립을 방해할 목적으로 공사(公私) 시설을 파괴하거나 다중(多衆) 폭동으로 살인 또는 방화한 자 및 선동한 자로서 자주독립을 방해한 자

제5장 형법수속

　제10조 본 법을 시행하기 위하여 특별 조사 위원회와 특별 재판소를 설치함. 특별 조사 위원회의 위원과 특별 재판소의 판사 및 검사는 남조선 과도 입법 의원에서 선거함. 특별 조사 위원회 및 특별 재판소의 구성과 권한에 관한 세칙은 법률로서 별정함.

　제11조 본 법에 규정한 범죄에 대한 공소 시효는 본 공포일로부터 기초하여 3년을 경과함으로 완성함. 단, 제1조 제4호의 죄는 이에 한하여 부재(不在)함.

　제12조 본 법은 공포일로부터 시행함.　　　　　　　　　　　　　　　「동아일보」, 1947년 5월 7일

사료 플러스+

이 사료는 1947년 3월 13일 남조선 과도 입법 의원에 상정된 「민족 반역자·부일 협력자·간상배에 대한 특별 조례」의 재수정안 초안이다. 이후 친일파들의 반발로 여러 번의 수정을 거쳐 1947년 7월 2일 최종안이 제정되었으나 결국 「특별 조례」는 공포되지 못하였다. 정부 수립 후인 1948년 10월 22일 비로소 「반민족 행위 처벌법」이 공포되었고, 제헌 국회 내에 '반민족 행위 특별 조사 위원회'가 설치되었다.

사료1 **국제 연합(UN)의 총회에서 채택된 남북한 총선거 결의안(1947. 11.)**

총회가 당면하고 있는 한국 문제는 근본적으로 한국 국민 자체의 문제이며 그 자유와 독립에 관련되는 것이며, 또한 본 문제는 당해 지역 주민의 대표가 참가하지 않고는 공명정대히 해결될 수 없음을 인정하는 까닭에, 총회는 1. 본 문제 심의에 있어 선거에 의한 한국 국민의 대표가 참여하도록 초청할 것을 결의하며, 2. 나아가서 이러한 참여를 용이케 하고 촉진시키기 위하며 또한 한국 대표가 단지 한국의 군정당국에 의하여 지명된 자가 아니라 한국 국민에 의하여 사실상 정당히 선거된 자라는 것을 감시하기 위하여 조속히 UN 한국 임시 위원단을 설치하여 한국에 부임케 하고 이 위원단에게 전 한국을 통하여 여행, 감시, 협의할 수 있는 권한을 부여할 것을 결의한다.

사료2 **국제 연합 소총회에서 채택된 남한만의 총선거 결의안(1948. 2. 26.)**

소총회(小總會)는, 국제 연합 한국 임시 위원단 의장이 표명한 여러 의견을 명심하며, 1947년 11월 14일 총회 결의에서 설정된 계획이 실시될 것과 또 이에 필요한 조치로서 국제 연합 한국 임시 위원단이 한국 전역 선거의 감시를 진행시킬 것과 만일 그것이 불가능하다면 위원단이 접근할 수 있는 한의 한국 내 지역의 선거 감시를 진행시킬 것이 필요하다고 간주하며, 또한 한국 인민의 자유와 독립이 조속히 달성되도록 국제 연합 한국 임시 위원단과 더불어 상의할 수 있을 한국 인민의 대표를 선출하고, 그 한국 인민의 대표가 국회를 구성하여 한국의 중앙 정부를 수립할 수 있도록 선거를 시행함이 긴요하다고 사료하므로, 소총회의 의견으로는 1947년 11월 14일 총회 의결 여러 조항에 따라 또한 그 일자 이후 한국 관계 사태의 진전에 비추어 국제 연합 한국 임시 위원단이 접근할 수 있는 지역에서 결의문 제2호에 기술된 계획을 시행함이 동 위원단에 부과된 임무임을 결의한다.

사료 플러스⁺

2차 미·소 공동 위원회 결렬 이후 미국이 한국 독립 문제를 1947년 9월 제2회 유엔 총회에 상정하면서 유엔 한국 임시 위원단이 구성되었다. 유엔 한국 임시 위원단이 결의문(1947. 11. 14.)을 발표하여 유엔 감시하 인구 비례에 따른 한반도 총선거 실시를 주장하자(사료 1), 소련은 유엔의 제안을 반대하였고 유엔 한국 임시 위원단이 북한에 들어오는 것조차 거부하였다. 그 결과 국제 연합 소총회에서 남한만의 총선거 결의안(1948. 2. 26.)이 채택되게 되었다(사료 2).

418 김구의 '삼천만 동포에게 읍고함'(1948. 2. 10.)

한국이 있어야 한국 사람이 있고, 한국 사람이 있고야 민주주의도 공산주의도 또 무슨 단체도 있을 수 있는 것이다. 그러면 우리의 자주독립적 통일 정부를 수립하려는 이때에 있어서 어찌 개인이나 자기 집단의 사리사욕에 탐하여 국가 민족의 백년대계를 그르칠 수 있으랴? …… <u>마음속의 38도선이 무너지고야 땅 위의 38도선도 철폐될 수 있다.</u> …… 현실에 있어서 나의 유일한 염원은 3천만 동포와 손을 잡고 통일된 조국의 달성을 위하여 공동 분투하는 것이다. 이 육신을 조국이 수요로 한다면 당장에라도 제단에 바치겠다. <u>나는 통일된 조국을 건설하려다 38도선을 베고 쓰러질지언정 일신에 구차한 안일을 취하여 단독 정부를 세우는 데는 협력하지 아니하겠다.</u>

국사 편찬 위원회, 『자료 대한민국사 Ⅳ』

사료 플러스

소련의 반대로 남·북한 총선이 불가능해지자, 유엔은 우선 선거가 가능한 지역에서만이라도 총선거를 실시하여 정부를 수립하도록 결정하였다. 정치 세력들은 남한만의 단독 정부 수립에 대해 서로 다른 견해를 보였다. 이승만과 한국 민주당은 이에 찬성한 반면, 좌익 세력은 남한 단독 정부 수립을 저지하기 위해 곳곳에서 투쟁을 벌였다. 여운형의 암살로 정치적 힘을 잃은 중도파들을 중심으로 남북 협상론이 제기되기 시작하였고, 김규식·홍명희 등 중도파는 민족 자주 연맹을 결성하여 미·소 양군 철수와 남북 통일 정부 수립을 위한 남북 정치 단체 대표자 회의 개최를 중요한 정책으로 내걸었다. 이에 김구가 민족 자주 연맹의 주장을 수용하는 의견을 표명하자 남북 협상을 통한 통일 논의는 급물살을 타게 되었다.

419 남북 제정당·사회단체 공동 성명서(1948. 4. 30.)

1. 소련이 제의한 바와 같이 우리 강토에서 <u>외국 군대가 즉시에 철거하는 것</u>은 우리 조선에서 조성된 곤란한 상태에서 조선 문제를 해결하는 가장 정당하고 유일한 방법이다.
3. 외국 군대가 철퇴한 이후 아래의 제정당 단체들은 공동 명의로서 전 조선 정치 회의를 소집하여 조선 인민의 각층 각계를 대표하는 민주주의 임시 정부가 즉시 수립될 것이며, 국가의 일체 정권은 정치·경제·문화생활의 일체 책임을 지게 될 것이다. 이 정부는 그 첫 과업으로 일반적·직접적·평등적 비밀 투표로써 통일적 조선 입법 기관을 선거할 것이며, 선거된 입법 기관은 조선 헌법을 제정하여 통일적 민주 정부를 수립하여야 할 것이다.

사료 플러스

김구(한국 독립당)와 김규식(민족 자주 연맹)은 북한에 지도자 회의(김구, 김규식, 김일성, 김두봉의 4자 회담)를 제안하였고, 북한은 평양에서 남북 제정당 사회단체 대표자 연석회의를 개최하자고 다시 제의해 왔다. 분단 정부 수립과 동족상잔을 우려한 김구와 김규식은 이 제안을 수용함으로써 남북 협상이 이루어지게 되었다. 남북 56개 정당·사회단체 대표 695명이 참가한 이 회의(1948. 4. 19. ~ 4. 30.)에서 전조선 제정당 사회단체 지도자 협의회 명의로 미·소 양국 군대의 철수와 단독 정부 수립을 반대하는 공동 성명서가 채택되었다.

420 제헌 헌법 전문

유구한 역사와 전통에 빛나는 우리들 대한국민은 기미 3 · 1 운동으로 대한민국을 건립하여
세계에 선포한 위대한 독립정신을 계승하여 …… 우리들의 정당 또는 자유로이 선거된 대표
로서 구성된 국회에서 단기 4281년 7월 12일 이 헌법을 제정한다.

제1조 대한민국은 민주 공화국이다.

제2조 대한민국의 주권은 국민에게 있고 모든 권력은 국민으로부터 나온다.

제53조 대통령과 부통령은 국회에서 무기명 투표로써 각각 선거한다.

제55조 대통령과 부통령의 임기는 4년으로 한다. 단, 재선에 의하여 1차 중임할 수 있다. 부
　　　 통령은 대통령 재임 중 재임한다.　　　　　　　대한민국 『관보』 제1호, 1948년 9월 1일

> **사료 플러스+**
>
> 1948년 5 · 10 총선거 결과 구성된 제헌 국회에서는 대한민국 임시 정부의 법통을 계승하여 3권 분립과
> 대통령 중심제, 단원제 국회의 간접 선거에 의한 대통령 선출 등을 요지로 하는 헌법을 제정하였다.

421 반민족 행위 처벌법(1948) 규정

제1장 죄

제1조 일본 정부와 통모하여 한 · 일 합병에 적극 협력한 자, 한국의 주권을 침해하는 조
　　　 약 또는 문서에 조인한 자와 모의한 자는 사형 또는 무기 징역에 처하고, 그 재산
　　　 과 유산의 전부 혹은 2분의 1 이상을 몰수한다.

제3조 일본 치하 독립운동자나 그 가족을 악의로 살상 · 박해한 자 또는 이를 지휘한 자는
　　　 사형, 무기 또는 5년 이상의 징역에 처하고 그 재산의 전부 혹은 일부를 몰수한다.

제4조 다음 각 호 중 하나에 해당하는 자는 10년 이하의 징역에 처하거나 15년 이하의
　　　 공민권을 정지하고, 그 재산의 전부 혹은 일부를 몰수할 수 있다.

　　1. 습작(襲爵)한 자

　　2. 중추원 부의장, 고문 또는 참의되었던 자

　　3. 칙임관 이상의 관리되었던 자

　　4. 밀정 행위로 독립운동을 방해한 자

　　5. 독립을 방해할 목적으로 단체를 조직했거나 또는 그 단체의 수뇌간부로 활동하였
　　　 던 자

　　6. 군 · 경찰의 관리로서 악질적인 행위로 민족에게 해를 가한 자

　　7. 비행기 · 병기 · 탄약 등 군수 공업을 책임 경영한 자

　　8. 도 · 부의 자문 또는 결의 기관의 의원이 되었던 자로서 일제에 아부하여 그
　　　 반민족적 죄적이 현저한 자

　　9. 관공리되었던 자로서 그 직위를 악용하여 민족에게 해를 가한 악질적 죄적이 현저
　　　 한 자

　　10. 일본 국책을 추진시킬 목적으로 설립된 각 단체 본부의 수뇌간부로서 악질적
　　　 인 지도적 행동을 한 자

11. 종교·사회·문화·경제 기타 각 부문에 있어서 민족적인 정신과 신념을 배반하고 일본 침략주의와 그 시책을 수행하는 데 협력하기 위하여 악질적인 반민족적 언론, 저작 및 기타 방법으로서 지도한 자

12. 개인으로써 악질적인 행위로 일제에 아부하여 민족에게 해를 가한 자

제5조 일본 치하에 고등관 3등급 이상, 훈 5등급 이상을 받은 관공리 또는 헌병, 헌병보, 고등 경찰의 직에 있던 자는 본 법의 공소 시효 경과 전에는 공무원에 임명될 수 없다. 단, 기술관은 제외한다.

제2장 특별 조사 위원회

제9조 반민족 행위를 예비조사하기 위하여 특별 조사 위원회를 설치한다. 특별 조사 위원회는 위원 10인으로써 구성한다. 특별 조사 위원은 국회 의원 중에서 아래의 자격을 가진 자를 국회가 선거한다.

1. 독립운동의 경력이 있거나 절개를 견수하고 애국의 성심이 있는 자
2. 애국의 열성이 있고 학식, 덕망이 있는 자

......

제3장 특별 재판부 구성과 절차

제19조 본법에 규정된 범죄자를 처단하기 위하여 대법원에 특별 재판부를 부치한다.

......

사료 플러스 +

1. **특별법 제정** : 1948년 8월 국회에 반민족 행위 처벌법 기초 특별 위원회가 구성되고, 이어 9월 반민족 행위 처벌법(반민법)을 통과시켰다. 이 법에 의하면 국권 피탈에 적극 협력한 자는 사형 또는 무기 징역, 일제로부터 작위를 받거나 제국 의회 의원이 된 자는 최고 무기 징역, 최하 5년 이상의 징역, 독립 운동가 및 그 가족을 살상·박해한 자는 무기 징역 또는 5년 이하의 징역, 직·간접으로 일제에 협력한 자는 5년 이하의 징역이나 재산 몰수에 처하도록 하였다.

2. **반민족 행위 특별 조사 위원회 구성** : 국회 의원 10명으로 구성된 반민족 행위 특별 조사 위원회를 구성하여 위원장에 김상덕, 부위원장에 김상돈을 선출하였다. 국회는 반민 특위의 효율적인 활동을 위해 「반민족 행위 특별 조사 기관 설치법」을 제정하였고, 반민족 행위자의 기소와 재판을 담당할 특별 검찰부와 특별 재판부도 설치하였다.

3. **과정** : 반민 특위는 1949년 1월 8일 박흥식(화신 재벌 총수)에 대한 검거를 시작으로 본격적인 활동에 들어가 최린·이종형·박중양·방의석·노덕술·임창화·최남선·이광수·배정자·김대우 등을 체포·검거하였다. 이러한 반민 특위의 활동은 여론과 국민 대다수의 뜨거운 지지와 찬사를 받았다.

4. **이승만 정부의 태도** : 친일파 처벌에 부정적인 입장을 가지고 있던 이승만 대통령은 반민 특위의 활동을 비난하는 담화를 여러 차례 발표하였다. 나아가 반민 특위를 무력화시키기 위해 반민족 행위 처벌법 개정안을 국회에 제출하는 등 반민 특위의 활동을 불법시하고 친일파를 적극 옹호하였다. 반면에 대법원장 김병로는 반민 특위의 활동은 불법이 아니라는 성명을 발표하고 정부의 협조를 촉구하였다.

5. **국회 프락치 사건(1949)** : 국회 의원이 남로당과 내통하였다는 이른바 국회 프락치 사건(1949)이 조작되면서 반민 특위 소속 국회 의원 중 일부가 구속되었고, 현직 친일 경찰 노덕술이 체포되자 일부 경찰이 반민 특위 사무실을 습격하는 사건(1949. 6. 6.)까지 발생하였다.

6. **해체** : 일부 국회 의원들이 1950년 6월 20일로 규정된 반민법의 시효 기간을 1949년 8월 31일로 단축한 법안을 국회에 제출하였고, 이 개정안이 가결되면서 결국 반민 특위는 해체되고 말았다.

7. **결과** : 이 기간 동안 680여 명이 조사를 받았으나 집행 유예 5인, 실형 7인, 공민권 정지 18인 등 30인만이 처벌을 받았고, 실형 선고를 받은 7인도 이듬해 봄까지 재심 청구 등의 방법으로 모두 풀려나 친일파 청산은 제대로 이루어지지 못하였다.

제1장 총칙

제1조 본법은 헌법에 의거하여 농지를 농민에게 적정히 분배함으로써 농가 경제의 자립과 농업 생산력의 증진으로 인한 농민생활의 향상 내지 국민 경제의 균형과 발전을 기함을 목적으로 한다.

……

제2장 취득과 보상

제5조 정부는 아래에 의하여 농지를 취득한다.

1. 아래의 농지는 정부에 귀속한다.
   (가) 법령 내지 조약에 의하여 몰수 또는 국유로 된 농지
   (나) 소유권의 명의가 분명치 않은 농지

2. 아래의 농지는 적당한 보상으로 정부가 매수한다.
   (가) 농가 아닌 자의 농지
   (나) 자경(自耕)하지 않는 자의 농지, 단 질병, 공무, 취학 등 사유로 인하여 일시 이농한 자의 농지는 소재지 위원회의 동의로써 도지사가 일정 기한까지 보유를 인허(認許)한다.
   (다) 본법 규정의 한도를 초과하는 부분의 농지
   (라) 과수원, 종묘원, 상전(桑田) 등 숙근성(宿根性) 작물 재배 토지를 3정보 이상 자영하는 자의 소유인 숙근성 작물 재배 이외의 농지

……

제8조 보상은 아래의 방법에 의하여 정부에서 발행하는 정부보증부융통식증권(政府保證附融通式證券)으로 소유명의자 또는 그 선정한 대표자에게 지급한다.

제3장 분배와 상황

제11조 본법에 의하여 정부가 취득한 농지 및 별도 법령에 의하여 규정한 국유 농지는 자경할 농가에게 아래의 순위에 따라 분배 소유케 한다.
1. 현재 해당 농지를 경작하는 농가
2. 경작 능력에 비하여 과소한 농지를 경작하는 농가
3. 농업 경영에 경험을 가진 순국열사의 유가족
4. 영농력을 가진 피고용 농가
5. 국외에서 귀환한 농가

제12조 농지의 분배는 농지의 종목, 등급 및 농가의 능력 기타에 기준한 점수제에 의거하되 1가 당 총 경영면적 3정보를 초과하지 못한다.

제13조 분배받은 농지에 대한 상환액 및 상환 방법은 다음에 의한다.
1. 상환액은 당해 농지의 주생산물 생산량의 12할 5푼을 5년간 납입케 한다.
2. 상환은 5년간 균분 연부로 하여 매년 주 생산물에 해당하는 현곡 또는 대금을 정부에 납입함으로써 한다.

제4장 보존과 관매

제15조 분배받은 농지는 분배받은 농가의 대표자 명의로 등록하고 가산으로서 상속한다.

이승만 정부는 여론의 압력, 좌익의 사회 운동 격화, 북한의 토지 개혁(1946)에 따른 농민의 불만 증대로 더 이상 토지 개혁을 미룰 수 없었다. 이에 1949년 농지 개혁법이 제정되고 1950년에 일부 수정되어 시행되었다. 그러나 6 · 25 전쟁으로 잠시 중단되었다가 전쟁 이후 재개되어 1957년에 완결되었다.

원칙은 3정보를 상한으로 하여 그 이상의 농지를 국가가 유상 매수하고, 농민에게 3정보 한도 내에서 유상 분배한다는 것이었다. 즉, 정부가 지주의 토지를 연평균 생산액의 1.5배로 가격을 매겨 사들여서 소작인들에게 분배하고 5년간 현물(수확량의 30%)로 땅값을 상환하도록 하였다.

423 휴전 협정 체결

국제 연합군 총사령관을 일방으로 하고 북한 인민군 최고 사령관 및 중국 인민 지원군 사령관 및 중국 인민 지원군 사령원을 다른 일방으로 하는 아래의 서명자들은 쌍방에 막대한 고통과 유혈을 초래한 한국 충돌을 정지시키기 위하여 서로 최후적인 평화적 해결이 달성될 때까지 한국에서의 적대 행위와 일체 무력 행위의 완전한 정지를 보장하는 정전을 확립할 목적으로 아래 조항에 기재된 정전 조건과 규정을 접수하며, 또 그 제약과 통제를 받는 데 개별적으로나 공동으로나 또는 상호 간에 동의한다. 이 조건과 규정의 의도는 순전히 군사적 성질에 속하는 것이며, 이는 오직 한국에서의 교전 쌍방에만 적용한다. …… 군사 분계선을 확정하고 쌍방이 이 선에서 2km씩 후퇴하여 비무장 지대를 설정한다. 비무장 지대는 완충 지대로서 적대 행위로 인해 우려되는 사건을 미리 방지한다.

국제 연합군 총사령관 미국 육군 대장 마크 W. 클라크
북한 인민군 최고 사령관 북한 원수 김일성
중국 인민 지원군 사령관 펑도화이
1953년 7월 27일 판문점에서 서명, 1953년 7월 27일 발효

휴전 협정은 서언 및 전문 5조로 되어 있다. 즉 제1조 군사 분계선과 비무장 지대, 제2조 정화 및 정전의 구체적 조치, 제3조 전쟁 포로에 관한 조치, 제4조 쌍방 관계 정부들에의 건의, 제5조 부칙으로 구성되어 있다. 특히 제2조는 군사 정전 위원회와 중립국 감시 위원회의 구성, 직책과 권한 등에 관하여 상세히 규정하고 있다. 한국 휴전 협정은 그 효력 발생 후 3개월 이내에 쌍방 대표자로 구성된 고급 정치 회의를 소집하고 한국 문제의 평화적 해결 등의 모든 문제를 협의하기로 하였으나 고급 정치 회의는 결국 실현되지 않았다. 6 · 25 전쟁을 일시 중지하는 정전 협정문(휴전 협정문)에 대한 대한민국 대표의 서명은 없다.

424 조봉암의 평화 통일론

우리는 오직 피 흘리지 않는 통일을 원한다. 조국의 평화적 통일을 파괴한 책임은 6 · 25를 범한 북한 공산당에 있다. 그들의 반성과 책임 규명은 평화 통일의 선행 조건이 아닐 수 없다. 오늘날 남한의 소위 무력 통일론도 이미 불가능하고 불필요한 것이다. 평화적 통일에의 길은 오직 하나 남 · 북한에서 평화 통일을 저해하고 있는 요소를 견제하고 민주주의적 진보 세력이 주도권을 장악하는 것뿐이다. …… 민주주의 승리에 의한 조국의 평화적 통일 이것만이 우리의 유일한 길이다.
진보당 통일 정책(1965)

조봉암은 제2, 3대 대통령 선거에 출마한 경력이 있는 인물로, '남북 총선거에 의한 평화 통일론'을 주장하였다. 이승만 정권은 조봉암의 평화 통일론이 국시를 위반하였으며 북한의 간첩과 내통했다는 혐의로 조봉암을 구속 · 사형시켰다(진보당 사건, 1958).

빈출사료

- **서울대학교 학생회의 4월 혁명 선언문**

상아의 진리탑을 박차고 거리에 나선 우리는 질풍과 같은 역사의 조류에 자신을 참여시킴으로써 이성과 진리 그리고 자유의 대학 정신을 현실의 참담한 박토에 뿌리려 하는 바이다. 오늘의 우리는 자신들의 지성과 양심의 엄숙한 명령으로 하여 사악과 잔학의 현상을 규탄·광정하려는 주체적 판단과 사명감의 발로임을 떳떳이 천명하는 바이다. 우리의 지성은 암담한 이 거리의 현상이 민주와 자유를 위장한 전제주의의 표독한 전황에 기인한 것임을 단정한다. 무릇 모든 민주주의의 정치사는 자유의 투쟁사다. 그것은 또한 여하한 형태의 전제도 민중 앞에 군림하는 '종이로 만든 호랑이' 같이 헤설픈 것임을 교시한다. …… 관료와 경찰은 민주를 위장한 가부장적 전제 권력의 하수인으로 발 벗었다. 민주주의 이념의 최저의 공리인 선거권마저 권력의 마수 앞에 농단되었다. 언론·출판·집회·결사 및 사상의 자유의 불빛은 무식한 전제 권력의 악랄한 발악으로 하여 깜박이던 빛조차 사라졌다. 긴 칠흑과 같은 밤의 지속이다. …… 보라! 현실의 뒷골목에서 용기 없는 자학을 되씹는 자까지 우리의 대열을 따른다. 나가자! 자유의 비밀은 용기일 뿐이다. 우리의 대열은 이성과 양심과 평화, 그리고 자유에의 열렬한 사랑의 대열이다. 모든 법은 우리를 보장한다.

- **대학 교수단의 시국 선언문**

1. 마산, 서울, 기타 각지의 학생 데모는 주권을 빼앗긴 국민의 울분을 대신하여 궐기한 학생들의 순진한 정의감의 발로이며 부정과 불의에 항거하는 민족정기의 표현이다.
4. 누적된 부패와 횡포로써 민권을 유린하고 민족적 참극과 국제적 수치를 초래케 한 현 정부와 집권당은 그 책임을 지고 속히 물러가라.
5. 3·15 선거는 불법 선거이다. 공명선거에 의하여 정·부통령 선거를 다시 실시하라.

사료 플러스⁺

1960년을 분수령으로 대다수의 한국인들은 장기 집권한 이승만 정권이 끝나기를 갈구하였다. 그러나 1950년대 말 국가 보안법의 시행(1958)과 이승만의 재집권 기도, 진보당 사건(1958)과 진보당 대표 조봉암의 처형(1959), 그리고 민주당 대통령 후보 조병옥의 사망(1960)이라는 일련의 사건들은 민주주의에 대한 우리나라 국민들의 열망과 기대를 잠식시켰다. 그러나 국민들의 집권 정부에 대한 분노는 3·15 부정 선거에 대한 항거로서 표출되게 되었다. 4월 초 전국에서 부정 선거를 규탄하는 여론이 일어나고 있을 때, 마산 시민들은 부정 선거를 규탄하는 시위에 가담했다가 최루탄이 눈에 박힌 채 바다 속에 버려진 마산상업고등학교 학생 김주열의 시체를 발견하였다. 이 사건을 계기로 시민들과 학생들에 의한 시위는 급격히 확산되었다. 또한 4월 18일 고려대학교 학생들이 경찰의 비호를 받는 반공청년단의 습격을 받았다. 4월 19일 약 3만 명의 대학생과 고등학생들이 거리로 쏟아져 나와 그 가운데 수천 명이 경무대로 몰려들었다. 전국적으로 부산·대구·광주·인천·목포·청주 등과 같은 주요 도시에서 수천 명의 학생들이 가세하자, 경찰은 시위대를 향해 발포하고, 전국의 주요 도시에 계엄령을 선포하였다. 4월 25일 대학 교수들의 시국 선언문이 발표되었고 이승만을 지지하였던 미국까지 등을 돌리자 이승만은 1960년 4월 26일 사임을 발표하게 되었고 자유당 정권도 무너지게 되었다.

진달래

이영도

눈이 부시네 저기 난만히 멧등마다
그날 쓰러져 간 젊음 같은 꽃 사태가
맺혔던 한이 터지듯 여울여울 붉었네.
그렇듯 너희는 지고 욕처럼 남은 목숨
지친 가슴 위엔 하늘이 무거운데
연련히 꿈도 설워라 물이 드는 이 산하

푸른 하늘을

김수영

푸른 하늘을 제압하는
노고지리가 자유로웠다고
부러워하던
어느 시인의 말은 수정되어야 한다.

자유를 위해서
비상하여 본 일이 있는
사람이면 알지

노고지리가
무엇을 보고
노래하는가를
어째서 자유에는
피의 냄새가 섞여 있는가를
혁명은
왜 고독한 것인가를

혁명은
왜 고독해야 하는 것인가를

껍데기는 가라

신동엽

껍데기는 가라.
4월도 알맹이만 남고
껍데기는 가라.

껍데기는 가라.
동학년 곰나루의, 그 아우성만 살고
껍데기는 가라.

그리하여, 다시
껍데기는 가라.
이곳에선, 두 가슴과 그곳까지 내논
아사달 아사녀가
중립의 초례청 앞에 서서
부끄럼 빛내며
맞절할지니

껍데기는 가라.
한라에서 백두까지
향그러운 흙가슴만 남고
그, 모오든 쇠붙이는 가라.

426 장면 내각의 반공 정책

장면 정권과 그 호위 세력들은 소위 '반공 임시 특별법' 및 '국가 보안법' 보강 등 인류 역사 상 그 유례를 찾아볼 수 없는 반민주·반민족 악법을 공공연히 획책하고 있다. …… 현행법 만으로는 공산 간첩을 잡지 못한다는 억지보다 더한 억지가 또한 어디에 있는가. 이런 전 논 리적 대중 우롱을 받아들일 만큼 이 민족은 무지하지 않다. 「민족일보」 1961. 3. 15. 사설

> **사료 플러스⁺**
>
> 이승만 정부 아래 쌓였던 국민의 불만이 각종 시위로 폭발하였지만, 장면 정권(민주당 정부)은 강력한 개혁 의지를 보여 주지 못하였다. 오히려 장면 내각은 최근 들어 발생하는 통일 운동 등에 위험을 느껴 '반공 임시 특별법'과 '데모 규제법'을 제정하여 국민들의 시위를 진압하려 하였고, 이러한 시도는 각계각층의 비판에 직면하게 되었다.

427 한·일 협정(1965)에 대한 반대

• 민족적 민족주의를 장례한다(6·3 시위, 1964)

민족사는 바야흐로 위대한 결단을 요구하는 전환기에 섰다. 4월 항쟁의 참다운 가치성은 반외세·반매판·반봉건에 있으며 민족 민주의 참된 길로 나가기 위한 도정이었으나, 5월 군부 쿠데타는 이러한 민족 민주 이념에 대한 정면적인 도전이었으며 노골적인 대중 탄압 의 시작이었다. 민족적 민주주의는 수렵적 정보 정치를 합리화하기 위한 행상적 탈춤으로 변장됐고 굶주린 대중의 감각적 해방을 위한 독화의 미소를 띠었다. 국제 협력이라는 미 명 아래 우리 민족의 치떨리는 원수 일본 제국주의를 수입, 대미 의존적 반신불수인 한국 경제를 2중 예속의 철쇄로 속박하는 것이 조국의 근대화로 가는 첩경이라고 기만하는 반 민족적 음모를 획책하고 있다. 우리는 외세 의존의 모든 사상과 제도의 근본적 개혁 없이 는, 전 국민의 희생 위에 홀로 군림하는 매판 자본의 타도 없이는, 외세 의존과 그 주구 매판 자본을 지지하는 정치 질서의 철폐 없이는 민족 자립으로 가는 어떠한 길도 폐색되 어 있음을 분명히 인식한다. 굴욕적 한·일 회담의 즉시 중단을 엄숙히 요구한다.

한·일 굴욕 회담 반대 학생 총연합회(1964)

• 한·일 굴욕 외교 반대 투위 재경대학교수단 선언문 – 굴욕 외교 명분 하나도 없다.

우리 교수 일동은 한·일 협정의 내용을 신중히 분석한 끝에 다음과 같은 이유로 그것이 우리의 민족적 자주성과 국가적 이익에 막대한 손실을 가져올뿐더러 장차 심히 우려할 사 태가 전개될 것이 예견되므로 이에 그 비준의 반대를 선언한다.

첫째로, 기본 조약은 과거 일본 제국주의 침략을 합법화시켰을 뿐만 아니라 우리 주권의 약화 및 제반 협정의 불평등과 국가적 손실을 초래한 굴욕적인 전제를 설정해 놓았다.

둘째로, 청구권은 당당히 요구할 수 있는 재산상의 피해를 보상하는 것이 못되고 무상 제 공 또는 경제 협정이라는 미명하에 경제적 시혜로 가식하였으며, 일본 자본의 경제적 지 배를 위한 소지를 마련해 주었다.

셋째로, 어업 협정은 허다한 국제적 관례와 선례에 비추어 의당히 정당화되는 <u>평화선을 포기함으로써 우리 어민의 생존권을 치명적으로 위협</u>하고 한국 어업을 일본 어업 자본에 예속시키는 결과를 초래했다.

넷째로, 재일 교포의 법적 지위에 관한 제규정은 종래의 식민주의적 처우를 청산시키기는 커녕 징병, 용병 등 일본 군국주의의 강제 노역 동원 등에 의해 야기된 제결과를 피해자 <u>(재일 교포)에게 전가시킴으로써 비인도적 배신을 자행</u>했다.

다섯째, 강탈 또는 절취로 불법 반출해간 문화재의 반환에 있어서 정부는 과장적 나열에 그친 무실한 품목만을 인도받음으로써 <u>마땅히 요구할 귀중한 품목의 반환을 자진 포기한</u> 결과가 되었다.

······

이상의 모든 점을 고려한 끝에 우리들은 다음과 같이 요구한다.

첫째, 국회는 여야를 막론하고 당파적 이해를 초월하여 이 치욕적인 불평등 협정을 거부하라.

둘째, 정부는 그동안의 애국학생들에 대한 비인도적 만행을 사과하고 구속 학생들을 즉각 석방하라. 「동아일보」, 1965년 7월 12일 교수 367명 서명

사료 플러스⊕

5·16 군사 정변으로 집권한 박정희 정권은 한일 국교 정상화를 위한 양국 간의 외교 교섭을 서둘렀다. 군사 정권은 미국의 경제 원조가 대폭 삭감된 상황에서 경제 개발 계획에 따른 대규모 투자 재원을 확보하기 위해 일본 자본을 끌어들이기로 한 것이다. 이에 따라 정부는 1962년 김종필 중앙정보부장을 일본에 파견하여 일본 오히라 외상과 비밀 회담을 가졌고, 이 회담 내용을 근거로 1965년 2월 20일 한·일 기본 조약이 조인되었다. 그러나 일본의 확실한 사죄와 보상이 없는 굴욕적 한·일 회담 추진 과정에 대하여 학생과 시민들 사이에서 대일 굴욕 외교 반대 투쟁이 벌어졌으며, 그 시위가 절정에 이른 1964년 6월 3일 정부는 계엄령을 선포하였다.

빈출 사료

[사료1] 언론 자유 수호 투쟁(언론 자유 실천문 일부, 1974. 10. 24.)

우리는 오늘날 우리 사회가 처한 미증유의 난관을 극복할 수 있는 길이 자유로운 활동에 있음을 선언한다. …… 본질적으로 자유 언론은 바로 우리 언론 종사자들 자신의 실천 과제일 뿐 당국에서 허용받거나 국민 대중이 찾아다 쥐어 주는 것이 아니다.

1. 신문, 방송, 잡지에 대한 어떠한 외부 간섭도 우리의 일치된 단결로 강력히 배제한다.
2. 기관원의 출입을 엄격히 거부한다.
3. 언론인의 불법 연행을 일체 거부한다. 만약, 어떠한 명목으로라도 불법 연행이 자행되는 경우 그가 귀사할 때까지 퇴근하지 않기로 한다.

[사료2] 민주 구국 선언(1976. 3. 1.)

삼권 분립은 허울만 남았다. 국가 안보라는 구실 아래 신앙과 양심의 자유는 날로 위축되어 가고 언론과 학원의 자유성은 압살당하고 말았다. …… 우리의 소원인 민족 통일을 향해서 국내외로 민주 세력을 키우고 규합하여 한 걸음 한 걸음 착실히 전진해야 할 마당에 이 나라는 1인 독재 아래 인권은 유린되고 자유는 박탈당하고 있다. 우리는 이를 보고 있을 수 없어 …… 이 나라의 먼 앞날을 내다보면서 민주 구국 선언을 선포하는 바이다.

1. 이 나라는 민주주의의 기반 위에 서야 한다.
2. 경제 입국 구상과 자세가 근본적으로 검토되어야 한다.
3. 민족 통일은 오늘 이 겨레가 짊어진 최대의 과업이다.

사료 플러스⁺

사료 1: 1969년 3선 개헌에 이어 유신 체제를 구축한 박정희 정권의 언론 통제에 대응하여 일선 기자들을 중심으로 전개되었던 운동이다. 「동아일보」가 1974년 10월 24일 서울대학교 문리과대학 학생들의 시위를 보도하였고, 이로 인해 편집국장과 관련 부장이 기관에 연행되는 사건이 발생하였다. 그러자 「동아일보」 기자들은 연행에 항의하여 외부 간섭 배제, 기관원 출입 거부, 언론인 불법 연행 거부 등을 결의하고 '자유 언론 실천 선언'을 발표하였으며, 이를 계기로 정부 권력으로부터 언론 자유를 수호하려는 언론계의 움직임이 전국적으로 확산되었다. 이러한 언론계의 동향을 파악한 정부는 이를 조속히 억제하기 위해 일차적으로 「동아일보」 광고주들에게 압력을 가해 광고 철회를 종용하였고, 「동아일보」는 백지 광고로 이에 맞섰으며, 이 과정에서 국민적 '동아 돕기 운동'이 널리 확산되었다. 국민적 반대에 부딪쳐 광고주를 통한 간접적 언론 규제 방안이 실효를 거두지 못하자, 정부는 다시 「동아일보」 경영진을 통해 주도적 기자를 해고하는 방법으로 사태를 수습하고자 하였다.

사료 2: 1976년 3월 1일 명동 성당의 3·1절 기념 미사와 기도회에서 윤보선·김대중·함석헌 등을 중심으로 각계 지도층 인사들이 발표한 '민주 구국 선언'이다. 이 사건은 3월 10일 서울지방검찰청 서정각 검사장의 '정부 전복 선동 사건' 발표로 세상에 알려지기 시작했는데, 서명자 10명을 포함해 문익환·함세웅·신현봉·문정현·김승훈·장덕필·이태영·이해동·김택암·안충석 총 20명이 대통령 긴급 조치 9호 위반 혐의로 입건되었다.

부·마 항쟁시 부산대학교 학생들의 민주 선언문

한민족 반만년 역사 위에 이토록 민중을 무자비하고 처절하게 탄압하고 수탈한 반역사적 지배 집단이 있었단 말인가? 반봉건 동학 혁명과 반식민 3·1 독립운동 및 무장 독립 투쟁에 이어져 찬란하던 반독재 4월의 학생 혁명을 타고 흐르는 한민족의 위대하고도 피로 옹어리진 자유평등의 민주주의 정신을 폭력과 기만으로 압살하려던 1961년도 이제 그 막차를 탔음을 우리는 견딜 수 없는 분노가 포효로써 증명한다. 식민지적 경제 구조를 온존시키고 그 위에 원조와 차관 경제로써 허세를 부리면서 GNP와 수출 만능으로 대외 의존을 심화시켜 온 매판기업가와 관료 지배 세력은 농촌 경제의 파탄과 이로부터 쫓겨나온 대다수의 도시 근로자가 셋방살이와 저임금과 열악한 노동 환경 속에서 신음하며 병든 근대화의 표상이 되어 자신들의 향락적이고 퇴폐적인 생활과의 대립이 첨예화함을 두려워하며 모든 경제적 모순과 실정을 근로자의 불순으로 뒤집어씌우고 협박·공포·폭력으로 짓눌러 왔음을 YH 사건에서 단적으로 보여 주고 있고 저들의 입으로나마 나불대던 민주 공화국의 형식논리마저도 이제는 부정함을 야당의 파괴 음모에서 깨닫게 하여 주었다. …… 학우여! 오늘 우리의 광장은 군사 교육장으로 변하였고 자유로운 토론은 정보원과 그 앞잡이 상담지도관과 호국단이 집어 삼키지 않았는가! 타율과 굴종으로 노예의 길을 걸어 천추의 한을 맺히게 할 것인가 아니면 박정희와 유신과 긴급 조치 등 불의의 날조와 악의 표본에 의연히 투쟁함으로써 역사 발전의 장도에 나설 것인가? 불을 보듯 훤한 이 시대의 비리를 바로잡을 역사의 소명 앞에 아무 두려움도 아쉬움도 남김없이 훨훨 타오른다. 오직 오늘 보람 있는 삶과 내일 부끄럽지 않은 과거를 갖기 위하여 우리는 이제 투쟁의 대열에 나서는 환희를 찾는다.　　　　　　　1979년 10월 15일 오전 10시 도서관 앞 부산대학교 민주학생 일동

타는 목마름으로

김지하

신새벽 뒷골목에
네 이름을 쓴다 民主主義여
내 머리는 너를 잊은 지 오래
내 발길은 너를 잊은 지 너무도 너무도 오래
오직 한 가닥 있어

타는 가슴속 목마름의 기억이
네 이름을 남 몰래 쓴다 民主主義여
……

숨죽여 흐느끼며
네 이름을 남몰래 쓴다.
타는 목마름으로
타는 목마름으로
民主主義여 만세

사료 3 : 박정희 정부의 유신 체제는 정치·사회적 갈등을 빚어오다가 1979년에 한계에 이르렀다. '백두진(白斗鎭) 파동'과 박정희 대통령 취임 반대 운동으로 시작된 1979년은 반정부 인사들에 대한 연행·체포·고문·연금 등 강압책이 잇따른 가운데서도 야당과 재야 세력의 저항이 고조되어 유신 정국은 긴장을 더해 갔다. 대표적으로 '크리스찬 아카데미 사건', '오원춘 사건'에 이어 'YH 무역 노조 신민당사 농성'이 일어났고, 잇따라 김영삼 신민당 총재에 대한 총재직 정지 가처분과 의원직 박탈로 정국은 갈등으로 치달았다.

더불어 1970년대 말 제2차 석유 파동이라는 세계 자본주의 체제의 위기와 중화학 공업의 과잉 중복 투자는 한국 경제를 심각한 위기로 몰고 갔고, 결국 국제 통화 기금의 구제 금융과 함께 1979년 4월 긴축 등을 골자로 한 '경제 안정화 정책'을 정부는 수용하기에 이르렀다. 경제 위기를 해소하기 위해 정부는 중소자본가, 봉급생활자, 도시 노동자와 농민 등에게 안정화 비용을 부과할 수밖에 없게 되었다. 이와 같은 안정화 정책은 경제 위기로 어려운 처지에 있던 중소기업들의 도산을 더욱 부채질하여 기업의 부도율이 사상 최고치로 치솟고 도시 하층민들의 생활을 더욱 어렵게 만들었다. 노동 집약적 제조업이 집중됐던 부산과 마산에서 대규모 민주화 운동이 일어났던 것은 이런 사회 경제적인 모순과 연관되어 있었다.

부·마 항쟁에 대해 박정희 정부는 처음에는 대수롭지 않게 생각하다가 사태가 심상치 않게 확대되어 가자 강경책으로 대응하였다. 정부는 18일 새벽 0시를 기해 부산 일원에 비상계엄을 선포하였고, 계엄령을 선포한 지 2일 뒤인 10월 20일 정오를 기해 경상남도 마산 및 창원 일원에 위수령을 발동하였다. 계엄령과 위수령 발동 후 부·마 항쟁은 적어도 표면적으로는 단시간에 진압되는 것처럼 보였으나, 부·마 항쟁 직후 일주일도 안 되어 10·26 사건이 발발하였고, 유신 체제도 종언을 맞이하였다. **cf** 부·마 민주 항쟁 – 2019년 국가 기념일 지정

사료 4 : '타는 목마름으로'는 유신 정부의 독재 상황에 대한 분노를 드러내면서 민주주의에 대한 강한 열망을 표현하였다.

429 우리는 왜 총을 들 수밖에 없었는가? ^{cf} 5 · 18 광주 민주화 운동 기록물 - 유네스코 세계 기록 문화유산 등재

빈출 사료

우리는 왜 총을 들 수밖에 없었는가? 그 대답은 너무나 간단합니다. 너무나 무자비한 만행을 더 이상 보고 있을 수만 없어서 너도 나도 총을 들 고 나섰던 것입니다. …… 그러나 정부 당국에서 는 17일 야간에 계엄령을 확대 선포하고 일부 학 생과 민주 인사, 정치인을 도무지 믿을 수 없는 구실로 불법 연행했습니다. 이에 우리 시민 모두 는 의아해했습니다. 또한, 18일 아침에 각 학교에

▲ 5 · 18 광주 민주화 운동

공수 부대를 투입하고 이에 반발하는 학생들에게 대검을 꽂고 "돌격, 앞으로!"를 감행하였고, 이에 우리 학생들은 다시 거리로 뛰쳐나와 정부 당국의 불법 처사를 규탄하였던 것입니다. 그러나 아! 이럴 수가 있단 말입니까? 계엄 당국은 18일 오후부터 공수 부대를 대량 투입하 여 시내 곳곳에서 학생, 젊은이들에게 무차별 살상을 자행하였으니! …… 너무나 경악스런 또 하나의 사실은 20일 밤부터 계엄 당국은 발포 명령을 내려 무차별 발포를 시작했다는 것 입니다. 이 고장을 지키고자 이 자리에 모이신 민주 시민 여러분! 그런 상황에서 우리가 할 수 있는 일이 무엇이겠습니까? 우리가 어떻게 해야 되겠습니까? 묻고 싶습니다. 우리는 더 이 상 당할 수만은 없었습니다. 　광주광역시 5 · 18 사료 편찬 위원회, 『5 · 18 광주 민주화 운동 자료 총서 2』

사료 플러스⁺

10 · 26 사태(1979) 이후 12 · 12 사태(신군부의 권력 장악 사건)로 민주주의는 다시 큰 고비를 맞게 되었다. 1980년대 민주주의를 열망하는 정치인들과 학생들은 '계엄 해제', '전두환 퇴진' 등을 요구하였으나, 학생 들의 민주화 시위는 신군부의 등장으로 묵살되었다. 1980년 5월 17일 전국 규모의 비상계엄 확대 조치가 취해지고 모든 정치 활동은 금지되었다. 이에 국민들의 민주화 요구는 5 · 18 광주 민주 항쟁으로 이어졌 으나 이 과정에서 무고한 다수의 시민들이 살상되었다.

430 삼청 교육대

김형은 체불 임금 요구하며 농성 중에 / 사장 놈 멱살 흔들다 고발되어 잡혀오고
열다섯 난 송 군은 노가다 일 나간 / 어머니 마중 길에 불량배로 몰려 끌려오고
딸라 빚 밀려 잡혀온 놈 / 시장 좌판 터에서 말다툼하다 잡혀온 놈
술 한잔하고 고함치다 잡혀온 놈 / 춤추던 파트너가 고관 부인이라 잡혀온 놈 ……

박노해, '삼청 교육대' 중 일부

사료 플러스⁺

전두환 신군부는 그들의 정치 입장을 합리화시키고 정권 찬탈에 따른 불만 세력을 억누르는 조치를 취하 여 '사회 정화'라는 명목으로 정치적 반대 세력의 활동을 막고, 많은 공무원과 언론인을 강제 해직시켰다. 그리고 폭력 조직을 근절한다는 미명하에 약 2만 명의 시민을 삼청 교육대라는 군대의 특수 훈련장에 끌 고 가 강제 노역과 군대식 훈련을 시켰다.

영화가 시작하기 전에 우리는
일제히 일어나 애국가를 경청한다.
삼천리 화려 강산의
을숙도에서 일정한 군(群)을 이루며
갈대숲을 이륙하는 흰 새 떼들이
자기들끼리 끼룩거리면서
자기들끼리 낄낄대면서
일렬 이열 삼렬 횡대로 자기들의 세상을
이 세상에서 떼어 메고
이 세상 밖 어디론가 날아간다.
우리도 우리들끼리
낄낄대면서
깔쭉대면서
우리의 대열을 이루며
한 세상 떼어 메고
이 세상 밖 어디론가 날아갔으면
하는데 대한 사람 대한으로
길이 보전하세로
각기 자기 자리에 앉는다.
주저앉는다.
....

사료 플러스⁺

이 시가 쓰인 1980년대는 광주 민주화 운동 이후 군사 정권의 폭압적인 정치 속에서 갈등과 정치적 억압을 겪어야 하는 시기로, 당시에는 모든 것이 획일화되었고, 극장에 가서는 애국가를 경청해야 하는 등 조국애를 강요받았다. 이 시는 이러한 암울하고 억압적인 시대적 배경을 반영하고 있다.

6 · 10 국민 대회 선언(1987)

오늘 우리는 전 세계 이목이 우리를 주시하는 가운데 40년 독재 정치를 청산하고 희망찬 민주 국가를 건설하기 위한 거보를 전 국민과 함께 내딛는다. 미래요 소망인 꽃다운 젊은이를 야만적인 고문으로 죽여 놓고 그것도 모자라서 뻔뻔스럽게 국민을 속이려 했던 현 정권에게 국민의 분노가 무엇인지를 분명히 보여 주고, 국민적 여망인 개헌을 일방적으로 파기한 4·13 폭거를 철회시키기 위한 민주 장정을 시작한다.

▲ 6 · 10 국민 대회

사료 플러스⁺

1987년 박종철 고문치사 사건과 전두환 대통령의 '4·13 호헌 조치'에 대한 반발로 6월 민주 항쟁이 발발하였다. 6월 9일 시위 중에 연대생 이한열이 최루탄을 맞아 죽게 되면서 시민의 민주화 열망은 더욱 강렬해졌고, 그 결과 6월 26일 거행된 국민 평화 대행진에는 전국 100여 만 명의 시위대가 나섰다. 결국 군부 세력은 국민의 민주화 요구에 손을 들고 대통령 직선제로 개헌을 시행하였다.

6 · 29 선언(1987) − **직선제를 받아들입니다.**

첫째, 여·야 합의하에 조속히 대통령 직선제로 개헌하고 새 헌법에 의한 대통령 선거를 통해 1988년 2월 평화적 정부 이양을 실현하도록 해야겠습니다.

둘째, 직선제 개헌이라는 제도의 변경뿐만 아니라, 이의 민주적 실천을 위하여는 자유로운 출마와 공정한 경쟁이 보장되어 국민의 올바른 심판을 받을 수 있는 내용으로 대통령 선거법을 개정하여야 한다고 봅니다.

셋째, 우리 정치권은 물론 모든 분야에 있어서의 반목과 대결이 과감히 제거되어 국민적 화해와 대단결을 도모하여야 합니다. 그러한 의미에서 저는 그 과거가 어떠하였든 간에 김대중 씨도 사면 복권되어야 한다고 생각합니다.

사료 플러스⁺

6월 민주 항쟁(1987)으로 더 이상 국민의 민주화 요구를 거부할 수 없던 집권 여당인 민주 정의당(민정당) 대표 위원 겸 대통령 후보인 노태우는 대통령 직선제를 골자로 하는 시국 수습 방안인 6·29 선언을 발표하였다. 내용은 대통령 직선제 개헌, 1988년 평화적 정부 이양, 언론 자유 보장, 지방 자치제 및 교육 자율화 실시, 정당 활동 보장, 사회 정화 조치 실시, 유언비어 추방, 지역 감정 해소 등을 통한 신뢰성 있는 공동체 형성 등 8개항으로 이루어져 있다. 당시 전두환 대통령이 노태우 대표의 구상을 수용하겠다고 밝힘으로써 6·29 선언은 정부와 여당인 민정당의 공식 입장이 되었다. 그 결과 4·13 호헌 조치는 철회되었고 직선제 개헌이 이루어졌다. 새로운 헌법에 따라 1987년 12월 16일 치러진 대통령 선거에서 노태우 후보가 제13대 대통령으로 당선되었다. 이 선언은 대한민국 역사상 최초로 집권 세력이 민주화를 실시하겠다고 한 점에서 의미가 있으나, 직선제 등의 핵심사항 외에 각종 악법 개폐와 제도 개혁에 관한 언급은 거의 없었다.

434 1차 개헌(발췌 개헌, 1952) - 대통령 직선제, 국회 양원제

제31조 입법권은 국회가 행한다. 국회는 민의원과 참의원으로써 구성한다.
제53조 대통령과 부통령은 국민의 보통, 평등, 직접, 비밀 투표에 의하여 각각 선거한다.

> **사료 플러스+**
>
> 6·25 전쟁 직전에 실시된 2대 국회 의원 선거에서 정부에 비판적인 무소속 출마자들이 대거 당선되었다. 게다가 거창 양민 학살 사건(1951, 6·25 전쟁 중 거창 양민 500여 명을 공산군이라는 혐의로 학살한 사건)이 폭로되고, 국민 방위군 사건(1951, 국민 방위군 장교들의 국고금과 군수 물자 부정비리 사건)이 터지는 등 거듭되는 실정(失政)으로 국회에서 대통령을 뽑는 간선제로는 재선되기 어려웠다. 이에 이승만 정부는 전쟁 중에 임시 수도인 부산에서 독재 체제를 구축하기 위한 비상수단으로 여당인 자유당을 조직하고, 대통령 직선제 정부안과 내각 책임제 국회안을 발췌·혼합한 '발췌 개헌안'을 강제로 통과시켰다.

435 2차 개헌(사사오입 개헌, 1954) - 초대 대통령 중임 제한 철폐

제55조 제1항 대통령과 부통령의 임기는 4년으로 한다. 단, 재선에 의하여 1차 중임할 수 있다.
부칙 이 헌법 공포 당시의 대통령에 대하여는 제55조 제1항 단서의 제한을 적용하지 아니한다.

> **사료 플러스+**
>
> 직선으로 제2대 대통령에 재선된 이승만 대통령은 장기 집권을 위해 초대 대통령의 중임 제한(3선 금지 조항) 철폐를 골자로 한 헌법 개정안을 제출하였다. 표결 결과 1표가 부족하여 부결되었으나, 이를 뒤에 자유당은 사사오입(四捨五入, 반올림)을 내세워 개헌안의 통과를 선언하였다(1954. 11.).

436 3차 개헌(1960. 6. 15.)

제29조 국민의 모든 자유와 권리는 질서 유지와 공공복리를 위하여 필요한 경우에 한하여 법률로써 제한할 수 있다. 단, 그 제한은 자유와 권리의 본질적인 내용을 훼손하여서는 아니 되며, 언론·출판에 대한 허가나 검열과 집회·결사에 대한 허가를 규정할 수 없다.
제32조 민의원 의원의 정수와 선거에 관한 사항은 법률로써 정한다. 참의원 의원은 특별시와 도를 선거구로 하고 법률의 정하는 바에 의하여 선거하며 그 정수가 민의원 의원 정수의 4분의 1을 초과하지 못한다.
제53조 대통령은 양원 합동 회의에서 선거하고 재적 국회 의원 3분의 2 이상의 투표를 얻어 당선된다.

> **사료 플러스+**
>
> 4·19 혁명 후의 혼란 상태를 수습하기 위하여 허정을 내각 수반으로 하는 과도 정부가 구성되었다. 과도 정부는 지역 대표성에 따라 구성된 참의원(상원, 76명)과 인구 비례에 따라 구성된 민의원(하원, 233명)의 양원제 의회 구성과 내각 책임제를 골자로 하는 헌법을 개정하였다.

PART 08 현대의 정치

437 3선 개헌 반대(1969)

우리는 이제 3선 개헌을 강행하여 자유 민주에의 반역을 기도하는 어떤 명분이나 위장된 강변에도 현혹됨 없이 헌정 20년간 모든 호헌 세력들이 공통된 신념과 결단 위에서 전 국민의 힘을 뭉쳐 단호히 이에 대처하려 한다. 집권자에 의해서 자유 민주에의 기대가 끝나 배신당할 때, 조국을 수호하려는 전 국민은 요원의 불길처럼 봉기할 것이다. 우리는 날로 그 우방을 확장시키고 있고, 선악의 대결과 진부의 결전에서 용솟음치는 결의를 가지고 있다.

자유 국민의 조국은 영원하다.

영원한 조국을 가진 국민은 용감하다.

전 국민이여! 자유 민주의 헌정 수호 대열에 빠짐없이 참여하라.

3선 개헌 반대 범국민 투쟁 위원회(1969)

사료 플러스

경제 성장으로 국민들의 호응을 얻어 1967년 대통령 선거에서 압승한 박정희 대통령은 집권 연장을 위해 3선 개헌을 강행하였다. 임기 2년을 앞둔 1969년 9월 경제 발전의 지속과 국가 안정을 구실로 학생과 시민, 야당의 맹렬한 반대를 무릅쓰고 대통령을 세 번까지 할 수 있도록 헌법을 바꾸었고(3선 개헌), 이는 민주 공화당 의원들에 의해 변칙 통과되었다.

438 7차 개헌

사료1 유신 헌법

제39조 대통령은 통일 주체 국민 회의에서 토론 없이 무기명 투표로 선거한다.

제40조 통일 주체 국민 회의는 국회 의원 정수의 3분의 1에 해당하는 수의 국회 의원을 선거한다.

제53조 대통령은 천재지변 또는 중대한 재정·경제상의 위기에 처하거나, 국가의 안전 보장 또는 공공의 안녕·질서가 중대한 위협을 받거나 받을 우려가 있어, 신속한 조치를 할 필요가 있다고 판단할 때에는 내정·외교·국방·경제·재정·사법 등 국정 전반에 걸쳐 필요한 긴급 조치를 할 수 있다.

제54조 대통령은 전시·사변 또는 이에 준하는 국가 비상사태에 있어서 병력으로써 군사상의 필요 또는 공공의 안녕·질서를 유지할 필요가 있을 때에는 법률이 정하는 바에 의하여 계엄을 선포할 수 있다.

제59조 대통령은 국회를 해산할 수 있다.

사료2 대통령 긴급 조치 1호(1974)

1. 대한민국 헌법을 부정·반대·왜곡 또는 비방하는 일체의 행위를 금한다.

5. 이 조치에 위반한 자와 이 조치를 비방한 자는 법관의 영장 없이 체포·구속·압수·수색하며 15년 이하의 징역에 처한다. 이 경우에는 15년 이하의 자격 정지를 병과할 수 있다.

6. 이 조치에 위반한 자와 이 조치를 비방한 자는 비상 군법 회의에서 심판·처단한다.

국내외적으로 위기에 처한 박정희 정부는 국가 안보와 사회 질서를 최우선 과제로 내세우면서 지속적인 경제 성장을 이룩하기 위해서는 강력하고 안정된 정부가 필요하다고 주장하였다. 박정희 대통령은 1972년 10월 17일 전국에 비상계엄령을 선포하고 국회 해산, 정치 활동 금지 등을 단행한 후 헌법 개정을 선언하였다. 그 결과 비상 국무 회의가 입법부의 역할까지 맡아 유신 헌법을 제정하고 그 해 11월에 유신 헌법에 대한 국민 투표가 시행되었으며 91.5%(투표율 92.9%) 찬성으로 확정되었다.

439 9차 개헌(1987. 10. 29.)

유구한 역사와 전통에 빛나는 우리 대한 국민은 <u>3 · 1 운동으로 건립된 대한민국 임시 정부의 법통과 불의에 항거한 4 · 19 민주 이념을 계승하고,</u> 조국의 민주 개혁과 평화적 통일의 사명에 입각하여 정의 · 인도와 동포애로써 민족의 단결을 공고히 하고, 모든 사회적 폐습과 불의를 타파하며, 자율과 조화를 바탕으로 자유 민주적 기본 질서를 더욱 확고히 하여 정치 · 경제 · 사회 · 문화의 모든 영역에 있어서 각인의 기회를 균등히 하고, 능력을 최고도로 발휘하게 하며, 자유와 권리에 따르는 책임과 의무를 완수하게 하여 안으로는 국민 생활의 균등한 향상을 기하고, 밖으로는 항구적인 세계 평화와 인류 공영에 이바지함으로써 우리들과 우리들의 자손의 안전과 자유와 행복을 영원히 확보할 것을 다짐하면서 <u>1948년 7월 12일에 제정되고 8차에 걸쳐 개정된 헌법을 이제 국회의 의결을 거쳐 국민 투표에 의하여 개정한다.</u>

6월 민주 항쟁(1987)으로 더 이상 국민의 민주화 요구를 거부할 수 없던 군부 세력은 대통령 직선제를 골자로 하는 시국 수습 방안인 6 · 29 선언을 발표하게 되었다. 6 · 29 선언이 계기가 되어 국회에서는 5년 단임의 대통령 직선제 등을 골자로 하는 헌법을 마련하였다.

📦 참고 민주주의 발전 과정(미군정~노태우 정부)

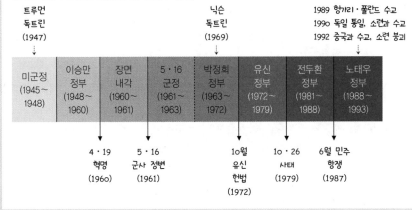

최근 평양과 서울에서 남북 관계를 개선하며 갈라진 조국을 통일하는 문제를 협의하기 위한 회담이 있었다. 서울의 이후락 중앙정보부장이 1972년 5월 2일부터 5월 5일까지 평양을 방문하여 평양의 김영주 조직지도부장과 회담을 진행하였으며, 김영주 부장을 대신한 박성철 제2부수상이 1972년 5월 29일부터 6월 1일까지 서울을 방문하여 이후락 부장과 회담을 진행하였다. 이 회담들에서 쌍방은 조국의 평화적 통일을 하루빨리 가져와야 한다는 공통된 염원을 안고 허심탄회하게 의견을 교환하였으며 서로의 이해를 증진시키는 데에서 큰 성과를 거두었다. 이 과정에서 쌍방은 오랫동안 서로 만나보지 못한 결과로 생긴 남북 사이의 오해와 불신을 풀고 긴장의 고조를 완화시키며 나아가서 조국 통일을 촉진시키기 위하여 다음과 같은 문제들에 완전한 견해의 일치를 보았다.

1. 쌍방은 다음과 같은 조국 통일 원칙들에 합의를 보았다.
   첫째, 통일은 외세에 의존하거나 외세의 간섭을 받음이 없이 <u>자주적</u>으로 해결하여야 한다.
   둘째, 통일은 서로 상대방을 반대하는 무력행사에 의거하지 않고 <u>평화적</u> 방법으로 실현하여야 한다.
   셋째, 사상과 이념·제도의 차이를 초월하여 우선 하나의 민족으로서 <u>민족적 대단결</u>을 도모하여야 한다.

이후락, 김영주

1972년 7월 4일

사료 플러스+

박정희 정부는 비밀리에 중앙정보부장 이후락을 북한에 보내 김일성과 만나게 하고, 1972년 7월 4일 남·북한 당국자 사이에 7·4 남북 공동 성명을 발표하였다. 성명은 민족 통일의 원칙을 천명한 것으로서 자주적 통일, 평화적 통일, 민족 대단결의 3대 원칙을 그 내용으로 삼았다. 이 원칙에 따라 남·북한 당국자들은 통일 문제를 논의하기 위해서 서울과 평양 사이에 상설 직통 전화를 개설하고, 남북 조절 위원회를 구성하기로 합의하였다.

441 6·23 평화 통일 선언(1973)

1. 조국의 평화적 통일은 우리 민족의 지상 과업이다. 우리는 이를 성취하기 위한 모든 노력을 계속 경주한다.
2. 한반도의 평화는 반드시 유지되어야 하며, 남북한은 서로 내정에 간섭하지 않으며 침략을 하지 않아야 한다.
3. 우리는 남북 공동 성명의 정신에 입각한 남북 대화의 구체적 성과를 위하여 성실과 인내로써 계속 노력한다.
4. 우리는 긴장 완화와 국제 협조에 도움이 된다면 북한이 우리와 같이 국제 기구에 참여하는 것을 반대하지 않는다.
5. 국제 연합의 다수 회원국의 뜻이라면 통일에 장애가 되지 않는다는 전제하에 우리는 북한과 함께 국제 연합에 가입하는 것을 반대하지 않는다. 우리는 국제 연합 가입 전이라도 대한민국 대표가 참석하는 국련 총회에서의 「한국 문제」 토의에 북한 측이 같이 초청되는 것을 반대하지 않는다.
6. 대한민국은 호혜 평등의 원칙하에 모든 국가에게 문호를 개방할 것이며, 우리와 이념과 체제를 달리하는 국가들도 우리에게 문호를 개방할 것을 촉진한다.

1973년 6월 23일
박정희

사료 플러스⁺

박정희 정부는 남·북한의 유엔 동시 가입과 호혜 평등의 원칙하에 모든 국가에 대한 문호 개방을 내용으로 하는 6·23 평화 통일 선언(1973)을 발표하였다. 그러나 북한은 남북을 2개의 국가로 인정하는 남한 정부의 6·23 선언이 7·4 남북 공동 성명에 위배된다고 주장하면서 남북 대화 중단을 선언하였다.

442 한민족 공동체 통일 방안 제의(1989)

이념과 체제가 다른 두 개의 나라를 영속시키는 형태는 온전한 통일이라 할 수 없을 것입니다. 통일을 이루는 원칙은 어디까지나 민족 자결의 정신에 따라 자주적으로, 무력행사에 의거하지 않고 평화적으로, 그리고 민족 대단결을 도모하고 민주적으로 실현되어야 합니다. …… 통일로 가는 중간 단계로서 먼저 남과 북은 서로 다른 두 체제가 존재하고 있다는 현실을 바탕으로 서로가 서로를 인정하고 공존 공영하면서 민족 사회의 동질화와 통합을 촉진해 나가야 합니다. 남북 간에 개방과 교류·협력을 넓혀 신뢰를 심어 민족 국가로 통합할 수 있는 바탕을 만들어 가야 합니다. 이와 같이하여 사회·문화·경제적 공동체를 이루어 나가면서 남북 간에 존재하는 각종 문제를 해결해 간다면 정치적 통합의 여건은 성숙될 것입니다. 통일을 촉진할 이 과정을 제도화하기 위해 쌍방이 합의하는 헌장에 따라 남북이 연합하는 기구를 설치하는 것이 필요합니다.

사료 플러스⁺

노태우 정부는 서울 올림픽 개최 이후 북방 정책의 추진과 함께 한민족 공동체 통일 방안을 제의하였다. 이 통일 방안은 자주·평화·민주의 원칙 아래 우선 민족 공동체의 회복을 위하여 오늘의 분단과 미래의 통일 사이에 남북 연합이라는 중간 단계를 설정하여 민족 사회를 하나로 통합하고, 그 다음으로 민주 공화제의 통일 국가를 이루는 최종 단계로 구성되어 있다.

남과 북은 분단된 조국의 평화적 통일을 염원하는 온 겨레의 뜻에 따라 '7·4 남북 공동 성명'에서 천명된 조국 통일 3대 원칙을 재확인하고, 정치·군사적 대결 상태를 해소하여 민족적 화해를 이룩하고 무력에 의한 침략적 충돌을 막고 긴장 완화와 평화를 보장하며 다각적인 교류·협력을 실천하여 민족 공동의 이익과 번영을 도모하며, 쌍방 사이의 관계가 나라와 나라 사이의 관계가 아닌 통일을 지향하는 과정에서 잠정적으로 형성되는 특수한 관계라는 것을 인정하고, 평화 통일을 성취하기 위한 공동의 노력을 경주할 것을 다짐하면서 다음과 같이 합의하였다.

제1장 남북 화해

제1조 남과 북은 서로 상대방의 체제를 인정하고 존중한다.

제2조 남과 북은 상대방의 내부 문제에 간섭하지 아니한다.

제3조 남과 북은 상대방에 대한 비방·중상을 하지 아니한다.

제4조 남과 북은 상대방을 파괴·전복하려는 일체 행위를 하지 아니한다.

제5조 남과 북은 현 정전 상태를 남북 사이의 공고한 평화 상태로 전환시키기 위하여 공동으로 노력하며 이러한 평화 상태가 이룩될 때까지 현 군사 정전 협정을 준수한다.

제6조 남과 북은 국제무대에서 대결과 경쟁을 중지하고 서로 협력하며 민족의 존엄과 이익을 위하여 공동으로 노력한다.

제7조 남과 북은 서로의 긴밀한 연락과 협의를 위하여 이 합의서 발효 후 3개월 안에 판문점에 남북 연락 사무소를 설치·운영한다.

제8조 남과 북은 이 합의서 발효 후 1개월 안에 본 회담 테두리 안에서 남북 정치분과 위원회를 구성하여 남북 화해에 관한 합의의 이행과 준수를 위한 구체적 대책을 협의한다.

제2장 남북 불가침

제9조 남과 북은 상대방에 대하여 무력을 사용하지 않으며 상대방을 무력으로 침략하지 아니한다.

제10조 남과 북은 의견 대립과 분쟁 문제들을 대화와 협상을 통하여 평화적으로 해결한다.

제11조 남과 북의 불가침 경계선과 구역은 1953년 7월 27일자 군사 정전에 관한 협정에 규정된 군사 분계선과 지금까지 쌍방이 관할하여 온 구역으로 한다.

제12조 남과 북은 불가침의 이행과 보장을 위하여 이 합의서 발효 후 3개월 안에 남북 군사 공동 위원회를 구성·운영한다. 남북 군사 공동 위원회에서는 대규모 부대 이동과 군사 연습의 통보 및 통제 문제, 비무장 지대의 평화적 이용 문제, 군인사 교류 및 정보 교환 문제, 대량 살상 무기와 공격 능력의 제거를 비롯한 단계적 군축 실현 문제, 검증 문제 등 군사적 신뢰 조성과 군축을 실현하기 위한 문제를 협의·추진한다.

제13조 남과 북은 우발적인 무력충돌과 그 확대를 방지하기 위하여 쌍방 군사당국자 사이에 직통 전화를 설치·운영한다.

제14조 남과 북은 이 합의서 발효 후 1개월 안에 본 회담 테두리 안에서 남북 군사 분과 위원회를 구성하여 불가침에 관한 합의의 이행과 준수 및 군사적 대결 상태를 해소하기 위한 구체적인 대책을 협의한다.

1991년 12월 13일

남북 고위급 회담 남측 대표단 수석대표 대한민국 국무총리 정원식
북남 고위급 회담 북측 대표단 단장 조선 민주주의 인민 공화국 정무원총리 연형묵

1991년 9월에 남·북한은 유엔에 동시 가입하였고, 이후 1991년 제5차 고위급 회담에서 7·4 남북 공동 성명 이후 처음으로 문서화된 남·북한 당국의 합의로 '남북 기본 합의서(남북 사이의 화해와 불가침 및 교류 협력에 관한 합의서)'를 채택하였다. 이 합의서는 UN 가입 이후 논리적·현실적으로 존재하는 1민족 2체제 2정부의 상황을 인정하는 전제 위에서 평화와 민족 자결을 위한 원칙들을 규정한 내용이다. 이 합의서에서 남·북한은 서로를 국가적 실체로만 인정하되 국가로는 승인하지 않고, 서로의 체제를 인정·존중하며, 내정에 간섭하지 않고 침략하지 않기로 하였다.

444 한반도의 비핵화에 관한 공동 선언(1991. 12. 31. 합의, 1992. 2. 19. 발효)

남과 북은 한반도를 비핵화함으로써 핵전쟁 위험을 제거하고 우리나라의 평화와 평화 통일에 유리한 조건과 환경을 조성하며 아시아와 세계의 평화와 안전에 이바지하기 위하여 다음과 같이 선언한다.

1. 남과 북은 핵무기의 시험·제조·생산·접수·보유·저장·배치·사용을 하지 아니한다.
2. 남과 북은 핵에너지를 오직 평화적 목적에만 이용한다.
3. 남과 북은 핵재 처리 시설과 우라늄 농축 시설을 보유하지 아니한다.
4. 남과 북은 한반도의 비핵화를 검증하기 위하여 상대 측이 선정하고 쌍방이 합의하는 대상들에 대하여 남북 핵 통제 공동 위원회가 규정하는 절차와 방법으로 사찰을 실시한다.
5. 남과 북은 이 공동 선언의 이행을 위하여 공동 선언이 발효된 후 1개월 안에 남북 핵 통제 공동 위원회를 구성·운영한다.
6. 이 공동 선언은 남과 북이 각기 발효에 필요한 절차를 거쳐 그 문본을 교환한 날부터 효력을 발생한다.

1992년 1월 20일
남북 고위급 회담 남측 대표단 수석대표 대한민국 국무총리 정원식
북남 고위급 회담 북측 대표단 단장 조선 민주주의 인민 공화국 정무원총리 연형묵

남북 기본 합의서의 연장선 상에서 1991년 12월 31일에 핵무기 개발을 포기하는 한반도 비핵화(非核化)에 관한 공동 선언이 채택되었고 1992년 2월에 발효되었다.

조국의 평화적 통일을 염원하는 온 겨레의 숭고한 뜻에 따라 대한민국 김대중 대통령과 조선 민주주의 인민 공화국 김정일 국방 위원장은 2000년 6월 13일부터 6월 15일까지 평양에서 역사적인 상봉을 하였으며 정상 회담을 가졌다. 남북 정상들은 분단 역사상 처음으로 열린 이번 상봉과 회담이 서로 이해를 증진시키고 남북 관계를 발전시키며 평화 통일을 실현하는데 중대한 의의를 가진다고 평가하고 다음과 같이 선언한다.

1. 남과 북은 나라의 통일 문제를 그 주인인 우리 민족끼리 서로 힘을 합쳐 자주적으로 해결해 나가기로 하였다.
2. 남과 북은 나라의 통일을 위한 남측의 연합제 안과 북측의 낮은 단계의 연방제 안이 서로 공통성이 있다고 인정하고 앞으로 이 방향에서 통일을 지향시켜 나가기로 하였다.
3. 남과 북은 올해 8 · 15에 즈음하여 흩어진 가족, 친척 방문단을 교환하며, 비전향 장기수 문제를 해결하는 등 인도적 문제를 조속히 풀어 나가기로 하였다.
4. 남과 북은 경제 협력을 통하여 민족 경제를 균형적으로 발전시키고, 사회, 문화, 체육, 보건, 환경 등 제반 분야의 협력과 교류를 활성화하여 서로의 신뢰를 다져 나가기로 하였다.
5. 남과 북은 이상과 같은 합의 사항을 조속히 실천에 옮기기 위하여 빠른 시일 안에 당국 사이의 대화를 개최하기로 하였다.

김대중 대통령은 김정일 국방 위원장이 서울을 방문하도록 정중히 초청하였으며, 김정일 국방 위원장은 앞으로 적절한 시기에 서울을 방문하기로 하였다.

2000년 6월 15일
대한민국 대통령 김대중
조선 민주주의 인민 공화국 국방 위원장 김정일

사료 플러스⁺

1998년 김대중 정부가 '햇볕 정책'이란 이름으로 적극적인 대북 포용 정책을 펴면서 남북 관계에 새로운 국면이 조성되었다. 남북 정상 평양 회담(2000. 6. 13.~15.)을 통해 김대중 대통령과 김정일 국방 위원장은 통일 정책의 기조를 남북 관계의 화해와 협력으로 전환한다는 남북 공동 선언에 합의·서명하였다. 6 · 15 남북 공동 선언의 결과 그해 8월 15일 이산가족 방문단 교환을 시작으로 여러 차례 이산가족 상봉이 이루어졌다. 이어 남북 이산가족 서신 교환이 분단 이후 최초로 이루어졌고, 면회소 설치 등이 합의되기에 이르렀다.

대한민국 노무현 대통령과 조선 민주주의 인민 공화국 김정일 국방 위원장 사이의 합의에 따라 노무현 대통령이 2007년 10월 2일부터 4일까지 평양을 방문하였다. 방문 기간 중 역사적인 상봉과 회담들이 있었다. ……

1. 남과 북은 6·15 공동 선언을 고수하고 적극 구현해 나간다.
2. 남과 북은 사상과 제도의 차이를 초월하여 남북 관계를 상호 존중과 신뢰 관계로 확고히 전환시켜 나가기로 하였다.
3. 남과 북은 군사적 적대 관계를 종식시키고 한반도에서 긴장 완화와 평화를 보장하기 위해 긴밀히 협력하기로 하였다.
4. 남과 북은 현 정전 체제를 종식시키고 항구적인 평화 체제를 구축해 나가야 한다는데 인식을 같이하고 직접 관련된 3자 또는 4자 정상들이 한반도 지역에서 만나 종전을 선언하는 문제를 추진하기 위해 협력해 나가기로 하였다.
5. 남과 북은 민족 경제의 균형적 발전과 공동의 번영을 위해 경제 협력 사업을 공리 공영과 유무상통의 원칙에서 적극 활성화하고 지속적으로 확대 발전시켜 나가기로 하였다.
6. 남과 북은 민족의 유구한 역사와 우수한 문화를 빛내기 위해 역사, 언어, 교육, 과학 기술, 문화 예술, 체육 등 사회 문화 분야의 교류와 협력을 발전시켜 나가기로 하였다.
7. 남과 북은 인도주의 협력 사업을 적극 추진해 나가기로 하였다.
8. 남과 북은 국제 무대에서 민족의 이익과 해외 동포들의 권리와 이익을 위한 협력을 강화해 나가기로 하였다.

2007년 10월 4일 평양
대한민국 대통령 노무현
조선 민주주의 인민 공화국 국방 위원장 김정일

사료 플러스⁺

2003년 출범한 노무현 정부도 대북 포용 정책을 이어나가면서 2007년 10월 평양을 육로로 방문하여 김정일 국방 위원장과 2차 남북 정상 회담을 열고 공동 선언을 발표하였다[10·4 남북 공동 선언(남북 관계 발전과 평화 번영을 위한 선언)]. 남북 정상은 6·15 남북 공동 선언을 재확인하면서 남북 간 상호 신뢰의 증진, 군사적 대결 관계의 종식과 평화 체제의 정착을 위해 협력한다는 뜻을 천명하였다.

447 판문점 선언(2018)

1. 남과 북은 남북 관계의 전면적이며 획기적인 개선과 발전을 이룩함으로써 끊어진 민족의 혈맥을 잇고 공동 번영과 자주 통일의 미래를 앞당겨 나갈 것이다. 남북 관계를 개선하고 발전시키는 것은 온 겨레의 한결같은 소망이며 더 이상 미룰 수 없는 시대의 절박한 요구이다.

   ① 남과 북은 우리 민족의 운명은 우리 스스로 결정한다는 민족 자주의 원칙을 확인하였으며 이미 채택된 남북 선언들과 모든 합의들을 철저히 이행함으로써 관계 개선과 발전의 전환적 국면을 열어나가기로 하였다.

   ③ 남과 북은 당국 간 협의를 긴밀히 하고 민간 교류와 협력을 원만히 보장하기 위하여 쌍방 당국자가 상주하는 남북 공동 연락 사무소를 개성 지역에 설치하기로 하였다.[1]

   ④ 남과 북은 민족적 화해와 단합의 분위기를 고조시켜 나가기 위하여 각계각층의 다방면적인 협력과 교류 왕래와 접촉을 활성화하기로 하였다. 안으로는 6·15를 비롯하여 남과 북에 다같이 의의가 있는 날들을 계기로 당국과 국회, 정당, 지방 자치 단체, 민간단체 등 각계각층이 참가하는 민족 공동 행사를 적극 추진하여 화해와 협력의 분위기를 고조시키며, 밖으로는 2018년 아시아 경기 대회를 비롯한 국제 경기들에 공동으로 진출하여 민족의 슬기와 재능, 단합된 모습을 전 세계에 과시하기로 하였다.

   ⑥ 남과 북은 민족 경제의 균형적 발전과 공동 번영을 이룩하기 위하여 10·4 선언에서 합의된 사업들을 적극 추진해 나가며 1차적으로 동해선 및 경의선 철도와 도로들을 연결하고 현대화하여 활용하기 위한 실천적 대책들을 취해나가기로 하였다.

   2018년 4월 27일 판문점
대한민국 대통령 문재인
조선 민주주의 인민 공화국 국무 위원회 위원장 김정은

사료 플러스

판문점에서 열린 제3차 남북 정상 회담에서 문재인 대통령과 김정은 국무 위원장이 공동으로 발표한 선언문으로, 정식 명칭은 '한반도의 평화와 번영, 통일을 위한 판문점 선언'이다. 완전한 비핵화를 통한 핵 없는 한반도를 실현하고 남북 관계 개선과 연내 종전 선언, 정전 협정을 평화 협정으로 전환하기 위한 남·북·미 정상 회담 개최 추진 등의 내용이 담겼다.

1) 2018년 9월 15일 설치

448 농지 개혁법(1949년 제정, 1950년 부분 수정·실시) **cf** 사료 422번에서 구체적 내용 확인

1. 농지만 대상으로 한다.
2. 3정보로 소유를 제한하고 초과분은 유상 몰수하여 3정보 한도 내에서 유상 분배한다(적산 농지, 부재지주 농지는 무상 몰수).
3. 분배 우선순위 : 소작인, 농업 노동자, 영농 능력이 있는 선열 유가족, 해외 귀환 동포
4. 상환 : 5년간 수확량의 30%씩 상환, 상환 완료 전에는 소유권 이전 금지

> **사료 플러스**
>
> 1949년 법을 제정하고 1950년에 실시한 농지 개혁은 농지 보상액과 상환액을 평년작의 1.5배로 하고 상환 기간을 5년으로 하였다. 그 결과 봉건적 소유 제도가 해체되고 자작농을 창출하는 계기가 되었다. 그러나 이는 농지만을 대상으로 하였고, 민족 반역자의 토지 소유권을 인정해주었으며, 지주에게 유리한 개혁이었다는 한계를 가진다.

449 제2차 경제 개발 5개년 계획

> 제2차 계획 기간 중에는 시장 경제의 원칙을 더욱 충실히 지키며 그 장점을 충분히 발휘케 함으로써 국민 경제가 보다 더 활발하게 움직이게 하되 그 단점을 시정하여 보다 능률적으로 다음의 중점을 달성케 한다.
> (1) 식량을 자급하고 산림녹화와 수산 개발에 주력한다.
> (2) 화학, 철강 및 기계 공업을 건설하여 공업 고도화의 기틀을 잡는 한편 공업 생산을 배가한다.
> (3) 7억 달러(상품 수출 : 550백만 달러)의 수출을 달성하고 수입 대체를 촉진하여 국제 수지를 획기적으로 개선시킬 기반을 굳힌다.
> (4) 고용을 증대하는 한편 가족 계획을 추진하여 인구 팽창을 억제한다.
> (5) 국민 소득을 획기적으로 증가시키며 특히 영농을 다각화하여 농가 소득의 향상에 주력한다.
> (6) 과학 및 경영 기술을 진흥하고 인적 자원을 배양하여 기술 수준과 생산성을 제고한다.

> **사료 플러스**
>
> 정부는 제2차 경제 개발 5개년 계획을 추진하면서 수출 주도형 성장 전략에 주력하였다. 그 결과 국민 총생산(GNP)은 연평균 10% 내외로 성장하였으며, 특히 제조업은 연평균 20% 이상 성장하였다. 이러한 성장은 저임금 노동력과 외국 자본 도입에 기반을 둔 수출 산업의 급신장에 힘입은 것이다. 주요 수출 품목은 섬유, 합판, 가발 등이었다. 이 시기에 추진된 경공업 중심의 성장 전략은 이후 제3차 경제 개발에서 진행된 중화학 공업에 중점을 둔 경제 개발 계획과는 대비된다.

450 새마을 노래 cf 새마을 운동 기록물 – 유네스코 세계 기록 문화유산 등재

새벽종이 울렸네 새아침이 밝았네
너도 나도 일어나 새마을을 가꾸세
살기 좋은 내 마을 우리 힘으로 만드세
초가집도 없애고 마을 길도 넓히고
푸른 동산 만들어 알뜰살뜰 다듬세
살기 좋은 내 마을 우리 힘으로 만드세

박정희 작사·작곡

사료 플러스 +
정부는 상대적으로 낙후된 농촌 사회의 소득을 올리고, 생활 환경을 개선하기 위하여 1970년부터 새마을 운동을 시행하였다. 근면·자조·협동 정신을 바탕으로 한 농촌에서 시작된 이 운동은 이후 도시에도 확대되어 총체적인 국가 발전 전략으로 전개되었다. 전국의 마을에서는 시멘트를 공급받아 주민 스스로 도로나 하수도를 보수하고 공동 우물 빨래터를 만드는 등의 사업이 추진되었다. 사업 내용은 마을 앞산 푸르게 만들기, 마을 안까지 길 넓히기, 마을 앞 소하천 및 둑 보수 등 10가지였다. 전국의 마을은 기초 마을, 자조 마을, 자립 마을이라는 세 단계로 구분되었고, 모든 마을을 자립 마을로 끌어올린다는 목표를 내세웠다. 새마을 운동은 1970년대 국가 발전에 기여하였지만, 유신 체제를 지탱하는 통치 이념으로서 기능하기도 하였다.

CHAPTER 03   현대의 사회

451 전태일의 탄원서(1970)

존경하는 대통령 각하! …… 저희들은 근로 기준법의 혜택을 조금도 못 받으며, 더구나 2만여 명을 넘는 종업원의 90% 이상이 평균 연령 18세의 여성입니다. …… 또한, 2만여 명 중 40%를 차지하는 보조공들은 평균 연령 15세의 어린이들입니다. 이들은 전부가 다 영세민들의 자제이며, 굶주림과 어려운 현실을 이기려고 하루에 90원 내지 100원의 급료를 받으며 1일 15시간씩 작업을 합니다.   1970년에 청계 피복 노동조합원 전태일이 '대통령에게 보낸 탄원서'

사료 플러스 +
1970년 11월 서울 청계천 평화 시장에서 재단사로 일하던 전태일이 "근로 기준법을 지켜라.", "우리는 기계가 아니다." 등의 구호를 외치며 분신하여 암울한 노동 현실을 사회에 고발하였다. 이 사건은 노동자뿐만 아니라 학생, 지식인, 종교계 등에 큰 충격을 주었다.

452 YH 무역 근로자의 신민당사 농성(1979)

저희 회사는 1969년에 왕십리에서 10여 명의 종업원들로 시작하여 1970년에는 4천여 명의 종업원들로 늘어 국가 발전을 위해 우리가 할 수 있는 한 열심히 일하여왔고 수출 실적이 많아 석탑산업훈장까지도 받은 바 있습니다. 그러나 그렇게까지 열심히 일해 온 대가가 지금에 와서는 먹을 것은 물론 잠자리마저 빼앗긴 채 길거리로 내동댕이쳐진다면 그 누가 마음 놓고 열심히 일할 수 있겠습니까? …… 각계각층에서 수고하시는 사회인사 여러분! 저희들을 살려주세요. 지금은 다른 기업들도 불황으로 인하여 문 닫는 회사가 너무나 많습니다. 그러나 우리 문제는 그 이유와는 다른 전혀 불황이 아니라는 것을 밝혀드리고 싶습니다. 회장인 장용호씨가 미국으로 건너가 15억 원이라는 어마어마한 돈을 외화 도피시킴으로써 일어난 문제를 어찌 불황이라고 하겠습니까?   1979년 8월 10일 YH 무역 근로자 일동

사료 플러스⁺

1979년 2차 석유 파동과 중화학 공업의 과잉 투자에 따른 경제 불황은 박정희 정부를 위기로 몰고 갔다. 여기에 1979년 8월 9일~11일 회사 폐업 조치에 항의하며 신민당 당사에서 농성 시위를 벌이던 YH 무역 여성 노동자들을 진압하는 과정에서 여성 노동자가 숨지는 사건이 일어났다. YH 사건은 1970년대 정부의 노동자 억압을 통한 경제 성장의 한계를 드러낸 사건으로 농성은 경찰에 의해 강제 해산되었으나, 박정희 정권이 몰락하게 되는 도화선이 되었다.

CHAPTER 04   현대의 문화

453 국민 교육 헌장(1968)

우리는 민족중흥의 역사적 사명을 띠고 이 땅에 태어났다. 조상의 빛난 얼을 오늘에 되살려 안으로 자주독립의 자세를 확립하고 밖으로 인류 공영에 이바지할 때다. 이에 우리의 나아갈 바를 밝혀 교육의 지표로 삼는다. 성실한 마음과 튼튼한 몸으로 학문과 기술을 배우고 익히며 타고난 저마다의 소질을 계발하고 우리의 처지를 약진의 발판으로 삼아 창조의 힘과 개척의 정신을 기른다. 공익과 질서를 앞세우며 능률과 실질을 숭상하고 경애와 신의에 뿌리박은 상부상조의 전통을 이어받아 명랑하고 따뜻한 협동 정신을 북돋운다. 우리의 창의와 협력을 바탕으로 나라가 발전하며 나라의 융성이 나의 발전임을 깨달아 자유와 권리에 따르는 책임과 의무를 다하여 스스로 국가 건설에 참여하고 봉사하는 국민 정신을 드높인다. 반공민주 정신에 투철한 애국애족이 우리의 삶의 길이며 자유세계의 이상을 실현하는 기반이다. 길이 후손에 물려줄 영광된 통일 조국의 앞날을 내다보며 신념과 긍지를 지닌 근면한 국민으로서 민족의 슬기를 모아 줄기찬 노력으로 새 역사를 창조하자.   1968년 12월 5일 대통령 박정희

사료 플러스⁺

국민 교육 헌장은 1968년 박정희 정부에서 우리나라의 교육이 지향해야 할 이념과 근본 목표를 세우고, 민족중흥의 새 역사를 창조할 것을 밝힌 교육 지표이다. 선포일인 12월 5일은 1973년 3월 30일에 대통령령으로 정부 주관인 기념일이 되었다. 1994년부터 기념식 행사는 개최하지 않았으며 이후 초·중·고등학교 교과서에서 국민 교육 헌장이 삭제되었고, 2003년 11월 27일 대통령령 제18,143호에 의거하여 국민 교육 헌장 선포 기념일이 폐지되었다.

선우빈

주요 약력

現, 박문각 남부고시학원 한국사 대표교수
EBS 공무원 한국사 10년 강의(2008~2016, 2018년)
2006년 방송대학TV 공무원 한국사 전임교수
중등 2급 정교사[사회(역사)]

주요 저서

[이론서]
간추린 선우한국사 압축기본서(박문각) 선우한국사 핵심사료 450 연계 도서
선우빈 선우한국사 기본서(박문각)
단기완성 한국사능력검정시험 심화(박문각)
선우한국사 핵심사료 450(박문각)

[문제집]
선우한국사 기출족보 기본편/심화편(박문각)
선우한국사 기적의 동형 모의고사(박문각)

[요약집]
한국사 연결고리(박문각)

동영상강의 www.pmg.co.kr
선우한국사 카페 cafe.naver.com/swkuksa
You Tube 채널 선우빈 한국사

선우빈
선우한국사 핵심사료450 전면개정 14판

초판인쇄 | 2024. 7. 1. **초판발행** | 2024. 7. 5. **편저자** | 선우빈
발행인 | 박 용 **발행처** | (주) 박문각출판 **등록** | 2015년 4월 29일 제2019-000137호
주소 | 06654 서울특별시 서초구 효령로 283 서경 B/D 4층 **팩스** | (02) 584-2927
전화 | 교재 주문·내용 문의 (02) 6466-7202

저자와의
협의하에
인지생략

정가 15,000원 ISBN 979-11-7262-092-9